2016年度河南省教育科学规划重大招标课题
"河南省县域教育改革与发展创新路径研究"（[2016]-JKGHZDZB-13)研究成果之一

2013年河南省高等学校哲学社会科学研究重大攻关项目
"农村教师群体生存与发展研究"（2013-ZG-004）研究成果之一

周口师范学院科研项目配套资金资助

县域教育改革与发展创新路径研究
——以河南省为例

刘湘玉　李清臣　等著

·郑州·

图书在版编目(CIP)数据

县域教育改革与发展创新路径研究:以河南省为例/刘湘玉等著. —郑州:河南大学出版社,2017.6

ISBN 978-7-5649-2954-1

Ⅰ.①县… Ⅱ.①刘… Ⅲ.①县—地方教育—研究—河南 Ⅳ.①G527.61

中国版本图书馆 CIP 数据核字(2017)第 165917 号

责任编辑　朱春华　姚占伟
责任校对　李　慧
封面设计　陈盛杰

出　版	河南大学出版社
	地址:郑州市郑东新区商务外环中华大厦 2401 号
	邮编:450046　　　　　电话:0371-86059701(营销部)
	网址:www.hupress.com
排　版	郑州市今日文教印制有限公司
印　刷	辉县市伟业印务有限公司
版　次	2017 年 7 月第 1 版　　印次　2017 年 7 月第 1 次印刷
开　本	787mm×1092mm　1/16　印张　22.75
字　数	408 千字　　　　　　　定价　68.00 元

(本书如有印装质量问题,请与河南大学出版社营销部联系调换)

前　言

2016年9月29日,由河南省教育体制改革领导小组印发的《河南省教育综合改革方案》明确提出:"坚持突出问题导向,以改革创新为动力,以提高质量和促进公平为重点,以实现基本公共教育服务均等化、基本实现教育现代化为目标,着力破解制约教育发展的体制机制障碍。"教育改革与发展是教育事业发展的永恒主题。县域教育改革与发展更是必须高度重视又务必认真做好的一件大事。河南省是一个人口大省、教育大省,在这样的一个省内开展县域教育改革与发展创新路径研究,具有典型的代表性和示范性,具有特别重要的现实意义和推广价值。

2015年5月7日,河南省教育厅第一次启动开展河南省教育科学规划重大招标课题申报工作,并专门印发文件《河南省教育厅关于开展2015年度河南省教育科学规划重大招标课题申报工作的通知》(教教科[2015]315号)安排课题申报工作。文件指出:"开展重大招标课题研究旨在破解我省教育改革发展中的重大现实问题,为教育决策提供科学依据和对策建议,重在应用研究。"2015年6月9日,省教育厅公布了2015年度的教育科学规划重大招标课题21项。我们主持的这个项目是2015年10月12日省教育厅公布的2016年度教育科学规划重大招标课题19项中的一项。我们在课题立项前已经做了大量的调研工作。2015年7月,课题组骨干成员专门到河南省周口市郸城县调研该县的基础教育改革与发展情况,并于同年9月撰写完成了8万字的调研报告,这为后面申报2016年度的重大招标课题奠定了坚实的基础。

县域教育改革与发展的质量如何,不仅关涉一个县的教育发展状况,而且直接影响到一个市乃至一个省的教育质量。如果每个县的教育改革与发展效果好,质量优,人民群众满意度高,那么不仅每个县都是教育强县,而且这个省也必定是教育强省,这是毫无疑问的。

河南省委、省政府于2010年12月17日印发的《河南省中长期教育改革和发展规划纲要（2010—2020年）》明确提出："在党和政府工作全局中，必须始终坚持把教育摆在优先发展的位置。坚持以人为本，以改革创新为动力，以促进公平为重点，以提高质量为核心，全面实施素质教育，推进教育事业在新的历史起点上科学发展，加快我省从教育大省向教育强省、从人力资源大省向人力资源强省迈进。"截至"十二五"末的2015年，河南省学前三年毛入园率为83.18%，九年义务教育巩固率为94.00%，高中阶段毛入学率为90.30%，均高于《河南省中长期教育改革和发展规划纲要》中所列的目标。这三个数据充分说明，河南省正在按照预定的工作目标大力推进教育事业的改革与发展。尤其是学前教育，更是大幅度地超前于工作目标，实现了又快又好的发展。

但由于河南省是人口大省、教育大省，加上历史欠债较多，所以在行进教育强省的征途上，任重而道远。也正是由此，需要探索县域教育改革与发展的创新路径，在建设一个个教育强县的基础上，实现教育强省的新发展、新跨越。

本书主要内容是2016年度河南省教育科学规划重大招标课题——"河南省县域教育改革与发展创新路径研究"的最终成果。该书分为上篇——政策与分析、中篇——调查与分析、下篇——个案与分析。该书内容既有对我国基础教育改革与发展的政策分析，又有对河南省基础教育改革与发展政策进展情况的梳理；既有对河南省基础教育改革与发展的现状调查和存在问题的分析，又有对河南省县域基础教育改革与发展创新路径的深入探讨；既有对郸城县基础教育改革与发展经验的全面总结和概括，又有对郸城县基础教育典型个案学校和校长办学理念的提炼和升华。全书内容逻辑思路清晰，研究方法恰切，研究内容具体，研究结论可靠，具有很强的针对性和可操作性，对指导县域乃至全省的基础教育改革与发展具有重大的现实意义。尤其是书中提出的一些教育政策措施，具有很强的理论创新性和政策实施的可操作性。比如，开展中小学校长任职资格制；探索教育家办学新体制；建立县级教师发展与管理中心，统筹县域城乡师资配置；采取激励与补偿措施，更加关注农村教师群体的生存与发展；进一步完善城乡教师交流轮岗制度；等等。为此，由河南省教育科学规划领导小组办公室印发的河南省教育科学规划重大招标课题《成果要报》第一期，以"县域义务教育师资配置的改革路径"为题，对该成果主要内容进行了专题介绍。该成果还被印发全省，产生了较大影响，对推动我省基础教育改革与发展起到了积极的作用。

河南省教育厅厅长朱清孟在2013年5月28日召开的全省第一次教育科学研究工作会议上，讲到"着力提升教育科研水平和质量"时，具体提出：一要注重理论创新,进一步深化基础研究和理论研究;二要注重决策服务,进一步深化政策研究,为教育行政决策服务;三要注重指导实践,关注教育现实,关注人民生活;四要注重舆论指导,积极回应群众普遍关切的教育热点难点问题。教育厅启动开展的教育科学规划重大招标课题研究,旨在破解我省教育改革发展中的重大现实问题,为教育决策提供科学依据和对策建议。本课题组所进行的县域教育改革与发展创新路径研究就具有很强的政策性、针对性和实用性。

"物有甘苦,尝之者识;道有夷险,履之者知。"课题组的研究正是在走既进行理论创新,又结合教育实际进行应用研究的路子。我们希望通过自身的努力,进一步深入研究,使研究成果指导教育实践,服务教育决策。

刘湘玉　李清臣
2017 年 4 月

目 录

上篇 政策与分析

第一章 导论 …………………………………………………………（ 3 ）
  第一节 研究的背景与意义 ………………………………………（ 4 ）
    一、研究背景 ……………………………………………………（ 4 ）
    二、研究意义 ……………………………………………………（ 8 ）
  第二节 研究的思路与方法 ………………………………………（ 12 ）
    一、研究思路 ……………………………………………………（ 12 ）
    二、研究方法 ……………………………………………………（ 13 ）

第二章 我国基础教育改革与发展的政策分析 …………………（ 15 ）
  第一节 我国基础教育改革与发展历程 …………………………（ 16 ）
    一、基础教育恢复阶段：1978—1984 年 ………………………（ 16 ）
    二、基础教育体制确立阶段：1985—1996 年 …………………（ 18 ）
    三、"素质教育"推进阶段：1997—2003 年 ……………………（ 20 ）
    四、注重质量提高与均衡发展阶段：2004 年至今 ……………（ 22 ）
  第二节 我国基础教育改革政策价值取向的演变 ………………（ 24 ）
    一、基础教育政策价值取向的表达形式 ………………………（ 24 ）
    二、基础教育政策价值取向的演变 ……………………………（ 25 ）
  第三节 我国基础教育改革与发展的未来思考 …………………（ 28 ）
    一、我国社会的发展与变化趋势 ………………………………（ 29 ）

二、我国基础教育改革与发展的未来展望……………………………（31）

第三章　河南省基础教育改革与发展的政策进展……………………（36）
第一节　河南省学前教育政策进展状况………………………………（37）
一、国家学前教育政策回顾……………………………………………（37）
二、河南省学前教育政策梳理…………………………………………（38）
三、河南省学前教育政策进展…………………………………………（40）
四、河南省学前教育政策实施成效……………………………………（47）
第二节　河南省义务教育政策进展状况………………………………（49）
一、河南省义务教育政策梳理…………………………………………（50）
二、河南省义务教育政策进展…………………………………………（58）

中篇　调查与分析

第四章　河南省基础教育改革与发展的现状调查……………………（71）
第一节　调查的基本状况………………………………………………（72）
一、调查的范围与对象…………………………………………………（72）
二、调查的内容与工具…………………………………………………（72）
第二节　调查的主要内容………………………………………………（74）
一、城乡义务教育办学规模发展状况…………………………………（74）
二、城乡义务教育师资建设与配置状况………………………………（88）
三、城乡义务教育办学条件发展状况…………………………………（112）
四、城乡义务教育经费投入状况………………………………………（120）

第五章　河南省基础教育改革与发展存在的问题与分析……………（124）
第一节　教育改革政策价值取向上的偏差……………………………（125）
一、重效率轻公平………………………………………………………（125）
二、重城镇轻农村………………………………………………………（128）
三、学校规模重大轻小…………………………………………………（131）
第二节　基础教育改革功能与目标的错位……………………………（133）
一、城乡学校教育功能趋同化…………………………………………（133）
二、农村基础教育目标的错位…………………………………………（134）

第三节　城乡义务教育资源配置失衡……………………………(136)
　一、人力资源配置有所失衡………………………………………(137)
　二、财力资源配置有一定差距……………………………………(139)
　三、物力资源配置有所失衡………………………………………(141)
　四、大班额问题制约城乡义务教育质量提升……………………(142)
第四节　基础教育学校评价的片面性……………………………(145)
　一、基础教育学校评价片面性的具体表现………………………(145)
　二、基础教育学校评价片面性的成因……………………………(147)
第五节　农村留守儿童教育的困惑………………………………(149)
　一、留守儿童监护现状堪忧………………………………………(149)
　二、缺乏制度设计和具体措施……………………………………(150)
　三、学校教育的部分失责…………………………………………(151)
　四、心理问题丛生…………………………………………………(152)

第六章　河南省县域基础教育改革与发展的创新路径…………(153)

第一节　建立健全"一体化"的城乡义务教育治理体制…………(154)
　一、城乡义务教育统筹发展是城镇化建设的重要内容…………(154)
　二、城乡义务教育资源配置要更加突出政府调控手段…………(156)
　三、创新教育公共服务体制，实现供给主体多元化和供给方式多样化
　　……………………………………………………………………(158)
第二节　创新县域义务教育均衡发展模式………………………(160)
　一、县域义务教育城乡均衡发展实践模式………………………(160)
　二、县域义务教育城乡均衡发展实践模式的经验借鉴…………(167)
第三节　县域义务教育师资配置的创新与改革…………………(173)
　一、建立县级教师发展与管理中心，统筹县域城乡师资配置……(173)
　二、采取激励与补偿措施，更加关注农村教师群体生存与发展……(174)
　三、进一步完善城乡教师交流轮岗制度…………………………(177)
　四、开展中小学校长任职资格制，探索教育家办学新体制………(179)
第四节　归本县级教研室　深化课堂与教学……………………(189)
　一、重新定位县级教研室的地位与功能…………………………(190)
　二、切实践行教研室的研究功能…………………………………(191)
　三、引领教师开展教学行动研究…………………………………(192)

下篇　个案与分析

第七章　县域教育改革与发展的实践探索：以郸城县为例……（199）
第一节　郸城县县域情况介绍……（200）
一、区域所辖属典型的农村地区……（200）
二、区域经济发展势头良好……（201）
第二节　郸城县教育基本情况与分析……（202）
一、小学教育情况……（202）
二、初中教育情况……（221）
三、高中教育情况……（239）
四、统计分析结论……（252）
第三节　郸城县教育改革与实践……（255）
一、持续完善的教育体系，为郸城教育打牢基础……（256）
二、不断创新教育管理体制，为郸城教育提供政策支持……（258）
三、健康协调的社会环境，为郸城教育营造氛围……（265）
四、优化教育内部环境，抓实抓牢办学核心要素……（269）
五、打造国内"教育品牌"，做强做大郸城教育……（272）
第四节　郸城县教育改革与发展的经验与借鉴……（275）
一、办教育需要好环境，需要政府、社会和百姓的鼎力支持……（276）
二、办教育需要懂教育的人，引领教育的发展……（277）
三、办教育需要追求特色，均而不同……（278）
四、办教育需要抓教研，向课堂要质量……（280）
五、办教育需要真奉献，挚爱教育……（281）

第八章　郸城县基础教育典型个案例举……（285）
案例一　从平凡到卓越：前进中的郸城一高……（286）
第一阶段：初创奠基阶段（初创期1951—1984年）……（287）
第二阶段：起步发展阶段（发展期1985—1994年）……（290）
第三阶段：品牌初创阶段（腾飞期1995—2008年7月）……（293）
第四阶段：从品牌到卓越阶段（品牌期2008年8月至今）……（297）
第五阶段：郸城一高办学经验总结……（313）

案例二 新学校 高起点 优质量——郸城县第二实验中学发展纪实 ………………………………………………………………………………(318)
  一、学校课堂教学改革有抓手 …………………………………………(319)
  二、学校德育发展有特色 …………………………………………………(320)
  三、学校教师专业发展有举措 …………………………………………(321)

案例三 为孩子的一生发展打基础——郸城县第三实验小学卓越发展探秘 ……………………………………………………………(324)
  一、注重过程抓养成 ………………………………………………………(325)
  二、多种形式培素养 ………………………………………………………(327)
  三、"起点教育"促课改 ……………………………………………………(329)
  四、社团活动激兴趣 ………………………………………………………(331)
  五、校本教研育名师 ………………………………………………………(333)

案例四 点亮农村教育的希望——记郸城县汲水乡王古同小学 ……(336)
  一、领导身体力行作表率,引领学校发展 ……………………………(337)
  二、以"三项工程"建设为抓手,推进教学改革 ………………………(338)
  三、教师关爱学生,彰显师德魅力 ……………………………………(340)
  四、建魅力校园,推进养成教育 ………………………………………(342)

案例五 一个好校长就是一所好学校——记郸城一高校长刘成章 ………………………………………………………………………………(344)
  一、理念引领:以人为本聚人心 ………………………………………(344)
  二、制度创新:内涵发展铸品牌 ………………………………………(345)
  三、文化激励:实现自我求卓越 ………………………………………(347)

后记 ……………………………………………………………………………(349)

上篇 政策与分析

第一章 导 论

　　1985年5月27日发布的《中共中央关于教育体制改革的决定》明确规定,把发展基础教育的责任交给地方。1986年我国颁布的《义务教育法》第十二条明确指出:"实施义务教育所需要事业费和基本建设投资,由国务院和地方各级人民政府负责筹措。"2001年6月,国务院召开了全国基础教育工作会议,农村义务教育管理体制改革在此次会议上受到高度重视。会后印发了《国务院关于基础教育改革与发展的决定》(国发[2001]21号),文中明确指出:"进一步完善农村义务教育管理体制。实行在国务院领导下,由地方政府负责、分级管理、以县为主的体制。"2002年5月,国务院办公厅印发的《关于完善农村义务教育管理体制的通知》,进一步明确指出:"县级人民政府对农村义务教育负有主要责任,省、地(市)、乡等地方各级人民政府承担相应责任,中央政府给予必要的支持。"由此,明确并理顺了义务教育管理体制是"以县为主"。县域教育改革与发展问题被提到了战略性高度,受到各级政府和社会的广泛关注。

　　教育改革与发展是教育事业发展的永恒主题。县域教育改革与发展是必须高度重视又必须认真做好的一件大事。河南省是一个人口大省、教育大省,在这样的一个省内开展县域教育改革与发展创新路径研究,具有典型的代表性和示范性,具有特别重要的现实意义和推广价值。

　　本章主要就研究的背景与意义、思路与方法进行阐述,以便为后面的研究作一铺垫和说明。

第一节 研究的背景与意义

近十几年来,教育均衡发展一直是国家强力推进的重要工作,但到目前为止,仍然存在着区域(包括县域)教育发展不均衡的现状。这种现状既反映出教育的不公平现象,又影响区域(包括县域)教育改革与发展的质量。为实现教育均衡发展和教育公平愿景,本研究以县域为样本研究单位,探索县域教育改革与发展的创新路径,具有其时代背景和当代价值。

一、研究背景

(一)国家教育均衡发展的政策导向

城乡教育均衡发展与2002年党的十六大报告提出的"城乡统筹"的发展观之间互相关联,这说明中央从国家层面开始将城乡教育均衡发展纳入城乡统筹的整体发展规划之中。2003年9月,国务院在《关于进一步加强农村教育工作的决定》中明确指出:"省级政府要切实均衡本行政区域内各县财力,逐县核定并加大对财政困难县的转移支付力度。"这是"均衡"一词较早在国家层面的重要文件中出现。2005年5月,教育部印发了《关于进一步推进义务教育均衡发展的若干意见》,正式从国家政策层面提出要"通过制定和完善各项教育政策措施,努力推进义务教育均衡发展"。2006年6月,新修订的《中华人民共和国义务教育法》中多处强调"义务教育均衡发展",这说明"教育均衡发展"在国家法律层面上得以确认。2010年7月公布的《国家中长期教育改革和发展规划纲要(2010—2020年)》提出:"均衡发展是义务教育的战略性任务。推进义务教育学校标准化建设,建立健全义务教育均衡发展保障机制,均衡配置教师、设备、图书、校舍等各项资源。切实缩小校际差距,着力解决择校问题。"2013年11月召开的党的十八届三中全会审议通过的《中共中央关于全面深化改革若干重大问题的决定》又进一步强调指出:"逐步缩小区域、城乡、校际差距,统筹城乡义务教育资源均衡配置。"2013—2016年连续4年的中央"一号文件"中关于农村义务教育的表述,都反复提出:要全面改善农村义务教育薄弱学校的基本办学条件,提高农村学校的教学质量。为实现教育的均衡发展,彻底解决乡村教育的薄弱环节和短板,国务院办公厅于2015年6月1日印发了《乡村教师支持计划(2015—2020年)》(国办发[2015]43号),文中指出:"采取切实措施加强老少边穷岛等边远贫困地区乡村教师队伍建设,明显缩小城乡师资水平差距,让每个乡村孩子都能接受公平、有质量的教育。"这充分体现出国家改善薄弱的农村教育的决心,以实现真正意义上的教育均衡发展。

从最近十多年国家对教育发展的政策走向上,可以清晰地看到国家对义务教育均衡发展的重视和加强,因为它是促进教育公平、实现教育公平的重要手段。为实现县域教育的整体发展,很多县尝试整体推进县域教育改革,以提高县域教育的发展水平,摒弃县域教育发展不均衡的状态。

(二) 县域教育改革与发展不均衡

当前,我国教育发展不均衡表现为校际之间、城乡之间、区域之间教育发展的规模、质量和效益等方面的差异。在这一方面,很多研究者也给予了相当的关注。我国教育研究者翟博、孙百才于2012年7月2日在《中国教育报》发表了《中国基础教育均衡发展报告》的文章,他们通过对我国东、中、西部基础教育均衡发展状况的实证研究,得出"我国基础教育特别是义务教育均衡发展取得了重大进展,整体上正在向均衡方向发展,并逐步趋向均衡。但区域之间教育均衡还呈现出起伏不定的变化态势,不同群体之间接受基础教育特别是义务教育还不均衡,依然存在着择校的差异"的结论。在近年来的研究中,县域教育发展成为各级政府和社会高度关注的焦点问题,而且县域教育发展不均衡这一事实成为教育研究者研究的热点问题。目前,我国县域教育发展不均衡主要表现为两个方面。一是我国不同区域的县与县之间的教育发展差异很大。由于受经济发展、办学条件、教育理念、教育管理体制、师资队伍的影响,我国东部省(市)里的不少市(区、县)的教育发展水平普遍比中部、西部省(市)里的不少市(区、县)的教育发展要好,或者说要好得多。这就呈现出不同区域的县与县之间的教育发展差异很大,这也是不争的事实。二是我国同一区域范围内县与县之间的教育发展差异也很大。由于受具体的教育教学理念、教育管理体制、师资队伍建设状况,以及教育改革与发展的外部支持的影响,我国同一区域范围内县与县之间的教育存在很大的差异。如河南省内的各个地市之间,各个地市中的各个县(市、区)之间,所表现出来的教育发展方面的差异非常明显。这些差异至少反映出教育方面存在以下几个问题:地方领导对教育的重视程度不一,教育资源配置不均、教育公平性差,教育改革与发展的进程不同。

(三)先进的县域教育改革与发展的经验需要总结与推广

为实现《国家中长期教育改革和发展规划纲要(2010—2020年)》中所提出的"率先在县域内实现城乡均衡发展,逐步在更大范围内推进"的发展任务,各地省、市、县(区)的相关部门做了大量工作。在我国推进教育公平发展、合理配置教育资源的过程中,涌现出一大批先进的县域教育改革与发展的典型,它们的优秀经验值得总结与推广。通过对所搜集资料的分析,发现了一些地方出现的典型教育经验。有的地方是以地市为单位推动的,如陕西省西安市的"大学区管理"模式,有的地方是以县(市、区)为单位进行改革与发展的。目前,我国典型的县域教育改革与发展的经验有不少,如湖北十堰市郧西县的教育实践模式。该模式抓住"课堂教学改革"这一支点撬动整个县域教改,用教研助推教育内涵发展。该县以"四大策略"提升县域教改软实力。这四大策略是:行政推动,即把每所学校送到教改的高速路口;理念领航,即把每个校长、教师引到教科研的前沿阵地;示范引领,即把典型示范作用辐射到学科班级;整体联动,即把县域教改的落脚点放在内涵发展与均衡发展的共赢上。该县通过实践"行政推动、理念领航、示范引领、整体联动"四大行动策略,使教改软实力得到很大提升。再如山西省太谷县县城学校与农村学校结盟的"盟区"模式。该县采取"城区学校+农村学校"的方式,按照强校引领、资源共享、捆绑考核、互动发展的工作思路,根据学校类别、乡镇数、学校数、学生数基本均衡的原则,创建了覆盖全县学校的由城内三所初中和三所小学分别牵头的六大结盟区。还有河北省曲周县根据"大投入、强整合,抓文化、增内涵"的方针,通过实施"一战略、两化、六工程",推进县域教育均衡、优质、特色、协调发展。该县推行集团化策略,以全县龙头学校为集团主任单位,实行主任负责制,推行"1+X"模式,形成"一带多"体系,在集团内部实行"五统一、三不变",共形成24个教育集团,覆盖全县中小学校。在河南,也有类似这样的县域教育改革与发展的典型经验与做法。本研究也正是基于发掘河南先进的、典型的县域教育改革与发展的经验,探索县域教育改革与发展的创新路径,实现先进教育经验的总结与推广,为全面实现河南省整个基础教育的大提升而进行的。河南省郸城县第一高级中学(以下简称郸城一高)在2012—2016年的5年间,为清华大学、北京大学输送了152名学生。郸城县也因其高考成绩居全国县级教育第一位而备受媒体关注,被媒体称为"郸城一高现象""郸城教育模式"。

郸城教育做得好,不仅仅是郸城一高做得好,更主要的是整个郸城县基础教育做得好。郸城县教体局坚持"小学抓习惯养成,初中抓全面提升,高中抓升学质量(科学备考)"的思路,深入推进"高效课堂、高效阅读、汉字工程"三项工程,使中招成绩连续八年稳居全市第一,为高中教育打下了坚实的基础,实现了全县基础教育的全面提升。通过调研发现,该县改革教育管理体制,走的是内涵式发展道路,其义务教育阶段的小学、初中办学质量明显较高,并在此基础上将高中教育做大做强,最终形成了优质的"郸城教育品牌"。

(四)县域是一个较为适中的研究样本单位

县域是以县为行政区划的地理空间范围。在本研究中,选择县域为研究样本单位,我们认为是比较合适的。

1985年5月27日发布的《中共中央关于教育体制改革的决定》明确规定,把发展基础教育的责任交给地方。九年制义务教育,是基础教育,实行由地方负责、分级管理的原则。基础教育的管理权属于地方,除大政方针和宏观规划由中央决定外,具体政策、制度、计划的制订和实施,以及对学校的领导、管理和检查,责任和权力都交给地方。1986年我国颁布的《义务教育法》第十二条明确指出:"实施义务教育所需要事业费和基本建设投资,由国务院和地方各级人民政府负责筹措。"这样,义务教育就出现了谁主办(办学)谁投资的原则,即出现了县管高中、乡管初中、村管小学的办学格局。义务教育投资体制逐步形成了县、乡、村三级负责的管理体制和格局。在当时,这一政策对发展基础教育发挥了重大作用。但随着形势的发展,这一政策也出现了较多问题,尤其是全国各地普遍出现的农村中小学教师工资难以足额、及时发放的突出问题。

为改变教育管理体制方面存在的突出问题,国务院于2001年6月召开了全国基础教育工作会议,印发了《关于基础教育改革与发展的决定》,文中明确指出:"进一步完善农村义务教育管理体制。实行在国务院领导下,由地方政府负责、分级管理、以县为主的体制。"与此同时,2002年5月,国务院办公厅下发的《关于完善农村义务教育管理体制的通知》,进一步明确指出:"县级人民政府对农村义务教育负有主要责任,省、地(市)、乡等地方各级人民政府承担相应责任,中央政府给予必要的支持。"由此,明确并理顺了义务教育管理体制是"以县为主"。县域教育发展问题被提到了战略性高度,受到各级政府和社会的广泛关注。

在之后的相关教育政策文件中,基础教育就常以县级的方式加以表达。

2006年修订的《义务教育法》第七条规定:"义务教育实行国务院领导,省、自治区、直辖市人民政府统筹规划实施,县级人民政府为主管理的体制。"县域教育发展走上了法制化轨道。之后,县域教育的发展成为一项长期的战略性任务。2010年《国家中长期教育改革和发展规划纲要(2010—2020年)》进一步提出:"加快缩小城乡差距……率先在县(区)域内实现城乡均衡发展,逐步在更大范围内推进。"2015年,国务院办公厅印发的《乡村教师支持计划(2015—2020年)》,在"主要举措"中明确指出:"全面推进义务教育教师队伍'县管校聘'管理体制改革,为组织城市教师到乡村学校任教提供制度保障。县域内重点推动县城学校教师到乡村学校交流轮岗。采取有效措施,保持乡村优秀教师相对稳定。"

由此可见,县域是研究教育发展问题的一个较为适中的研究样本单位,它既符合国家政策规定,又适合研究样本选取。同时,以县域为研究单位,典型经验既便于总结,又易于推广应用。

二、研究意义

开展县域教育改革与发展的创新路径研究,从宏观上说,是实现教育均衡发展和教育公平愿景的需要,是建设教育强县乃至教育强省的需要;从微观上说,有利于总结并推广先进的县域教育改革与发展的经验和典型做法,有利于找寻并推广县域内典型单位和个人的经验与做法。河南省是一个人口大省、教育大省,在这样的一个省内开展县域教育改革与发展创新路径研究,具有代表性、典型性和示范性,具有特别重要的现实意义和推广价值。

(一)实现教育均衡发展和教育公平的需要

教育均衡和教育公平是当下教育事业发展中的两大重要论题,是社会最敏感的神经,是国家强力推进的重点工作。而实现教育均衡和教育公平的重要基础是做好县域内的教育改革与发展。抓好每个县的教育改革与发展,既能较好地回应人民群众的重大关切,又能使各级地方政府追求的工作目标落到实处。

为贯彻落实国家及河南省中长期教育改革和发展规划纲要精神,进一步推进义务教育均衡发展,促进教育公平,河南省人民政府于2011年2月23日印发的《关于进一步推进义务教育均衡发展促进教育公平的意见》(豫政

[2011]26号)①中明确了具体的目标任务,即到2015年,全省70%左右的县(市、区)义务教育学校办学条件基本达到省定办学条件标准,实现县域内义务教育学校之间教育投入、教育教学设施、师资力量、管理水平、教育质量等方面基本均衡;到2020年,全省所有县(市、区)的义务教育学校办学条件基本达到省定办学条件标准,实现县域内义务教育基本均衡,经济发展水平较高的省辖市率先实现市域内义务教育基本均衡,部分县(市、区)努力实现高质量的均衡。同时,文件还提出要推进管理体制创新,即在以县(市、区)为主的义务教育管理体制下,鼓励各地开展城乡教育一体化、教育资源共享等区域性改革实验。

接着,2012年10月11日,河南省人民政府办公厅下发了《关于开展义务教育发展基本均衡县评估认定工作的通知》(豫政办[2012]131号),并印发了《河南省县域义务教育均衡发展督导评估实施办法(试行)》和《河南省实现县域义务教育发展基本均衡县(市、区)推进计划(2012—2020年)》,有计划、分步骤全面推进与实施义务教育均衡发展,着力实现教育公平的目标任务。

(二)建设教育强县、教育强省的需要

县域教育改革与发展的质量如何,不仅关涉一个县的教育发展状况,而且直接影响到一个省的教育质量。一个省是由一个个县区构成的。如果每个县的教育改革与发展效果好、质量优,那么不仅每个县都是教育强县,而且这个省也必定是教育强省,这是毋庸置疑的。

河南省委、省政府于2010年12月17日印发的《河南省中长期教育改革和发展规划纲要(2010—2020年)》(以下简称《河南省规划纲要》)②明确提出:"在党和政府工作全局中,必须始终坚持把教育摆在优先发展的位置。坚持以人为本,以改革创新为动力,以促进公平为重点,以提高质量为核心,全面实施素质教育,认真破解'钱从哪里来,人往哪里去,质量怎么保,学校怎么办'的难题,推进教育事业在新的历史起点上科学发展,加快我省从教育大省向教育强省、从人力资源大省向人力资源强省迈进。"截至"十二五"末的2015年,河南省学前三年毛入园率为83.18%,比《河南省规划纲要》中所列的2020年实现72%的目标,多了11.18个百分点;九年义务教育巩固率为94.00%、高

---

① http://www.henan.gov.cn/zwgk/system/2011/03/10/010234327.shtml
② http://gzhy.haedu.cn/2011/01/13/1294886459352.html

中阶段毛入学率为90.30%,与《河南省规划纲要》中所列的2015年的目标基本相同,后者比预定的目标高了0.3个百分点。以上三个数据①可充分说明,河南省正在按照预定的工作目标大力推进教育事业的改革与发展。尤其是学前教育这一块,更是大幅度地超前于工作目标,实现了又快又好的发展。

但由于河南省是人口大省、教育大省,加上历史欠债较多,所以在通往教育强省的征途上,任重道远,需要探索县域教育改革与发展的创新路径,在建设一个个教育强县的基础上,实现教育强省的新发展、新跨越。

(三) 有利于总结先进的县域教育改革与发展的经验

研究河南省县域教育改革与发展的创新路径,有利于总结先进的县域教育改革与发展经验。正如前所述,在全国范围内,在推进教育公平、合理配置教育资源、教育管理体制改革和教育教学改革的过程中,涌现出一大批先进的县域教育改革与发展的典型,积累了丰富的可以推广的经验。就河南省而言,也不例外。省内的不少县(市、区)教育改革与发展的优秀经验值得总结与推广。如地处豫东南、经济欠发达、以农业经济为主、人口众多的周口市所属的郸城县、扶沟县教育改革与发展的做法就很典型,很值得总结。

本研究在全面调研县域教育改革与发展经验的基础上,有针对性地以郸城县教育改革与发展为典型个案,在充分调研郸城县基础教育情况的基础上,从办学体制改革、学校管理体制改革、县域教育系统内选人用人机制创新与改革、县域内学校内涵发展的创新与改革、教育改革与发展外部环境的营造与创新等多个方面,探究河南省县域教育改革与发展的创新型路径。这一研究有利于总结梳理出可供借鉴的河南省县域教育改革与发展的先进经验。

(四) 有利于推广县域教育改革与发展的典型做法

探究与总结梳理县域教育改革与发展的创新路径,目的在于推广县域教育改革与发展的好做法、好经验,以大面积提高河南省县域教育教学质量。本研究在全面调研县域教育改革与发展经验的基础上,选择周口市所属的郸城县教育改革与发展的做法作为研究的样本,其目的就是考虑其推广价值。周口市地处中原地区,是农业大区、人口大区,属典型的传统农业区。在典型的

---

① 2015年河南省教育事业发展统计公报,http://www.haedu.gov.cn/2016/05/16/1463367234225.html

传统农业区做好教育工作,可以说不是一件容易的事情。而恰恰郸城县教育发展情况却非常好。所以,总结周口市郸城县教育改革与发展的好经验与做法,更有利于其他县(市、区)的学习与借鉴,更有利于推广。

本研究在全面调研郸城县基础教育,并深入总结可供借鉴的典型的县域教育改革与发展经验的基础上,从教育治理模式、教育教学改革模式、特色学校和品牌学校创建、教育管理团队支持和教师团队支持、教育外部环境支持等方面,概括总结县域教育改革与发展的先进经验,有利于更好地推广县域教育改革与发展的典型做法。

(五) 有利于推广县域内典型单位和个人的经验

在探究、总结梳理与推广县域教育改革与发展的典型做法中,必然会涉及县域内典型的单位(学校)和个人(教师或教育管理者)的经验与做法。实际上,也正是由于一大批乐于奉献、甘为人梯的优秀教师和教育管理者,才支撑起了一所所优质的学校,形成了不可多得的优质教育资源。同理,也正是由于一所所优质的学校和一批批优质教育资源的存在,才托起了一个县优质教育的发展,也才能办让人民满意的教育。所以,充分挖掘县域内典型单位和个人的经验与做法,很有必要,也很有价值。这样,既可以推广先进学校的办学经验,又能够激发优秀教师和教育管理者干事创业的热情。

本研究在全面调研郸城县基础教育的基础上,深入寻找县域内典型单位和个人的材料和事迹。从郸城县城乡的小学、初中、高中等不同层次、不同区域学校内,发现典型,剖析典型。如对郸城一高、郸城县第二实验中学、郸城县第三实验小学、郸城县王古同小学等学校的办学特色、校长先进的办学理念以及优秀教师的奉献事例,有针对性、有选择地进行挖掘和剖析。找寻典型学校和教师,其目的是为了更好地推广其经验和做法。

第二节　研究的思路与方法

一、研究思路

本课题研究是应用研究,研究思路一要突出时效性,二要为政府决策咨询服务。为此,本研究主要从以下几个方面开展研究：

一是突出实证研究,全面了解县域教育改革与发展的情况。本研究用调查、访谈等方式,较全面地了解两三个县教育改革与发展的基本情况;以2011—2015年河南省教育统计年鉴中的相关统计数据为依据,分析河南省基础教育发展情况。通过实证研究,找出县域办学的优势以及存在的问题。

二是对我国基础教育改革与发展的政策作理论分析。根据相关教育政策和文献资料,分析新中国成立以来,尤其是改革开放以来,基础教育发展的历程和政策走向。通过对基础教育发展的历史走向分析,得出给我们的启示,即在基础教育改革与发展进程中,应该坚持什么、摒弃什么,应该总结哪些经验,应该吸取哪些教训,等等。

三是探究县域教育改革与发展的创新路径。在对河南省县域教育改革与发展现状调查的基础上,先分析河南省县域教育改革与发展存在的问题与成因,再对县域教育改革与发展的典型做法进行再提升、再概括,以探究县域教育改革与发展的创新路径。

四是选择河南省的一个县——郸城县为典型个案,总结、梳理出郸城县教育改革与发展的成功经验和创新路径。本研究还从典型个案郸城县,选取典型学校、优秀校长进行研究,以大力推广先进的办学理念、治校方略和弘扬优秀教师的奉献精神。

具体研究思路如下图：

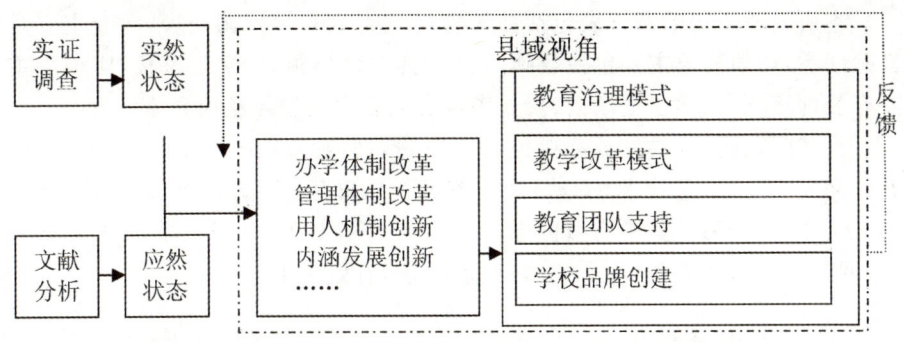

二、研究方法

(一) 实证调查法

实证调查这一研究方法既包括质性研究,也包括量化研究,是质性研究与量化研究相结合的一种综合性研究方法,主要有问卷调查、访谈、座谈会、数据统计分析等研究方式。

为更清楚地了解河南省基础教育发展情况和省内不同县域或县域内不同区域基础教育发展的基本样态,本研究采用分层抽样和随机抽样相结合的方式在河南省选取县域研究样本,主要通过以下三个方面进行资料搜集、数据统计:一是调研、考察河南省内不同县域教育改革与发展情况。本次调研的县(市、区)包括:周口市的郸城县、淮阳县、商水县、扶沟县、西华县、项城市、川汇区,商丘市的柘城县、民权县,漯河市的舞阳县、郾城区,郑州市的巩义市,南阳市的方城县、南召县,洛阳市的偃师市,等等。二是详细调研县域内不同区域(城区、镇区和乡村)基础教育发展情况。其中包括:三次深入郸城县城和乡镇进行一个多月的教育调研,两次到柘城县安平镇、伯岗乡进行调查与访谈。同时进行深入调研的乡镇还有项城市的王明口镇、西华县的大王庄乡、商水县的黄寨镇和化河乡等。即在县域内根据经济和教育发展水平抽取一定数量的乡镇,每个乡镇的初中和小学(包括村小和教学点)全部成为本研究的调查对象,这些学校分别位于城区、镇区和乡村等不同区域。三是对2011—2015年河南省教育统计年鉴中的相关数据进行统计分析,并就城区、镇区和乡村不同区域的教育发展情况进行对比分析。通过调研较为全面地了解河南省近五年内基础教育发展的情况,从而聚焦河南省城区、镇区和乡村不同区域遇到的新情况、新问题,以及新挑战和新机遇。

本研究所采用的调查表包括县教育局调查表和学校调查表,问卷主要是教师问卷,访谈对象主要包括教师、校长、县教育局领导、学生家长,座谈会主要有教师座谈会、学生座谈会、校长座谈会和教育局领导座谈会等。

在实际调研中,共发放教师问卷620份,回收596份,回收率96%,其中有效问卷580份,有效率94%。发放校长和县教育局领导调查表73份,回收69份,回收率95%,其中有效问卷69份,有效率100%。发放学校调查表65份,回收64份,回收率98%,有效问卷64份,有效率100%。

(二)个案分析法

本研究以周口市郸城县为个案,采取了问卷调查、个别访谈、召开座谈会等方式。本研究既考察郸城县近几年基础教育的发展变化情况,又考察郸城县优质中小学校的办学经验;既考察郸城县城区办学情况,又考察郸城县乡镇办学情况;既考察郸城县公办学校办学情况,又考察郸城县民办学校办学情况;既全面总结优秀中小学校长的办学理念,又深入了解教师队伍建设情况。通过考察,较为全面地了解了郸城县教育改革与发展的情况。

在周口市郸城县开展的详细调查中,共召开小型座谈会20次,参加的领导和教师有160人(次);访谈县教体局领导、局中层干部、中小学校领导和教师,以及学生家长和普通百姓等约100人;选取郸城县小学、初中各6所(既有公办学校,也有民办学校;既有城区学校,也有农村学校),选取郸城一高和才源高中两所(一所公办学校,一所民办学校);发放调查问卷并回收有效问卷260份。通过个案研究,全面考察了郸城县基础教育的办学情况。

(三)文献分析法

本研究查找并分析新中国成立以来,尤其是改革开放以来,我国基础教育改革与发展政策方面的文献资料,探析基础教育发展的历程和政策走向;查找并分析近五年河南省基础教育改革与发展的政策文本,探寻河南省基础教育政策进展与实施效果;以2011—2015近五年中国教育统计年鉴、河南省教育统计年鉴、周口市教育统计年鉴中的相关统计数据为依据,分析相关区域基础教育基本办学条件,找出区域办学的优势及存在的问题。通过文献梳理,分析相关政策的价值取向与实践效果,并结合我省基础教育改革与发展的实际,提出相应推进基础教育改革与发展的政策建议。

第二章 我国基础教育改革与发展的政策分析

　　基础教育是国家对国民进行的普通文化教育,是造就人才和提高国民素质的基本奠基工程。它是一个有着既定目标、多层次、多因素、多功能的立体结构,在我国通常包括幼儿教育、小学教育、初中教育和普通高中教育[①]。基础教育的改革与发展和社会的改革与发展息息相关。从系统论角度看,社会是一个庞大的系统,在这个系统中包含了政治、经济、文化、教育、人口、环境等众多的子系统及其相互关系。教育属于社会系统的重要组成部分,教育的改革与发展对社会系统的重组与发展具有重要作用。反之,社会系统的发展与变化也将积极推动教育的改革与发展。因此,任何教育都是在特定的社会背景下发展的。社会改革必然对基础教育发展带来深刻而全面的影响。教育作为社会重要的基础系统,与社会的改革是相辅相成的[②]。

　　改革开放以来,我国基础教育的改革与发展步入快车道。本章主要就改革开放以来我国基础教育改革与发展的情况进行梳理,分析其政策走向。具体内容包括:在回顾改革开放以来我国基础教育改革与发展的历程基础上,分析我国基础教育改革与发展的政策价值取向;并基于当前我国社会发展的具体历史背景,对未来基础教育的改革与发展的基本走向进行思考。这样,既有利于对我国基础教育改革与发展进行整体性把握,又为省域基础教育改革与发展指明了方向,也为县域基础教育改革与发展提供了政策依据。

---

① 叶澜.中国基础教育改革发展研究[M].北京:人民出版社,2009.1
② 叶澜.中国基础教育改革发展研究[M].北京:人民出版社,2009.7

第一节　我国基础教育改革与发展历程

依据社会变革与教育变革的关系,以十一届三中全会为起点,沿着我国社会发展的具体历史进程,可以把我国基础教育的改革与发展粗略地分为四个基本阶段,即恢复阶段(1978—1984年)、教育体制确立阶段(1985—1996年)、"素质教育"推进阶段(1997—2003年)、注重质量提高与均衡发展阶段(2004年至今)。在这四个阶段中,随着社会发展重点与价值取向的变化,基础教育改革与发展面临着不同的任务和要求,它们共同构成了我国改革开放以来基础教育发展的基本脉络。

一、基础教育恢复阶段:1978—1984年

自新中国成立以来,我国基础教育在党的领导下得以快速发展,但"文革"十年中断了良好的发展势头。1978年召开的十一届三中全会,纠正了"文革"时期的错误路线,基础教育开始回归正确的轨道。1984年召开的十二届三中全会提出了教育体制改革问题,标志着我国的基础教育恢复任务基本完成。所以,我们把1978年至1984年称之为基础教育的恢复阶段。

新中国的成立为推动基础教育的改革与发展奠定了基础。1949年的《中国人民政治协商会议共同纲领》规定了新民主主义教育方针,即"民族的、科学的、大众的文化教育",要求"以老解放区新教育经验为基础,吸收旧教育有用经验,借助苏联经验,建设新民主主义教育",标志着中国正式迈入了新中国社会主义的、正规的、现代教育①,并在规模、质量上都取得了巨大的成绩。1954—1965年我国扫除文盲达9570万人,是新中国扫盲人数最多的时段;至1965年,经"大跃进"调整后,我国普通高级中学在校生人数130.8万人、普通初级中学803万人、小学11620.9万人、幼儿园171.3万人②。

---

① 周全华."文化大革命"中的"教育革命"[D].北京:中共中央党校博士论文,1997.3

② 刘英杰.中国教育大事典(1949—1990)[M].杭州:浙江教育出版社,1993:77

"文化大革命"是中国基础教育发展的一场浩劫。"文革"期间,在学校"三结合"(老干部、工农兵代表和学生代表相结合)领导体制下,突出"阶级斗争"主体,正常的教学秩序遭到破坏,基础教育教学工作陷入混乱状态。学生从小学一年级起,年复一年学理论、突出政治、参加运动、搞"阶级斗争"、"批判资产阶级",严重违背了教育教学的基本规律,使基础教育偏离了正常轨道。如广东屯昌小学学习无产阶级专政理论,规定师生每天学一小时,每周学两个晚上一个下午;山西大寨学校是县办中小学校,大寨大队规定该校小学高年级以上学生,一律参加大队的政治学习和政治运动①。

1978年召开的十一届三中全会,结束了"文化大革命"对教育的破坏,开始对基础教育进行恢复。1977年8月8日,邓小平主持召开了一个科学和教育工作的小型座谈会,作了《关于科学和教育工作的几点意见》的谈话,指出"科研是靠教育输送人才的,一定要把教育办好",提出要"恢复高考"和推倒"两个估计"。同年9月9日,邓小平又在《教育战线的拨乱反正问题》中说:"我知道科学、教育是难搞的,但是我自告奋勇来抓。不抓科学、教育,四个现代化就没有希望,就成为一句空话。"②1978年3月至5月间相继召开的全国科学大会和教育大会,提出"振兴科学"和"振兴教育"的口号,把科学和教育摆在了突出的位置。同时,邓小平在会上宣布知识分子是工人阶级的一部分,提出要尊重教师,提高教师的社会地位和政治地位。

十一届三中全会确立的新的社会发展指导思想,为基础教育改革与发展指明了方向,使基础教育逐渐得到恢复。主要表现在:第一,稳定与建设了教师队伍。1978年3月18日,邓小平在全国科学大会上代表中央宣布:知识分子的"绝大多数已经是工人阶级和劳动人民自己的知识分子"、"已经是工人阶级自己的一部分"。后来,邓小平又宣布对知识分子不再提团结、教育、改造的方针③。从1978年12月十一届三中全会至1982年十二大之间,在全国"拨乱反正"过程中,对教师进行了群体"平反",客观认识教师工作的积极性,把教师纳入到工人阶级之中,稳定了教师队伍。第二,建设与改革学校各项制度。在"文革"时期,教育体制渐被废弃,学校急需重建各项规章制度。1978年1月教育部颁发的《全国10年制中小学教学计划试行草案》,将"文革"中实行的

---

① 周全华."文化大革命"中的"教育革命"[D].北京:中共中央党校博士论文,1997.62

② 邓小平文选(第二卷)[M].北京:人民出版社,1994.68

③ 中国教育年鉴(1949—1981)[M].北京:中国大百科全书出版社,1984.63

中小学 5-2-2 学制改为 5-3-2 学制。9、10 月间,教育部又将原高教 60 条、中学 50 条、小学 40 条修订印发试行。1980 年 12 月中共中央、国务院发布的《关于普及小学教育若干问题的决定》提出恢复"文革"前的中小学 6-6 学制。通过一系列政策文件的颁布与实施,教育体制逐渐得以恢复。第三,复办重点学校。1978 年 1 月教育部印发的《关于办好一批重点中小学试行方案》公布了教育部办的 20 所重点中小学名单,同时要求省地(市)县各办好一批重点中小学。至 1981 年,全国共建重点中学 4016 所,占中学总数的 3.8%;建重点小学 5271 所(未包括上海)①。办重点学校和快班的做法,在当时对打破平均主义、推动教育发展起到了积极的作用。

二、基础教育体制确立阶段:1985—1996 年

十一届三中全会以后,中国社会发展步入正轨,全党工作的重点转移到了经济建设上,改革的重点在农村,开始实现联产承包责任制。党的十二大明确提出了有系统地进行经济体制改革的任务,并且指出这是坚持社会主义道路、实现社会主义现代化的重要保证。1984 年,十二届三中全会通过了《中共中央关于经济体制改革的决定》,在总结几年来我国经济发展的基础上,把经济改革的重心从农村转移到城市。1992 年 10 月,中共十四大提出中国经济体制改革的目标是建立社会主义市场经济体制。经济体制改革极大地促进了我国的经济发展。与之相对应的是在新的经济发展体制下,旧的教育体制已经不能完全适应我国社会发展的新形势。因此对基础教育进行体制改革,建立新的基础教育体制,适应和推动社会经济与科技发展成了当时基础教育改革的核心任务。

1985 年,中共中央印发了《关于教育体制改革的决定》,希望通过教育体制改革培养更多适应社会经济、科技蓬勃发展的优秀人才。《关于教育体制改革的决定》指出,随着社会主义市场经济体制的建立,我国教育体制的弊端更加突出,主要表现为:在教育事业管理权限的划分上,政府有关部门对学校主要是对高等学校统得过死,使学校缺乏应有的活力;在教育结构上,基础教育薄弱,学校数量不足、质量不高、合格的师资和必要的设备严重缺乏;在教育思想、教育内容、教育方法上,从小培养学生独立生活和思考的能力很不够,发扬立志为祖国富强而献身的精神很不够,生动活泼地用马克思主义思想教育学

---

① 中国教育年鉴(1949—1981)[M].北京:中国大百科全书出版社,1984.131

生很不够,不少课程内容陈旧,教学方法死板,实践环节不被重视,专业设置过于狭窄,不同程度地脱离了经济和社会发展的需要,落后于当代科学文化的发展。认为要从根本上改变这种状况,必须从教育体制入手,有系统地进行改革。要改革管理体制,在加强宏观管理的同时,坚决实行简政放权,扩大学校的办学自主权;要调整教育结构,相应地改革劳动人事制度;要改革同社会主义现代化不相适应的教育思想、教育内容和教育方法。

1993年,中共中央、国务院印发的《中国教育改革和发展纲要》明确提出,必须把教育摆在优先发展的战略地位;在20世纪90年代,随着经济体制、政治体制和科技体制改革的深化,教育体制改革要采取综合配套、分步推进的方针,加快步伐,改革包得过多、统得过死的体制,初步建立起与社会主义市场经济体制和政治体制、科技体制改革相适应的教育新体制;改变政府包揽办学的格局,逐步建立以政府办学为主体、社会各界共同办学的体制。

同时,我国教育的法制化建设逐步推进。1986年4月12日,我国颁布了《中华人民共和国义务教育法》。随后,《中华人民共和国教师法》《中华人民共和国教育法》等法律相继出台,《扫除文盲工作条例》《中华人民共和国义务教育法实施细则》等法规陆续颁布。我国基础教育进入了法制建设的轨道。

自1985年中共中央《关于教育体制改革的决定》出台后,我国开始积极探索适应社会主义市场经济体制的基础教育体制改革。经过十余年的探索与实践,新的教育体制逐渐形成,并取得了巨大成就。这些成就主要表现在:

第一,确立了基础教育的核心地位,推进了基础教育事业的发展。《中国教育改革和发展纲要》旗帜鲜明地提出把"教育摆在优先发展的战略地位",推动了教育事业的蓬勃发展。据统计,我国小学毕业生升入初中的比例,从1978年的57.7%上升到了1997年的93.7%;1997年全国已经有90%以上的地区普及了初等义务教育,65%的地区普及了九年义务教育①。与改革开放初期相比,基础教育在效益、规模、质量等方面都有了长足发展。

第二,推进了基础教育管理体制与中小学办学体制改革。改革开放前,我国基础教育管理体制过于集中,各部门职责不明确,效率不高,没有能够充分调动各级政府和广大人民群众办学的积极性②。1985年颁布并实施的《关于

---

① 何方,赵丽英,舒亚玲.中国基础教育改革发展研究[M].北京:中国书籍出版社,2014.30

② 何方,赵丽英,舒亚玲.中国基础教育改革发展研究[M].北京:中国书籍出版社,2014.30

教育体制改革的决定》,在总结和反思社会主义市场经济体制下教育体制改革的基础上,指出了其存在的弊端与改革的方向。1993年的《中国教育改革和发展纲要》更是明确提出了教育体制改革的具体内容,如办学体制走向"以政府办学为主体、社会各界共同办学"。经过一系列改革,逐渐形成了在中央统一领导下,地方负责、分级办学、分级管理的教育体制;将基础教育经费投入由完全依靠国家负责的体制,逐渐改为以国家财政拨款为主、多渠道共同筹措教育经费为辅的管理体制。我国教育体制初步形成。

第三,加强了教育的法制建设。改革开放前,我国几乎没有相关的教育法律或法规。随着《中华人民共和国义务教育法》《中华人民共和国教师法》《全国中小学勤工俭学暂行工作条例》等一系列法律法规的出台,我国基础教育完全进入了法制建设的轨道。

三、"素质教育"推进阶段:1997—2003 年

党的十四大提出建立社会主义市场经济体制的目标以来,中国社会发生了翻天覆地的变化,经济水平得到迅速提高,各种体制得以建立与完善,市场经济体制带来的效果逐渐得到体现,这些坚定了人们建设社会主义市场经济体制的信心和决心。1997年,党的十五大进一步确立了我国以公有制为主体、多种所有制经济共同发展是社会主义初级阶段的基本经济制度。2002年党的十六大又提出了要进一步完善社会主义市场经济体制的目标。此后中国开始了以完善社会主义市场经济体制为目标的改革,以进一步解放和发展生产力,为经济发展和社会全面进步注入强大动力。市场经济体制目标的提出与社会主义市场经济体制的进一步完善极大地推动了我国经济社会的发展,并以此推动我国社会各个方面的建设与发展,人民生活水平得到了普遍改善。然而,伴随而来的是人才培养的滞后,特别是传统知识取向的人才观和培养模式满足不了社会的需求。基础教育开始进入以"素质教育"为核心的改革和推进阶段。

1998年,教育部颁布的《面向21世纪教育振兴行动计划》认为,在当前及今后一个时期,缺少具有国际领先水平的创造性人才,已经成为制约我国创新能力和竞争能力的主要因素之一;提出实施"跨世纪素质教育工程",整体推进素质教育,全面提高国民素质和民族创新能力的战略任务。至此,我国正式开始把基础教育改革聚焦到"素质教育"这一主题上。

1999年,中央印发的《中共中央国务院关于深化教育改革全面推进素质

教育的决定》(中发[1999]9号),认为"我们的教育观念、教育体制、教育结构、人才培养模式、教育内容和教学方法相对滞后,影响了青少年的全面发展,不能适应提高国民素质的需要",因此要"深化教育改革,全面推进素质教育,构建一个充满生机的有中国特色社会主义教育体系,为实施科教兴国战略奠定坚实的人才和知识基础"。该文件还认为"实施素质教育,就是全面贯彻党的教育方针",并从各个方面对素质教育的实施进行了要求和规定。这标志着我国以"素质教育"为核心的基础教育改革全面展开。

2001年6月,国务院召开全国基础教育工作会议并印发了《关于基础教育改革与发展的决定》(国发[2001]21号),文中指出:实施素质教育,必须全面贯彻党的教育方针,认真落实《中共中央国务院关于深化教育改革全面推进素质教育的决定》,端正教育思想,转变教育观念,面向全体学生,加强学生思想品德教育,重视培养学生的创新精神和实践能力,为学生全面发展和终身发展奠定基础。文中提出要"进一步完善农村义务教育管理体制。实行在国务院领导下、由地方政府负责、分级管理、以县为主的体制",要求"县级人民政府对本地农村义务教育负有主要责任,要抓好中小学的规划、布局调整、建设和管理,统一发放教职工工资,负责中小学校长、教师的管理,指导学校教育教学工作"。

2001年6月8日,教育部印发的《基础教育课程改革纲要(试行)》提出,要"大力推进基础教育课程改革,调整和改革基础教育的课程体系、结构、内容,构建符合素质教育要求的新的基础教育课程体系",并在教育理念、课程目标、课程结构、课程标准、教学过程、教材开发与管理、课程评价、课程管理、教师培养与培训等方面围绕着"素质教育"这一主题进行了全面、深化改革,为素质教育的实施提供了理念、方法、内容与制度支持。

在随后几年,我国基础教育改革围绕着"素质教育"这一主题,在推进义务教育的同时,从学制、办学体制、课程管理、教学模式等各个方面进行了全面、系统、深入的改革,并取得了显著成效。这些成效主要表现在:第一,"两基"工程成就巨大。到2000年,我国实现了基本普及九年义务教育、基本扫除青壮年文盲的宏伟目标,全民受教育水平得到巨大提高。第二,教育信息化建设迅速发展。2000年开通了远程教育卫星宽带多媒体传输平台,实施了"校校通"工程,中小学开设了计算机课程,基础教育的信息化水平得到迅速提高。第三,课程与教学改革取得初步效果。课程走向"三级管理",教材实施"一纲多本",教学内容的"繁难偏旧"得到巨大改善,自主、合作、探究逐渐成为教学基本方式,教师的教育教学理念得到迅速转变。第四,教师队伍建设得以加强。

中学和小学教师的平均工资比 1995 年分别增加了 100.4% 和 93.7%；小学、初中、高中教师学历合格率分别从 1988 年的 68.1%、35.6%、41.3% 提高到了 2001 年的 96.8%、88.7%、70.7%①。

四、注重质量提高与均衡发展阶段：2004 年至今

2000 年 10 月，在《中共中央关于制定国民经济和社会发展第十个五年计划的建议》中提出了城镇化发展战略，认为"随着农业生产力水平的提高和工业化进程的加快，我国推进城镇化条件已逐渐成熟，要不失时机地实施城镇化战略"，"走出一条符合我国国情、大中小城市和小城镇协调发展的城镇化道路"。自此，中国的城镇化发展战略正式拉开。城镇化过程中，城乡教育差距进一步拉大，教育公平问题受到挑战。因此，教育均衡发展成为我国 21 世纪教育改革的核心理念。

2004 年，教育部颁布的《2003－2007 年教育振兴行动计划》，提出了"坚持把农村教育摆在重中之重的地位，加快农村教育发展，深化农村教育改革，促进农村经济社会发展和城乡协调发展"，要求"努力提高普及九年义务教育的水平和质量，为 2010 年全面普及九年义务教育和全面提高义务教育质量打好基础"；"深化农村教育改革，发展农村职业教育和成人教育，推进'三教统筹'和'农科教结合'"；"落实'以县为主'的农村义务教育管理体制，加大投入，完善保障机制"；"建立和健全助学制度，扶持农村家庭经济困难学生接受义务教育"；"加快推进农村中小学教师队伍建设"；"实施'农村中小学现代远程教育计划'"。基础教育改革重心开始转向农村，提高农村教育质量，实现城乡教育均衡发展，体现教育公平成为这一时期基础教育改革的主题。

2010 年，中共中央、国务院印发的《国家中长期教育改革和发展规划纲要（2010－2020）》，把"优先发展、育人为本、改革创新、促进公平、提高质量"作为教育工作基本方针，要求"把教育摆在优先发展的战略地位""把育人为本作为教育工作的根本要求""把改革创新作为教育发展的强大动力""把促进公平作为国家基本教育政策""把提高质量作为教育改革发展的核心任务"。

2012 年，教育部印发的《国家教育事业发展第十二个五年规划》提出把促进公平作为国家基本教育政策，着力促进教育机会公平。要求积极推进农村义务教育学校师资、教学仪器设备、图书、体育场地达到国家基本标准，有效缓

---

① 叶澜. 中国基础教育改革发展研究[M]. 北京：人民出版社，2009.81－82

解城镇学校大班额问题,县(市)域内初步实现义务教育均衡发展;学前教育、中等职业教育和特殊教育等薄弱环节显著加强;教育资助制度全面覆盖各级各类学校的困难群体。

2012年1月,教育部印发的《县域义务教育均衡发展督导评估暂行办法》,决定建立县域义务教育均衡发展督导评估制度,开展义务教育发展基本均衡县(市、区)的评估认定工作。截至2014年6月底,全国共有353个县通过义务教育发展基本均衡县的评估认定[①]。

在城镇化建设背景下,中国基础教育逐渐走向以保证质量、注重均衡的改革与发展方向,并取得了初步成效。这些成效主要表现在:

第一,西部"两基"攻坚任务顺利完成。2007年底,在西部410个攻坚县中,有368个实现了"两基"标准,其余达到了"普六"标准。至此,西部"两基"攻坚顺利完成,向教育公平迈出了重要一步[②]。经过"两基"攻坚,它们的办学条件大大改善,质量得到提高。其中,为实施"农村寄宿制学校建设工程",截至2007年8月,中央财政累计投入了100亿元资金,使7000多所学校受益,可满足200多万新增寄宿生的学习、生活条件,使边远山区和边疆地区的孩子再也不用每天上学翻山越岭、长途跋涉[③]。

第二,西部义务教育阶段办学条件得到了较大改善[④]。小学阶段生均教学及辅助用房面积、生均体育运动场馆面积、生均仪器设备值、每百名学生拥有计算机台数、生均图书册数五项指标的平均值均呈西部小学大于东部小学,东部小学大于中部小学的分布态势。初中阶段每百名学生拥有计算机台数、生均图书册数两项指标的平均值均呈西部初中大于东部初中,东部初中大于中部初中的分布态势;生均教学及辅助用房面积、生均体育运动场馆面积、生均仪器设备值三项指标的平均值均呈东部初中大于西部初中,西部初中大于中部初中的分布态势。从这些情况可以看出,西部义务教育阶段基本办学条件得到了较大改善,并达到了较好的水平。这也说明近十多年来,国家持续不

[①] 邬志辉,秦玉友.中国农村教育发展报告2013—2014[M].北京:北京师范大学出版社,2015.51

[②] 何方,赵丽英,舒亚玲.中国基础教育改革发展研究[M].北京:中国书籍出版社,2014.44

[③] 科学发展 辉煌十年:普及义务教育取得跨越式发展[EB/OL].http://www.china.com.cn/news/txt/2012-09/11/content_26491771.htm

[④] 邬志辉,秦玉友.中国农村教育发展报告2013—2014[M].北京:北京师范大学出版社,2015.58—59

断地加大对西部地区教育经费的投入,且成效显著。

第三,课程与教学改革取得较大成效,并进入全面深化阶段。2001年正式启动的新一轮课程改革,得到了较好的落实。到2005年,全国所有小学和初中起始年级全部实施了新课程,课堂教学方式普遍转变,中考改革顺利进行,基于新课程的管理、评价、教学等在全国铺开,中小学生素质得到提高。为把中央提出的立德树人目标要求落到实处,2014年4月,《教育部关于全面深化课程改革落实立德树人根本任务的意见》及时颁布,标志着新一轮的基础教育课程改革已经进入全面深化阶段。

第二节 我国基础教育改革政策价值取向的演变

一、基础教育政策价值取向的表达形式

教育政策是一种有目的的动态发展过程,是政党、政府等政治实体为实现一定历史时期的教育目的和任务而规定的行动依据和准则①。在教育政策中,价值取向是核心,它规范着人们如何去解读与执行。

价值取向需要一定的形式进行表达。对此,杨志成总结了基础教育政策价值取向的五种表达形式:一是政治性价值取向表达形式,其价值取向表达的内涵和隐喻体现的是政策主体遵循政治规律的政治性价值目标,如"阶级性""工具性""平等性""公共性"等价值取向表达形式;二是经济性价值取向表达形式,其价值取向表达的内涵和隐喻体现的是政策主体尊重经济规律的经济性价值目标,如"科教强国""教育优先""效益优化"等表达形式;三是社会性价值取向表达形式,其价值取向表达的内涵和隐喻体现的是政策主体遵循社会学规律的社会性价值目标,如"公平性""可选择性""多样性"等;四是文化性价值取向表达形式,其价值取向表达的内涵和隐喻体现的是政策主体遵循文化规律的文化性价值目标,如"多元文化理解""知识取向""实践取向""能力取

---

① 张新平.教育政策概念的规范化探讨[J].湖北大学学报(哲学社会科学版),1999(1):89—93

向"等;五是教育性价值取向表达形式,其价值取向表达的内涵和隐喻体现的是政策主体尊重教育规律的教育性价值目标,如"以人为本""全面发展"等①。这五类表达形式为我们分析和表达改革开放以来我国基础教育政策价值取向提供了方法与工具。

二、基础教育政策价值取向的演变

(一)基础教育恢复阶段:政治性优先,兼顾教育性

1978年十一届三中全会以后,中国开始"拨乱反正",开始对基础教育进行恢复,其重心在于两个方面:一是恢复教育为社会主义建设服务的性质,二是恢复按照客观规律办教育。教育政策的这种价值取向,我们可以称之为"政治性优先,兼顾教育性"。

1979年3月的《教育部党组关于建议中央撤销两个文件的报告》标志着对教育工作全面"拨乱反正"的开始。1981年6月通过的《中国共产党中央委员会关于建国以来党的若干历史问题的决议》,从根本上为恢复教育和广大教育工作者的名誉和地位奠定了政策基础,调动了广大教育工作者的积极性。1983年,邓小平同志在景山学校的题词"教育要面向现代化,面向世界,面向未来",指明了教育首先为社会主义现代化建设服务,注重的是政治性教育价值。此后,国家又先后出台了关于加强教师队伍建设的若干政策,如《国务院批转教育部关于加强中小学教师队伍管理的工作意见》《教育部、国家计委关于评选特级教师的暂行规定》《中小学教师职业道德要求》等,对教育的政治性质提出了明确要求。

与此同时,恢复我国基础教育秩序也是这一时期教育政策的核心价值取向。1980年12月,中共中央、国务院印发的《关于普及小学教育若干问题的决定》,针对"文化大革命"对基础教育的破坏,提出了"调整、改革、整顿、提高"的八字方针。1983年教育部发布的《关于普及初等教育基本要求的暂行规定》和中共中央、国务院颁发的《关于加强和改革农村学校教育若干问题的通知》对基础教育的相关方面进行具体的规定和要求。这一系列政策的颁布和

---

① 杨志成.新中国基础教育政策价值取向研究[D].长春:东北师范大学博士论文,2013.30

实施对"文革"时期违背教育规律的观念、制度、做法进行纠正,要求基础教育要遵循客观规律,体现了基础教育政策的教育性价值取向。

(二) 基础教育体制确立阶段:经济性优先,兼顾教育性

党的十一届三中全会确立了改革开放的基本国策后,中国开始逐渐建立社会主义市场经济体制。这一阶段,教育政策的导向是在社会主义市场经济体制基础上确立的科学合理的教育体制。从教育政策价值取向上看,可以表述为"经济性优先,兼顾教育性"。

在改革开放背景下,面对世界范围的新技术革命,教育事业的落后和教育体制的弊端更加突出。1985年出台的《中共中央关于教育体制改革的决定》指出:社会主义现代化建设的宏伟任务,要求我们不但必须放手使用和努力提高现有人才,而且必须极大地提高全党对教育工作的认识,面向现代化、面向世界、面向未来,为20世纪90年代以至21世纪初叶我国经济和社会发展,大规模地准备能够坚持社会主义方向的各级各类合格人才。1993年印发的《中国教育改革与发展纲要》明确提出了当前教育工作的任务是建立适应社会主义市场经济体制和政治、科技体制改革需要的教育体制,更好地为社会主义现代化建设服务。1994年召开的改革开放之后第二次全国教育工作会议,以及1997年江泽民在中国共产党第十五次全国代表大会上的报告《高举邓小平理论伟大旗帜,把建设有中国特色社会主义事业全面推向二十一世纪》,均提出了"教育要为社会主义经济发展服务",要"建立适应社会主义市场经济体制和政治、科技体制改革需要的教育体制"的基本目标和思想。由此可见,经济性优先是这一阶段基础教育政策的重要价值取向。

在追求经济性的同时,基础教育政策也充分体现了教育性。1985年出台的《中共中央关于教育体制改革的决定》指出了按照"分层、分类、分流培养"的原则进行体制改革,要求我国广大青少年一般应从中学阶段开始分流:初中毕业生一部分升入普通高中,一部分接受高中阶段的职业技术教育;高中毕业生一部分升入普通大学,一部分接受高等职业技术教育;小学毕业后接受过初中阶段的职业技术教育的,可以就业,也可以升学;凡是没有升入普通高中、普通大学和职业技术学校的学生,可以经过短期职业技术培训,然后就业。在教育管理上,《中共中央关于教育体制改革的决定》明确指出基础教育管理权属于地方。"除大政方针和宏观规划由中央决定外,具体政策、制度、计划的制定和实施,以及对学校的领导、管理和检查,责任和权利都交给地方。"基础教育管理权限进行了下移。自1986年《中华人民共和国义务教育法》颁布后,《中华

人民共和国教师法》《中华人民共和国教育法》等与教育相关的法律相续颁布,《扫除文盲工作条例》《中华人民共和国义务教育法实施细则》等基础教育相关法规也陆续颁布,中国教育进入法制化建设时期。可以看出,基础教育的分类培养体制、管理权限下移、基础教育法制化建设都充分体现了要按照客观规律办教育事业的基本指导思想,其相关教育政策具有明显的教育性价值取向。

(三)"素质教育"推进时期:教育性优先,兼顾社会性

随着社会主义市场经济体制目标的确立,经济得到迅速发展,社会对创新性人才的需要进一步加大,"素质教育"成为这一时期基础教育改革的主题。国家制定教育政策的指导思想转向"素质教育",希望通过教育能够培养出具有创新意识与创新能力的优秀人才。

1999年6月,国家召开的改革开放之后第三次全国教育工作会议,出台了《中共中央国务院关于深化教育改革全面推进素质教育的决定》。2001年6月,国务院召开改革开放以来第一次全国基础教育工作会议,出台了《国务院关于基础教育改革与发展的决定》。这两个会议出台的两个决定绘制了新世纪初我国基础教育改革与发展的基本蓝图:国家基础教育政策在基本普及义务教育的基础上,向全面推进素质、全面提高教育质量的方向发展,基础教育改革步入以推进素质教育为核心内容的教育质量提升时期。

在全面实施素质教育的同时,教育公平、均衡发展也受到重视。2001年的《国务院关于基础教育改革与发展的决定》指出:进一步扩大九年义务教育人口覆盖范围,初中阶段入学率达到90%以上。2000年前后,国家出台多个向农村和西部欠发达地区倾斜的教育政策,如《关于完善农村义务教育管理体制的通知》(2002年4月)、《国务院关于进一步加强农村教育工作的决定》(2003年9月)等,极大地提高了农村基础教育的办学条件、师资水平、财政保障等,体现了教育公平与均衡发展的原则。

(四)注重质量提高与均衡发展阶段:社会性优先,兼顾教育性

自2000年以后,我国城镇化建设进入高速推进时期,和谐社会建设思想也正式提出。在这一背景下,教育均衡、教育质量成为引导基础教育改革的关键词。用教育政策价值取向来表述即"社会性优先,兼顾教育性"。

2010年教育部出台的《国家中长期教育改革和发展规划纲要(2010—2020)》提出:要形成惠及全民的公平教育,坚持教育的公益性和普及性,保障

公民依法享有接受良好教育的机会。2012年国务院出台的《关于深入推进义务教育均衡发展的意见》(国发[2012]48号)又提出:要充分认识到义务教育均衡发展的重要意义;均衡发展是义务教育的战略性任务,要建立健全义务教育均衡发展的保障机制。并要求率先在县域内实现义务教育基本均衡发展,到2015年,全国义务教育巩固率达到93%,实现基本均衡的县(市、区)比例达到65%;到2020年,全国义务教育巩固率达到95%,实现基本均衡的县(市、区)比例达到95%。在城镇化进程中,体现教育公平,实现教育均衡发展是这一阶段的发展教育事业的战略主题。

同时,提高教育质量也是这一阶段基础教育政策的重要内容。2010年印发的《国家中长期教育改革和发展规划纲要(2010—2020)》把提高质量作为教育改革发展的核心任务,要求提供更加丰富的优质教育,建立国家义务教育质量基本标准和监测制度。2011年教育部出台的《全国教育人才发展中长期规划(2010—2020年)》和教育部、财政部联合印发的《教育部、财政部关于实施"中小学教师国家级培训计划"的通知》,把提高教师水平,作为提高教育质量、促进义务教育均衡发展的根本任务。这些政策文件的颁布与实施,说明提高教育质量既是基础教育改革的主要方向,又是促进义务教育均衡发展的重要途径。

改革开放以来,随着我国经济体制的转变,政治体制、文化体制、教育体制也在不断发生变化,这使得在不同的阶段,教育改革面临着不同的主题。在解决不同问题的过程中,基础教育政策的价值取向也在不断变化:从政治性优先到经济性优先,再到教育性优先,直至目前的社会性优先。教育政策构成了一个连续的发展过程,并显现出多元融合、相互促进的优化态势①,持续引导和推动了我国基础教育的改革与发展。

第三节 我国基础教育改革与发展的未来思考

教育是促进社会发展的重要手段,教育的发展与社会现状和未来发展息

---

① 杨志成.新中国基础教育政策价值取向研究[D].长春:东北师范大学博士论文,2013.52

息相关。随着社会的发展与变化,教育需要在坚持自身本质与规律的基础上,不断变化其价值观念、体制结构、课程教学、评估管理,以适应社会的需求。

一、我国社会的发展与变化趋势

我国进入21世纪后,社会的发展和变化主要聚焦在三个方面:

(一)城镇化发展

2000年10月,《中共中央关于制定国民经济和社会发展第十个五年计划的建议》提出了城镇化发展战略,认为"随着农业生产力水平的提高和工业化进程的加快,我国推进城镇化条件已逐渐成熟,要不失时机地实施城镇化战略","走出一条符合我国国情、大中小城市和小城镇协调发展的城镇化道路"。自此,中国的城镇化发展战略正式拉开。所谓城镇化,即人类生产和生活方式由乡村型向城市型转化的历史过程,表现为乡村人口向城市人口转化及城市不断发展完善的过程①。城镇化打破我国传统的社会经济结构与人口结构,形成一系列新的生存生活方式。这种转变对基础教育的政策与制度制定产生着重要影响,特别是在教育公平、教育平等领域,以促进教育公平、平等、民主为核心的教育均衡发展理念目前已经成为我国基础教育改革与发展的重要指导思想。

(二)和谐社会建设

进入21世纪后,随着我国经济的飞速发展和人民物质生活水平的快速提高,和谐社会的基础条件基本满足,构建和谐社会成为中国特色社会主义建设的核心内容与基本精神。2003年,胡锦涛总书记在"七一"讲话中指出:在社会变革中出现的新的社会阶层是中国特色社会主义事业的建设者,最广泛最充分地调动一切积极因素,妥善处理各种利益关系和社会矛盾,切实维护社会稳定,形成全体人民各尽其能、各得其所而又和谐相处的局面,我们就能集聚起推进事业发展的强大力量②。这次讲话集中阐述了我国构建社会主义和谐

---

① 李少元.城镇化对农村教育发展的挑战[J].中国教育学刊,2003(1):15—18
② 胡锦涛.在"三个代表"重要思想理论研讨会上的讲话[N].人民日报,2003-07-01(1)

社会的重要性,拉开了社会主义和谐社会建设的序幕。2005年2月19日,胡锦涛总书记在中共中央举办的省部级主要领导干部提高构建社会主义和谐社会能力专题研讨班上的讲话中指出:"我们所要建设的社会主义和谐社会,应该是民主法治、公平正义、诚信友爱、充满活力、安定有序、人与自然和谐相处的社会。"①他的讲话深刻揭示了和谐社会的内涵。2012年中共十八大明确提出"三个倡导",即"倡导富强、民主、文明、和谐,倡导自由、平等、公正、法治,倡导爱国、敬业、诚信、友善,积极培育社会主义核心价值观",对社会主义核心价值观进行了高度概括。和谐社会是中国特色社会主义建设的主要方向,也是指导基础教育改革与发展的基本思想。在和谐社会建设背景下,如何破解不同区域、不同群体之间基础教育的矛盾将是我国基础教育改革与发展需要长期关注的问题。

(三)信息化发展

信息化是充分利用信息技术,开发利用信息资源,促进信息交流和知识共享,提高经济增长质量,推动经济社会发展转型的历史过程。党中央、国务院一直高度重视信息化工作。1997年,召开了全国信息化工作会议;党的十五届五中全会把信息化提到了国家战略的高度;党的十六大进一步作出了以信息化带动工业化、以工业化促进信息化、走新型工业化道路的战略部署;党的十六届五中全会再一次强调,推进国民经济和社会信息化,加快转变经济增长方式。

2006年5月,中共中央办公厅、国务院办公厅联合印发的《2006—2020年国家信息化发展战略》,明确提出到2020年,我国信息化发展的战略目标是:综合信息基础设施基本普及,信息技术自主创新能力显著增强,信息产业结构全面优化,国家信息安全保障水平大幅提高,国民经济和社会信息化取得明显成效,新型工业化发展模式初步确立,国家信息化发展的制度环境和政策体系基本完善,国民信息技术应用能力显著提高,为迈向信息社会奠定坚实基础。

随着科技的发展,信息化水平也在不断提高,在社会各个领域的作用越来越大。在基础教育领域,如何利用信息技术促进教育公平、提高教育质量将是未来基础教育需要长期思考的问题。

---

① 胡锦涛.深刻认识构建社会主义和谐社会的重大意义,扎扎实实做好工作,大力促进社会和谐团结[N].人民日报,2005-02-20(1)

二、我国基础教育改革与发展的未来展望

从我国基础教育改革与发展的历程、基础教育政策的价值取向变化以及当前城镇化、信息化发展、和谐社会建设现状与趋势,我们可以对未来教育的发展进行一些思考。

(一)进一步推进基础教育的均衡发展,促进教育公平

"均衡"是一个物理学名词,由马歇尔引入经济学之中,是指经济中各种对立的、变动着的力相对静止、不再变动的状况。教育均衡最基本的要求是在教育机构和教育群体之间,平等地分配教育资源,达到教育需求与教育供给的相对均衡,并最终落实在人们对教育资源的分配和使用上。从个体看,教育均衡指受教育者的权利和机会的均等,指学生能否在德智体美等方面均衡发展、全面发展;从学校看,教育均衡指区域间、城乡间、学校间以及各类教育间教育资源配置是否均衡;从社会看,教育均衡指教育所培养的劳动力在总量和结构上,是否与经济、社会的发展需求达到相对的均衡。基础教育均衡发展,主要是指我国不同地区之间、城乡之间、同一地区不同学校之间、同一学校不同群体之间的教育均衡发展问题。教育均衡发展也是世界各国推进教育公平、促进社会融合的必然要求,是教育发展的理想目标和美好愿望[①]。

到目前为止,我国基础教育均衡发展已经取得了较大的成就。有实证研究表明:我国基础教育的教育机会均衡指数、教育资源配置均衡指数、教育质量均衡指数、教育成就均衡指数和教育均衡总指数均呈现逐年均衡的发展趋势,尤其在基础教育机会均衡方面取得了很大的进步。这表明我国基础教育在当前我国经济社会差距不断扩大的背景下,我国基础教育差距整体上出现了逐步缩小的趋势,基础教育发展整体上逐步走向均衡[②]。从现实来看,我国在农村教育经费投入、教师培训、校舍建设、学校布局等方面也明显好转。这意味着我国基础教育均衡发展得到较大的提高,呈现出良好的发展态势。

与此同时,伴随城镇化建设等社会新的发展与变化,教育均衡发展仍然存

---

① 罗刚.基础教育均衡发展政策的价值分析[D].上海:华东师范大学博士论文,2009.3

② 翟博,孙百才.中国基础教育均衡发展实证研究报告[J].教育研究,2012(5):22—30

在一些问题。如区域之间教育均衡还呈现出起伏不定的变化态势;不同群体之间接受基础教育特别是义务教育还不均衡,依然存在着择校的差异①。这要求在未来的基础教育改革与发展中,仍然要把教育均衡当作一项艰巨任务来抓。均衡发展是我国基础教育改革与发展的长期指导思想。在区域内的城乡之间、不同学校之间、不同学习群体之间的不均衡状态仍将在较长一段时间内存在。因此,有学者指出,在未来基础教育均衡发展的研究与建设过程中,增加教育投入以扩大教育资源总量,合理配置教育资源,加强对基础教育经费拨付、使用情况的监督管理,将是未来基础教育均衡发展的重要方面②。

(二)进一步推进学校内涵式发展,体现办学特色

所谓内涵式发展指在对学校规模不进行大扩张的前提下,挖掘内部发展潜力,通过合理的内部体制机制改革与调整,使现有教育教学资源达到最大的利用效率,以实现教学质量和办学效益的提高③。相对于"外延式发展"强调"数量","内延式发展"则强调"质量"。在学校教育发展的过程中,没有无数量的质量,也没有无质量的数量;数量增长是基础,质量提高是目的,没有质量保证的数量增长是没有意义的。质量是学校教育发展的本质,提高质量是学校教育工作的中心任务。

目前,学校内涵式发展理念已经深入人心。在办学条件相对满足的前提下,各个地方的学校都在探索内涵发展的有效路径,并取得了可喜的成绩。如南京市栖霞区通过 U-A-S 大学—教育行政部门—中小学合作以区域联动的方式推进学校内涵发展④;山西省阳泉市第七中学以"一切为学生终身发展奠基"为办学宗旨,注重文化引领、规范管理、专业提升来推动学校内涵发展⑤。

然而,内涵式发展是一个持续的系统过程。由于外部条件、校长理念、传统教育观念等的影响,学校内涵式发展还存在一些问题。如"外动内不动",改革仅仅停留在外部推动、拉动、促进阶段,学校内部并未真正启动;"上动下不

---

① 翟博,孙百才.中国基础教育均衡发展实证研究报告[J].教育研究,2012(5):22—30

② 叶澜.中国基础教育改革发展研究[M].北京:人民出版社,2009.276

③ 叶澜.中国基础教育改革发展研究[M].北京:人民出版社,2009.279

④ 吴晓玲.区域联动式学校内涵发展的整体探索[J].教育发展研究,2012(12):54—59

⑤ 薛喜炎.走规范办学之路 推进学校内涵式发展[J].中国教育学刊,2012(s2):289

动",并未把改革的重心从政府、政策下移转化到学校的各项工作;"心动行不动",观念上认可,但没有付出具体行动①。因此,在国家宏观政策指导下,各个学校需要依据当代学校教育的基本理念、学校本身的传统特色、学校自身的实际状况,找准切入点,以特色发展带动学校整体建设,在办学观念、管理能力、教师水平、教学质量等方面进行系统改革,促进学校的内涵发展。

(三) 进一步推进课程与教学改革,提高教育教学质量

课程与教学是学校教育的核心,课程建设与教学改革是提高教育教学质量的关键。2001 年开始的新一轮基础教育课程改革,是新中国成立以来我国教育领域最为广泛和深刻的变革;是深入实施科教兴国战略,迎接日益激烈的国际竞争的挑战,实现教育面向现代化、面向世界、面向未来的战略要求;是培养新世纪符合素质教育要求和时代精神的合格人才,构建具有中国特色的基础教育课程体系的必然选择。

截至 2010 年,全国范围内义务教育阶段的所有小学和初中都已进入新课程改革,有的省份已实验三四轮;高中阶段除尚未普及九年义务教育的极个别西部省份外,已有 30 个以上省、自治区和直辖市实施新课程。可以说,新一轮基础教育课程改革已进入常态化阶段②,并取得了可喜的成绩:广大中小学生的学习兴趣和学习愿望明显增强,教师教育教学能力和专业水平得到不同程度的提升,学校办学更具特色,各级教育行政和教学研究等部门在课程改革中转变了职能③。中国基础教育在教育观念转变、教师专业水平提升、管理工作方式转变、学生学习兴趣能力提高等各个方面均实现了良性发展。

然而,这些成就并不能掩盖当前基础教育课程与教学中存在的问题,这些问题主要体现在:教育行政部分人员和教师的教育教学管理还有待深化与更新,政府的政策与测评体系还需要进一步完善,课程与教学的基础和经验研究还有待进一步加强,教师在操作上对新课程的适应还需要加快,学校教育资源

---

① 叶澜.中国基础教育改革发展研究[M].北京:人民出版社,2009.179
② 中国教育科学研究院课程教学研究中心课题组.基础教育课程改革十年:经验、问题与对策[J].教育科学研究,2012(9):5—12
③ 中国教育科学研究院课程教学研究中心课题组.基础教育课程改革十年:经验、问题与对策[J].教育科学研究,2012(9):5—12

开放还显不够,教师专业发展的支持系统还未健全①。因此,在基础教育改革与发展中,如何进一步在新课程理念引导下,通过课程与教学的深入改革,提高教育教学质量仍然是一个长期而艰巨的任务,需要进一步关注和研究。

(四)进一步推进教育信息化建设,推进教学的信息化水平

1998年底,教育部制定的《面向21世纪教育振兴行动计划》,提出了"实施'现代远程教育工程',形成开放式教育网络,构建终身学习体系"的战略思想,就此拉开了我国教育信息化的帷幕。2000年10月23日,教育部发布的《关于在中小学普及信息技术教育的通知》,决定"从2001年开始用5—10年的时间,在中小学普及信息技术教育,以信息化带动教育的现代化,实现我国基础教育跨越式发展",并要求全面启动中小学"校校通"工程。2012年教育部印发了《教育信息化十年发展规划(2011—2020)》,文中提出"以教育信息化带动教育现代化,破解制约我国教育发展的难题,促进教育的创新与变革,是加快从教育大国向教育强国迈进的重大战略抉择"。在中央和教育部的正确指导和大力支持下,我国教育信息化取得了长足的发展,基础设施、信息化资源、教师信息化水平、基于信息化的教学改革等方面得到了很大提升②。面向全国的教育信息基础设施体系初步形成,城市和经济发达地区各级各类学校已不同程度地建有校园网并以多种方式接入互联网,信息终端正逐步进入农村学校;数字教育资源不断丰富,信息化教学的应用不断拓展和深入;教育管理信息化初见成效;网络远程教育稳步发展,为构建终身学习体系发挥了重要作用。教育信息化对于促进教育公平、提高教育质量、创新教育模式的支撑和带动作用初步显现。

与此同时,必须清醒地认识到,加快推进教育信息化还面临诸多的困难和挑战。它们表现在:对教育信息化重要作用的认识还有待深化和提高;加快推进教育信息化发展的政策环境和体制机制尚未形成;基础设施有待普及和提高;数字教育资源共建共享的有效机制尚未形成,优质教育资源尤其匮乏;教育管理信息化体系有待整合和集成;教师的信息化水平还有待进一步提高;教

---

① 中国教育科学研究院课程教学研究中心课题组.基础教育课程改革十年:经验、问题与对策[J].教育科学研究,2012(9):5—12

② 吴琼.四川省中小学教育信息化现状及评价指标体系研究[D].成都:四川师范大学硕士论文,2005.2—4

育信息化对于教育变革的促进作用有待进一步发挥。这些问题将在我国基础教育发展过程中长期存在。推进教育信息化仍然是一项紧迫而艰巨的任务，需要我们不断地关注、思考和探索。

第三章 河南省基础教育改革与发展的政策进展

在对我国基础教育改革与发展政策作出分析的基础上,进一步探讨河南省基础教育改革与发展政策进展情况,进一步全面了解河南省基础教育政策实施成效,将为进一步研究河南省县域基础教育改革与发展提供政策支撑。本章主要就2000年以来河南省学前教育、义务教育这两个阶段政策进展状况①作一梳理分析。

关于河南省学前教育政策进展状况。首先,回顾了国家学前教育政策文本。其次,对近几年河南省学前教育政策文本进行了梳理。并在此基础上,较为详细地分析了河南省学前教育政策进展情况,主要表现为:加大学前教育投入,切实作好经费保障;扩大学前教育资源,完善学前教育公共服务网络;加强学前教育教师队伍建设,切实保障其合法权益;规范幼儿园各种办园行为,保障学前教育健康发展;坚持科学保教,全面提高学前教育质量。最后,就河南省学前教育政策实施成效与存在问题进行了总结分析。

关于河南省义务教育政策进展状况。首先对2010—2016年河南省义务教育政策文本进行了较为详细的梳理。并在此基础上,重点分析了河南省农村义务教育政策实施与进展情况,主要内容包括:健全机制,全方位促进农村义务教育均衡发展;优化资源配置,改善农村义务教育学校办学条件;调整农村义务教育学校布局,办好乡村小学和教学点;实施农村义务教育学生营养改善计划,增强学生体质;健全教师培养机制,提高农村教师队伍素质和师德修养。

---

① 因高中阶段的教育政策相对比较稳定,这里就不再赘述。关于学前教育,尽管后面的研究中较少涉及,但由于近几年国家大力发展学前教育,出台的政策文本比较多,所以,在本章中专门有一节介绍河南省的政策进展情况。义务教育阶段,由于牵涉面广,出台的政策文本比较多,所以,在本章中仅就2010—2016年的政策文件进行梳理与分析。

第一节　河南省学前教育政策进展状况

本节内容在简单回顾国家学前教育政策文本的基础上，梳理近几年河南省学前教育政策文件，重点是对河南省学前教育政策进展情况进行归整分析，最后，概要表述河南省学前教育政策实施成效及存在的问题。

一、国家学前教育政策回顾

党的十一届三中全会以来，我国各项事业逐步走上正轨并进入快车道，教育事业也得到了较大发展。就学前教育而言，国家出台的政策主要有：1989年颁布的《幼儿园管理条例》，1996年颁布的《幼儿园工作规程》，2001年9月教育部印发并实施的《幼儿园教育指导纲要（试行）》，2003年国务院办公厅转发教育部等部门联合制定的《关于幼儿教育改革与发展的指导意见》。我国学前教育的大发展真正开始于2010年召开的改革开放以来第四次全国教育工作会议之后。

2010年及其随后的短短几年里，国家出台了一系列的相关政策，促进学前教育的快速发展。2010年，中共中央、国务院印发的《国家中长期教育改革和发展规划纲要（2010—2020年）》（以下简称《规划纲要》），专章论述学前教育，提出基本普及学前教育、明确政府职责、重点发展农村学前教育等三项目标任务。为贯彻落实《规划纲要》，国务院印发了《关于当前发展学前教育的若干意见》（国发[2010]41号），就是大家通称的"国十条"。其中明确提出"统筹规划，实施学前教育三年行动计划"，要求各省（区、市）政府以县为单位编制学前教育三年行动计划（2011—2013年）。第一个学前教育三年行动计划结束后，2014年教育部等部委联合印发了《关于实施第二期学前教育三年行动计划的意见》（教基二[2014]9号），即又启动了第二期学前教育三年行动计划（2014—2016年）。

2011年，教育部、财政部联合印发了《关于实施幼儿教师国家级培训计划的通知》（教师[2011]5号），从此拉开了幼儿教师国家级培训的大幕。2012年8月国务院制定印发了《关于加强教师队伍建设的意见》（国发[2012]41号），紧接着教育部等部委又于2012年9月印发了《关于加强幼儿园教师队伍建设的意见》。

2011年,国家发展改革委联合教育部、财政部印发了《幼儿园收费管理暂行办法》(发改价格[2011]3207号)。2012年,教育部印发《幼儿园教师专业标准(试行)》(教师[2012]1号)和《学前教育督导评估暂行办法》(教督[2012]5号)。2012年教育部印发了《国家教育事业发展第十二个五年规划》,其中在教育事业发展目标中提出到2015年:基本普及学前一年教育,农村学前一年毛入园率达到80%左右;城镇和经济发达地区农村基本普及学前三年教育,基本解决"入园难"问题。2013年,教育部印发了《幼儿园教职工配备标准(暂行)》(教师[2013]1号)。2015年,财政部和教育部联合印发了《中小学幼儿园教师国家级培训计划专项资金管理办法》(财教[2015]524号)

从以上可以看出,2010—2015这6年内,国家连续就学前教育的方方面面发文,全方位支持这一块工作的快速发展,足见国家对这一块工作的高度重视和倾注的心血。一般来讲,国家发布相关政策后,各个省(市、区)都会结合地方实际,出台相应的政策文件。

二、河南省学前教育政策梳理

为深入贯彻落实国家《规划纲要》,促进学前教育快速健康发展,满足人民群众对学前教育的需求,根据《国务院关于当前发展学前教育的若干意见》,河南省结合省情及时发布了相关政策文件。

2010年,河南省委、省政府印发《河南省中长期教育改革和发展规划纲要(2010—2020年)》(以下简称《河南省规划纲要》)。这是为贯彻落实中共中央、国务院颁布的《规划纲要》而制定的,更是办好人民满意的教育,建设教育强省、人力资源强省的客观需要。文中提出"引导学前教育健康发展,重点发展农村学前教育"。

2011年,河南省人民政府印发《关于大力发展学前教育的意见》(豫政[2011]48号)(以下简称《意见》)。这是为贯彻落实"国十条"而及时出台的文件,提出了到2020年全省基本普及学前三年教育,学前三年毛入园率达到90%以上的目标任务。

2011年,河南省政府办公厅印发《河南省学前教育三年行动计划(2011—2013年)》(豫政办[2011]62号)(以下简称第一期《三年行动计划》)。这是为落实"国十条"和省政府印发的《意见》等文件精神,出台的第一期《三年行动计划》，文件要求着力解决当时存在的"入园难"问题，更好地满足城乡适龄儿童的入园需求。

2011年，河南省教育厅、财政厅联合印发的《关于下达"国培计划（2011）"——河南省农村幼儿教师培训项目的通知》，决定开展河南省农村幼儿教师"国培计划（2011）"项目。这一培训项目一直延续到2016年，并仍在进行中。

2012年，河南省教育厅制定并印发《河南省教育事业发展"十二五"规划》，文中提出"加快发展学前教育，健全基本公共教育服务体系"。这是根据《河南省国民经济和社会发展第十二个五年规划纲要》和《河南省规划纲要》制定的。

2012年，河南省教育厅、省发展和改革委员会等13个部门联合印发《河南省幼儿园管理暂行办法（试行）》，这是为进一步加强对幼儿园的管理，促进河南省学前教育事业健康发展而制定的文件。

2012年，河南省政府办公厅转发《河南省幼儿园办园基本标准》（豫政办［2012］169号）（以下简称《办园基本标准》）。这是省教育厅等十个部门联合制定的办园基本标准，旨在全面提高全省幼儿园办园水平，积极改善办园条件，促进学龄前儿童健康成长，满足广大人民群众对学前教育的需求。

2012年，河南省发展和改革委员会、教育厅、财政厅联合印发《河南省幼儿园收费管理暂行办法实施细则》（豫发改收费［2012］2061号）（以下简称《收费管理实施细则》）。这是在2011年国家发展改革委员会联合教育部、财政部印发《幼儿园收费管理暂行办法》之后及时出台的实施细则，其目的是规范幼儿园收费行为，保障受教育者和幼儿园的合法权益，促进学前教育事业健康发展。

2015年，河南省政府办公厅印发《河南省第二期学前教育三年行动计划（2014—2016年）》（豫政办［2015］55号）（以下简称第二期《三年行动计划》）。这是在2014年教育部等部委联合印发《关于实施第二期学前教育三年行动计划的意见》之后，河南省制订第二期《三年行动计划》，旨在持续强力推进全省学前教育事业发展。

2016年，河南省教育厅、发展和改革委员会、财政厅联合印发《关于编制第三期学前教育三年行动计划项目规划的通知》（教基二［2016］205号）。这是根据国家总体部署，提前做好实施前期准备工作，而进行的又一举措。河南省拟于2017年启动实施第三期学前教育三年行动计划（2017—2019年），力争到2019年，全省学前三年毛入园率达到90%左右，公办和普惠性民办园覆盖率稳定在 85% 以上,实现全省基本普及学前教育的目标。

2016 年,河南省教育体制改革领导小组印发《河南省教育综合改革方案》(豫教改[2016]3 号),文中提出"加强对学前教育的规范管理和宏观指导,提高幼儿科学保教水平"。这是经省政府同意并报国家教育体制改革领导小组办公室备案的教育综合改革方案,是深化教育领域综合改革,贯彻落实党中央、国务院的重大决策部署,是加快人力资源开发、建设人力资源强省的客观要求。

三、河南省学前教育政策进展

政策进展有两层含义:第一层含义是出台新的政策,第二层含义是已有政策的推进开展状况[①]。河南省学前教育的快速发展同全国一样,是从 2010 年第四次全国教育工作会议召开、《规划纲要》颁布之后开始的。所以,谈政策进展重点是从 2010 年开始到现在的发展情况。盘点这些政策文件,我们更加清楚河南省在学前教育工作中取得了哪些突破性的进展,在哪些方面还有欠缺。

(一)加大学前教育投入,切实做好经费保障

教育经费投入历来是关键,是基础,尤其是学前教育经费的投入。因为长期以来对学前教育经费的投入欠账太多,国家对学前教育的财政投入未单列。学前教育事业发展在中央财政性教育预算中没有单项列支,一直包括在中小学教育预算中。因而,一方面造成各省、市、县相应地少有或没有单列学前教育经费;另一方面造成学前教育的财政投入比例和规模长期过低——在全国教育事业经费总量之中,学前教育经费所占的比例长期过小,仅占 1.2%－1.3%,并且十来年徘徊不前[②]。本来就薄弱的学前教育,再长期失去财政保障,可想而知它的发展情况。因此,大力发展学前教育,必须首先加大学前教育经费投入。

2010 年《河南省规划纲要》指出,要加大政府对学前教育的投入,建立政府投入、社会举办者投入、家庭合理负担的投入机制,对家庭困难幼儿入园给

---

① 邬志辉,秦玉友. 中国农村教育发展报告 2013－2014[M]. 北京:北京师范大学出版社,2015.20

② 庞丽娟,韩小雨. 中国学前教育立法:思考与进程[J]. 北京师范大学学报(社会科学版),2010,(5):14－20

予补助。2011年省政府印发的《意见》和省政府办公厅印发的第一期《三年行动计划》中明确指出：要加大财政投入，各级政府要将学前教育经费纳入财政预算予以保障；新增教育经费要向学前教育倾斜；从2011年起，省财政每年安排专项资金，实行以奖代补，支持各地新建幼儿园、改扩建幼儿园、改善现有幼儿园办园条件、培训幼儿教师，并向农村地区倾斜；县级政府要切实负起学前教育的投入责任，积极筹措并安排使用各项资金；鼓励社会力量办园和捐资助园。

2012年《河南省教育事业发展"十二五"规划》提出，要建立完善市县学前教育经费保障机制和省级加大学前教育投入奖补机制，把学前教育经费纳入各级政府财政预算。2015年省政府办公厅印发的第二期《三年行动计划》又明确指出，省财政将继续安排专项奖补资金，并统筹使用中央专项资金，用于省辖市、县(市、区)新建和改扩建公办幼儿园，并继续向农村贫困地区和薄弱环节倾斜，引导和支持省辖市、县(市、区)扩大学前教育资源，完善学前教育公共服务体系，努力做到保工资、保安全、保运转、保发展。同时还要求做好家庭经济困难儿童、孤儿和残疾儿童接受普惠性学前教育资助工作，完善困难群体入园资助机制。还要求创新资金投入机制，鼓励和引导社会资本以多种方式进入学前教育领域，建立多元化投入机制。

(二) 扩大学前教育资源，完善学前教育公共服务网络

"国十条"明确指出，发展学前教育，必须坚持公益性和普惠性，努力构建覆盖城乡、布局合理的学前教育公共服务体系，保障适龄儿童接受基本的、有质量的学前教育，着力解决当前存在的"入园难"问题。"入园难"的本质在于国家可提供的学前教育资源与社会日益增长的对学前教育需求之间的矛盾。学前教育资源的缺乏存在绝对缺乏和相对缺乏两种情况。绝对缺乏直接表现为无幼儿园可上，相对缺乏表现为没有合适的幼儿园可上[①]。因此，2010年之后包括河南省在内的所有区域都在积极地扩充学前教育资源，构建公办民办并举的办园格局。

2010年《河南省规划纲要》中提出要建立政府主导、社会参与、公办民办并举的办园体制。大力发展公办幼儿园，积极扶持民办幼儿园。落实城市居

---

① 虞永平. 基本普及学前教育是未来十年学前教育发展的目标[J]. 幼儿教育，2010(10)：4—6

住区配套建设幼儿园政策。加大对农村地区、贫困地区学前教育的扶持力度，着力保证留守儿童入园。采取多种形式扩大农村学前教育资源，改扩建、新建幼儿园，充分利用中小学布局调整富余的校舍和教师举办幼儿园（班）。发挥乡镇中心幼儿园对村幼儿园的示范指导作用，带动农村学前教育发展。

2011年省政府印发的《意见》指出，合理确定幼儿园发展数量和区域布局，建立县（市、区）、乡镇（街道）、村（居住区）学前教育网络。加大政府投入，加快新建、改扩建一批公办幼儿园，提供"广覆盖、保基本"的学前教育公共服务。各地要把发展学前教育作为社会主义新农村建设的重要内容，将幼儿园作为新农村公共服务设施统一规划，优先建设，加快发展。切实搞好城镇小区幼儿园配套建设。城镇小区要根据居住区规划和居住人口规模，按照国家有关规定配套建设幼儿园。鼓励社会力量以多种形式举办幼儿园。2011年省政府办公厅印发的第一期《三年行动计划》中也提出了新建和改扩建公办幼儿园工程。即2011—2013年，多渠道筹措资金，全省新建和改扩建公办幼儿园4000所，3万人口以上的乡镇至少举办2所，3万人口以下的乡镇至少举办1所标准化公办中心幼儿园，大村和新型农村社区实现独立办园、小村联合办园或建分园，基本形成县、乡镇、村三级农村学前教育网络。

2012年《河南省教育事业发展"十二五"规划》明确提出，落实各级政府发展学前教育责任。把学前教育纳入各级政府经济社会发展规划。合理规划学前教育机构布局和建设，并纳入土地利用总体规划、城镇建设和新农村建设规划。实施学前教育扩容工程，有效解决适龄儿童"入园难"问题。重点发展农村学前教育。坚持政府主导，按照"广覆盖、保基本、有质量"的要求，大力发展公办幼儿园，积极扶持民办幼儿园，形成公办民办并举的办园格局。积极发展城市学前教育。大力扶持企事业单位及街道幼儿园发展，落实城镇小区配套建设幼儿园政策，城镇新区、开发区和大规模旧城改造，同步建设好配套幼儿园。积极扶持民办幼儿园。采取政府购买服务、减免租金、以奖代补、派驻公办教师等方式引导和支持民办幼儿园，提供普惠性服务。支持普惠性、低收费民办幼儿园。2012年《河南省幼儿园管理暂行办法》又一次明确指出：坚持政府主导、社会参与、公办民办并举，充分调动各方面积极性，多种形式扩大学前教育资源，满足人民群众的基本需求。

2015年省政府办公厅印发的第二期《三年行动计划》指出，以发展公办幼儿园和普惠性民办幼儿园为主体，重点解决农村贫困地区、留守儿童集中地方学前教育资源总量短缺和城镇及城乡结合部学前教育资源总量不足问题。将建设重点放在新型农村社区、城乡结合部和城镇新增居民区等幼儿园空白点，努力实现就近入园、方便入园。顺应城镇化进程,积极扩充城市公办学前教育资源。2016年年底前,省辖市市区根据需要新建、改扩建一批标准化公办幼儿园,县(市)城区至少要举办3所标准化公办幼儿园。继续将乡镇中心幼儿园建设作为扩大农村学前教育资源的工作重点。进一步完善县、乡镇、村三级农村学前教育网络,努力使农村适龄儿童都能享受到基本的、有质量的学前教育。认真开展普惠性民办幼儿园认定及扶持工作,逐年提高普惠性民办幼儿园比例。落实城镇小区配套幼儿园政策。新建城镇住宅小区、旧城改造等,应按照国家《城市居住区规划设计规范(GB50180-93)》,根据所居住地适龄儿童数量和分布状况配套建设相应规模的幼儿园。支持特殊教育学校和有条件的儿童福利机构、残疾儿童康复机构设立幼儿园或学前班(部)。

2016年《河南省教育综合改革方案》提出进一步完善学前教育公共服务网络,到2016年,学前三年毛入园率达到83%左右;公办幼儿园和普惠性民办幼儿园覆盖率达到85%以上;新建、改扩建幼儿园4100所,其中公办幼儿园2100所,努力实现城乡幼儿就近入园、方便入园;基本建成覆盖城乡、布局合理、公益普惠、灵活多样的学前教育公共服务网络。

(三)加强学前教育教师队伍建设,切实保障其合法权益

长期以来,学前教育教师队伍建设一直是制约学前教育事业发展的一个突出问题。尽管《教师法》第四十条规定"中小学教师,是指幼儿园、特殊教育机构、普通中小学、成人初等中等教育机构、职业中学以及其他教育机构的教师",然而在现实中,很多地方政府部门在制定教师编制和相关待遇时,仅限定在"中小学教师",并未将幼儿教师列入其中,造成幼儿教师缺编、无编的严重现实问题。同时,幼儿园教师缺乏培训提高的机会,也没有单独的职称评定系列[1],造成幼儿教师队伍不稳、待遇不好、社会保障不足、整体素质不高、幼儿教师职业缺乏吸引力。为改变这种局面,河南省同全国其他省份一样在2010年之后,认真贯彻落实国家相关文件规定并制定相应的政策,开始大力加强学前教育教师队伍建设,依法依规落实学前教育教师地位和待遇。

2010年《河南省规划纲要》指出,加强学前教育教师队伍建设,加大师范院校学前教育专业建设,加强在职学前教育教师专业培训,为学前教育健康发

---

[1] 庞丽娟,等. 高位入手顶层设计我国学前教育政策[J]. 教育研究,2012(10):104-107;刘占兰. 发展学前教育是各级政府义不容辞的责任[J]. 学前教育研究,2010(11):12-16

展提供师资保障。2011年省政府印发的《意见》进一步指出,面向社会公开招聘一批大中专学前(幼儿)教育专业毕业生,充实幼儿园教师队伍;引导具备相应资格和条件的非学前教育专业高校毕业生,经培训合格后担任幼儿教师;从中小学富余教师中选择适合从事学前教育工作的教师,经培训合格后转入学前教育。依法落实幼儿教师地位和待遇,完善落实幼儿园教职工工资保障和养老、医疗等社会保障政策,保障幼儿教师的合法权益。实施学前教育教师培训工程和名师培育工程,建立五年一个周期的学前教育教师全员培训制度,把幼儿园园长和教师分别纳入中小学校长和中小学教师培训体系,建立完善幼儿教师专业技术职务评定制度。

2011年省政府办公厅印发的第一期《三年行动计划》提出,要加强幼儿园教师资格准入管理,严格教师资格认定,严把"入口关"。幼儿园园长、专任教师、保育员等均应取得岗位任职资格,持证上岗。通过公开招聘、转岗培训等多种形式解决幼儿师资不足的问题。加大幼儿教师培养力度,建立幼儿园园长和教师培训制度。制定培训规划,完善培训措施,三年内完成幼儿园园长、教师、保育员培训任务的70%以上,并对1000名幼儿园园长和10000名优秀教师进行重点培训。2011年,参加首批"国培计划"的河南省农村幼儿教师共4800名,包括置换脱产研修项目、短期集中培训项目和"转岗教师"培训项目等三种类型。

2012年《河南省教育事业发展"十二五"规划》提出要通过多种途径加强幼儿教师队伍建设,完善幼儿教师准入制度。2015年省政府办公厅印发的第二期《三年行动计划》进一步指出,完善幼儿园教师工资待遇保障机制,落实国家规定的工资待遇,增强职业吸引力。公办幼儿园在编教师实行统一的岗位绩效工资制度。引导和监督民办幼儿园依法保障教师工资待遇,足额足项为教师缴纳社会保险和住房公积金。落实民办幼儿园教师在职称评定、业务培训、表彰奖励等方面与公办幼儿园教师同等地位。完善幼儿教师职务(职称)评聘制度,合理确定幼儿园专业技术岗位结构比例。对长期在农村基层和艰苦边远地方工作的幼儿教师,在工资待遇、职称评定等方面实行倾斜政策。

2016年《河南省教育综合改革方案》提出,要加强幼儿教师队伍建设,规范公办幼儿园在编教师岗位绩效工资制度。根据经济发展水平,逐步提高公办幼儿园非在编教师、农村集体办幼儿园教师待遇。引导和监督民办幼儿园依法保障教师工资待遇。

（四）规范幼儿园各种办园行为，保障学前教育健康发展

公办幼儿园和民办幼儿园的快速发展，大大缓解了"入园难"的问题。但从另外一个角度看，幼儿园的快速扩张，尤其是民办幼儿园的快速发展也带来一些负面的影响和潜在的隐患。因此，加强幼儿园准入管理、安全管理、收费管理非常重要，这也是促使幼儿园健康发展的必由之路。

2010年《河南省规划纲要》要求加强学前教育管理，规范办园行为，按照国家的基本办园标准，建立幼儿园准入制度，并完善幼儿园收费管理办法。2011年省政府印发的《意见》也指出，要严格执行幼儿园准入制度和年检制度，所有幼儿园必须获得办园许可。要高度重视幼儿园安全保障工作，把保护幼儿生命安全和健康成长放在首位，切实加强人防、物防、技防建设，健全幼儿园各项卫生保健、安全管理制度和安全责任制。进一步规范幼儿园收费管理，公办幼儿园收取的费用纳入财政专户管理，同时加强民办幼儿园收费管理，完善价格备案程序，加强分类指导。2011年省政府办公厅印发的第一期《三年行动计划》也提出要严格实行幼儿园收费公示制度，接受社会监督。

2012年《河南省教育事业发展"十二五"规划》要求完善落实学前教育条件装备等基本办园标准和收费管理办法。2012年《河南省幼儿园管理暂行办法》提出，从幼儿园的举办、保育和教育、行政事务、安全与卫生、奖励和处罚等五个方面进一步规范幼儿园管理，加强对各级各类幼儿园的督导、评估、监督、检查与指导。2012年省政府办公厅转发的《办园基本标准》更明确、更具体要求：幼儿园的设置应按照"因地制宜、规模适度、方便接送"的原则，根据城乡建设总体规划、学前教育发展及幼儿园布局规划的要求，结合人口密度、生源趋势、地形地貌、交通、环境等因素综合考虑，合理布点。2012年河南省《收费管理实施细则》规定：全省幼儿园收费项目实行省级管理，各市、县均不得擅自增加和改变。因学前教育属于非义务教育，幼儿园可向入园幼儿收取费用。收费项目包括保育教育费、住宿费、代收费、服务性收费等四项。民办幼儿园保育教育费、住宿费收费实行市场调节价，合理确定成本，报当地省辖市和县级价格主管部门、教育行政部门备案后执行。要求各公办幼儿园应对在园贫困家庭幼儿实施收费减免，保障幼儿接受正常的保育教育服务。鼓励民办幼儿园对贫困家庭幼儿减免收费。幼儿园取得的合法收入应主要用于幼儿保育、教育活动和改善办园条件，任何单位和部门不得截留、平调。任何组织和个人不得违反法律、法规规定向幼儿园收取任何费用。

2015年省政府办公厅印发的第二期《三年行动计划》，对幼儿园规范管理

提出了非常具体、细致的要求:县级政府要履行主体责任,有关部门按职能履行职责,建立健全日常管理和随机抽查制度。教育部门要充实管理力量,加强对幼儿园准入审批、保教质量、常规管理等方面的监管;发展改革、教育、财政部门要按照各自职责,加强对幼儿园收费、学前教育财政奖补资金和公办幼儿园收支的监管,规范财务管理,提高资金使用效益。同时,要求共同做好幼儿园安全管理工作。要求县(市、区)政府要组织教育、公安等部门开展联合执法,对无证幼儿园进行全面排查、登记造册、分类治理。对整改后仍不达标的,依法依规坚决予以取缔。各地要通过实施薄弱幼儿园达标升级工程、公办幼儿园建设项目和扶持普惠性民办幼儿园项目等,堵疏结合,妥善处理无证幼儿园取缔后幼儿入园等问题。创新管理模式,探索建立以县直幼儿园和乡镇(街道)中心幼儿园为核心的县域、镇域一体化管理模式,实行办园经费、教师调配、师资培训、保育教育等方面的统筹管理。

(五) 坚持科学保教,全面提高学前教育质量

当前,学前教育内部发展存在的一个突出问题是注重规模扩张而忽视质量提升,内涵发展不足,主要表现为幼儿园教学"小学化"问题严重。而要解决这一问题,从教育发展的"技术层面"讲,就是要解决教学质量问题①。杜绝幼儿园教育的"小学化"倾向,根本上还是要关注教师教育观念转变和优质教师资源建设,要通过加强对幼儿园教师的培养培训来转变其教育观念,提升幼儿园教师素养,这样才能做到科学保教,切实提高学前教育质量。

2010年《河南省规划纲要》指出要遵循幼儿身心发展规律,坚持科学保教方法,保障幼儿快乐健康成长。2011年省政府印发的《意见》指出,坚持保教并重、科学保教,建立幼儿园保教质量评估监管体系,全面提高学前教育质量,防止和纠正幼儿园教育"小学化"倾向。

2012年《河南省教育事业发展"十二五"规划》提出,要加强对学前教育机构、早期教育指导机构的监管和教育教学的指导,加强学前教育科学研究。2012年《河南省幼儿园管理暂行办法》具体提出,幼儿园应当保障幼儿的身体健康,培养幼儿良好的生活、卫生习惯;促进幼儿的智力发展;培养幼儿热爱祖国的情感以及良好的品德行为。幼儿园应当以游戏为基本活动形式,寓教育

---

① 康永祥,李相禹. 我国学前教育发展方式转变的合理路径[J]. 教育发展研究,2013(7):1—5

于生活及各项活动之中,防止小学化、成人化倾向,引导幼儿身心科学健康发展。2012年省政府办公厅转发的《办园基本标准》要求:幼儿园设施设备应符合国家安全和卫生标准,适应不同年龄儿童的生活能力、学习方式差异和行为反应水平,充分体现儿童积极探索、自主构建的主体地位,满足保育教育需要和儿童主动活动的需求。

2015年省政府办公厅印发的第二期《三年行动计划》就科学保教和开展教研活动提出了比较具体的意见和要求。要求深入贯彻落实《3－6岁儿童学习与发展指南》,坚持以游戏为基本活动,研究探索符合幼儿发展规律和学习特点的教育内容、方法和途径,规范幼儿园课程和教学管理,促进保教活动有序进行。坚持小学一年级"零起点"教学,严禁幼儿园提前教授小学教育内容,防止和纠正幼儿园教育小学化现象。要求各级教研机构要配备必要的学前教育专职教研员,建立健全学前教育教研网络,安排专职教研员定期对幼儿园进行业务指导。要求依托城市优质幼儿园和农村乡镇中心幼儿园,建立学习共同体,开展教育教学研究和保教实践经验交流,及时解决教师教育实践中的困惑和问题。充分发挥各级示范类幼儿园的示范引领作用,采取"示范园带薄弱园、城市园带农村园、公办园带民办园、老园带新园"等形式,不断扩大优质学前教育资源。

2016年《河南省教育综合改革方案》进一步明确了学前教育培养目标任务,规范了幼儿园课堂教学内容和评价标准,制定了幼儿园工作规程,要求科学保教、防止和纠正幼儿园小学化倾向。

四、河南省学前教育政策实施成效

河南省学前教育的快速发展是从贯彻实施2010年河南省委、省政府印发的《河南省规划纲要》和2011年省政府印发的《意见》之后开始的。省政府办公厅于2011年、2015年分别印发关于大力发展学前教育的第一期《三年行动计划》和第二期《三年行动计划》,持续发力,强力推进全省学前教育事业发展。

《2015年河南省教育事业发展统计公报》(豫教发规[2016]54号)关于学前教育的发展统计情况是:全省独立设置幼儿园17481所,附设幼儿机构16078所,入园幼儿207.22万人,在园幼儿393.37万人,离园幼儿151.60万人。学前三年毛入园率83.18%。幼儿园教职工27.33万人,其中园长2.12万人,专任教师16.53万人。专任教师中具有专科及以上学历的占69.64%;学前教育专业毕业10.19万人,占总数的61.67%。

截至 2015 年,河南省学前教育三年毛入园率 83.18%,高于全国 8 个百分点,比上年提高了近 5 个百分点,较五年前增加了 30.33 个百分点。对照《河南省规划纲要》所提出的到 2015 年学前教育三年毛入园率是 61% 的目标,比其高出了 22.18 个百分点,也已提前实现了到 2020 年学前教育三年毛入园率 72% 的目标任务,且高出了 11.18 个百分点。为进一步抓紧抓好学前教育工作,河南省仍然坚持抓好此项工作不放松。在 2016 年 2 月 2 日召开的 2016 年全省教育工作会议上,进一步提出:2016 年,河南省将支持各地加大公办幼儿园建设力度,扩大普惠性学前教育资源覆盖面,完成新建、改扩建幼儿园 1400 所,其中公办幼儿园 800 所,公办和普惠性民办幼儿园覆盖率达 85%①。用事实说话,用数字说话,河南省连续加快实施了两期学前教育"三年行动计划"和农村学前教育推进工程,成效显著。

在加快学前教育发展过程中,河南省将落实各项财政支持放在首位,争取中央学前教育奖补资金,同时制定了省财政"以奖代补"政策,出台了扶持民办幼儿园发展管理办法,建立了学前教育资助制度等。2015 年河南省共争取中央和省级奖补资金 14.81 亿元,支持各地加快推进幼儿园项目建设。全省新增幼儿园 1660 所、新增幼儿学位 24 万个②。河南省启动实施农村学前教育推进工程以来,共投入资金 13.1 亿元,支持 546 个乡、村幼儿园新建、改扩建园舍 102.78 万平方米,为农村地区规划建设了一批普惠性幼儿园,项目建成后将增加在园幼儿 13 万余人,"入园难"问题得到了有效缓解。河南省强调,要聚焦难点,解决困扰学前教育发展的突出问题。普及程度低的地方要加快扩充资源,把标准化幼儿园建起来,把"入园率"提上去;普及程度较高的地区,要注重建立长效机制,支持解决好幼儿园的运转、教师编制、工资待遇等问题,实现可持续发展。"入公办园难"的地方,扩大公办资源要落实到位,支持企事业单位和集体办园要补助到位;"入民办园贵"的地方,扶持民办园要支持到位,让群众切实感受到政府公益普惠的阳光。

在"入园难"有效缓解之后,河南省将"规范幼儿园管理,提升保教质量"作

---

① 2016 年河南教育加快推进"全面改薄"重抓质量和公平[EB/OL]. http://www. haedu. gov. cn/2016/02/03/1454478392984. html

② 李见新. 河南:2015 年新增 24 万个学位缓解"入园难"[N]. 中国教育报,2015-12-31(3)

为一项重要工作来抓①。及时制定《河南省幼儿园管理暂行办法》和《河南省收费管理实施细则》,加强幼儿园的规范化管理和办园行为管理;通过公开招聘、中小学富余教师转岗等途径扩大幼儿教师总量的同时,加强幼儿教师专业化培训,实施幼儿园"国培计划""省培计划"、名师培育工程等,提高幼儿园教师业务素质和能力;坚持并强化科学保教,坚决防止和纠正无视孩子成长规律的"小学化"现象。

学前教育的发展,在看到其发展成绩的同时,也应看到其存在的不可忽视的问题,切不能以为学前教育三年毛入园率达到了80%以上,就误认为这一块工作发展得很好了。事实上,还有大量的、精细的、更加艰苦的工作要做。目前,学前教育工作突出的问题主要表现在②:幼儿园布局不合理,城乡发展不均衡;公办、民办幼儿园比例失调,优质教育资源供不应求;政府财政经费投入仍显不足,学前教育保障机制仍不完善;民办幼儿园缺乏规范化管理,幼儿园"小学化"现象比较突出;幼儿园教师队伍建设仍需要下大力气,全面提升幼儿教师整体素养。总之,办好学前教育事业,需要进一步加强并落实各级政府的主体责任,全面做好学前教育工作,使学前教育工作得到更加健康、快速的发展。

第二节 河南省义务教育政策进展状况

义务教育是我国教育改革与发展的重中之重。2010年,河南省委、省政府印发的《河南省中长期教育改革和发展规划纲要(2010—2020年)》提出,到2020年,高水平、高质量普及九年义务教育,基本实现区域内均衡发展,确保适龄儿童少年接受良好的义务教育。统筹城乡发展,建立城乡一体化的义务教育发展机制,在财政拨款、学校建设、教师配置等方面向农村倾斜,率先在县

---

① 周宝荣. 河南学前教育发展问题及对策研究[J]. 安阳师范学院学报,2015(6):98—102

② 庞丽娟,等. 高位入手顶层设计我国学前教育政策[J]. 教育研究,2012(10):104—107;郑国香. 城镇化进程中河南省学前教育发展的突出问题研究[J]. 郑州师范教育,2016(1):10—14

(区)域内实现城乡均衡发展,逐步在更大范围内推进,努力缩小区域差距。河南是农业大省、人口大省,农村义务教育的事情办好了,就基本上可以说义务教育的难题解决了大半。为此,本节内容在梳理 2010—2016 年河南省义务教育阶段政策文件的基础上,主要就河南省农村义务教育政策实施情况进行分析。

一、河南省义务教育政策梳理

国家及河南省关于义务教育阶段的政策文件每年出台较多,现仅就 2010 年以来的主要政策文本进行梳理。

2010 年 4 月,河南省教育厅、财政厅、人力资源和社会保障厅、编办印发《关于做好 2010 年农村义务教育阶段学校教师特设岗位计划实施工作的通知》。这是根据教育部等四部委的通知精神,在 2009 年全省选拔万名特岗教师到农村学校任教,给我省广大农村学校注入了新的生机和活力,所采取的又一重大措施,即 2010 年我省将继续实施"特岗计划",招聘一批优秀大学毕业生为特岗教师,到农村学校任教。

2010 年 5 月,河南省教育厅等部门联合印发的《关于开展学校、幼儿园及周边安全督查工作的通知》要求,实行严格的平安建设工作领导责任制,确保全省学校安全、师生安全。这是为落实中央政法委《关于迅速加强学校、幼儿园及周边安全工作的紧急通知》和全国综治稳定工作电视电话会议精神,而决定开展的对学校、幼儿园及周边安全的督查工作。

2010 年 5 月,河南省人民政府印发的《关于进一步做好进城务工农民随迁子女义务教育工作的意见》(豫政[2010]54 号),提出切实保障进城务工农民随迁子女平等接受义务教育的权利,强化政府责任,畅通入学渠道。

2010 年 6 月,河南省教育厅印发的《关于进一步规范中小学办学行为有关问题的通知》(教基[2010]497 号),要求切实减轻学生过重的课业负担。这是为贯彻省政府办公厅《关于进一步规范中小学办学行为推进素质教育的意见》(豫政办[2009]132 号)制定的文件。

2010 年 8 月,河南省教育厅印发的《关于进一步加强我省中小学校健康教育工作的通知》(教体卫艺[2010]737 号),要求进一步加强全省中小学校健康教育工作,提高广大中小学生健康意识。这是为贯彻落实《中共河南省委河南省人民政府关于贯彻落实〈中共中央国务院关于加强青少年体育增强青少年体质的意见〉的实施意见》(豫发[2007]30 号)而制定的文件。

2010年10月,河南省人民政府印发的《关于进一步加强我省中小学校舍安全工程实施工作的通知》(豫政[2010]77号),要求认真落实工程规划,采取"五年规划、三年攻坚"的实施办法,切实加强工程资金的筹措和管理。

2010年12月,河南省委、省政府印发的《河南省中长期教育改革和发展规划纲要(2010—2020年)》,提出到2020年基本实现教育现代化的战略目标。这是为贯彻落实中共中央、国务院颁布的《规划纲要》而制定的文件。

2010年12月,河南省教育厅印发的《转发教育部关于治理义务教育阶段择校乱收费问题的指导意见》(教基[2010]993号),要求标本兼治,既要抓紧完善招生政策,规范招生秩序,又要大力推进义务教育均衡发展,改造薄弱学校,缩小校际办学条件及教育质量差距。

2010年12月,河南省人民政府办公厅印发的《转发〈省教育厅关于进一步推进中小学布局调整意见〉的通知》(豫政办[2010]143号),提出了中小学布局调整的指导思想、基本原则、基本要求和具体措施。

2010年12月,河南省教育厅印发的《关于进一步深化义务教育课程改革的意见》(教基[2010]1050号),要求进一步深化义务教育课程改革,完善课程体系,大力推进教师教学方式和学生学习方式的转变,全面提升河南省义务教育质量和水平。这是根据《教育部关于深化基础教育课程改革进一步推进素质教育的意见》(教基二[2011]3号)精神而制定的文件。

2011年3月,河南省教育厅印发的《关于贯彻落实〈安全河南创建纲要(2010—2020年)〉的实施意见》(教办[2011]186号),要求全省教育系统以创建安全文明校园为主线,开展校园隐患排查治理活动,确保广大师生生命财产安全,营造安全、稳定、文明、健康的育人环境。

2011年5月,河南省政府办公厅印发的《关于认真做好推进义务教育均衡发展国家教育体制改革试点工作的通知》(豫政办[2011]46号),提出要积极推进义务教育管理体制创新,健全教师交流机制,探索城乡教育一体化发展的有效途径等改革措施。

2011年8月,河南省人民政府印发的《关于强力推进我省中小学校舍安全工程建设的通知》(豫政[2011]63号),要求强化责任,加强组织领导;强化工程资金筹措和管理,确保资金使用效益;强化项目精细化管理,确保工程进度。

2011年11月,河南省教育厅印发的《河南省义务教育学校办学条件标准化建设规划(2011—2015年)》,要求加快义务教育学校标准化建设,促进义务教育均衡发展,全面改善学校办学条件。这是为贯彻落实《河南省人民政府关于进一步推进义务教育均衡发展促进教育公平的意见》(豫政[2011]26号)而制定的文件。

2011年11月,河南省教育厅、发展改革委印发了《河南省农村中小学教师周转宿舍管理办法(试行)》的通知(教发规[2011]937号)。这是根据国家发展改革委办公厅、教育部办公厅《关于编制边远艰苦地区农村学校教师周转宿舍建设规划的通知》(发改办社会[2011]1302号)精神,为规范河南省农村学校教师周转宿舍的建设、使用和管理,确保周转宿舍的"公益性"和"周转性",切实发挥其改善边远艰苦地区农村学校教师工作学习和生活条件的作用而制定的文件。

2011年11月,河南省教育厅、卫生厅转发《教育部、卫生部关于印发〈农村寄宿制学校生活卫生设施建设与管理规范〉的通知》(教体卫艺[2011]963号)。文件重点对饮用水设施、宿舍、食堂、浴室、厕所、垃圾和污水设施等学校生活卫生设施的建设与管理提出要求。

2012年2月,河南省人民政府印发的《关于印发河南省农村义务教育学生营养改善计划试点工作实施方案的通知》(豫政[2012]18号),要求切实改善农村义务教育学生营养状况,提高农村学生健康水平。这是为贯彻落实《国务院办公厅关于实施农村义务教育学生营养改善计划的意见》(国办发[2011]54号)而制定的文件。

2012年3月,河南省教育厅印发的《河南省教育人才发展中长期规划(2011—2020年)的通知》(豫人才[2012]8号),提出要以推进义务教育均衡发展为重点,着力建设基础教育人才队伍。

2012年7月,中共河南省委高校工委、省教育厅印发的《关于进一步做好城镇教师支援农村教育工作的通知》(豫教人[2012]607号),要求积极促进城乡教师交流,深入实施"校校牵手"对口帮扶计划,着力健全农村教师特岗计划实施机制等。

2012年8月,河南省教育厅等十五部门转发教育部等十五部门关于《农村义务教育学生营养改善计划实施细则》等五个配套文件的通知(教体卫艺[2012]794号)。文件指出,省级政府负责统筹组织,市级政府负责协调指导,县级政府是学生营养改善工作的行动主体和责任主体,负责营养改善计划的具体实施。

2012年10月,河南省人民政府办公厅印发的《关于进一步做好农村义务教育学校布局调整工作的意见》(豫政办[2012]132号),要求进一步做好河南省农村义务教育学校布局调整工作,科学制定农村义务教育学校布局规划,严格规范农村义务教育学校撤并行为,切实办好村小学和教学点。这是根据《国务院办公厅关于规范农村义务教育学校布局调整的意见》(国办发[2012]48号)文件要求而制定的文件。

2012年12月,河南省人民政府、教育督导团印发的《河南省中小学校督导评估办法(试行)》(教督导[2012]1108号)要求督促学校依法办学,科学管理,推动现代学校制度建设。这是根据《教育部关于进一步加强中小学校督导评估工作的意见》(教督[2012]9号)的要求而制定的文件。

2012年12月,河南省教育厅、发展改革委、公安厅、人力资源和社会保障厅联合印发《关于进城务工人员随迁子女接受义务教育后在当地参加升学考试工作的实施意见》,这是为贯彻落实国务院办公厅转发的教育部等部门《关于做好进城务工人员随迁子女接受义务教育后在当地参加升学考试工作意见的通知》(国办发[2012]46号)文件精神而提出具体要求。

2013年1月,河南省教育厅、财政厅转发《教育部财政部关于进一步加强规范农村义务教育学生营养改善计划学校食堂建设工作的通知》(教体卫艺[2013]91号),要求重点支持国家试点地区学校食堂建设。

2013年3月,河南省教育厅印发了《关于实施"河南省中小学名校长培育工程"的通知》(教人[2013]163号),主要是为加强河南省中小学校长高层次人才队伍建设,造就一支具有示范引领作用的专家型校长队伍,推动一批名校长人选成长为教育家型校长。

2013年5月,河南省教育厅转发教育部《关于深化中小学教师培训模式改革全面提升培训质量的指导意见》(教师[2013]448号),提出加快教师培训模式改革,全面提升培训质量。

2013年9月,在全省教师工作会议上,印发的《河南省人民政府关于全面加强教师队伍的意见》(豫政[2013]59号),明确了全省教师队伍建设的指导思想、目标任务和建设措施。

2013年10月,河南省教育厅、省人民政府教育督导团转发了国务院教育督导委员会办公室关于印发的《中小学校责任督学挂牌督导办法》(教督导[2013]966号),要求县(市、区)人民政府教育督导部门为区域内每一所学校设置责任督学,对学校进行经常性督导。

2013年11月,河南省教育厅转发的教育部《关于建立健全中小学师德建设长效机制意见的通知》(教师[2013]986号),要求引导教师立德树人,为人师表,不断提升人格修养和学识修养,努力建设一支师德高尚、业务精湛、结构合理、充满活力的中小学教师队伍。

2013年12月，河南省教育厅印发《河南省中小学校数字校园建设标准（试行）》的通知（教科技[2013]1113号），这是为贯彻落实教育部关于"三通两平台"（宽带网络校校通、优质资源班班通、网络学习空间人人通和建设教育资源公共服务平台、教育管理公共服务平台）建设的部署要求，扎实推进中小学数字校园的标准化建设而制定的文件。

2014年1月，河南省教育厅印发的《关于对接河南省实现县域义务教育发展基本均衡推进计划的通知》（教基一[2014]2号），要求从2014年起进一步改善集中连片贫困地区和其他国家扶贫开发工作重点地区的义务教育薄弱学校办学条件。这是根据教育部、发改委、财政部印发的《关于全面改善贫困地区义务教育薄弱学校基本办学条件的意见》（教基一[2013]10号）精神而制定的文件。

2014年1月，河南省教育厅印发关于《河南省公办义务教育学校招生及治理择校管理办法（试行）》的通知（教基一[2014]52号），旨在切实规范公办义务教育学校招生行为，解决好择校乱收费问题，努力办好人民满意的义务教育。

2014年2月，河南省教育厅印发《关于做好2014年中小学生和幼儿安全工作的通知》，旨在保障广大中小学生和幼儿安全，预防各类学生安全事故的发生。

2014年2月，河南省教育厅印发《河南省中小学教学仪器设备管理暂行办法》的通知（教技装[2014]117号），旨在合理配置教育资源，切实管理和使用好教学仪器设备，充分发挥其使用效益。

2014年3月，河南省教育厅印发《关于学习宣传和贯彻落实河南省实施校车安全管理条例办法的通知》（教基一[2014]143号），旨在加强我省校车安全管理，保障学生乘车安全。

2014年3月，河南省教育厅印发《关于做好第十九个全国中小学生安全教育日主题教育活动的通知》（教基一[2014]185号），其主题是"强化安全意识，提升安全素养"。

2014年3月，河南省教育厅、财政厅印发的《关于做好义务教育学校课桌凳和寄宿生床配置工作的通知》（教基一[2014]235号），要求至2014年8月底前，做到学生人人有桌凳，寄宿生人人有床位，消除大通铺现象，不留盲点和死角。

2014年4月，河南省教育厅印发的《关于进一步加强义务教育阶段农村留守儿童教育管理工作的通知》（教基一[2014]320号），要求建立农村留守儿童教育管理动态监测机制。

2014年4月,河南教育厅转发教育部等五部门《关于2014年规范教育收费治理教育乱收费工作的实施意见》的通知(教监[2014]342号),要求重点抓好师德师风突出问题治理、中小学补课乱收费治理、义务教育择校和教辅材料散滥问题治理等工作。

2014年7月,河南省教育厅印发的《关于进一步做好进城务工人员随迁子女义务教育工作的通知》(教基一[2014]600号),要求畅通入学渠道,完善教育教学管理,切实保障进城务工人员随迁子女平等接受义务教育的权利。

2014年9月,河南省教育厅、发展改革委、财政厅印发《全面改善贫困地区义务教育薄弱学校基本办学条件实施方案》(豫教基一[2014]118号),旨在改善义务教育薄弱学校基本办学条件,更好地推进义务教育均衡发展。

2014年10月,河南省教育厅印发的《河南省中小学教师信息技术应用能力提升工程实施方案》(教师[2015]850号),要求进一步提升河南省中小学(幼儿园)教师信息技术应用能力和水平,促进教师专业成长,提高教育教学质量。这是在《教育部关于实施全国中小学教师信息技术应用能力提升工程的意见》(教师[2013]13号)的基础上制定的文件。

2014年11月,河南省教育厅转发教育部《义务教育学校管理标准(试行)》的通知(教基一[2014]945号),旨在完善义务教育治理体系,促进教育公平,推动学校依法办学、科学管理。

2014年12月,河南省教育厅印发的《关于制定扩充城镇义务教育资源五年规划的通知》(教基一[2014]1008号),要求着力解决城镇中小学"大班额"现象严重、"入学难"等问题。这是为进一步贯彻落实《河南省人民政府关于优化城乡基础教育资源配置解决城镇基础教育资源不足问题的意见》(豫政[2014]78号)精神而制定的文件。

2014年12月,河南省教育厅、发展改革委、财政厅转发全国改薄办《关于编制全面改善贫困地区义务教育薄弱学校基本办学条件项目规划(2014—2018年)》的通知(教基一[2014]1010号),认为编制好项目规划是落实好"全面改薄"任务和实现工作目标的关键环节。

2014年12月,河南省教育厅转发教育部关于印发《中小学教师违反职业道德行为处理办法》的通知(教师[2014]1029号),着力解决好师德师风方面存在的突出问题,保障教育事业科学健康发展。

2015年1月,河南省教育厅印发的《关于切实加强校车安全管理工作的通知》(教基一[2015]19号),要求对校车安全管理工作高度重视,消除隐患,认真做好校车安全管理工作。这是根据公安部、教育部、国家安监总局联合下发的《关于组织开展农村地区校车接送学生车辆交通安全隐患排查整治工作的通知》(公交管[2014]478号)而制定的文件。

2015年3月,河南省教育厅印发的《关于做好2015年中小学幼儿园安全工作的通知》(教基一[2015]181号),要求进一步加强中小学公共安全教育,加强校园安全管理和上下学交通安全工作等。这是按照《教育部关于做好2015年中小学生安全工作的通知》的要求而制定的文件。

2015年4月,河南省教育厅印发的《关于做好留守儿童教育和管理工作的通知》(教基一[2015]207号),要求抓好控辍保学工作,切实加强留守儿童心理健康、法制、青春期和安全等专题教育,使其健康快乐成长。

2015年8月,河南省教育厅印发的《关于建立健全中小学师德建设长效机制的通知》(教师[2015]740号),要求以培养有理想信念、有道德情操、有扎实学识、有仁爱之心的"四有"好老师为标准,切实提高广大教师的师德素养,增强教书育人的责任感和荣誉感。

2015年8月,河南省教育厅印发的《关于严禁中小学校和在职中小学教师有偿补课的通知》(教师[2015]739号),要求强化监督管理,建立问责制度,对在课堂上故意不完成教育教学任务、课上不讲课后讲并收取补课费的,以及打击报复不参与有偿补课学生等严重违纪、败坏师德的行为,实行"零容忍"。

2015年9月,河南省教育厅印发《关于进一步加强基础教育资源建设及应用推广工作的通知》(教电教[2015]843号),这是为贯彻落实河南省人民政府《关于加快推进教育信息化建设工作的意见》(豫政[2015]16号)精神,保证河南省基础教育资源平台提供的教育资源及应用符合国家的相关技术标准和规范,鼓励社会各方面力量积极参与,推动"互联网+教育"快速发展而制定的文件。

2015年10月,河南省教育厅、财政厅、人力资源和社会保障厅、编办联合印发《河南省农村小学全科教师培养工作实施方案》(试行)的通知(教师[2015]881号),这是为发展乡村教育,进一步优化农村学校教师资源配置,建立农村小学教师培养与补充的长效机制,为乡村教学点免费定向培养胜任多门学科教学和"下得去、留得住、教得好"的农村小学全科教师,提升农村小学教育质量,办好党和人民群众满意的教育而制定的文件。

2015年11月,河南省教育厅转发的《教育部关于加强家庭教育工作的指导意见》的通知(教基一[2015]1049号),明确了家长在家庭教育中的主体责任,要求积极发挥家庭教育在少年儿童成长过程中的重要作用,促进学生健康成长和全面发展。

2015年12月,河南省人民政府办公厅转发省教育厅等部门联合印发的《关于加快推进全面改善贫困地区义务教育薄弱学校基本办学条件和扩充义务教育资源项目建设工作的意见》(豫政办[2015]162号),要求聚焦贫困地区义务教育发展,实施扩充义务教育资源五年计划,着力解决城镇基础教育资源不足,消除城镇学校大班额现象。这是为贯彻落实《河南省人民政府关于优化城乡基础教育资源配置解决城镇基础教育资源不足问题的意见》(豫政[2014]78号)和中央深改组第十五次会议关于做好"全面改薄"工作的要求而转发的文件。

2015年12月,河南省人民政府办公厅印发《关于印发河南省乡村教师支持计划(2015—2020年)实施办法》的通知(豫政办[2015]157号)。这是为贯彻落实《国务院办公厅关于印发乡村教师支持计划(2015—2020年)的通知》(国办发[2015]43号)精神,旨在进一步深化教育领域综合改革,切实加强我省乡村教师(包括全省乡中心区、村庄学校教师)队伍建设,真正为乡村学校培养一大批"下得去、留得住、教得好"的骨干教师而制定的文件。

2016年3月,河南省教育厅印发《关于做好2016年中小学生安全工作的通知》。这是为贯彻落实《河南省人民政府办公厅关于进一步加强教育综合安全工作的意见》(豫政办[2016]6号)和《教育部关于做好2016年中小学生安全教育工作的通知》(教基一司函[2016]8号)的要求,进一步加强全省中小学校、幼儿园安全工作,更好地保障中小学生和在幼儿园幼儿安全健康成长,维护教育系统和谐稳定而制定的文件。

2016年5月,河南省人民政府印发《关于进一步完善城乡义务教育经费保障机制的通知》(豫政[2016]29号),这是为落实省委、省政府科学推进新型城镇化决策部署,进一步强化各级政府对义务教育的保障责任,统筹城乡义务教育资源均衡配置,推动义务教育事业持续健康发展而制定的文件。省政府决定自2016年起进一步完善城乡义务教育经费保障机制。

2016年5月,河南省教育厅印发《关于河南省农村义务教育学生营养改善计划和食堂建设专项督导的情况通报》(教体卫艺[2016]405号)。这是为进一步加强营养改善计划工作的管理,健全各项制度,完善各项措施,加快推进农村义务教育学生营养改善计划在河南省安全、平稳实施而进行的督导检查。

2016年7月,河南省人民政府办公厅下发的《关于印发河南省全面改善贫困地区义务教育薄弱学校基本办学条件工作专项督导实施方案的通知》(豫政办〔2016〕126号),要求全面改善贫困地区义务教育薄弱学校基本办学条件工作,加快义务教育学校标准化建设,推进义务教育均衡发展。这是根据国务院教育督导委员会办公室下发的《全面改善贫困地区义务教育薄弱学校基本办学条件工作专项督导办法》而制定的文件。

2016年7月,河南省人民政府办公厅印发《关于印发河南省义务教育学校办学条件基本标准(试行)的通知》(豫政办〔2016〕129号)。这为加强河南省义务教育学校标准化建设,全面改善义务教育薄弱学校基本办学条件,推进义务教育均衡发展,就学校设置、校园规划、校舍建设等提出具体标准。

2016年11月,河南省教育厅转发的《教育部办公厅关于农村义务教育学校布局调整有关问题的通报》(教基一〔2016〕905号),要求:为进一步规范农村义务教育学校布局调整工作,对于确需撤并的学校和教学点,要按照国家要求,严格撤并条件、规范撤并程序,坚持实事求是、先建后撤的原则,妥善解决好寄宿学生住宿、就餐和上下学交通等问题。

2016年11月,河南省人民政府印发《关于优化农村中小学校布局加强寄宿制学校建设全面提高教育质量和办学效益的意见》(豫政〔2016〕71号)。这是为适应河南省城镇化建设需要,优化农村义务教育学校布局,加强寄宿制学校建设,提高农村中小学校教育质量和办学效益,推动义务教育均衡发展,而提出的具体目标任务和保障措施。

2016年12月,河南省教育厅、发展改革委、财政厅联合印发的《关于河南省进一步扩大农村义务教育学生营养改善计划地方试点范围实现国家扶贫开发重点县全覆盖实施方案的通知》(教体卫艺〔2016〕1004号),要求指导扩大地方试点地区科学有效地实施农村义务教育学生营养改善计划,切实改善农村义务教育学生营养状况,提高农村学生健康水平。这是为落实《教育部办公厅、国家发展改革委办公厅、财政部办公厅关于进一步扩大学生营养改善计划地方试点范围实现国家扶贫开发重点县全覆盖的意见》(教督厅函〔2016〕6号)而制定的文件。

二、河南省义务教育政策进展

2010年12月,河南省委、省政府印发的《河南省中长期教育改革和发展规划纲要(2010—2020年)》(以下简称《河南省规划纲要》),把提高河南省义务教育水平和推进义务教育均衡发展作为基础教育改革与发展的目标。几年来,各级政府紧紧围绕《河南省规划纲要》提出的目标任务,针对河南省义务教育,特别是农村义务教育发展的实际情况,在教育资源配置、办学条件、经费投入、学校布局、教师队伍建设、学生营养改善等方面,进一步制定政策,完善制度,使我省农村义务教育发生了可喜的变化。现主要就河南省农村义务教育政策实施情况进行盘点与分析。

(一)健全机制,全方位促进农村义务教育均衡发展

1. 制定"普九"战略规划,推进城乡义务教育均衡发展

义务教育是面向全体适龄儿童少年的基本公共服务,推进并实现城乡义务教育均衡发展是政府应尽的法律责任。为实现这一战略目标,河南省委、省政府制定了《河南省规划纲要》,并强调:"实施义务教育学校标准化建设,均衡配置教师、设备、图书、校舍等资源。""在财政拨款、学校建设、教师配置等方面向农村倾斜,率先在县(区)域内实现城乡均衡发展,逐步在更大范围内推进。努力缩小区域差距。"为促进义务教育学校办学条件标准化,2011年11月,河南省教育厅印发《河南省义务教育学校办学条件标准化建设规划(2011—2015年)》,文中提出:"到2020年年底,全省所有县(市、区)完成义务教育学校办学条件标准化建设任务。通过实施义务教育学校办学条件标准化建设工程,基本实现学校布局合理、校园功能完善、仪器设备图书以及教育信息化设施等基本达标、生活服务设施满足师生需求,学校管理水平和教育教学质量明显提高的目标,区域、城乡、校际之间义务教育学校办学条件基本均衡,为实现区域内义务教育均衡发展奠定坚实基础。"

为改善义务教育办学条件,提高办学效益和办学质量,2012年10月,根据《国务院办公厅关于规范农村义务教育学校布局调整的意见》的要求,经省政府同意,河南省人民政府办公厅印发《关于进一步做好农村义务教育学校布局调整工作的意见》。文中明确了我省中小学布局调整的指导思想和基本目标:"以办好人民满意的教育为宗旨,实事求是、因地制宜、合理布局、科学设校,处理好需求与可能、数量与质量、当前与长远的关系,对中小学校布局进行全面规划,并积极稳妥地加以推进。""要重点解决学校数量不足、容量不够、布局不合理、发展不均衡、建设不配套等问题。"

为推进县域义务教育均衡发展,2014年1月,河南省教育厅印发《关于对接河南省实现县域义务教育发展基本均衡推进计划的通知》。河南省主要进行了两方面的探索:一是"学区制"管理改革。将区域内的学校划分为若干个学区,让老校与新校、强校与薄弱校均衡划分,共享优质教育资源,促进学区内

学校均衡发展。二是探索区域内学校组团发展、联合办学机制。发挥区域内优质学校的带动作用,探索多种合作模式,形成共同发展机制,实现均衡发展。学区制改革使薄弱学校通过资源重组实现内涵发展,提高教育质量。

2. 建立评估监督机制,保证农村义务教育均衡发展

首先,为推动义务教育均衡发展,促进教育公平,教育部决定建立县域义务教育均衡发展督导评估制度,开展对义务教育发展基本均衡县的督导检查和评估认定工作。2012年12月,根据《教育部关于进一步加强中小学校督导评估工作的意见》,河南省教育厅、河南省人民政府教育督导团印发《河南省中小学校督导评估办法(试行)》,决定建立县域义务教育均衡发展督导评估制度,开展对义务教育均衡发展情况进行评估,初步建立县域内义务教育校际间均衡状况评估指标,重点评估县级政府均衡配置教育资源情况。以生均教学及辅助用房面积、生均体育运动场馆面积、生均教学仪器设备值、每百名学生拥有计算机台数、生均图书册数、师生比、生均高于规定学历教师数、生均中级及以上专业技术职务教师数等8项指标作为评估标准。督导评估主要内容为办学方向、学校管理、队伍建设、教育教学、资源管理、办学成效等;目的在于督促义务教育学校依法办学,科学管理,推动现代学校制度建设,促进学校深化改革,遵循教育教学规律和学生身心发展规律,为每个学生提供适合的教育。

其次,健全学校督导制度,加强对中小学校的监督指导,规范学校办学行为。2013年10月,河南省教育厅、省政府教育督导团转发了国务院教育督导委员会办公室印发的《中小学校责任督学挂牌督导办法》。文中指出,要保证督导的权威性和实效性,建立健全长期有效的问责机制。一是要建立地方政府履行教育职责督导制度,督导地方政府对学校政策引导、财政投入、监督管理等教育职责的履行情况。二是要完善专项督导制度,及时做好教育重大突发事件和教育热点难点问题专项督导工作,督促地方政府和学校积极应对和妥善解决,保障学校工作正常开展。三是要进一步完善义务教育均衡发展督导工作,督促地方政府优先发展义务教育,加大对义务教育资源均衡配置,改进学校办学条件,促进教育公平。自2013年中小学校责任督学挂牌督导办法实施以来,我省义务教育均衡发展取得了显著成效,有力推进了教育公平,得到社会各界的广泛好评。

3. 加快校园信息化建设,实现农村义务教育现代化

为加快农村义务教育现代化进程,河南省教育厅印发《河南省教育信息化十年发展规划(2011—2020年)》,文件提出结合义务教育学校标准化建设,按照够用、适用的原则,提高所有学校在信息化基础设施方面的配置水平。一是提高基础教育学校网络接入率。到2015年,80%中小学实现网络"班班通",60%幼儿园实现"园园通",为各种信息化应用提供可靠的网络支撑。二是实施中小学校数字校园标准化建设。到2015年,全省普通中小学校园网普及率达到80%以上,有条件的地方建成无线校园网。三是提高教学用终端设施设备配置水平。到2015年,全省小学生机比达到10∶1以上,中学生机比达到8∶1以上,师机比达到1∶1以上,多媒体教室配备率达到60%以上。以此推进基础教育信息技术与教学融合,培养学生信息化环境下的学习能力。

为提高农村中小学教师信息技术应用能力,2013年12月,河南省教育厅转发教育部《关于实施全国中小学教师信息技术应用技术提升能力的意见》,要求建立教师信息技术应用能力标准体系。围绕深入推进基础教育课程改革和促进教师转变教育教学方式的现实需求,吸收借鉴国内外信息技术应用经验和最新成果,研究制订教师信息技术应用能力标准、培训课程标准和能力测评指南等,建立信息技术应用能力标准体系,有效引领广大教师学习和应用信息技术,规范指导各地建设资源、实施培训、开展测评、推动应用等环节的工作。到2017年底完成全国1000多万中小学幼儿园教师新一轮提升培训,提升教师信息技术应用能力、学科教学能力和专业自主发展能力。

为推进数字化校园建设,实现多种方式接入互联网,2013年12月,河南省教育厅印发了《河南省中小学校数字校园建设标准(试行)》,旨在通过信息技术与教育教学深度融合,优化教学、教研、管理和服务等过程,提高教育教学质量和管理水平,促进师生全面发展。

4. 建立关爱机制,解决农村留守儿童和务工子女教育问题

为进一步加强农村留守儿童教育管理工作,提高教育管理水平和教育质量,2014年4月,河南省教育厅印发了《关于进一步加强义务教育阶段农村留守儿童教育管理工作的通知》。文中指出:各级教育行政部门要将留守儿童教育工作纳入义务教育发展总体规划,列入重要工作议事日程,健全机制,做好控辍保学工作,落实各项教育资助政策,保障留守儿童接受良好义务教育;组织实施好各项教育工程,优先保障留守儿童教育基础设施,优先改善留守儿童营养状况,优先保障留守儿童交通需求;组织学校开展帮扶活动,积极推进家校联动;切实加强心理健康教育和法制、安全教育。2015年4月,河南省教育厅印发的《关于做好留守儿童教育和管理工作的通知》,针对我省义务教育阶段农村留守儿童数量大、问题多的状况,要求各地教育行政部门和中小学校做好以下工作:一是着力改善留守儿童教育条件,为留守儿童创造良好的学习、生活环境;二是保障留守儿童接受九年义务教育的入学率和巩固率;三是针对农村留守儿童家庭教育的缺失,切实加强留守儿童心理健康、法制、青春期和安全等专题教育,使其健康快乐成长。

为促进城乡教育公平,切实保障进城务工人员随迁子女平等接受义务教育的权利,2014年7月,河南省教育厅印发的《关于进一步做好进城务工人员随迁子女义务教育工作的通知》,文件要求各地公办学校要针对随迁子女的情况,简化手续,按照相对就近入学的原则,将进城务工人员随迁子女与城市学生统一管理、统一编班、统一教学、统一安排活动,并根据进城务工人员随迁子女的实际情况,完善教学管理办法,做好教育教学工作。在评优奖励、入队入团、课外活动等方面,对进城务工人员随迁子女要与城市学生一视同仁。加强与进城务工人员随迁子女家庭的联系,及时了解学生的思想、学习、生活等情况,加强心理健康教育,帮助他们尽快适应新的学习环境,真正使进城务工人员随迁子女进得来、学得好。

(二)优化资源配置,改善农村义务教育学校办学条件

1. 制定规划,加快农村义务教育学校标准化建设

为全面改善农村义务教育办学条件,《河南省规划纲要》明确提出:"实施义务教育学校标准化建设,切实缩小校际差距,着力解决择校问题。加快推进薄弱学校改造,增加优质教育资源总量。"2011年8月,省政府印发的《关于强力推进我省中小学校舍安全工程建设的通知》,强调"校安工程是国务院决定实施的重大民生工程和民心工程,直接关系到广大师生的生命安全,关系到人民群众的切身利益,关系到社会和谐稳定大局",要求"各级财政部门要充分发挥公共财政职能作用,积极调整财政支出结构,加大资金投入力度,积极落实并及时下达工程资金。同时,要建立健全资金使用管理办法,加强资金监管,提高资金使用效益"。2011年11月,河南省教育厅印发的《河南省义务教育学校办学条件标准化建设规划(2011—2015年)》,提出"以农村义务教育薄弱学校改造和城镇学校扩容建设为重点,全面推进义务教育学校标准化建设,着力缩小城乡、区域和学校之间的办学条件差距,努力办好每一所学校"。并要求到2020年年底,全省所有县(市、区)完成义务教育学校办学条件标准化建设任务,基本实现学校布局合理、校园功能完善、仪器设备图书以及教育信息

化设施等基本达标、生活服务设施满足师生需求、学校管理水平和教育教学质量明显提高的目标,区域、城乡、校际之间义务教育学校办学条件基本均衡,为实现区域内义务教育均衡发展奠定坚实基础。

2. 制订方案,实施对农村义务教育薄弱学校改造

为改善义务教育薄弱学校基本办学条件,推进义务教育均衡发展,2014年9月,河南省教育厅、发展改革委、财政厅共同制定《全面改善贫困地区义务教育薄弱学校基本办学条件实施方案》,提出农村义务教育学校"改薄"的工作目标:在5年时间内,使我省贫困地区农村义务教育学校教室、桌椅、图书、实验仪器、运动场等教学设施设备满足基本教学需要;学校宿舍、床位、厕所、食堂、饮水等生活设施满足基本生活需要,留守儿童学习和寄宿需要得到基本满足。

3. 制定规范,改善农村寄宿制学校生活设施

2011年11月,河南省教育厅、卫生厅转发了教育部、卫生部《农村寄宿制学校生活卫生设施建设与管理规范》,依据农村中小学建筑、生活卫生设施等方面的相关标准和政策规定,重点对农村寄宿制学校"饮用水设施、宿舍、食堂、浴室、厕所、垃圾和污水设施等学校生活卫生设施的建设与管理提出要求"。加强规范与管理,为学校师生创建安全健康的生活与学习环境,保障学校师生的身心健康。

(三)调整农村义务教育学校布局,办好乡村小学和教学点

1. 叫停盲目撤并现象,规范农村义务教育学校布局调整

根据《国务院办公厅关于规范农村义务教育学校布局调整的意见》,针对农村义务教育学校布局调整过程中存在规划方案不完善、操作程序不规范、保障措施不到位等问题,2012年10月,河南省人民政府印发了《进一步做好农村义务教育学校布局调整工作的意见》。文件指出:"坚决制止盲目撤并农村义务教育学校。根据我省中小学布局调整的要求,在已有中小学布局调整规划的基础上,结合当地实际,完善农村义务教育学校布局专项规划,合理确定县域内教学点、村小学、中心小学、初中学校布局,以及寄宿制学校或非寄宿制学校的比例,明确学校布局调整的保障措施,保障学校布局与村镇建设和学龄人口居住分布相适应。"文件规定农村小学1至3年级学生原则上不寄宿,就

近走读上学;小学高年级学生以走读为主,确有需要的可以寄宿。人口相对集中的村要设置村小学或教学点,人口稀少、地处偏远、交通不便的地方应保留或设置教学点。采取有力措施,积极稳妥地推进农村中小学布局调整,优化资源配置。要坚决杜绝因过急、过快、过度撤点并校造成学生失学、辍学和上学难等现象发生。

2. 因地制宜,努力办好农村义务教育乡村小学和教学点

《河南省教育事业发展"十二五"规划》指出:"实施农村义务教育薄弱学校改造计划和城镇义务教育薄弱学校扩容改造工程。重点支持革命老区、集中连片贫困地区和留守儿童较多地区的义务教育学校标准化建设。着力解决县镇学校'大班额'、农村学校寄宿设施不足、教学实验设备、图书不足等问题,为留守儿童提供良好的学习、生活和监护条件。"针对我省农村义务教育薄弱学校改造存在的问题,2014 年 9 月,河南省教育厅、发展改革委、财政厅共同制定的《全面改善贫困地区义务教育薄弱学校基本办学条件实施方案》指出:"办好必要的教学点。对确需保留的教学点要配备必要设施,满足教学和生活基本需求。"对学生规模不足 100 人的村小学和教学点按 100 人的标准单独核定公用经费,由县级财政和教育部门足额安排、及时拨付,不得截留挪用。"要落实对在连片特困地区的乡、村学校和教学点工作的教师给予生活补助的政策。要积极推进农村教师周转宿舍建设,努力改善农村教师生活条件。"

3. 强化安全监管,改善农村寄宿制学校办学条件和校车安全

为全面改善义务教育阶段学校的基本学习生活条件,2014 年 4 月,河南省教育厅、财政厅印发《关于做好义务教育学校课桌凳和寄宿生床配置工作的通知》。文件针对一些农村学校办学条件较差,存在课桌凳和寄宿制学校床位不足、残破严重的问题,要求采取切实措施,以县为单位集中采购,确保课桌凳、寄宿生床质量。确保农村在校生都有合格课桌凳、每个寄宿生都有标准床位。

为加强校车安全管理,保障乘坐校车学生的人身安全,2014 年 3 月 15 日,《河南省实施〈校车安全管理条例〉办法》正式施行。同时,河南省教育厅印发的《关于学习宣传和贯彻落实河南省实施校车安全管理条例办法的通知》,要求完善校车安全管理各项制度,建立校车安全管理档案,督促指导学校与校车服务提供者签订校车安全管理责任书,明确各自的安全管理责任,落实校车运行安全管理措施;严格把好驾驶员和随车照管人员的配备关。2015 年 1 月,针对一幼儿园面包车严重超载出现的事故,河南省教育厅及时印发了《关

于切实加强校车安全管理工作的通知》。文件要求对校车安全管理工作高度重视,严加管理,切实消除隐患。

(四) 实施农村义务教育学生营养改善计划,增强学生体质

1. 制定政策,贯彻落实农村义务教育营养改善计划

改善农村义务教育学校学生营养状况,是追求教育公平和教育均衡发展的必然要求。为贯彻落实《国务院办公厅关于实施农村义务教育学生营养改善计划的意见》,河南省教育厅先后印发了《关于做好农村义务教育学生营养改善计划试点工作的通知》,转发了教育部关于《农村义务教育学生营养改善计划实施细则》等五个配套文件和《教育部财政部关于进一步加强规范农村义务教育学生营养改善计划学校食堂建设工作的通知》。这些印发、转发的文件促进了农村义务教育学生营养改善计划科学有效的实施,并取得了初步成效,在社会上获得了很好的反响。

2015年9月,河南省教育厅印发的《关于对河南省农村义务教育学生营养改善计划和食堂建设情况专项督导的通报》指出,河南省农村义务教育学生营养改善计划食堂建设项目自2011年起,中央财政2011、2012、2013三年累计安排河南食堂建设资金35.31亿元支持河南省农村中小学食堂建设,三年省级财政配套资金计5.27亿元。河南省安排到国家试点县20.37亿元,其中中央资金17.7亿元,省级配套资金2.67亿元。农村义务教育学生营养改善计划食堂建设项目全省根据资金分配情况共规划7918所,其中中学1544所、小学6362所、特殊教育学校12所。截至2015年8月底,全省学校食堂完工共有6366所,占总规划数的80.40%;在建项目969个,占总规划数的12.24%。其中26个国家试点县共规划5665所,截至2015年8月底,共有4804所学校食堂完工,占26个试点县规划数的84.84%;在建项目685所,占26个试点县规划数的12.09%。在我省农村义务教育学生营养供餐方面,截至2015年6月底,我省9584所学校中,全省范围内共有2738所学校为学生提供完整午餐,占学校总数的28.57%。随着农村义务教育学生营养改善计划的实施,农村学生营养餐的覆盖面越来越广,收益的学生越来越多,实现了让农村义务教育阶段的学生吃得饱、吃得安全的目标,保证了农村学生的健康发展。

2. 形成监督机制,对营养改善计划实施情况开展评估

为推动各地进一步做好农村义务教育学生营养改善计划实施工作,确保

营养改善计划食品安全和资金安全,根据《教育督导条例》和《国务院办公厅关于实施农村义务教育学生营养改善计划的意见》的文件精神,2014年6月,河南省教育厅印发《关于对全省农村义务教育阶段学生营养改善计划实施及食堂建设督导情况的通报》。文件对督导过程中出现的问题进行了总结梳理。督导过程中发现存在的问题有这样几点:一是已建好食堂使用率低。1928所学校食堂已经建成,但是投入到营养改善计划工作中使用的只占37%。二是食堂设计不尽合理。在设计时,只按照建筑要求进行设计,没有考虑学校食堂卫生要求,普遍造成功能分区不合理、忽略操作流程、排烟排水设施达不到标准等问题。三是食堂建设进度缓慢。我省未开工食堂还有1473所,占总规划的26.13%。四是资金安全仍有风险。发现个别试点县擅自修改规划、以空闲教室仓库充当伙房、偷工减料、以次充好等问题。

为进一步提高我省中小学食堂建设和管理水平,保障学生饮食、饮水卫生安全,防止学校食物中毒和各种食源性疾患发生,从2010年开始至2016年8月,河南省教育厅对中小学校食堂等级量化开展了六轮评定工作,共评出中小学一级食堂1251所。通过六轮食堂评定工作的开展,完成了全省中小学一级食堂达到1000所的预期目标,将我省中小学校食堂的建设、改造及管理工作推向了新的阶段。

(五)健全教师培养机制,提高农村教师队伍素质和师德修养

1. 创新培养培训机制,提升农村中小学教师队伍素质

持续实施"国培计划",开展农村中小学教师全员培训。"国培计划"是教育部、财政部启动实施的,旨在提高农村广大教师素质、加强农村教师队伍建设的一项重要工作。自2010年以来,我省先后组织了"国培计划"——中西部农村骨干教师培训项目、农村义务教育学校教师远程培训、中小学骨干班主任教师培训等项目。其中短期集中项目下设农村中小学主干学科教师、薄弱学科教师、英语教师、特殊教育学校教师、"特岗计划"教师、生命与安全教育教师、寄宿制中小学校班主任、义务教育学校校长、经典诵读教育教师、小学全科教师、县级教师培训机构培训者、心理健康教育教师持证上岗培训、农村中小学送培到县等子项目;远程培训项目下设农村中小学网络研修与校本研修整合培训、农村骨干班主任教师履职能力远程培训、中小学心理健康教育教师远程培训等子项目;专设中小学教师信息技术应用能力提升远程培训和示范性综合改革项目。由于各级教育主管部门和各项目承担院校高度重视,组织得

力,"国培计划"取得了较好效果,为农村中小学培养了一大批教学科研型"领雁"人才。

健全城乡教师交流机制,提升农村学校教育教学质量。2015年7月,河南省教育厅印发《河南省关于推进县(区)域内义务教育学校校长教师交流轮岗工作的指导意见》。文件提出以促进区域内义务教育均衡发展、教育教学质量全面提高为目标,着力构建科学、规范、有序的县(区)域内义务教育学校校长教师交流轮岗机制,促进县(区)域内校长教师资源均衡配置,支持鼓励有条件的地区在更大范围内推进,为义务教育均衡发展提供坚强的师资保障。强调在"乡镇范围内,重点推动中心学校向村小学、教学点交流轮岗"。文件明确规定:"义务教育阶段公办学校在编在岗专任教师在现所在学校连续任教6年及以上者均应交流轮岗,交流时间一般教师不少于3年、校长不少于一届;城镇学校、优质学校每学年教师轮岗比例不低于符合轮岗条件教师总数的10%,其中骨干教师不低于20%。"城乡教师交流机制促进了县域内教师资源的均衡配置力度,推动校长和教师在城乡之间、学校之间合理流动,带动了农村学校、薄弱学校教师队伍整体素质能力的提升。

实施特岗教师计划,建立农村义务教育教师补充机制。为逐步解决农村师资总量不足和结构不合理等问题,进一步提高农村教师队伍整体素质,河南省教育厅认真贯彻落实教育部等部委印发的《关于实施农村义务教育阶段学校教师特设岗位计划的通知》,积极鼓励引导高校毕业生到农村基层就业,吸引更多优秀人才到农村学校从教,提高农村义务教育质量。河南省教育厅因地制宜,持续跟进国家"特岗教师计划",自2009至2015年,共招聘特岗教师76000人,分布全省108个县和7000多所农村学校,形成了引导高校毕业生到农村中小学长期任教新机制。

实施乡村教师支持计划,为乡村学校培养骨干教师。为着力加强乡村教师优质教师资源配置,有效解决乡村教师短缺问题,2015年12月,河南省人民政府办公厅印发《河南省乡村教师支持计划(2015—2020年)实施办法》。文中指出:坚持提升质量,提高待遇,提升乡村教师专业素质,不断改善乡村教师的工作生活条件;坚持深化体制机制改革,拓宽乡村教师来源,畅通高校毕业生、城镇教师到乡村学校任教的通道,逐步形成"越往基层、越是艰苦、地位待遇越高"的激励机制。努力造就一支"下得去、留得住、教得好"的、素质优良、甘于奉献、扎根乡村的教师队伍。为进一步拓展乡村教师补充渠道,2015年10月,河南省教育厅等部门联合印发《河南省农村小学全科教师培养工作实施方案》,文件要求自2016年起,以培养小学全科教师为载体,启动省级免费师范生教育制度试点,依托省内高等师范院校进行全科综合培养,对定向培养的学生实行"两免一补"(免除学费、住宿费和发放生活补助),为乡村教学点免费定向培养一批综合素质高、能胜任多门学科教学的农村小学全科教师,进一步优化乡村教师结构,提高乡村教师队伍整体素质,提升农村小学教育质量,办好党和人民群众满意的教育。

2. 通过政策规范,提高农村中小学教师师德修养

为切实提高广大教师的师德素养,增强教书育人的责任感和荣誉感,2013年11月,河南省教育厅转发教育部《关于建立健全中小学师德建设长效机制意见的通知》;2015年8月,河南省教育厅又专门印发《关于建立健全中小学师德建设长效机制的通知》。针对当前河南省中小学教师师德出现的突出问题,河南省教育厅进一步建立健全师德宣传机制,持续开展"河南最美教师"评选活动,并将评选活动常态化、制度化,大力宣传"河南最美教师"的先进事迹,营造尊师重教的浓厚氛围。从强化师德工作管理、优化制度环境入手,不断提高广大中小学教师的思想政治素质和职业道德水平;加大师德建设考核力度,把师德建设情况纳入教育督导范围,建立师德师风问责制度。文件要求各地、各校要认真贯彻落实《中小学教师职业道德规范》《中小学教师违反职业道德行为处理办法》和《严禁中小学校和在职中小学教师有偿补课的规定》。依据有关法律法规,建立严格的惩处机制,对于违反师德的行为,及时查处并视情节轻重分别给予相应处分。这一系列关于中小学师德建设规范政策的制定和实施,扭转了基础教育领域长期存在的各种师德问题,提高了广大中小学教师的思想政治素质和职业道德水平,在全社会营造了一个尊师重教的良好氛围,保障了我省农村基础教育的健康发展。

为进一步规范教师职业行为,保障教师和学生的合法权益,2014年12月,河南省教育厅转发了教育部关于《中小学教师违反职业道德行为处理办法》,要求全省各中小学扎实开展各种形式的师德师风教育活动,引导教师自尊、自强、自省、自律,使教师在教育教学活动中自觉规范职业行为,提高师德修养水平。为进一步加强中小学师德师风建设,规范中小学校办学行为,大力推进素质教育,切实减轻学生学业负担,坚决纠正人民群众反映强烈的教育行风问题,2015年8月,河南省教育厅印发《关于严禁中小学校和在职中小学教师有偿补课的通知》。文件要求明确责任,强化治理,坚决反对和制止有偿补课行为,着力建设一支有理想信念、有道德情操、有扎实学识、有仁爱之心的"四有"高素质专业化中小学教师队伍。

中篇　调查与分析

第四章　河南省基础教育改革与发展的现状调查

《国务院关于统筹推进县域内城乡义务教育一体化改革发展的若干意见》(国发[2016]40号)明确指出:"加快缩小城乡教育差距,促进教育公平,统筹推进县域内城乡义务教育一体化改革发展。""县域义务教育均衡发展和城乡基本公共教育服务均等化基本实现。"县域教育是一个地方经济社会发展的重要内容,是一个基础性工作。做好县域教育的改革与发展工作,必须充分了解县域教育的发展现状,这是开展县域教育改革的基础。

本研究选取基础教育发展的办学规模和资源配置两大指标,从总体与个体、城区镇区与乡村等多个维度全面考察和分析2011—2015年河南省义务教育阶段办学规模、办学条件、人力资源配置、教育经费配置等发展状况。

调查研究发现:(1)2011—2015年河南省城乡普通小学与普通初中学校数、在校生数、班级数均呈减少趋势,但民办小学与民办初中、小学寄宿生与初中寄宿生呈增加趋势。(2)校均规模表现为城区小学扩大显著,乡村初中不断萎缩。(3)大班额表现为城区和镇区中小学问题突出,初中阶段更为严峻。(4)城乡义务教育阶段教师数量总体上表现为:普通小学专任教师不断减少,代课教师不断增加;初中专任教师不断增加,代课教师不断减少;乡村中小学专任教师数量逐年减少,乡村小学代课教师逐年增加。(5)2011—2015年乡村小学、乡村初中生均教育经费呈快速增长的发展趋势。但乡村小学、乡村初中的生均预算内教育经费、教育事业费、公用经费均低于河南省总体水平。

第一节　调查的基本状况

一、调查的范围与对象

在《现代汉语词典》(第6版)中,基础教育指的是国家规定的对儿童实施的最低限度的教育。基础教育作为造就人才和提高国民素质的奠基工程,在世界各国面向21世纪的教育改革中占有重要地位。中国的基础教育包括幼儿教育、小学教育和普通中等教育①。而本研究主要以普通小学、普通初中和普通高中为研究对象。

为更加深入地了解河南省基础教育发展情况和省内不同县域或县域内不同区域基础教育发展的现实样态,课题组在实际调研过程中,一是重在对河南省基础教育发展情况进行考察,尤其是对河南省内城区、镇区、乡村基础教育发展情况的对比考察与分析,其中,一是主要借以2011—2015年《河南省教育统计年鉴》中的相关统计数据,二是考察河南省内不同县域教育改革与发展情况,三是详细调研县域内不同区域(城区、镇区和乡村)基础教育发展情况②。

二、调查的内容与工具

课题研究团队在借鉴以往研究经验的基础上,进一步创新县域内教育改革与发展的研究思路,聚焦调查内容的测量指标体系的关键性要素。本研究指标体系包括基础教育发展的办学规模指标、资源配置指标两大部分。办学规模指标主要用来了解开办学校中所具有的格局、形式和范围,为义务教育均衡发展的政策改进提供数据支持;资源配置指标主要用来描述和评价县域校域空间内的群体均衡发展的、地域空间内均衡发展的状况。指标体系体现指标的描述、评价、诊断和改进等多重使用功能,目的在于既要揭示与评价河南

---

① http://www.baike.com/wiki/基础教育

② 具体调研情况已在第一章第二节研究方法中作了详细说明,这里不再赘述。

省义务教育均衡发展的现状,还要为改进政策提供数据支持。

以最小分析单元作为数据采集原则。在本研究中,主要从河南省和县域两个维度对2011—2015年城乡均衡教育发展情况进行统计分析。其中河南省城乡教育均衡发展状况以普通小学、普通初中两个阶段为基本数据采集单位,对近五年内资源配置和教育质量的变化现状及发展趋势进行比较分析,形成城乡之间的比较;县域城乡教育均衡发展状况以学校为基本数据采集单位,对城区、镇区、乡村三个层级进行比较和分析。具体指标见表4-1。

表4-1 义务教育资源均衡发展分析框架与指标体系表

一级指标	二级指标
A 办学规模指标	A1 学校数
	A2 在校生数
	A3 班级数
	A4 学校规模
B 人力资源配置均衡指数	B1 专任教师数量
	B2 生师比
	B3 学历达标率
	B4 高级职称教师比例
	B5 教师平均年龄及各年龄段教师比例
	B6 专任教师培训率
	B7 分课程专任教师数量
C 办学条件资源配置	C1 生均建筑面积
	C2 生均危房面积
	C3 生均体育场馆面积
	C4 生均固定资产总值
	C5 生均教学仪器设备总值
	C6 生均计算机台数
	C7 生均图书藏量
	C8 生均电子图书藏量
	C9 体育器械配备
	C10 音乐器械配备
	C11 美术器械配备
	C12 数学自然实验仪器
	C13 建立校园网校
D 教育经费资源配置	D1 生均预算内教育经费
	D2 生均预算内教育事业费
	D3 生均预算内公用经费

县域内基础教育发展指标体系中的数据大多可以用调查表的方式进行数据收集,这样体现了指标数据收集的简单和方便原则。同时对一些难以用调查表收集数据却同样具有重要意义的指标,采用调查问卷、教育统计年鉴①等方式进行数据收集。本研究调研工具主要有调查表、问卷和访谈三种类型。其中调查表包括县教育局调查表和学校调查表;问卷主要是教师问卷;访谈包括对教师、校长、县教育局领导、学生家长访谈,以及召开教师座谈会和学生座谈会等。基于研究目的的要求,本研究数据统计分析较多采用集中变量中加权平均数、中位数、几何平均数以及离散变量中极差、差异系数,并对城乡间的差异采用方差分析。统计软件主要使用SPSS19.0和EXCEL2010。

第二节 调查的主要内容

一、城乡义务教育办学规模发展状况

近年来,随着学龄人口的不断减少以及城镇化水平的不断提高,农村学校生源快速减少,加上农村人口居住比较分散,使得原先"村村办小学"的格局开始受到挑战。许多农村小学在校生不足50人,有的学校甚至没有了学生,"麻雀学校"和"空巢学校"大量出现,教学点更是难以为继。农村生源总量减少直接引发了农村学校的大规模撤并。

(一)城乡小学:学校数、在校生数、班级数发展变化情况

2011—2015年河南省城乡普通小学数、在校生数、班级数均呈减少趋势,其中,民办普通小学数量在增加,普通小学寄宿生数量呈增加趋势。具体情况如下:

---

① 教育年鉴包括2011—2015年中国教育统计年鉴、河南省教育统计年鉴、周口市教育统计年鉴。

1. 城乡小学数量变化情况

2011—2015年河南省普通小学数量总体上呈逐年减少趋势(见表4-2、图4-1)。2011年河南省普通小学数27793所,到2015年减少至24673所,年均减少率2.93%;而民办普通小学、小学教学点数2011年分别为1242、5667所,到2015年分别增加至1652、9260所,年均增加率分别为7.39%、13.22%。

表4-2　2011—2015年河南省城乡普通小学数量情况表① 　(单位:所)

区域	年份		2011	2012	2013	2014	2015	年平均增加率(%)
总计	合计		27793	27452	26086	25578	24673	−2.93
	期中	民办	1242	1344	1429	1550	1652	7.39
		教学点	5667	6022	7837	8483	9260	13.22
城区	合计		2149	2075	2054	2013	1855	−3.61
	期中	民办	135	142	155	174	169	5.78
		教学点	75	64	109	176	170	22.70
镇区	合计		5628	5924	5968	6023	6157	2.27
	期中	民办	504	558	577	618	677	7.66
		教学点	659	692	929	1133	1310	18.74
乡村	合计		20016	19453	18064	17542	16661	−4.48
	期中	民办	603	644	697	758	805	7.49
		教学点	4933	5266	6799	7174	7781	12.07

---

① 自2011年起,教育部对教育事业统计报表进行了全面改革,贯彻实施了国家统计局首次颁布的《统计用城乡划分代码》。新的城乡划分标准,将原来的城市、县镇、农村的三个分类调整为三大类七小类,即城区(含主城区、城乡结合区)、镇区(含镇中心区、镇乡结合区、特殊区域)、乡村(含乡中心区、村庄)。下同,不再一一说明。

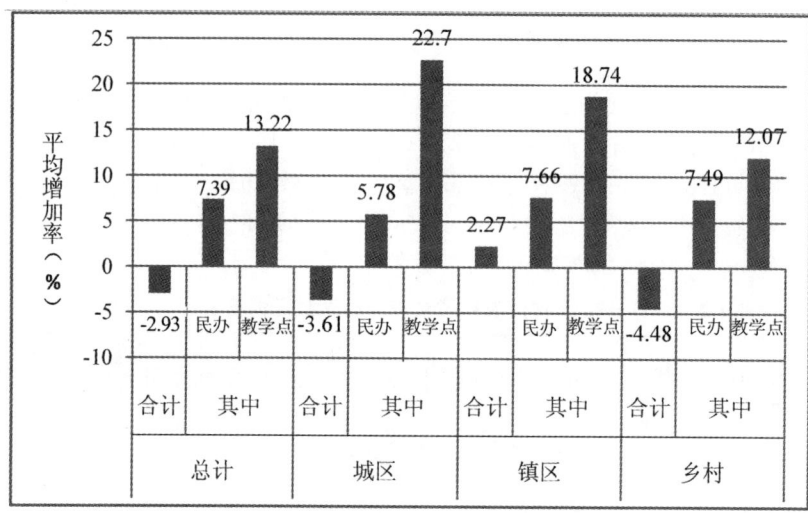

图 4-1 2011—2015 年河南省城乡普通小学分类别学校数年均增加率比较图

从分城乡数据来看,由表 4-2、图 4-1 所示,城区和乡村普通小学数量均呈减少的变化趋势,镇区小学数量、乡村小学教学点则呈波状增长的趋势。

2. 城乡小学在校生数变化情况

2011—2015 年河南省普通小学在校生数量总体上呈逐年减少趋势(见表 4-3、图 4-2)。2011 年河南省普通小学在校生 10928960 人,到 2015 年减少至 9370543 人,年均减少率 3.77%。普通小学在校生逐年减少,可能与前些年国家计划生育政策有关,致使学龄人口在逐年减少。

从分城乡数据来看,2011—2015 年城区和镇区普通小学在校学生数均呈增长趋势,而乡村普通小学在校生数则呈逐年递减的趋势(见表 4-3、图 4-2)。城区、镇区普通小学在校学生数分别由 2011 年的 1829077、3225398 人,增加到 2015 年的 1930693、3599475 人,年均增加率分别为 1.36%、2.78%;而乡村普通小学在校生人数在减少,由 2011 年的 5874485 人,减少到 2015 年的 3840375 人,年均减少率 10.08%。由此可见,2011—2015 年普通小学在校生在总体减少的情况下,乡村普通小学在校生持续减少,而城区、镇区普通小学在校生慢慢增加,即表现出小学生由乡村向城区、镇区流动的趋势。

2011—2015 年普通小学寄宿生数量在逐年增加(见表 4-3、图 4-3),且城区、镇区、乡村不同区域的普通小学在校寄宿生都在增加。2011—2015 年,城区、镇区、乡村普通小学寄宿生数量年均增加率分别为 5.71%、10.12%、

9.50％。其中,镇区普通小学寄宿生年均增加率最大。不同区域普通小学寄宿生的增加,也与前面不同区域民办普通小学增加刚好相符,即普通小学寄宿生主要集中在民办学校。

表4-3 2011—2015年河南省城乡普通小学在校生数情况表 (单位:人)

区域	年份	2011	2012	2013	2014	2015	年平均增加率（％）
总计	合计	10928960	10791827	9399771	9286003	9370543	−3.77
	其中:寄宿生	941332	1030580	1179333	1354664	1408558	10.60
城区	合计	1829077	1884401	1886622	1975715	1930693	1.36
	其中:寄宿生			140648	179595	157156	5.71
镇区	合计	3225398	3409261	3234895	3312780	3599475	2.78
	其中:寄宿生			635353	699024	755541	10.12
乡村	合计	5874485	5498165	4278254	3997508	3840375	−10.08
	其中:寄宿生	344943	353868	403332	476045	495861	9.50

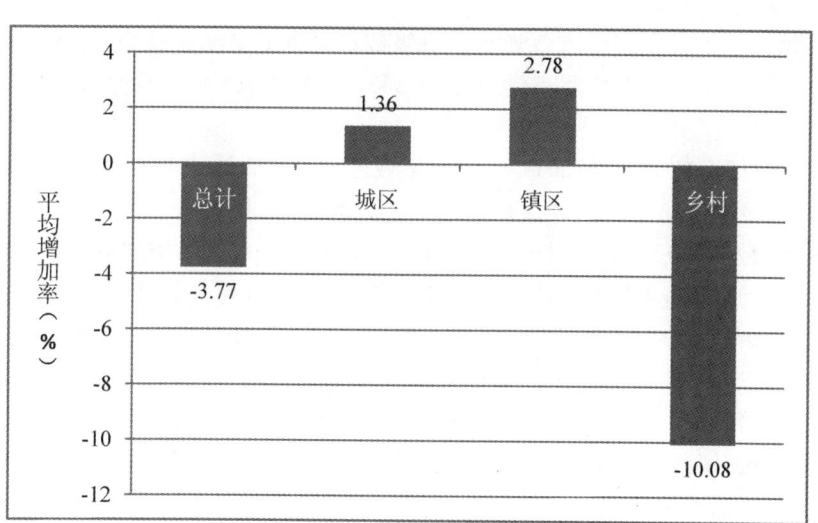

图4-2 2011—2015年河南省城乡普通小学在校生数年平均增加率比较图

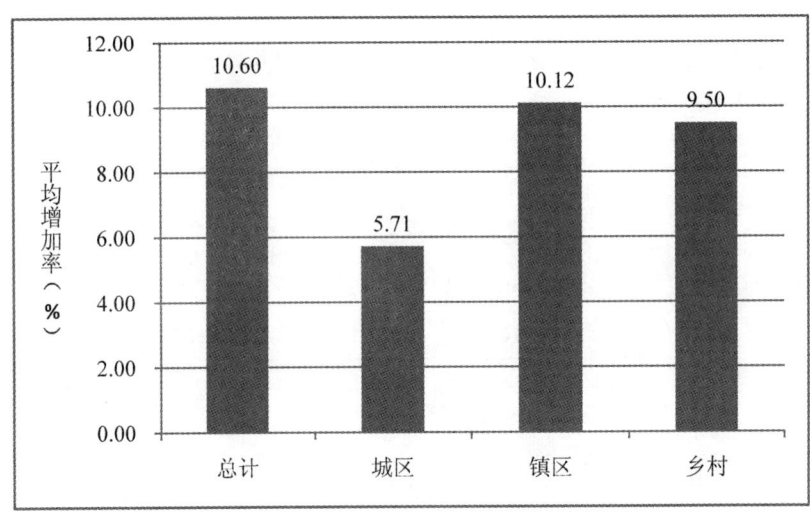

图 4-3 2011—2015 年河南省城乡普通小学寄宿生年平均增加率比较图

注：城区和镇区的数值是根据 2013—2015 年的变化情况计算出来的。

3. 城乡普通小学班级数变化情况

2011—2015 年河南省普通小学班级数量总体上呈减少趋势（见表 4-4、图 4-4）。2011 年河南省普通小学班级数 252339 个，2015 年减少至 248353 个，年均减少率 0.40%。

从分城乡数据来看，2011—2015 年城区和镇区普通小学班级数均呈增长趋势，而乡村普通小学班级数则呈逐年递减的趋势（见表 4-4、图 4-4）。城区、镇区普通小学班级数分别由 2011 年的 34258、65520 个，增加到 2015 年的 37111、80516 个，年均增加率分别为 2.02%、5.29%；而乡村普通小学班级数在减少，由 2011 年的 152561 个，减少到 2015 年的 130727 个，年均减少率为 3.79%。这与前面普通小学在校生数情况完全相同，即表现为：2011—2015 年河南省普通小学班级数在总体减少的情况下，乡村普通小学班级数持续减少，而城区、镇区普通小学班级数慢慢增加，这再一次说明小学生在由乡村向城区、镇区流动的事实。

表 4-4 2011－2015 年河南省城乡普通小学班级数表　（单位：班）

区域＼年份	2011	2012	2013	2014	2015	年平均增加率（%）
总计	252339	255961	242040	245046	248353	－0.40
城区	34258	35414	35610	37863	37111	2.02
镇区	65520	71102	70859	74084	80516	5.29
乡村	152561	149445	135571	133099	130727	－3.79

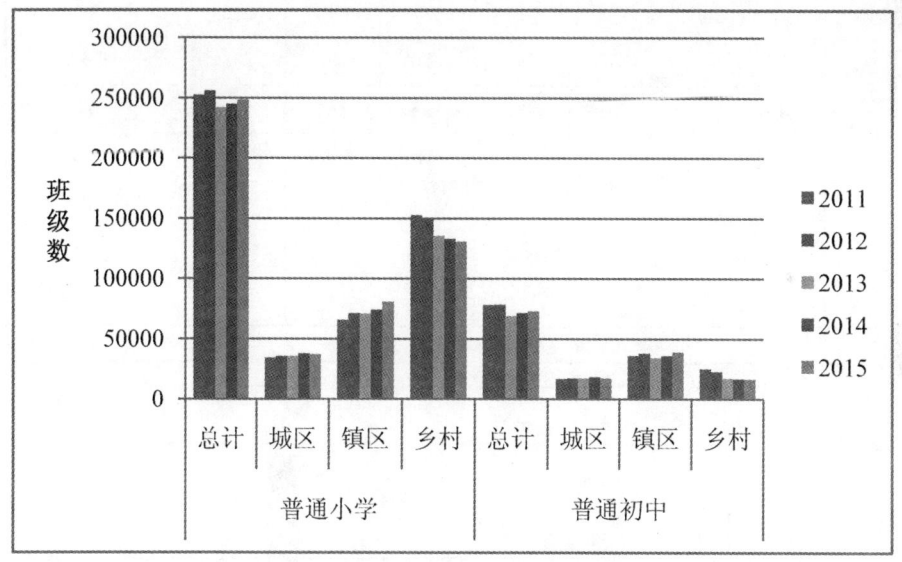

图 4-4 2011－2015 年河南省城乡普通小学、普通初中班级数比较图

（二）城乡普通初中：学校数、在校生数、班级数发展变化情况

2011－2015 年河南省普通初中数、在校生数、班级数均呈减少趋势，但是，民办普通初中在增加，普通初中寄宿生数量呈增加趋势。具体情况如下：

1. 城乡初中数量变化情况

2011－2015 年河南省普通初中总体数量呈减少趋势，但是，民办普通初中在增加（见表 4-5、图 4-5），由 2011 年的 572 所，增加到 2015 年的 716 所，年均增加率 5.77%。

从分城乡数据来看(见表 4-5、图 4-5),城区和乡村普通初中数量均呈减少的变化趋势,但镇区普通初中数量在增加。就民办普通初中而言,城区、镇区、乡村普通初中数量均呈增长趋势,其中,镇区民办普通初中数量增加最多,年均增加率为 7.63%。

表 4-5 2011—2015 年河南省城乡普通初中学校数情况表 (单位:所)

区域	年份	2011	2012	2013	2014	2015	年平均增加率(%)
总计	合计	4596	4551	4550	4566	4565	−0.17
	其中:民办	572	584	627	693	716	5.77
城区	合计	787	767	770	797	738	−1.59
	其中:民办	128	132	136	164	150	4.04
镇区	合计	1899	1966	2016	2065	2164	3.32
	其中:民办	304	322	351	382	408	7.63
乡村	合计	1910	1818	1764	1704	1663	−3.40
	其中:民办	140	140	140	147	158	3.07

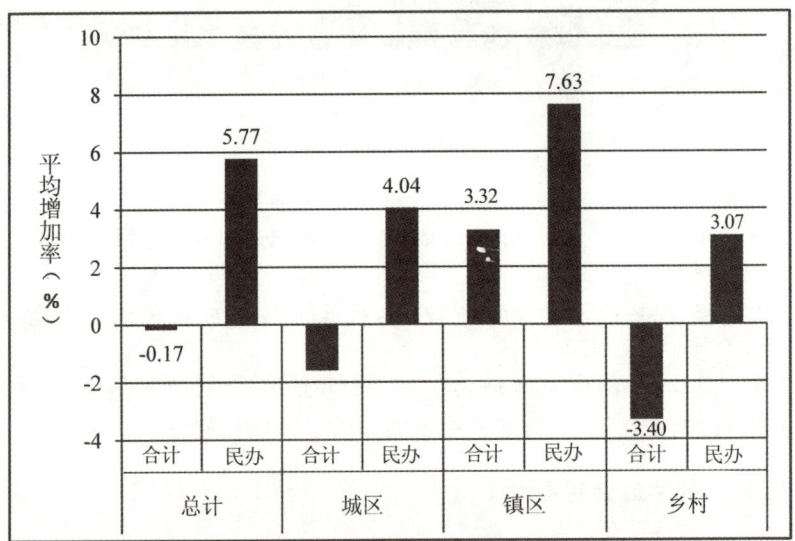

图 4-5 2011—2015 年河南省城乡普通初中分类别学校数年均增加率比较图

2. 城乡普通初中在校生数变化情况

2011—2015年河南省普通初中在校生数量总体上呈减少趋势(见表4-6、图4-6),由2011年的4679780人,减少到2015年的4048103人,年均减少率3.56%。

从分城乡数据来看(见表4-6、图4-6),城区和乡村普通初中在校生数均呈减少的变化趋势,其中,乡村普通初中在校生数减少的幅度比较大,年均减少率12.68%。但镇区普通初中在校生数基本稳定。由此可见,2011—2015年河南省普通初中在校生总数的减少,主要集中在乡村普通初中在校生数的持续减少。

普通初中在校生总数呈减少趋势,可能与前些年国家实行的计划生育政策有关,致使学龄人口减少。而乡村普通初中在校生数持续减少,镇区普通初中学生能保持基本稳定,这说明乡村普通初中在校生流动到了镇区初中。

2011—2015年普通初中寄宿生数量呈增加趋势(见表4-6、图4-6)。增加主要集中在城区、镇区的普通初中,尤其以镇区普通初中寄宿生增加最多,年均增加率4.23%。而乡村普通初中的寄宿生在减少,年均减少率6.13%。这说明乡村普通初中学生在选择寄宿制民办学校时更倾向于条件较好的城区、镇区的学校,这也与前面民办普通初中学校增加刚好相符。

表4-6 2011—2015年河南省城乡普通初中在校生数情况表 (单位:人)

区域	年份	2011	2012	2013	2014	2015	年平均增加率(%)
总计	合计	4679780	4537868	3850493	3993606	4048103	−3.56
	其中:寄宿生	2476186	2452765	2232956	2470353	2525726	0.50
城区	合计	967417	1000268	977758	1023154	950049	−0.45
	其中:寄宿生	279141	279041	275890	330784	286811	0.68
镇区	合计	2244447	2250370	1981445	2089398	2244546	0.00
	其中:寄宿生	1319398	1359148	1301913	1445007	1557351	4.23
乡村	合计	1467916	1287230	891290	881054	853508	−12.68
	其中:寄宿生	877647	814576	655153	694562	681564	−6.13

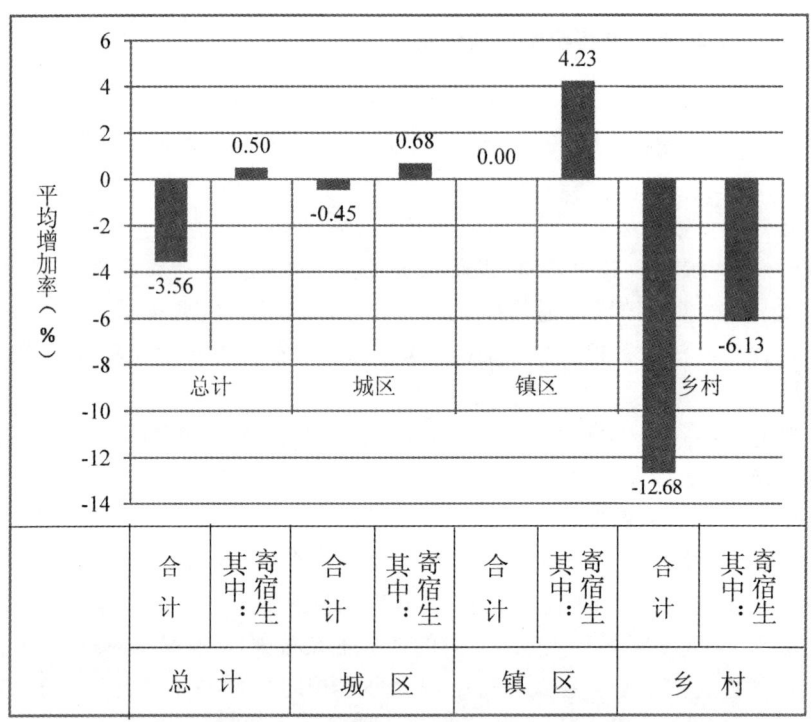

图 4-6　2011—2015 年河南省城乡普通初中在校生(寄宿生)数年均增加率比较图

3. 城乡普通初中班级数变化情况

2011—2015 年河南省普通初中班级数量总体上呈减少趋势(见表 4-7、图 4-7)。2011 年河南省普通初中班级数 77948 个,2015 年减少至 72926 个,年均减少率 1.65%。

从分城乡数据来看,2011—2015 年城区和镇区普通初中班级数均呈增长趋势,而乡村普通初中班级数则呈逐年递减的趋势(见表 4-7、图 4-7)。城区、镇区普通初中班级数分别由 2011 年的 16867、35983 个,增加到 2015 年的 17314 个、39025 个,年均增加率分别为 0.66%、2.05%;而乡村普通初中班级数在减少,由 2011 年的 25098 个,减少到 2015 年的 16587 个,年均减少率 9.84%。由此可见,2011—2015 年河南省普通初中班级总数的减少,主要集中在乡村普通初中。

表4-7 2011—2015年河南省城乡普通初中班级数表 （单位：班）

年份 区域	2011	2012	2013	2014	2015	年平均增加率（%）
总计	77948	78192	68824	71314	72926	−1.65
城区	16867	17259	17233	18315	17314	0.66
镇区	35983	37951	34162	36105	39025	2.05
乡村	25098	22882	17429	16894	16587	−9.84

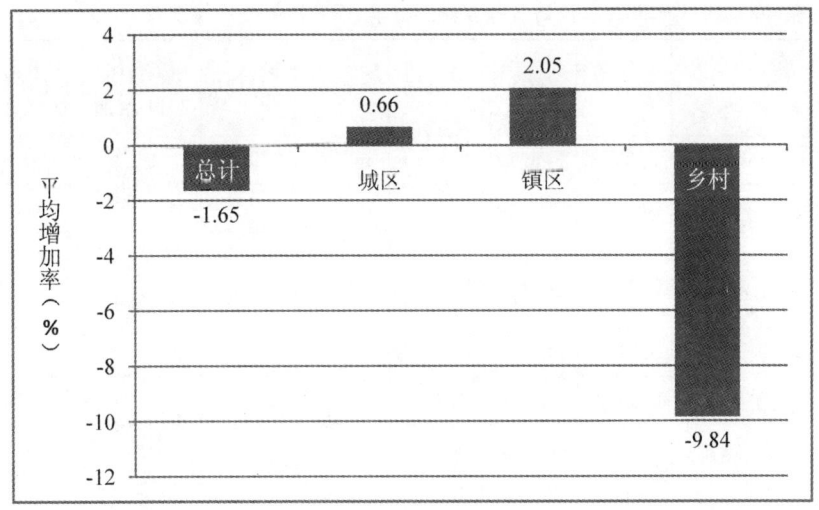

图4-7 2011—2015年河南省城乡普通初中班级数年均增加率比较图

（三）校均规模：城区普通小学显著扩大，乡村普通初中不断萎缩

校均规模是指平均每个学校现有的在校学生数。校均规模是评价学校办学规模的一个直接指标，也是判断乡村学校布局调整力度的重要标准。城区普通小学校均规模扩大显著，乡村普通初中校均规模不断萎缩。

1. 城乡小学校均规模变化情况

在小学阶段，河南省校均规模变化不大，总体呈逐渐减少趋势（见表4-8、图4-8），由2011年的393.23人，减少到2015年的379.79人，年均减少率0.87%。

从分城乡数据来看，由表4-8、图4-8可知，城区和镇区的普通小学校均规模总体有所扩大,其中城区普通小学扩大最为显著;乡村的普通小学校均规模总体上减小。城区普通小学(含教学点)的校均规模 2011 年为 851.13 人,到 2015 年则上升至 1040.80 人,平均每校增加了 189.67 人,增幅达 5.16%;镇区普通小学(含教学点)的校均规模 2011 年是 573.10 人,到 2015 年增加至 584.62 人,平均每校增加了 11.52 人,增幅 0.50%;乡村普通小学(含教学点)的校均规模 2011 年是 293.49 人,到 2015 年减少至 230.50 人,平均每校减少了 62.99 人,减幅 5.86%。城区、镇区和乡村普通小学校均规模呈倒梯形分布,城乡之间存在较大差距。

表4-8　2011－2015 年河南省城乡普通小学、普通初中校均规模表　(单位:人)

区域	年份	2011	2012	2013	2014	2015	2015比2011增加	年平均增加率(%)
普通小学	总体	393.23	393.12	360.34	363.05	379.79	−13.44	−0.87
	城区	851.13	908.15	918.51	981.48	1040.80	189.67	5.16
	镇区	573.10	575.50	542.04	550.02	584.62	11.52	0.50
	乡村	293.49	282.64	236.84	227.88	230.50	−62.99	−5.86
普通初中	总体	1018.23	997.11	846.26	874.64	886.77	−131.46	−3.40
	城区	1229.25	1304.13	1269.82	1283.76	1287.33	58.08	1.16
	镇区	1181.91	1144.64	982.86	1011.82	1037.22	−144.69	−3.21
	乡村	768.54	708.05	505.27	517.05	513.23	−255.31	−9.60

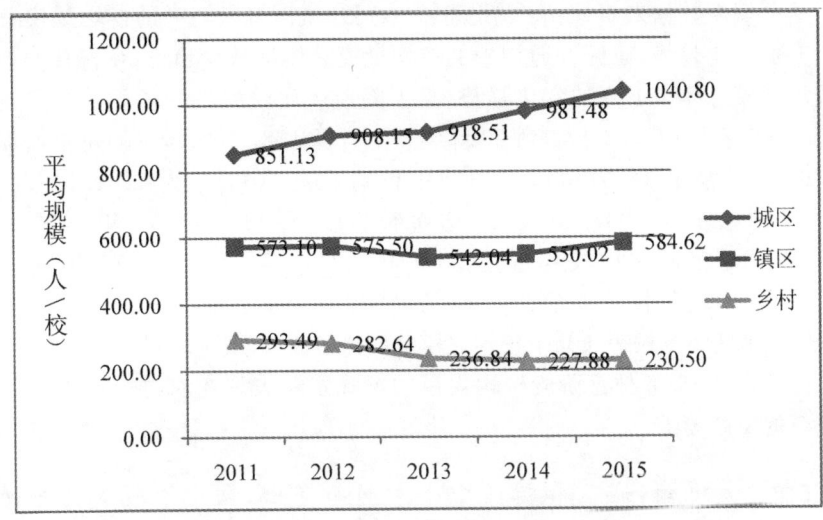

图 4-8　2011—2015 年河南省城乡普通小学校均规模变化趋势图

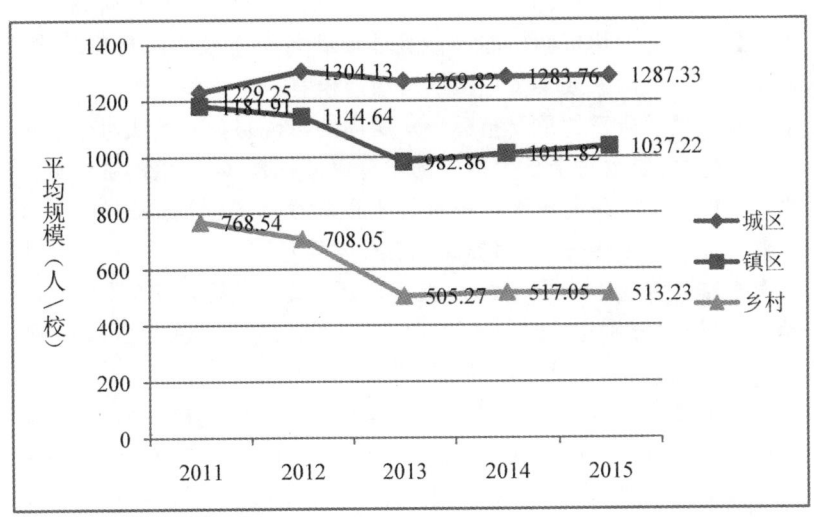

图 4-9　2011—2015 年河南省城乡普通初中校均规模变化趋势图

2. 城乡普通初中校均规模变化情况

在初中阶段,2011—2015 年,河南省普通初中校均规模总体呈减少趋势(见表 4-8、图 4-9)。校均规模由 2011 年的 1018.23 人,减少到 2015 年的 886.77 人,平均每校减少 131.46 人,年均减少率 3.40%。

从分城乡数据来看,由表 4-8、图 4-9 可知,城区普通初中的校均规模总体呈上升的变化趋势,镇区普通初中的校均规模总体呈减少趋势,乡村普通初中的校均规模总体呈下降的变化趋势,且下降速度比较大。城区普通初中校均规模 2011 年为 1229.25 人,到 2015 年则上升至 1287.33 人,平均每校增加了 58.06 人,增幅 1.16%;镇区普通初中校均规模 2011 年为 1181.91 人,到 2015 年则减少至 1037.22 人,平均每校减少了 144.69 人,年均减少率 3.21%;乡村普通初中校均规模 2011 年为 768.54 人,到 2015 年减少至 513.23 人,平均每校减少了 255.31 人,年均减少率 9.60%。从绝对数据来看,城区、镇区和乡村普通初中校均规模呈倒梯形分布,城乡之间存在较大差距。

由此可见,义务教育阶段校均规模的下降主要表现在农村普通中小学校均规模的不断萎缩。

(四)大班额:城区和镇区中小学问题突出,初中阶段更为严峻

所谓班额,又称班级规模,是指分配并编入由某一名教师指导的、多名教师任教的、固定的一个班级的学生数。平均班额,是指各级教育所有在校学生数与班级数之比。平均班额虽然不能具体反映每个学校实际班额的大小,但能从宏观上对整个国家或某个地区的班级规模有一个大致了解。班级规模是判断学校教育教学质量的重要指标。众所周知,班额越小,表明每个班级的学生数越少,教师可能为每个学生提供的教育服务就越多,学生的学业成绩就越有可能得到提高。合理的班级规模有利于提高教师的"教育关照度",有助于实现教育机会的真正均等,进而提高教育教学质量。

河南省城乡普通中小学平均班级规模逐年缩小(见表 4-9、图 4-10)。普通小学、普通初中分别由 2011 年的 43.31 人/班、60.04 人/班,减少到 2015 年的 37.73 人/班、55.51 人/班,平均每班减少了 5.58 人、4.53 人。

在小学阶段,由表 4-9、图 4-10 可知,虽然平均班级规模在缩小,但缩小幅度并不显著。2011—2015 年城区、镇区、乡村普通小学(含教学点)的平均班级规模总体呈逐年缩小趋势。教育部规定:中小学教学班规模,小学以不超过 45 人为宜,中学以不超过 50 人为宜。截至 2015 年底,城区、镇区、乡村普通小学平均班级规模分别为 52.02 人、44.71 人、29.38 人,城区仍超过了国家的警戒线。经济与合作发展组织(OECD)对世界各主要国家教育系统的研究结果显示,中国的中小学班级人数最多。而我省城区、镇区普通小学的平均班级

规模分别为 52.02 人、44.71 人,已远远高于 OECD 国家的平均水平(21人①)。随着农民对优质教育的追求和选择性入学的大量出现,城区和镇区普通小学班级规模会有进一步增加的趋势,解决城区和镇区普通小学班级规模过大的问题已刻不容缓。

表 4-9　2011—2015 年河南省城乡普通小学、普通初中班级规模表　(单位:人/班)

区域	年份	2011	2012	2013	2014	2015
普通小学	总体	43.31	42.16	38.84	37.89	37.73
	城区	53.39	53.21	52.98	52.18	52.02
	镇区	49.23	47.95	45.65	44.72	44.71
	乡村	38.51	36.79	31.56	30.03	29.38
普通初中	总体	60.04	58.03	55.95	56.00	55.51
	城区	57.36	57.62	56.74	55.86	54.87
	镇区	62.38	59.30	58.00	57.87	57.52
	乡村	58.49	56.26	51.14	52.15	51.46

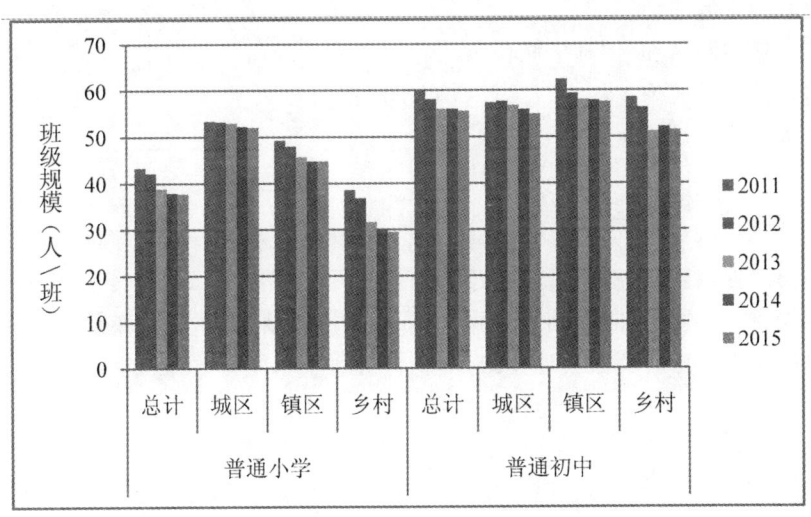

图 4-10　2011—2015 年河南省城乡普通小学、普通初中专任班级规模比较图

---

① 王世赟.OECD:《教育概览 2015》重要发现[J].人民教育,2016,(Z1):31

在初中阶段,由表4-9、图4-10可知,河南省普通初中平均班级规模总体呈减小趋势,但减小幅度并不显著。分布在城区、镇区、乡村的普通初中情况同样如此。2011—2015年,城区、镇区和乡村普通初中的平均班级规模均超过了国家规定50人的警戒线。通过国际比较来看,在对所有OECD成员国的数据对比过程中发现,各个国家普通初中班级的规模不尽相同,少到20人或20人以下一个班(如丹麦、芬兰、冰岛、瑞士和英国等),多到34人一个班(如韩国)。而我国城区、镇区和乡村普通初中的平均班级规模分别为54.87人、57.52人、51.46人,远远高于OECD国家的平均水平(24人①)。初中阶段的大班额问题要比小学阶段更为严峻。

二、城乡义务教育师资建设与配置状况

"择校"的实质是"择师"。教师资源是最重要的教育资源之一,教师资源均衡配置是实现义务教育均衡发展的必然条件。然而,我国长期存在义务教育教师身份不明确、城乡教师的政策不统一、区域内教师资源分配不均衡,以及"重点学校"政策和"以县为主"的教师工资政策的缺陷,都直接影响了义务教育教师资源的均衡配置。近年来,中央及地方各级财政对农村义务教育的投入虽然不断增加,但师资队伍素质相对落后的局面仍无根本性转变,师资水平整体偏低已成为制约农村义务教育发展的关键因素,师资问题成了提升农村义务教育质量的瓶颈。

(一)教师数量情况

河南省城乡义务教育阶段教师数量总体上表现为:普通小学专任教师不断减少,代课教师不断增加;普通初中专任教师不断增加,代课教师不断减少;乡村中小学专任教师数量逐年减少,乡村普通小学代课教师逐年增加。

小学和初中阶段专任教师情况。由表4-10、图4-11可以看出,2011—2013年,小学阶段的专任教师数总体上呈减少的趋势,2014年降至最低谷,而2015年又开始有所回升,但与2011年相比仍呈减少的变化趋势。普通小学专任教师由2011年的479717人,减少到2015年的472129人,年均减少率0.40%。初中阶段的专任教师总体呈现增加趋势,由2011年的285504人增

---

① 王世赟.OECD:《教育概览2015》重要发现[J].人民教育,2016,(Z1):31

加到 2015 年的 298617 人,年均增加率 1.13%。

从分城乡来看,河南省中小学义务教育师资配备在数量上仍然存在较大的城乡差异。在小学阶段,2011—2015 年普通小学专任教师数在总量上呈先抑后扬的变化趋势,2014 年专任教师数下降至低谷,但镇区普通小学专任教师在 2015 年有所回升。专任教师减少主要是在乡村学校,乡村普通小学教师由 2011 年的 262600 人,减少到 2015 年的 227962 人,年均减少率 3.47%。而城区、镇区普通小学专任教师总体呈增加趋势,分别由 2011 年的 80863 人、136254 人,增加到 2015 年的 83494 人、160673 人,年均增加率分别为 0.80%、4.21%。在初中阶段,2011—2015 年城区、镇区普通初中专任教师总体呈增加趋势,年均增加率分别为 2.43%、4.40%;乡村普通初中专任教师数呈减少趋势,年均减少率 5.14%。

表 4-10 2011—2015 年河南省城乡普通小学、普通初中专任教师数量表 (单位:人)

区域	年份	2011	2012	2013	2014	2015	年平均增加率(%)
普通小学	总计	479717	474208	479460	469945	472129	−0.40
	城区	80863	82610	80720	85147	83494	0.80
	镇区	136254	145737	143139	149333	160673	4.21
	乡村	262600	245861	255601	235465	227962	−3.47
普通初中	总计	285504	285467	285719	291611	298617	1.13
	城区	60740	61704	63660	67106	66869	2.43
	镇区	131544	136482	139383	145914	156259	4.40
	乡村	93220	87281	82676	78591	75489	−5.14

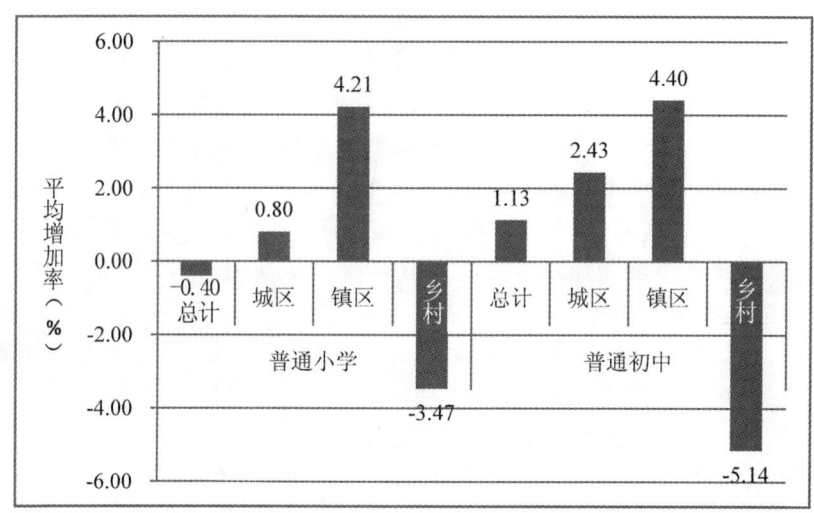

图 4-11　2011—2015 年河南省城乡普通小学、普通初中专任教师年均增加率比较图

代课教师情况。从表 4-11、图 4-12 可知,在小学阶段,城乡代课教师总体呈现增加趋势。普通小学代课教师数由 2011 年的 14439 人增加到 2015 年的 22804 人,年均增加率 12.10%。从分城乡来看,城区、镇区、乡村普通小学代课教师数分别由 2011 年的 2527 人、5522 人、6390 人,增加到 2015 年的 4924 人、7960 人、9920 人,年均增加率分别为 18.15%、9.57%、11.62%,其中城区普通小学代课教师年增加率最大。

在初中阶段,代课教师总体呈减少趋势,由 2013 年的 9797 人,减少到 2015 年的 6362 人,年均减少率 19.42%。城区、镇区、乡村普通初中代课教师数总体上呈现减少趋势,分别由 2013 年的 2843 人、5519 人、1435 人,减少到 2015 年的 1418 人、3518 人、1426 人,年均减少率分别为 29.38%、20.16%、0.31%,其中城区普通初中代课教师年均减少最多。上述情况说明近几年内初中专任教师入编在岗扩大,但依然存在教师紧缺现象,这应引起相关教育管理部门的高度重视。

表4-11 2011—2015年河南省城乡普通小学、普通初中代课教师数①表 （单位：人）

区域	年份	2011	2012	2013	2014	2015	年平均增加率（%）
普通小学	总计	14439	15846	19011	23517	22804	12.10
	城区	2527	3156	3318	4645	4924	18.15
	镇区	5522	6214	7854	9218	7960	9.57
	乡村	6390	6214	7839	9645	9920	11.62
普通初中	总计			9797	10577	6362	-19.42
	城区			2843	3074	1418	-29.38
	镇区			5519	5812	3518	-20.16
	乡村			1435	1691	1426	-0.31

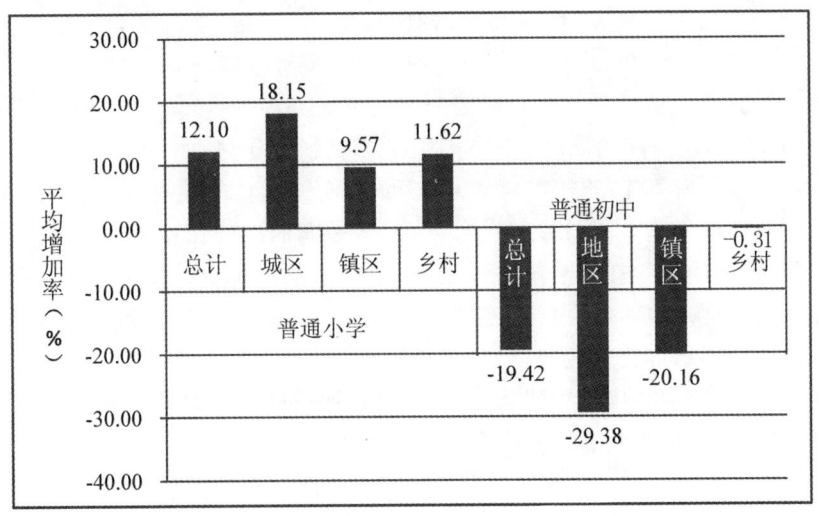

图4-12 2011—2015年河南省城乡普通小学、普通初中代课教师年均增加率比较图

（二）生师比情况

生师比即平均每位教师负担的学生数，是从整体上描述教师资源配置情况的指标。生师比越低，说明每位教师需要负担的学生数越少，教师的工作负

---

① 2011、2012年《河南省教育统计年鉴》初中代课教师均未单独统计。

担也就越轻。该指标也能反映其教学方式,如在小班额、能够满足学生多种需求且活动多的地方,生师比一般都比较低。

河南省城乡义务教育阶段生师比总体上表现为:小学生师比上升,初中生师比下降;乡村中小学生师比均在下降,教师配置状况总体得到改善;城区、镇区中小学教师资源比较短缺,乡村中小学教师资源比较充裕。

由表4-12可以看出,2011—2015年,在小学阶段,生师比总体呈增加趋势。普通小学生师比2011年是16.44,此后便逐年降低,2013年达到最小值15.12,但2014年和2015年又分别回升到19.76、19.85。在初中阶段,生师比基本呈降低的态势。普通初中生师比2011年是16.58,此后便逐年降低,2013年达到最小值13.75,2014年和2015年有小幅回升,分别为14.09、14.16。这说明在2011—2015年,普通小学教师的负担不断增大,普通初中教师的负担不断减轻,且有维持稳定的趋势。

分城乡考察生师比情况。如表4-12、图4-13所示,在小学阶段,2011年,生师比最高的区域是乡村(19.30),镇区次之(17.91),生师比最低的是城区(15.44)。到2015年,生师比情况完全反过来了,生师比最高的区域是城区(23.12),其次为镇区(22.40),最低的区域变成了乡村(16.85)。在初中阶段,2011年,生师比最高的区域是城区(17.54),其次是镇区(17.24),最低的是乡村(16.16)。到2015年,生师比最高的区域是镇区(15.01),其次是城区(14.58),最低的是乡村(11.97)。5年间,区域间的生师比差异比较大。这说明城区、镇区中小学教师队伍缺口较大,而乡村学生减少致使生师比在减少。这在一定程度上说明,按照国家生师比指标要求,小学阶段与初中阶段城区、镇区的教师资源都比较短缺,而乡村普通小学与乡村普通初中师资相对比较充裕(乡村小学与初中生师比均达标)。这说明教师队伍的调整滞后于人口的流动与发展,滞后于教育的实际需求。

表 4-12 2011—2015 年河南省城乡普通小学、普通初中生师比情况表

区域	年份	国家标准①	2011	2012	2013	2014	2015
普通小学	总体	19	16.44	15.32	15.12	19.76	19.85
	城区	19	15.44	14.67	14.62	23.20	23.12
	镇区	19	17.91	16.95	16.07	22.18	22.40
	乡村	19	19.30	19.30	19.06	16.98	16.85
普通初中	总体	13.5	16.58	16.07	13.75	14.09	14.16
	城区	13.5	17.54	16.04	15.18	15.27	14.58
	镇区	13.5	17.24	16.86	14.59	14.79	15.01
	乡村	13.5	16.16	15.23	11.18	11.72	11.97

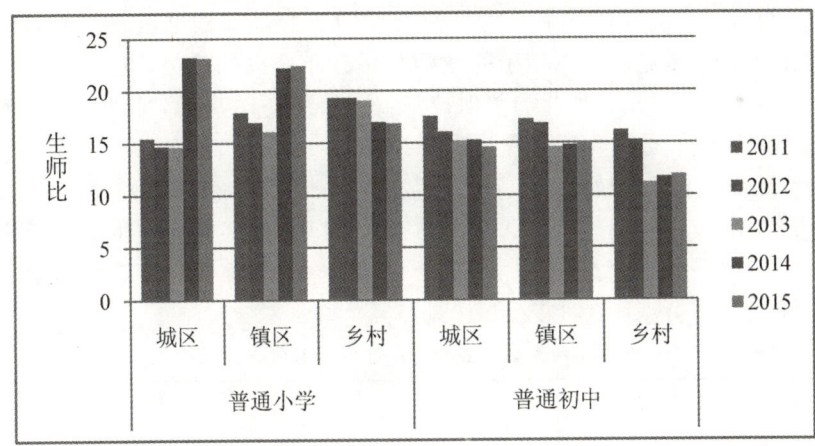

图 4-13 2011—2015 年河南省城乡普通小学、普通初中生师比比较图

(三) 教师学历结构情况

教师学历结构是反映教师素质和教育教学水平的一个重要指标,同时也是衡量教育教学质量高低的一个重要标准。河南省城乡义务教育阶段教师学

---

① 中央编办 教育部 财政部关于统一城乡中小学教职工编制标准的通知[Z],中央编办发[2014]72 号

历总体上表现为:中小学专任教师整体学历层次不断提升,但城乡依然存在较大差距,镇区提高速度最快。2011—2015年,城乡中小学教师学历结构在不断优化,本科及以上教师所占比例逐年增加(见表4-13、表4-14和图4-14、图4-15)。

小学阶段教师学历结构情况。如表4-13、表4-15、图4-14所示,经过计算可得2011—2015年城区、镇区、乡村普通小学的本科及以上学历专任教师年均增加率分别为7.62%、15.67%、19.73%,其中乡村增加最快。截至2015年12月底,城区、镇区、乡村普通小学教师学历达标率分别为97.05%、93.11%、86.25%。有研究生毕业后进入基础教育,从事语文学科教学。其中,城区普通小学研究生及本科学历的教师数量及比例均呈逐年上升的趋势。与此同时,专科及以下学历的教师数则呈逐年减少的趋势,其本科学历的教师数增加幅度最大。镇区普通小学专任教师研究生、本科和专科学历的教师数呈逐年上升的趋势。与此同时,高中及以下学历的教师数则呈逐年减少的趋势。乡村普通小学专任教师研究生及本科学历的教师数也呈逐年上升的趋势。与此同时,专科及以下学历的教师数呈逐年减少的趋势。这与城区普通小学专任教师学历结构变化趋势保持一致。如图4-14所示,可以发现义务教育阶段师资水平城乡差距状况。截至2015年12月底,城区、镇区、乡村普通小学本科及以上学历教师所占教师总数的58.18%、39.76%、32.02%。研究生学历较少,仅占专任教师总体的0.38%。其中,城区的研究生学历所占比例最多(0.99%),乡村最少(0.20%)。镇区、乡村普通小学专任教师学历偏低,专科及以下分别所占60.24%、69.78%。

表4-13　2011—2015年河南省城乡普通小学专任教师学历结构表　(单位:人)

年份区域	年份	研究生	本科	专科	高中阶段	高中以下	合计
2011	城区	515	37230	43489	5788	9	87031
	镇区	71	31800	91912	19719	9	143511
	乡村	103	41231	154077	69767	104	265282
2012	城区	521	41262	40919	4599	33	87334
	镇区	66	39029	94038	17891	16	151040
	乡村	101	49634	150278	58440	29	258482

续表

年份\年份区域		研究生	本科	专科	高中阶段	高中以下	合计
2013	城区	622	45769	39358	3735	4	89488
	镇区	116	47285	92729	5819	0	145949
	乡村	201	58668	141477	48727	5	249078
2014	城区	901	51199	37796	3265	0	93161
	镇区	226	55924	91557	13843	16	161566
	乡村	372	65244	133290	40397	1	239304
2015	城区	906	52493	35672	2707	0	91778
	镇区	520	69661	94150	12169	0	176500
	乡村	464	74027	126137	31988	0	232616

初中阶段教师学历结构情况。如表 4-14、表 4-15、图 4-15 所示,截至 2015 年 12 月底,城区、镇区和乡村普通初中专任教师中,研究生及本科学历的教师数量占总体比例呈逐年上升的趋势。其中,城区初中研究生和本科学历的教师数量增加幅度都较大,而镇区和乡村普通初中本科学历的教师数量增加幅度最大。但从总体上看,截至 2015 年 12 月底,普通初中教师具有研究生学历者较少,仅占教师总数的 1.35%,城区占比最多(3.28%),乡村最少(0.68%)。城区、镇区、乡村普通初中教师学历达标率分别为 82.96%、68.98%、66.42%,总体达标率不甚理想。

表 4-14　2011—2015 年河南省城乡普通初中专任教师学历结构表　(单位:人)

年份\年份区域		研究生	本科	专科	高中阶段	高中以下	合计
2011	城区	965	44531	15536	209	9	61250
	镇区	590	67567	60669	1288	4	130118
	乡村	165	42948	46202	1518	1	90834
2012	城区	1346	47245	13582	170	0	62343
	镇区	440	76077	57604	1417	2	135540
	乡村	173	44065	38725	1565	2	84530

续表

年份区域	年份	研究生	本科	专科	高中阶段	高中以下	合计
2013	城区	1551	50467	12232	180	1	64431
	镇区	507	82339	51665	1261	1	135773
	乡村	310	46089	32119	1219	1	79738
2014	城区	2089	53272	11398	263	0	67022
	镇区	819	91355	47980	1131	0	141285
	乡村	350	46687	27248	868	1	75154
2015	城区	2140	51908	10820	282	0	65150
	镇区	1236	101907	45324	1051	0	149518
	乡村	483	46857	23303	635	0	71278

如表4-15、图4-14、图4-15所示，无论是小学阶段还是初中阶段，2011—2015年本科及以上学历的专任教师比例均呈逐年上升的变化趋势，年均增加率分别为15.29%、6.52%。这说明教师的整体学历层次在不断提升。

从分城乡的数据来看，由表4-15、图4-14、图4-15可知，2011—2015年，本科及以上学历的专任教师比例无论是小学阶段还是初中阶段均呈逐年提高的趋势，其中，普通小学提高幅度最大的是镇区(17.55%)，初中阶段提高幅度最大的是乡村(18.96%)；从本科及以上学历教师比例年均增加率来看，无论是小学阶段还是初中阶段，乡村教师增加率最大，分别为19.73%、8.77%。尽管如此，无论是小学阶段还是初中阶段，乡村与城区、镇区相比，专任教师整体学历层次仍存较大差距。因此，进一步提高农村中小学教师学历层次仍然是未来需要重点解决的问题之一。

表 4-15　2011－2015 年河南省城乡普通小学、普通初中本科及
以上学历专任教师比例表　（单位：%）

区域	年份	2011	2012	2013	2014	2015	提高%	年均增加率（%）
普通小学	总体	22.38	26.29	31.51	35.19	39.54	17.16	15.29
	城区	43.37	47.84	51.84	55.92	58.18	14.81	7.62
	镇区	22.21	25.88	30.40	34.75	39.76	17.55	15.67
	乡村	15.58	19.24	23.63	27.42	32.02	16.44	19.73
普通初中	总体	55.55	59.96	64.75	68.64	71.53	15.98	6.52
	城区	74.28	77.94	80.73	82.60	82.96	8.68	2.80
	镇区	52.38	56.45	61.02	65.24	68.98	16.60	7.12
	乡村	47.46	52.33	58.19	62.59	66.42	18.96	8.77

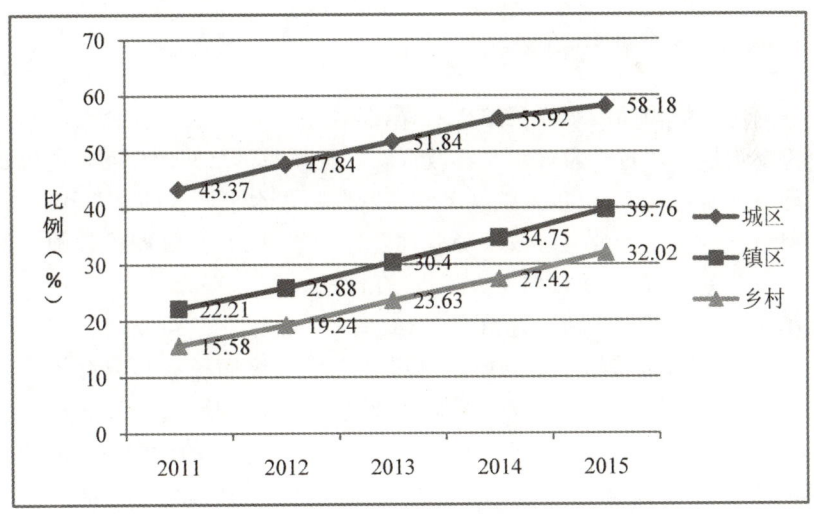

图 4-14　2011－2015 年河南省城乡普通小学专任教师本科以上学历比例比较图

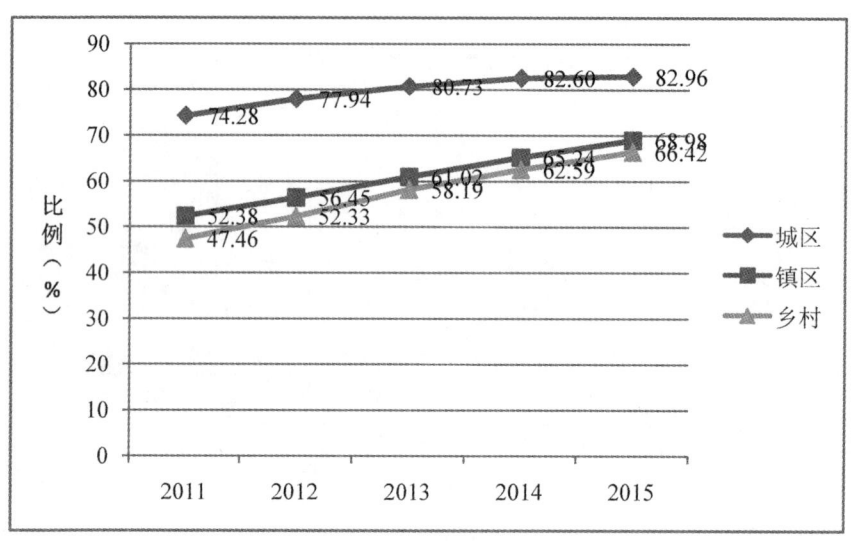

图 4-15　2011－2015 年河南省城乡普通初中专任教师本科以上学历比例比较图

（四）教师职称结构情况

教师职称结构同教师学历结构一样，是反映教师素质和教育教学水平的一个重要指标。通过查看城乡义务教育阶段教师职称结构的分布情况以及高级职称教师所占比例，可以反映义务教育阶段师资水平城乡的差距状况。

河南省城乡义务教育阶段教师职称总体上表现为：高级职称教师比例仍然存在城乡差距，初中阶段差距大于小学阶段。

小学阶段教师职称情况。由表 4-16、图 4-16、图 4-17 可知，在小学阶段，2011－2015 年城区普通小学的中学高级和小学高级职称教师数总体呈上升的趋势；小学一级、小学二级职称的教师数呈基本稳定趋势；未评职称的教师数则呈逐年增多的趋势。镇区普通小学的中学高级职称的教师数呈先抑后扬的变化趋势，小学高级、小学一级、小学二级职称的教师数呈上升的趋势或呈总体增加的趋势，小学三级职称的教师数呈先扬后抑的变化趋势，未评职称的教师数则呈逐年增多的趋势。乡村普通小学、中学高级职称的教师数总体呈增长的变化趋势，小学高级、小学一级、小学二级和小学三级职称的教师数总体呈减少的趋势，但未评职称的教师数则呈逐年增多的变化趋势。乡村普通小学专任教师职称结构变化呈现两极化分布，具有高级职称教师数和未评职称教师数均不断增长，这与城区和镇区普通小学教师职称情况并不完全一致。

表4-16　2011－2015年河南省城乡普通小学专任教师职称结构表　（单位：人）

年份区域	年份	中学高级	小学高级	小学一级	小学二级	小学三级	未定	合计
2011	城区	1430	43054	32079	3017	269	7182	87031
	镇区	1845	61958	58625	6664	974	13445	143511
	乡村	3253	123587	110391	9590	379	18082	265282
2012	城区	1312	43802	31207	3227	241	7545	87334
	镇区	1801	66230	59982	7136	594	15297	151040
	乡村	3069	122381	102717	8961	176	21178	258482
2013	城区	1643	44845	31515	3327	344	7814	89488
	镇区	2288	68860	59118	6528	779	18376	155949
	乡村	3416	117302	94622	8269	301	25168	249078
2014	城区	1948	46333	32520	3853	161	8346	93161
	镇区	2553	70273	60442	7023	37	21238	161566
	乡村	3430	111170	90229	8456	8	26011	239304
2015	城区	2007	44135	32106	4077	29	9424	91778
	镇区	3207	73885	64840	8262	39	26267	176500
	乡村	3826	104157	86756	8235	22	29620	232616

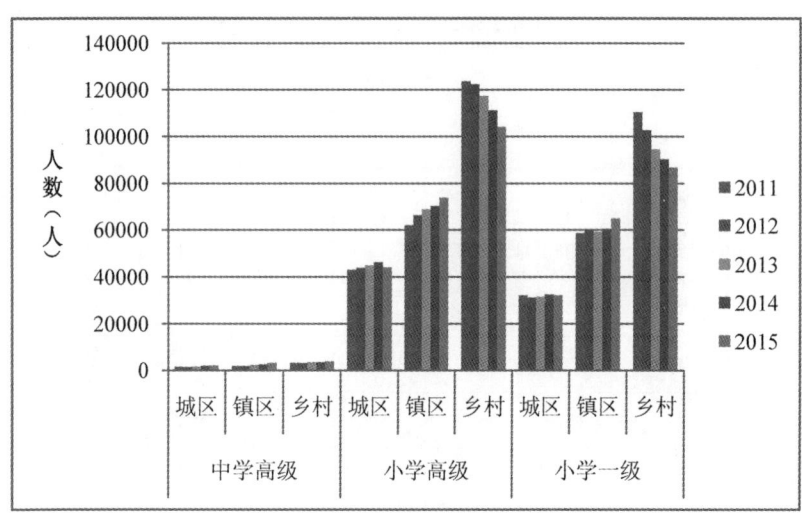

图 4-16　2011－2015 年河南省城乡普通小学专任教师中学高级、
小学高级、小学一级职称比较图

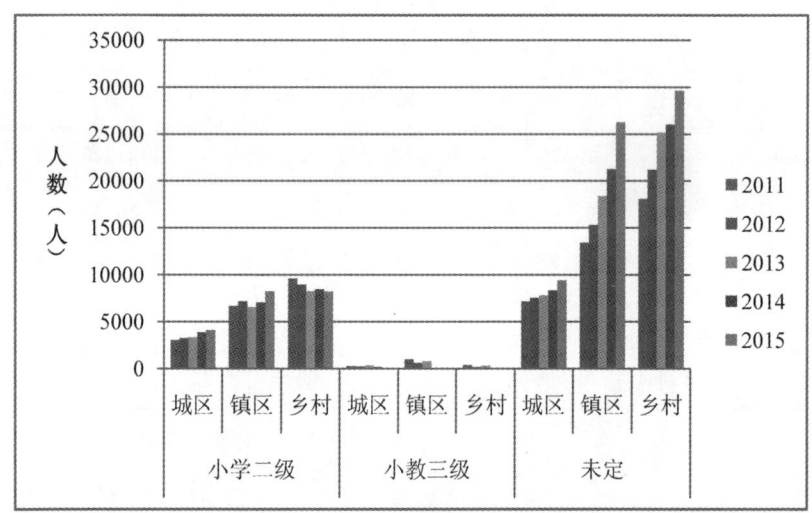

图 4-17　2011－2015 年河南省城乡普通小学专任教师小学二级、
小学三级、未定级职称比较图

初中阶段教师职称情况。由表 4-17、图 4-18、图 4-19 可以看出，在初中阶段，2011－2015 年城区普通初中中学高级、中学一级、中学二级职称教师数呈先扬后抑的变化趋势；未评职称的教师数则呈逐年增多的趋势。镇区普通初中中学高级、中学一级职称的教师数呈逐年增多的趋势，中学二级、中学三级职称的教师数总体呈减少趋势或逐渐减少,未评职称教师呈逐年增多的趋势。乡村普通初中中学高级职称的教师数变化不大,保持基本稳定或稳中有升;中学一级、中学二级、中学三级职称的教师数呈波状下降的变化趋势;未评职称的教师数则呈逐年上升的趋势。从以上分析可以看出,城区和镇区普通初中教师职称结构变化情况基本一致,乡村普通初中高级职称教师变化不大。

表 4-17 2011－2015 年河南省城乡普通初中专任教师职称结构表 （单位:人）

年份区域	年份	中学高级	中学一级	中学二级	中学三级	未定	合计
2011	城区	12985	24376	19754	1095	3040	61250
	镇区	15972	48814	50628	5319	9385	130118
	乡村	9584	34369	36966	3620	6295	90834
2012	城区	13653	24566	19707	935	3482	62343
	镇区	18246	52534	50780	4592	9388	135540
	乡村	10161	33328	32088	2877	6076	84530
2013	城区	14419	25663	19697	846	3806	64431
	镇区	20243	53068	47956	4021	10485	135773
	乡村	10881	31755	28260	2311	6531	79738
2014	城区	15080	26835	19909	924	4274	67022
	镇区	21845	54809	48858	4102	11671	141285
	乡村	10852	29611	25875	2234	6582	75154
2015	城区	14590	25880	18984	790	4906	65150
	镇区	23324	57434	50608	3847	14305	149518
	乡村	10777	28183	23880	1648	6790	71278

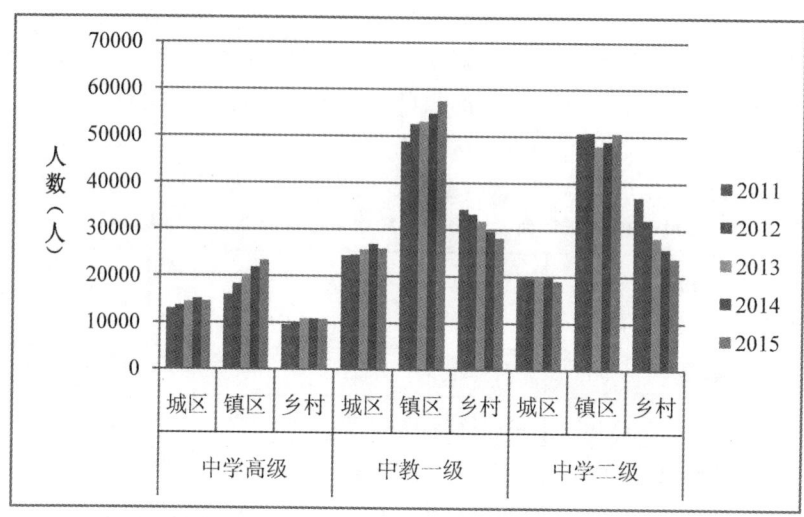

图 4-18　2011—2015 年河南省城乡普通初中专任教师中学高级、
一级、二级职称人数比较图

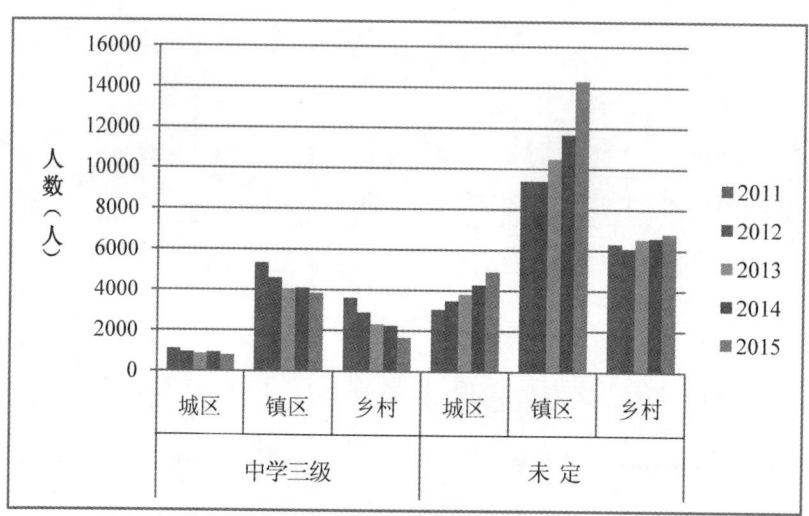

图 4-19　2011—2015 年河南省城乡普通初中专任教师中学三级、
未定级职称人数比较图

小学阶段与初中阶段高级职称教师数的比较。如表 4-18、图 4-20 所示，从高级职称教师比例来看，在小学阶段，2011—2015 年具有高级职称的专任教师比例呈先抑后扬的变化趋势；在初中阶段，具有高级职称的专任教师比例逐年提升，这说明教师的整体职称层次在不断提高。初中阶段拥有高级职称的教师数远远高于小学阶段。截至 2015 年 12 月底,小学阶段城区、镇区和乡村具有高级职称教师数分别是 2007 人、3207 人、3826 人(见表 4-16),占比分别为 2.19%、1.82%、1.64%;初中阶段分别是 14590 人、23324 人、10777 人(见表 4-17),占比分别为 22.39%、15.60%、15.12%。由此可见,无论是小学阶段还是初中阶段,城区、镇区和乡村具有高级职称教师比例均呈倒梯形分布,即城区高于镇区,镇区高于乡村,并且这一态势在初中阶段表现得更为明显。

尽管农村中小学具有高级职称的教师比例有所增加,但城乡差距逐年扩大的趋势也较为明显。另外,从高级职称教师提高的比例来看,普通小学(0.48%)远低于普通初中(6.37%)。由此可见,无论是具有高级职称的专任教师数还是具有高级职称专任教师比例的提高幅度,初中阶段都要远远高于小学阶段。

表 4-18 2011—2015 年河南省城乡普通小学、普通初中高级职称(中学高级)专任教师比例 (单位:%)

区域	年份	2011	2012	2013	2014	2015	提高%个
普通小学	总体	1.32	1.24	1.49	1.61	1.80	0.48
	城区	1.64	1.50	1.84	2.09	2.19	0.55
	镇区	1.29	1.19	1.47	1.58	1.82	0.53
	乡村	1.23	1.19	1.37	1.43	1.64	0.41
普通初中	总体	10.66	14.89	16.27	16.85	17.03	6.37
	城区	21.20	21.90	22.38	22.50	22.39	1.19
	镇区	12.28	13.46	14.91	15.46	15.60	3.32
	乡村	10.55	12.02	13.65	14.44	15.12	6.57

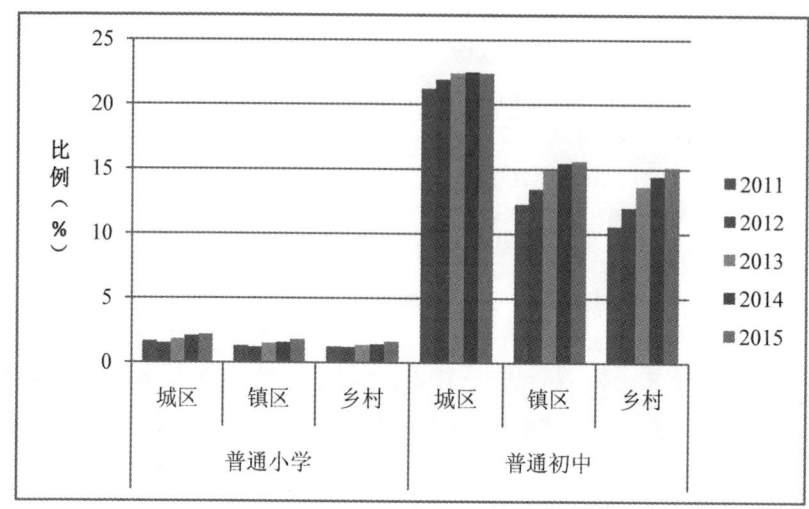

图 4-20 2011—2015 年河南省城乡普通小学、普通初中高级职称（中学高级）专任教师比例比较图

（五）教师年龄结构情况

年龄结构是学校教师长期聚集和更替所构成的自然形态的反映，是学校建设一支稳定精良的教师队伍的必要前提。保持各学段教师老中青的恰当比例，可保证教师队伍充满生机与活力，并能持续健康发展。理想的年龄结构状况应当是老中青相结合，并以中青年为主体，三者构成合理的比例。合理的教师年龄构成是反映教师整体素质高低的重要指标之一。

城乡义务教育阶段教师年龄结构总体上表现为：小学教师存在老龄化现象，初中阶段教师年龄结构较为合理。

关于中小学教师的年龄分段，国家没有出台相关的标准，学术界也没有统一的观点。《国家教育督导报告》一般采用 46 岁以上的教师占全体教师的比例来反映教师的年龄结构是否合理。结合河南省教育统计表格年龄统计划分情况，本研究采用了 45 岁以上（含 45 岁）的教师占全体教师的比例来反映教师的年龄结构是否合理。

小学阶段教师年龄结构情况。由表 4-19、表 4-20、图 4-20 可以看出，在小学阶段，2011—2015 年普通小学 45 岁及以上教师的比例分别为 31.72%、30.22%、30.58%、29.20%、27.45%，总体呈递减的变化趋势；30 岁以下的教师比例分别为 22.81%、21.74%、18.03%、18.28%、19.77%，呈递减的变化趋势。截至 2015 年 12 月底,小学阶段教师 45 岁及其以上的人数占 27.45%,50 岁及其以上的人数占 18.30%,这在一定程度上说明普通小学存在教师老龄化现象,并且这种现象日益趋于严重化。

表 4-19 2011－2015 年河南省普通中小学专任教师年龄结构表 (单位:%)

年龄 \ 年份	≤24	25—29	30—34	35—39	40—44	45—49	50—54	55—59	≥60
普通小学 2011	6.39	16.42	21.26	13.71	10.49	10.90	13.85	6.94	0.03
普通小学 2012	6.83	14.91	22.63	14.57	10.85	10.54	12.21	7.44	0.03
普通小学 2013	5.37	12.66	22.58	17.24	11.57	9.26	11.11	10.16	0.05
普通小学 2014	5.35	12.93	21.19	19.12	12.21	9.10	10.53	9.52	0.05
普通小学 2015	5.29	14.48	18.96	21.13	12.69	9.15	9.83	8.39	0.08
普通初中 2011	7.44	17.92	23.92	20.06	13.75	8.34	5.90	2.65	0.03
普通初中 2012	7.37	16.96	23.22	20.42	14.59	9.00	5.53	2.87	0.02
普通初中 2013	5.00	15.28	21.21	21.76	16.43	10.30	6.12	4.05	0.04
普通初中 2014	4.63	15.38	19.41	21.90	17.28	11.01	6.30	4.04	0.05
普通初中 2015	4.51	15.73	17.87	21.65	17.84	11.94	6.68	3.72	0.05

表 4-20 2011－2015 年河南省普通中小学专任教师年龄结构分布比例表 (单位:%)

区域 \ 年份		2011	2012	2013	2014	2015
普通小学	30 岁以下	22.81	21.74	18.03	18.28	19.77
普通小学	30—44 岁	45.46	48.05	51.39	52.52	52.78
普通小学	45 岁以上	31.72	30.22	30.58	29.20	27.45
普通初中	30 岁以下	25.36	24.33	20.28	20.01	20.24
普通初中	30—44 岁	57.73	58.23	59.21	58.59	57.36
普通初中	45 岁以上	16.92	17.42	20.51	21.40	22.39

注:30 岁以下,不含 30 岁;45 以上,含 45 岁。

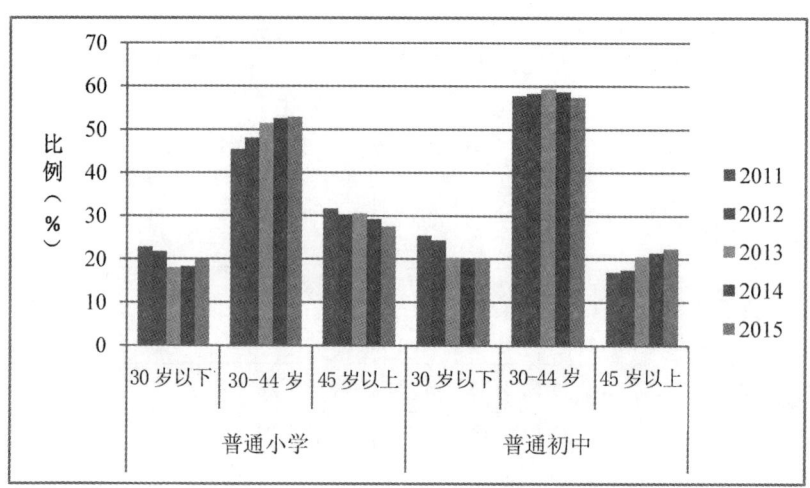

图 4-21 2011—2015 年河南省普通中小学专任教师年龄分布比例比较图

注:30 岁以下,不含 30 岁;45 以上,含 45 岁

表 4-21 2011—2015 年城乡普通小学、普通初中专任教师队伍平均年龄表 (单位:岁)

区域	年份	2011	2012	2013	2014	2015
普通小学	总体	38.76	38.61	39.38	39.22	38.90
	城区	36.06	36.1	37.29	37.57	37.66
	镇区	37.09	37.04	37.96	37.93	37.69
	乡村	40.57	40.37	41.02	40.75	40.31
普通初中	总体	36.31	36.53	37.72	38.00	38.17
	城区	36.63	36.78	37.92	38.19	38.59
	镇区	35.61	35.88	37.10	37.33	37.42
	乡村	35.63	35.87	37.00	37.31	37.46

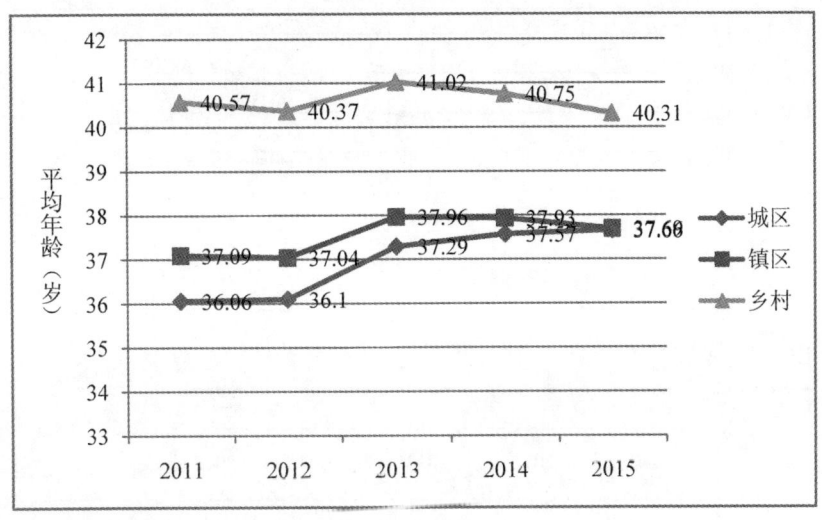

图 4-22　2011－2015 年河南省城乡普通小学专任教师平均年龄变化图

从分区域的情况看,各区域普通小学教师的平均年龄有差异,但差异不大。如表 4-21、图 4-22 所示,2015 年,城区、镇区、乡村普通小学专任教师的平均年龄分别为 37.66 岁、37.69 岁、40.31 岁,即平均年龄都超过 37 岁。城区、镇区普通小学教师平均年龄在 38 岁以下,低于全国平均年龄(38.84 岁),而乡村普通小学教师的平均年龄(40.31 岁)高于全国平均水平。

初中阶段教师年龄结构情况。如表 4-19、表 4-20、图 4-21 所示,在初中阶段,2011－2015 年普通初中专任教师 45 岁以上(含 45 岁)的教师比例分别为 16.92%、17.42%、20.51%、21.40%、22.39%,总体呈递增的变化趋势;30 岁以下的教师比例分别为 25.36%、24.33%、20.28%、20.01%、20.24%,总体呈递减的变化趋势。与小学阶段相比,初中阶段的教师年龄结构分布较为合理。

从分区域的情况看,如表 4-21、图 4-23 所示,各区域普通初中教师的平均年龄有差异,但差异不大。截至 2015 年 12 月底,城区、镇区、乡村普通初中教师队伍的平均年龄分别为 38.59 岁、37.42 岁、37.46 岁,均低于全国平均年龄(38.84 岁)。

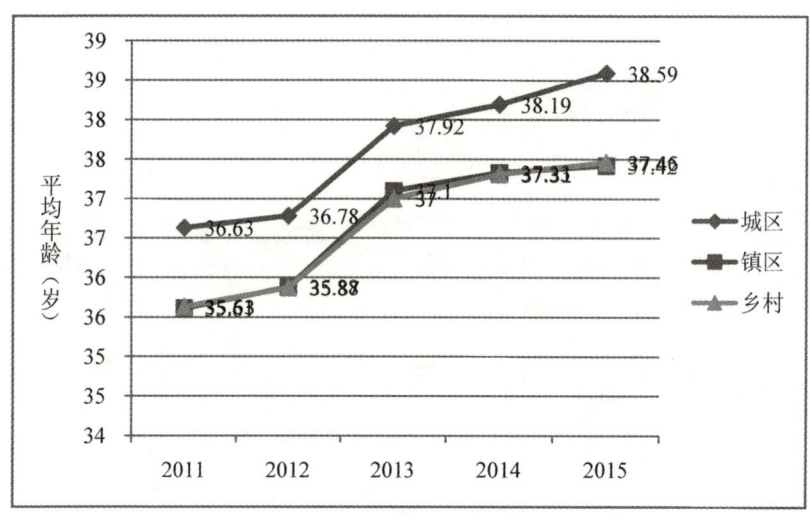

图 4-23　2011—2015 年河南省城乡普通初中专任教师平均年龄变化比较图

进一步考察 2011—2015 年普通初中专任教师用加权平均法计算后的年龄变化情况，可以发现整体教师队伍年龄增幅显著。如图 4-24 所示，在 2011—2015 年，普通初中专任教师平均年龄不断上升，由 2011 年的 36.31 岁上升到 2015 年的 38.17 岁，五年间平均年龄增长了近 2 岁。但仍低于全国平均年龄（38.84 岁）。

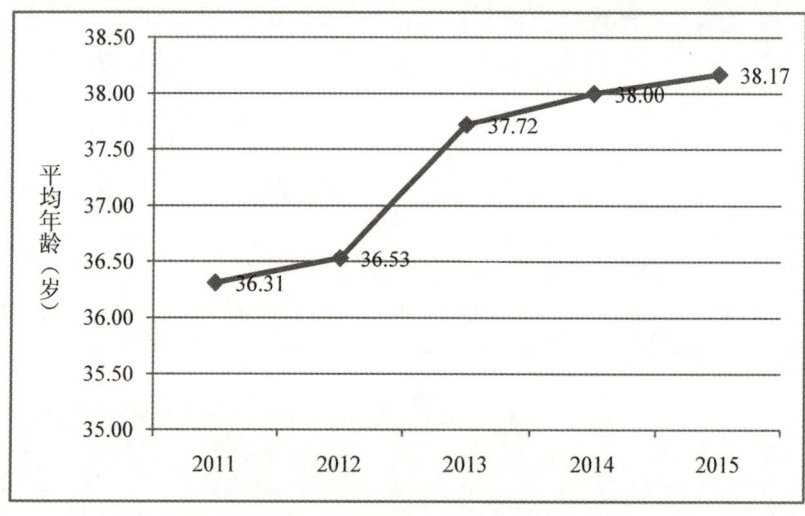

图 4-24　2011—2015 年河南省普通初中专任教师平均年龄变化比较图

教师年龄结构及其特质对教师队伍的整体活力、创新能力以及教育生产率有着十分重要的影响。进一步说,年龄结构还对队伍本身的吸纳能力、社会感知以及评价等造成影响。如图 4-23、图 4-24 所示,我省中小学教师年龄结构的非均匀性近年来已显现,初中阶段专任教师年龄相对于小学阶段较为年轻,这与全国教师队伍年龄结构发展趋势基本一致。而我国教师队伍年龄结构的非均匀性还没有引起决策层足够的注意①。

(六)分课程专任教师情况

城乡义务教育阶段分课程专任教师总体情况表现为:普通小学、初中分课程专任教师均紧缺,尤其是体、音、美专任教师更为紧缺。

普通小学分课程专任教师情况。在小学阶段,由表 4-22、图 4-25 可见,截至 2015 年 12 月底,河南省普通小学专任教师班师比 2.02,城区专任教师班师比最高 2.47,乡村普通小学专任教师班师比最低 1.78。语、数、英三科分课程教师均不能达到一个班一个专任教师。除语、数、英三科分课程教师之外,最多的分课程教师人数是体育,其次是品德与生活(社会)。

表 4-22　2015 年河南省城乡普通小学分课程专任教师情况表　(单位:人)

区域 学科	总　体	城　区	镇　区	乡　村
班级数(个)	248353	37111	80515	130727
合　计	500894	91778	176500	232616
品德与生活(社会)	15497	3267	5990	6240
语　文	209741	34127	69295	106319
数　学	174471	27155	60157	87159
英　语	31336	6607	12133	12596
体　育	18404	5098	7204	6102
科　学	9592	2646	4149	2797

---

① 曾晓东.教师蓝皮书:中国中小学教师发展报告(2012),北京:社会科学文献出版社,2012:140

续表

学科\区域		总体	城区	镇区	乡村
艺术		2574	643	1267	664
音乐		12689	3959	5368	3362
美术		11515	3727	4930	2858
综合实践活动	信息技术	6002	1664	2470	1868
	劳动与技术	3584	1196	1659	729

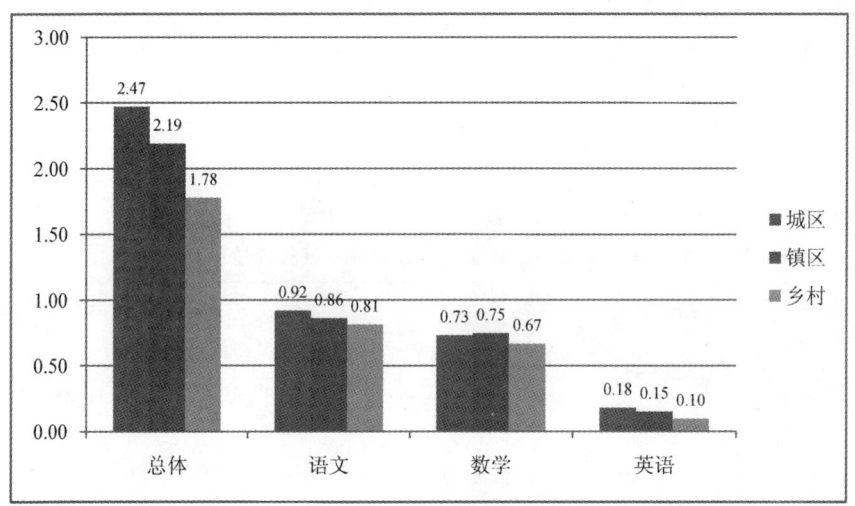

图 4-25　2015 年河南省城乡普通小学总体、语文、数学、英语班师比比较图

初中分课程专任教师情况。如表 4-23、图 4-26 所示，截至 2015 年 12 月底，河南省普通初中专任教师班师比 2.91。城区普通初中专任教师班师比最低 2.33，乡村普通初中专任教师班师比最高 4.40，镇区居中 2.74。分课程均不能达到一个班级一个专任教师，即使语、数、英三科要求最多的教师也不能达到，它们分别是 0.79、0.75、0.65。

从分区域来看，乡村的分课程专任教师班师比相对高些，这可能与农村学校学生较少的缘故有关，也与前面初中班级数逐年减少结论一致。

表 4-23 2015 年河南省城乡普通初中分课程专任教师情况表 （单位：人）

区域 / 学科		总体	城区	镇区	乡村
班级数（个）		102654	28604	56898	17152
合　计		298617	66869	156259	75489
思想品德（政治）		17600	4062	9141	4397
语　文		57460	12593	30310	14557
数　学		54376	11778	29024	13574
英　语		47137	10966	24864	11307
科　学		1319	149	721	449
物　理		17730	4251	9170	4809
化　学		11013	2640	5641	2732
生　物		11570	2538	6040	2992
历史与社会		2342	359	1212	771
地　理		11485	2446	6069	2970
历　史		14672	3441	7641	3590
体育与健康		12512	3502	6074	2936
艺　术		999	127	533	339
音　乐		999	127	533	339
美　术		6711	1715	3317	1679
综合实践活动	信息技术	5511	1462	2721	1328
	劳动与技术	2957	507	1596	854

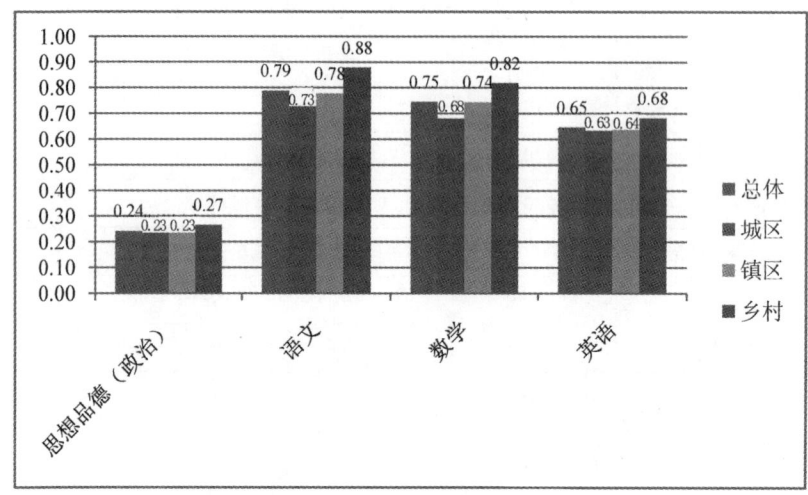

图 4-26　2015 年河南省城乡普通初中总体、语文、数学、英语班师比比较图

三、城乡义务教育办学条件发展状况

学校办学条件的改善是实现义务教育均衡发展的物质基础,学校标准化建设工程的实施是实现义务教育均衡发展的必要条件。义务教育阶段学校办学条件包括校舍的面积及其质量、教学仪器设备、计算机、图书等。其中,校舍建筑面积及其质量是办学的最基本保证,直接反映一个学校办学条件的状况,而图书、计算机、教学仪器设备拥有量的差异,则反映了校际之间在保障学校教育质量方面教育教学设施的差距。学校标准化建设的达标情况则从整体上反映了学校基础设施、教育教学设备以及信息化的建设情况,也从一定程度上反映了城乡义务教育学校标准化建设的实施状况。

(一)城乡基本办学条件差距依然存在

小学阶段基本办学条件情况。如表 4-24 所示,在小学阶段,2011—2015年城区、镇区、乡村普通小学的生均办学条件变化趋势基本保持一致。其中,生均建筑面积、生均体育场馆面积,城区、镇区呈先抑后扬,乡村则逐年增多;危房面积占总建筑面积比例逐年减少;生均固定资产总值与生均教学仪器设备总值 2013 年以后增加速度较快,并且是逐年不断增多;生均计算机台数和生均电子图书藏量(GB)变化不大,基本保持稳定;生均图书藏量逐渐增加,截至 2015 年 12 月底,城区、镇区和乡村生均图书藏量已达标。

从分城乡数据来看,除生均建筑面积和生均体育场馆面积乡村高于城区和镇区之外,城区、镇区和乡村各项指标均呈倒梯形分布,即城区高于镇区,镇区高于乡村。值得注意的是,无论是城区、镇区还是乡村普通小学计算机数量都明显不足,危房问题仍是值得关注的问题。

表 4-24 2011—2015 年河南省城乡普通小学办学条件生均情况表

年份	办学条件 区域	生均建筑面积(平方米)	生均危房面积(%)	生均体育场馆面积(平方米)	生均固定资产总值(元)	生均教学仪器设备总值(元)	生均计算机台数(台)	生均图书藏量(册)	生均电子图书藏量(GB)
2011	城区	4.41	8.30	3.15	0.32	0.03	0.04	13.05	0.27
	镇区			3.34	0.24	0.02	0.02	11.87	0.23
	乡村	4.62	10.10	4.93	0.21	0.01	0.01	12.44	0.35
2012	城区	4.38		3.07	0.36	0.04	0.04	13.60	0.20
	镇区	4.38		3.52	0.28	0.02	0.03	12.78	0.20
	乡村	5.09	7.00	5.36	0.26	0.02	0.02	13.70	0.31
2013	城区	4.67	1.31	3.21	4079.38	459.02	0.05	14.79	0.22
	镇区	4.79	3.20	0.39	3651.35	288.43	0.03	13.57	0.24
	乡村	6.55	4.57	6.90	3712.33	279.61	0.03	16.83	0.37
2014	城区	4.83	0.76	3.28	4439.72	523.04	0.06	15.12	0.21
	镇区	5.04	1.98	4.00	4181.14	437.48	0.03	13.85	0.23
	乡村	7.15	2.88	7.36	4414.76	382.70	0.03	17.70	0.36
2015	城区	4.81	0.81	3.19	5028.05	580.94	0.06	15.51	0.20
	镇区	5.20	1.19	3.99	4578.46	392.86	0.04	13.83	0.22
	乡村	7.63	1.89	7.75	5209.91	475.51	0.04	18.66	0.42

初中阶段基本办学条件情况。如表 4-25 所示,在初中阶段,2011—2015 年城区、镇区和乡村普通初中生均办学条件变化趋势基本保持一致,这与小学阶段基本相同。其中,生均建筑面积和生均图书藏量总体呈增长的变化趋势;生均危房面积所占比例总体呈减少的变化趋势;生均固定资产总值和生均教学仪器设备总值从 2013 年开始大幅增加,且逐年增长;生均计算机台数和生均电子图书藏量整体变化不大。

从分城乡数据来看,除生均校舍面积和生均体育场馆面积乡村高于城区和镇区之外,其余各项指标城区均明显优于镇区和乡村,镇区和乡村普通初中的办学条件则基本一致,没有较大差距。值得注意的是,无论是城区、镇区还是乡村普通初中计算机数量、生均电子图书藏量都明显不足,并且普通初中和普通小学也无明显差异。因此,加强普通中小学校的信息化建设水平应成为当务之急。此外,危房问题是义务教育阶段的一个突出问题,事关学生人身安全,应引起足够的重视。

表 4-25 2011—2015 年河南省城乡普通初中办学条件生均情况表

年份	办学条件 区域	生均建筑面积 (平方米)	生均危房面积 (%)	生均体育场馆面积 (平方米)	生均固定资产总值 (元)	生均教学仪器设备总值 (元)	生均计算机台数 (台)	生均图书藏量 (册)	生均电子图书藏量 (GB)
2011	城区	7.51	6.65	9.76	0.14	0.63	0.15	17.09	0.33
	镇区			7.67	0.06	0.44	0.08	18.04	0.29
	乡村	7.87	9.11	6.55	0.03	0.40	0.05	22.03	0.33
2012	城区	8.12		5.04	0.65	0.07	0.05	17.63	0.24
	镇区	7.85		5.15	0.53	0.04	0.05	20.50	0.22
	乡村	8.90	6.45	6.80	0.49	0.04	0.06	25.20	0.31
2013	城区	8.68	2.17	10.11	8041.66	824.87	0.17	19.42	0.59
	镇区	9.77	2.12	9.32	7552.07	553.38	0.10	22.99	0.54
	乡村	12.70	4.08	9.67	7802.43	650.81	0.09	34.22	0.85
2014	城区	9.56	0.95	5.80	9373.73	1025.78	0.10	20.78	0.21
	镇区	10.18	1.04	6.19	8671.65	666.16	0.07	22.06	0.23
	乡村	12.96	2.49	9.38	8613.03	773.23	0.09	32.61	0.38
2015	城区	9.44	1.05	5.62	9930.38	1119.31	0.10	22.64	0.20
	镇区	10.69	0.60	6.34	9819.34	730.85	0.07	22.61	0.24
	乡村	13.48	1.75	9.49	9940.27	938.11	0.09	32.94	0.43

小学和初中阶段基本办学条件达标情况。按照《城市普通中小学校舍建设标准》(建标[2002]102 号)、《农村普通中小学建设标准》(建标[2008]109 号)等标准执行。由表 4-24、表 4-25 可以看出,截至 2015 年底,河南省城区、镇区、乡村普通小学生均校舍建筑面积分别为 4.81 平方米、5.20 平方米、7.63 平方米,城区、镇区未达到国家标准(生均 6.50 平方米);河南省城区、镇区、乡村普通初中生均校舍建筑面积分别 9.44 平方米、10.69 平方米、13.48 平方米,均未达到国家标准(生均 15.31 平方米)。

根据教育部《中小学图书馆(室)规程(修订)》(教基[2003]5 号)规定:市

小学生均图书不得低于15册,乡(镇)中心小学生均图书不得低于12册;市初中生均图书不得低于30册,乡(镇)中心初中生均图书不得低于25册。由表4-24、表4-25可以看出,截至2015年12月底,河南省城区、镇区、乡村普通小学生均图书藏量分别为15.51册、13.83册、18.66册,均已达标,且生均图书藏量均逐年增加;河南省城区、镇区、乡村普通初中生均图书藏量22.64册、22.61册、32.94册,仅乡村达标,城区和镇区均未达标。

(二)六项办学条件达标比例存在城乡差距

小学阶段六项办学条件指标达标情况。由表4-26、图4-27、图4-28、图4-29可以看出,在小学阶段,2011—2015年城区普通小学办学条件各项指标达标学校比例呈逐年增长的发展趋势;而镇区和乡村小学除了音乐器械配备和美术器械配备比例呈逐年增长,其余各项指标达标学校比例则均呈先扬后抑又扬的变化过程,但与2011年相比,总体上各项指标仍呈增长的变化趋势。

从分城乡的绝对数据比较来看,城区、镇区和乡村普通小学办学条件呈明显的倒梯形分布,即城区优于镇区,镇区明显优于乡村;城区、镇区和乡村普通小学之间存在较大差距,尤其在音乐器械配备和美术器械配备比例上。截至2015年12月底,城区、镇区和乡村普通小学音乐器械配备和美术器械配备比例分别为71.48%、51.16%、39.71%和71.00%、51.10%、39.49%,与城区和镇区相比,乡村分别低了31.77、11.45和31.51、11.61个百分点。

表4-26 2011—2015年河南省城乡普通小学办学条件学校达标比率表 (单位:%)

年份	办学条件区域	体育场馆面积	体育器械配备	音乐器械配备	美术器械配备	数学自然实验仪器	建立校园网校
2011	城区	45.14	55.10	53.47	53.00	54.35	21.36
	镇区	35.32	35.22	33.88	32.82	34.74	5.93
	乡村	26.78	25.82	24.12	23.73	24.72	1.64
2012	城区		60.24	57.98	58.60	59.61	25.98
	镇区		40.02	37.51	37.80	39.23	6.65
	乡村		29.11	26.76	27.36	28.39	2.35

续表

年份	办学条件区域	体育场馆面积	体育器械配备	音乐器械配备	美术器械配备	数学自然实验仪器	建立校园网校
2013	城区	52.63	62.95	61.34	61.44	60.76	26.29
	镇区	35.92	39.33	38.39	38.02	39.18	5.63
	乡村	28.19	28.66	27.44	27.35	27.82	2.96
2014	城区	51.52	66.02	65.97	65.87	64.88	38.40
	镇区	33.89	43.45	42.94	42.32	42.37	18.45
	乡村	26.08	33.22	32.50	32.20	32.45	11.75
2015	城区	55.53	71.32	71.48	71.00	69.60	41.83
	镇区	38.41	52.02	51.16	51.10	51.71	24.30
	乡村	29.62	40.21	39.71	39.49	39.87	15.20

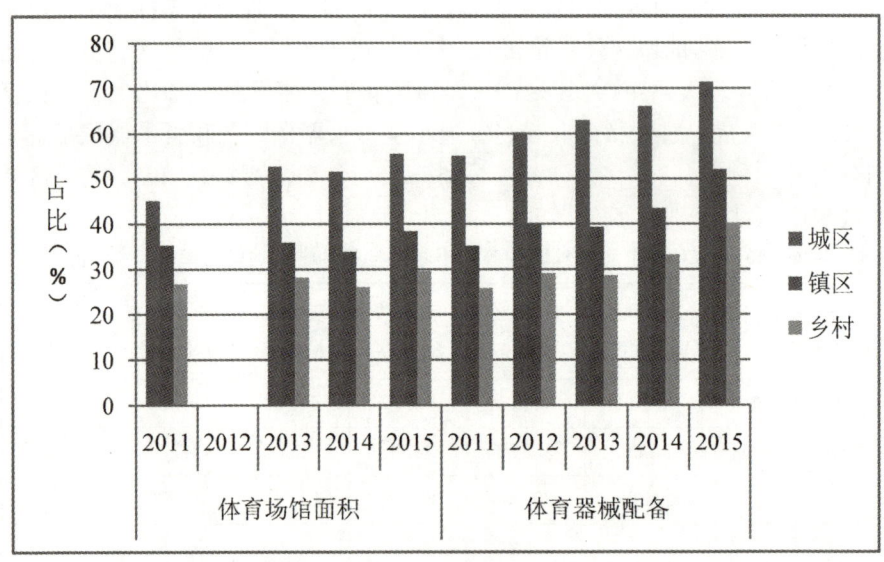

图 4-27　2011—2015 年河南省城乡普通小学体育场馆面积、体育器械配备占比变化图

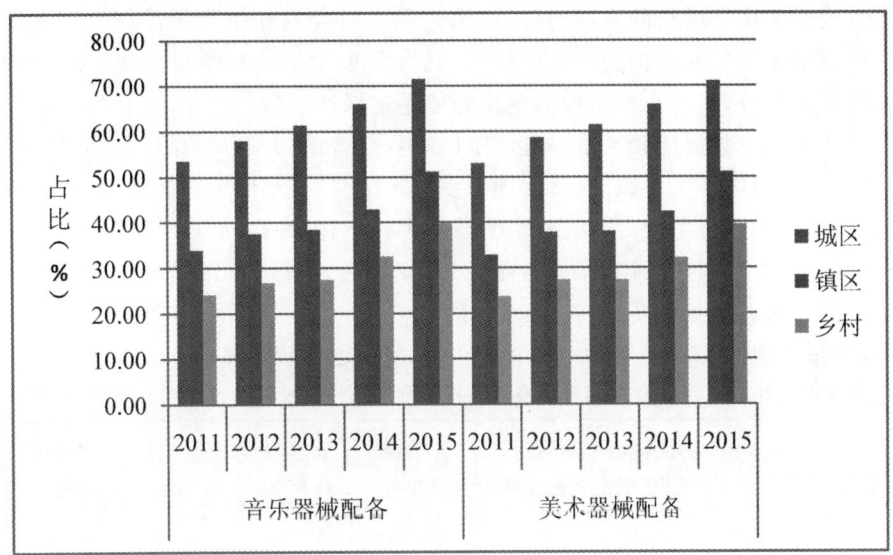

图 4-28　2011—2015 年河南省城乡普通小学音乐、美术器械配备占比变化图

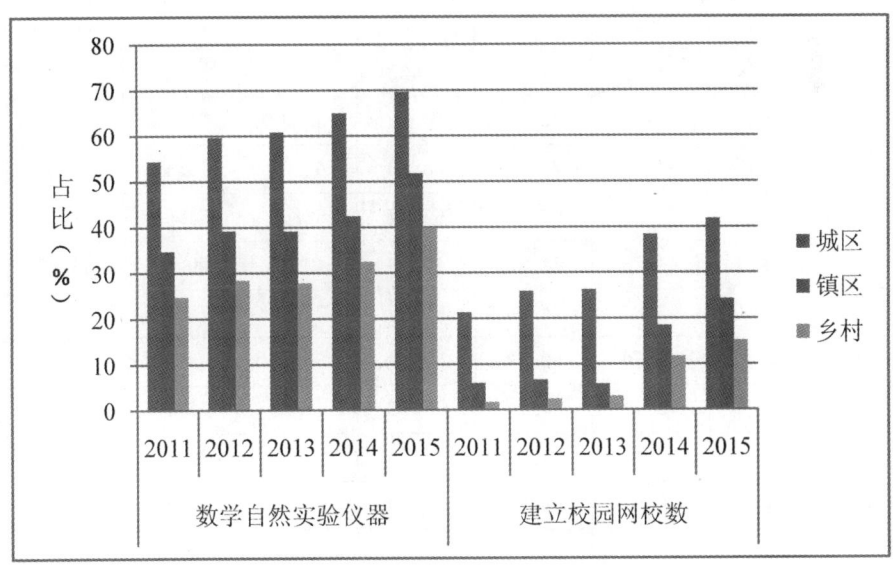

图 4-29　2011—2015 年河南省城乡普通小学数学自然实验仪器、建立校园网校占比变化图

初中阶段六项办学条件指标达标情况。由表 4-27、图 4-30、图 4-31、图 4-32 可以看出,在初中阶段,2011—2015 年城区普通初中办学条件各项指标达

标学校比例均呈增长的发展趋势,而镇区和乡村普通初中除了建立校园网学校比例呈先扬后抑又扬的变化过程外,其余各项指标达标学校比例则均呈增长的发展趋势,这与小学阶段的变化趋势基本保持一致。

从分城乡数据比较来看,城区、镇区和乡村普通初中办学条件呈明显的倒梯形分布,即城区优于镇区,镇区优于乡村。但是,与小学阶段相比,初中阶段城区、镇区和乡村学校之间的差距明显变小。不过,存在的城乡差距也不可忽视,以建立校园网学校比例为例,截至2015年底,城区、镇区和乡村普通初中建立校园网的学校比例分别为63.01%、47.60%、35.84%,与城区、镇区相比,乡村分别低27.17和11.76个百分点,差距还比较明显。

表4-27　2011－2015年河南省城乡普通初中办学条件学校达标占比表　（单位:%）

年份	办学条件区域	体育场馆面积	体育器械配备	音乐器械配备	美术器械配备	理科实验仪器	建立校园网校
2011	城区	57.81	63.91	60.86	60.36	72.43	48.16
	镇区	49.87	51.61	48.55	47.55	59.87	30.70
	乡村	42.04	39.21	36.39	35.03	47.96	20.52
2012	城区		69.62	66.36	66.75	77.57	55.02
	镇区		55.39	50.25	51.07	63.68	35.30
	乡村		43.51	38.56	39.33	51.76	25.08
2013	城区	64.94	70.26	68.83	68.05	76.49	95.84
	镇区	52.38	56.40	53.17	52.63	64.68	71.18
	乡村	44.78	44.50	40.99	40.19	50.62	54.65
2014	城区	65.87	74.28	72.90	72.52	78.17	62.61
	镇区	52.59	59.23	57.77	57.34	68.33	45.81
	乡村	43.49	51.76	48.83	48.36	58.10	33.92
2015	城区	67.48	79.00	76.83	76.02	80.35	63.01
	镇区	56.42	66.87	65.30	64.74	74.21	47.60
	乡村	47.02	59.11	57.13	56.70	64.82	35.84

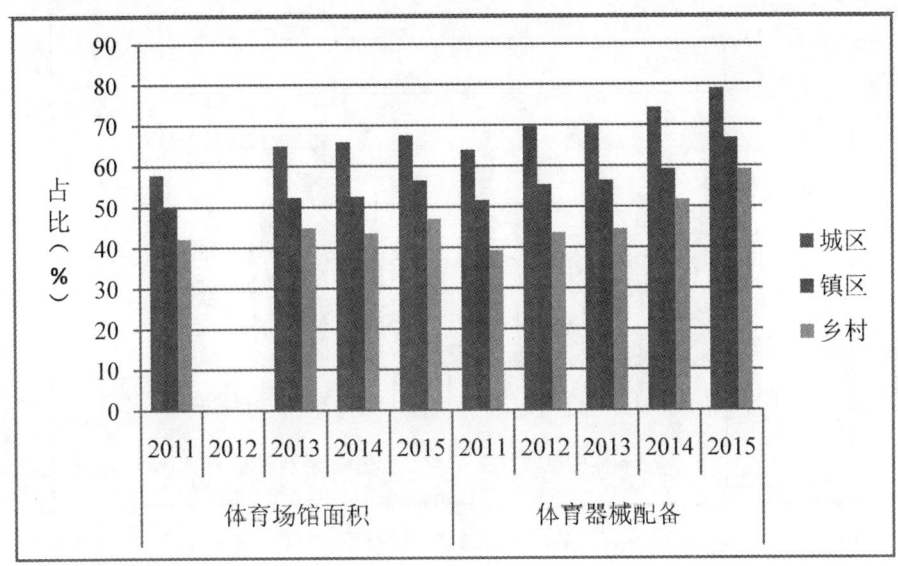

图 4-30 2011—2015 年河南省城乡普通初中体育场馆面积、体育器械配备占比变化图

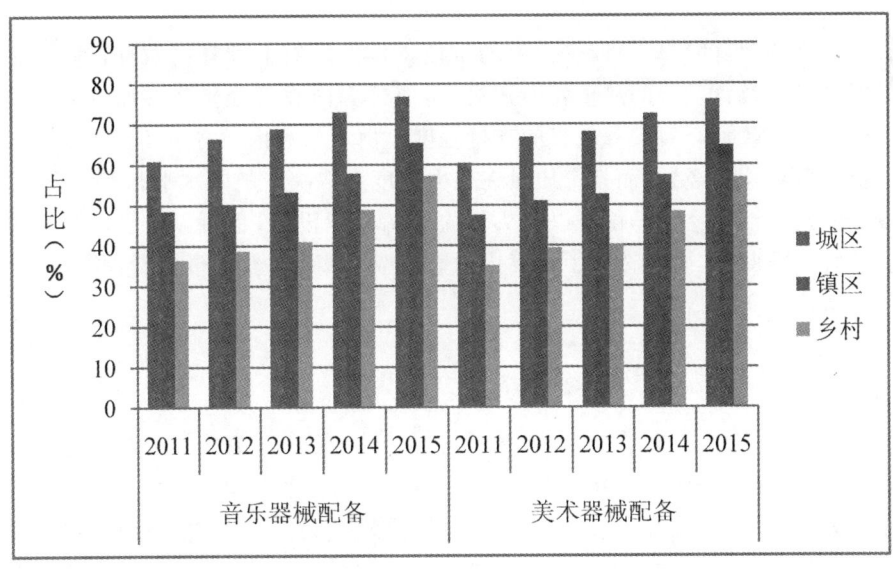

图 4-31 2011—2015 年河南省城乡普通初中音乐、美术器械配备占比变化图

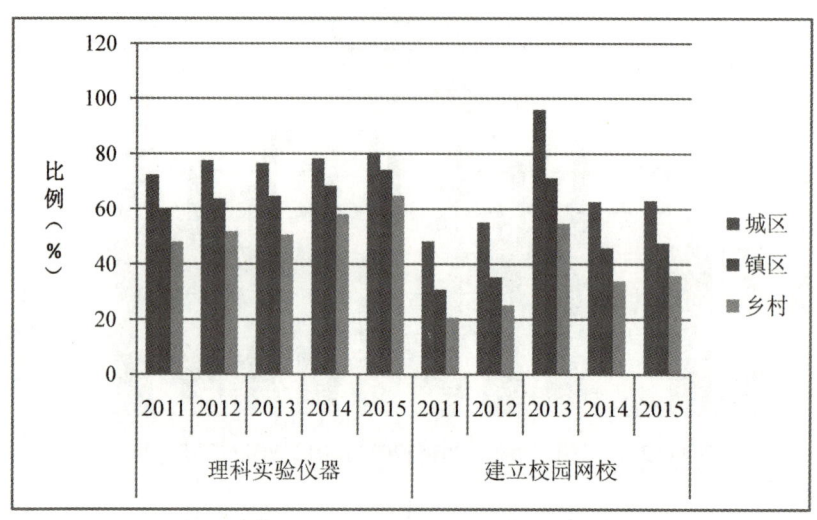

图 4-32　2011－2015 年河南省城乡普通初中理科实验仪器、建立校园网校变化图

四、城乡义务教育经费投入状况

在义务教育阶段,政府是主要的责任主体。政府的预算内教育财政拨款是影响义务教育发展的最重要因素之一,而预算内教育经费能够比较准确地反映政府财政资金对义务教育的支持程度。由于预算内教育事业费主要包括人员经费和公用经费,而教育质量在很大程度上取决于教师水平和教学设备,较多的教育事业经费不仅可以购买较先进的教学设备,也可以吸引较高水平的教师。因此,本研究选取了预算内教育经费、预算内教育事业费、预算内公用经费作为研究指标。

(一)小学阶段教育经费投入不断增长

在小学阶段,由表 4-28、图 4-33 可以看出,2011－2015 年河南省普通小学生均预算内教育经费、教育事业费、公用经费均按照一定比例呈逐年增长的变化趋势,河南省乡村小学生均预算内教育经费、教育事业费、公用经费也呈逐渐增长的趋势(只有 2014 年这一年生均预算内教育经费、教育事业费没有保持逐年增长,即略低了一点)。河南省普通小学生均预算内教育经费、教育事业费、公用经费由 2011 年的 2201.37 元、2186.14 元、700.84 元,分别增长到 2015 年的 4496.34 元、4447.63 元、2036.84 元,年均增长率分别为

19.55%、19.43%、30.57%；河南省乡村小学生均预算内教育经费、教育事业费、公用经费由 2011 年 2169.92 元、2154.78 元、707.36 元，分别增长到 2015 年的 4452.63 元、4424.82 元、2032.96 元，年均增长率分别为 19.69%、19.71%、30.20%。其中，生均预算内公用经费年均增长率最大，都在 30% 以上。

由数据可知，2011—2015 年乡村普通小学生均教育经费呈快速增长的发展趋势。但是，与河南省总体相比，乡村普通小学的生均预算内教育经费、教育事业费、公用经费在近五年内大多低于河南省普通小学平均水平。由 2011 年分别低 31.45 元、31.36 元、-6.52 元，到 2015 年分别低了 43.71 元、22.81 元、3.88 元。

表 4-28　2011—2015 年河南省普通小学预算内教育经费状况表①　（单位：元）

教育经费	年份	2011	2012	2013	2014	2015	年均增长率(%)
普通小学	生均预算内教育经费	2201.37	2758.84	3520.52	3696.64	4496.34	19.55
	生均预算内教育事业费	2186.14	2736.92	3458.02	3913.95	4447.63	19.43
	生均预算内公用经费	700.84	1135.09	1605.39	1806.61	2036.84	30.57
乡村小学	生均预算内教育经费	2169.92	3171.51	4029.36	3927.92	4452.63	19.69
	生均预算内教育事业费	2154.78	3154.88	3977.30	3877.84	4424.82	19.71
	生均预算内公用经费	707.36	1214.55	1699.35	1760.75	2032.96	30.20

---

① 本研究中的"城乡"主要根据居住区域来划分的，在《河南省教育统计年鉴》中将全国划分为城区、镇区、乡村，而在《中国教育经费统计年鉴》中只有乡村的统计数据，特此注明。

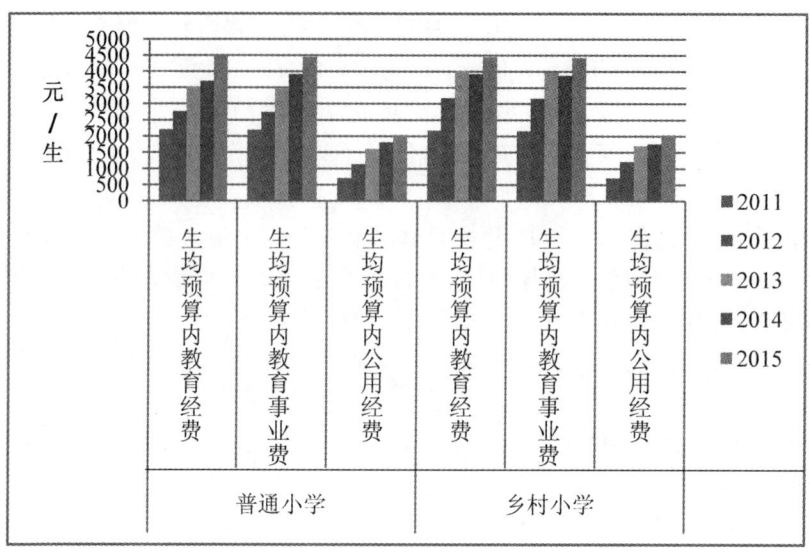

图 4-33　2011—2015 年河南省普通小学预算内教育经费比较图

（二）初中阶段城乡差距更为明显

在初中阶段，由表 4-29、图 4-34 可以看出，2011—2015 年河南省普通初中和乡村普通初中的生均预算内教育经费、教育事业费、公用经费均按照一定比例呈逐年增长的变化趋势。其中，生均预算内公用经费年均增长率最大。这与小学阶段教育经费预算情况基本一致。河南省普通初中生均预算内教育经费、教育事业费、公用经费由 2011 年的 3470.75 元、3410.02 元、1174.95 元，分别增长到 2015 年的 7291.54 元、7139.84 元、3295.80 元，年均增长率分别为 20.39％、20.29％、29.42％；河南省乡村普通初中生均预算内教育经费、教育事业费、公用经费由 2011 年 3472.86 元、3431.11 元、1221.27 元，分别增长到 2015 年的 7078.93 元、6941.48 元、3162.72 元，年均增长率分别为 19.49％、19.26％、26.86％。

由数据可知，2011—2015 年河南省乡村普通初中生均教育经费呈快速增长的发展趋势。但从 2015 年的数据情况看，乡村普通初中生均教育经费低于河南省初中平均水平，三项数据相比分别低了 212.61 元、198.36 元、133.08 元。

比较近五年河南省普通小学、普通初中生均教育经费预算投入可知：一是普通小学、普通初中生均教育经费投入加大，增速较快；二是从经费投入的绝对数字来看,初中阶段的投入比小学阶段大得多,主要表现为投入的基数大,且年均增长率也略高一些;三是城乡差距仍有显现,尤其是初中阶段,城乡差距更为明显。因此,乡村义务教育经费投入状况仍需进一步改善与加强。

表 4-29 2011—2015 年河南省普通初中生均预算内教育经费状况表　(单位:元)

教育经费	年份	2011	2012	2013	2014	2015	年均增长率(%)
普通初中	生均预算内教育经费	3470.75	4616.39	5966.18	6649.87	7291.54	20.39
	生均预算内教育事业费	3410.02	4563.99	5761.78	6453.79	7139.84	20.29
	生均预算内公用经费	1174.95	2104.78	2821.16	3046.85	3295.80	29.42
乡村初中	生均预算内教育经费	3472.86	5322.46	5953.66	6848.23	7078.93	19.49
	生均预算内教育事业费	3431.11	5258.95	5736.97	6624.69	6941.48	19.26
	生均预算内公用经费	1221.27	2253.11	2812.53	3137.89	3162.72	26.86

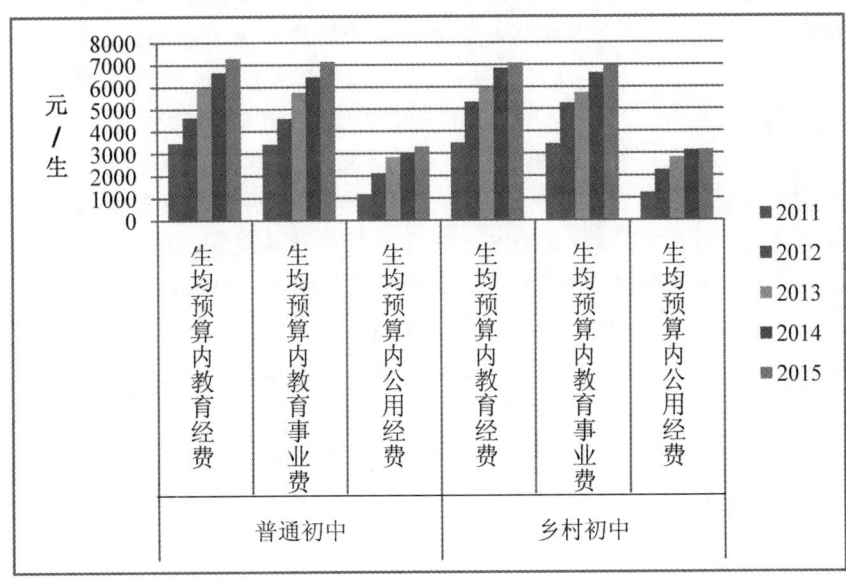

图 4-34 2011—2015 年河南省普通初中生预算内教育经费比较图

第五章 河南省基础教育改革与发展存在的问题与分析

  县域教育改革与发展问题,尤其是农村基础教育改革与发展问题,一直是党和政府十分重视、社会各界热切关注并期待解决的重大问题。特别是在大力开展社会主义新农村建设与积极稳妥地推进城镇化建设的当下,农村基础教育改革与发展面临难得的发展机遇,同时也承受着前所未有的严峻挑战。21世纪以来,在我国基础教育课程改革的历史背景下,河南省基础教育改革与发展同样取得了令人可喜的成绩。这些成绩主要包括:教育经费持续投入,办学条件进一步改善;城乡义务教育均衡发展持续推进,教育公平日益显现;基础教育课程改革持续深化,教育教学质量不断提升。但是,也不同程度地存在着教育政策价值取向偏差、教育改革目标错位、教育资源配置失衡、教育评价具有片面性、农村留守儿童教育问题突出等诸多困惑。这些问题的存在阻碍了河南省基础教育特别是农村基础教育改革与发展的深化,以及新农村建设的进展。因此,只有全面认识和理解河南省基础教育改革与发展出现的问题,才能正确把握其未来走向,以稳健的步伐推进河南省基础教育改革与发展,并最终使河南省农村基础教育改革与发展大显成效。

第一节　教育改革政策价值取向上的偏差

教育政策是一个政党和国家为实现一定历史时期的教育发展目标和任务，依据党和国家在一定时期的基本任务、基本方针而制定的关于教育的行动准则。教育政策在教育的改革与发展中起着重大作用。教育政策的制定和执行是具有一定价值观念的主体活动。教育政策价值取向出现偏差，直接影响政策的顶层设计和执行过程，必然会使政策执行出现问题。研究发现，近年来河南省基础教育改革政策在价值取向上存在以下三个方面的问题。

一、重效率轻公平

政策学者戴维·伊斯顿认为："公共政策是对全社会的价值做有权威性的分配。"[1]教育政策作为公共政策的一种，公平和效率都是其追求的价值目标。其中，效率目标要求教育政策提高教育资源的配置效率，减少教育资源的不正当使用和耗费；公平目标则要求教育政策最大限度地促进教育公平，为受教育者提供均等的教育机会。但在现实的教育实践中，实现教育公平和追求教育效率是对立统一关系。一方面，教育公平和教育效率的实现都需要占有一定的教育资源，二者必然存在矛盾的一面。如果重视教育公平就会影响教育效率，而注重教育效率反过来又会影响教育公平。另一方面，二者又是相互联系，互为条件，在人才培养过程中相互促进。合理的教育资源配置能够为教育公平的实现创造良好的条件，而教育公平的实现又能够保证受教育者教育机会的平等，从而提高人才培养的质量和规格。这一对立统一的关系要求教育决策者在基础教育改革的"顶层设计"中必须处理好二者之间的相互关系，才能更有效地推进基础教育改革的顺利开展。然而，较长时期内我省基础教育改革与发展的政策制定普遍存在着"重效率轻公平"的价值取向。这一点从以下三个实施阶段中可以非常清楚地看出。

---

[1]　Divid Eastin, The Political Systen: An Inquiry into the state of Political Scirnce, New York: Knopf, 1953, p. 129

(一) 税费改革与提高教育投入阶段

为解决我国传统农业社会形成的"农村问题、农民问题和农业问题"(以下简称"三农"问题),中共中央、国务院决定全面推行税费改革,先后印发了《中共中央、国务院关于进行农村税费改革试点工作的通知》(中发[2000]7号)、《关于进一步做好农村税费改革试点工作的通知》(国发[2001]5号)、《关于进一步加强农村税费改革试点工作的通知》(国办发[2003]85号)。为贯彻落实中共中央、国务院相关文件精神,河南省人民政府制定并颁布实施了《河南省农村税费改革试行方案》(豫发[2002]7号),文件指出:"精简和优化教师队伍,合理配置教育资源,保障义务教育投入。研究制定科学合理的农村中小学教职工与学生人数比例或教职工与班级比例,并据此核定中小学教职工编制,严格按编制配置教职工,清退不合格人员和代课教师,对超编人员进行转岗分流。按合理规模、提高质量原则,对农村中小学进行布局调整。"这次"农村税费改革"虽然确立了"以县为主"的教育投入和管理体制,实现了农村教育由过去"人民教育人民办"转向"政府主导办教育"的局面。但是,由于我省各地区域经济发展的不平衡,不少贫困山区和经济落后的农业县,在实施"以县为主"的义务教育经费体制后,依然常常面临着巨大的教育投资压力,地方政府现有的经济能力难以承受国家规定的义务教育经费的全部支出,导致一些偏远山区和农村地区学校经费短缺的现象大量出现,教育发展面临十分艰难甚至停滞的困境。

(二) 追求效率的中小学布局调整阶段

随着我国城镇化水平的不断提高和农村人口出生率的持续降低,农村学龄人口不断下降。为进一步改善农村学校办学条件,优化教育资源配置,提高教育质量,促进农村义务教育健康发展,2001年5月,国务院颁布了《关于基础教育改革与发展的决定》,文件指出:"因地制宜调整农村义务教育学校布局。按照小学就近入学、初中相对集中、优化教育资源配置的原则,合理规划和调整学校布局。"河南省人民政府为全面贯彻落实国务院这一文件精神,及时制定了《河南省人民政府贯彻〈国务院关于基础教育改革与发展的决定〉的实施意见》(豫政[2001]49号),文件明确了"县级人民政府对本地农村义务教育负有主要责任,要抓好中小学的规划、布局调整、建设和管理"。文件提出"小学就近入学、初中相对集中、优化教育资源配置的原则,合理规划和调整学校布局。文件要求农村小学和教学点要在方便学生就近入学的前提下适当合并,在交通不便的地区仍需保留必要的教学点,防止因布局调整造成的学生辍学"。然而,在政策执行过程中,由于优化教育资源配置能够明显减轻地方政府的财政压力,在经济利益的驱动下,不少地方政府把"提高教育资源配置效率和办学规模效益"作为政策执行的唯一目标,造成了"农村中小学布局调整过程中出现大量的撤减、盲目集中、加速调整等问题,已严重影响了一些农村地区义务教育的健康、持续发展,使不少原本能就近入学的农村儿童及其家庭陷入求学困境中,产生了许多农村教育的新问题"①。

2006 年,教育部颁布了《关于实事求是地做好农村中小学布局调整工作的通知》。《通知》针对各地农村中小学布局调整过程中出现的一些新情况、新问题,如盲目追求布局调整的规模速度和简单化、"一刀切",造成边远贫困地区农村儿童上学难问题,强调指出:"各地要切实落实科学发展观,坚持以人为本,保证学生就近入学的前提下,按照实事求是的原则稳步推进农村中小学布局调整,确保农村义务教育健康发展。"2007 年,河南省教育厅、发展和改革委员会联合印发的《河南省教育事业发展十一五规划》(豫教发规[2007]122 号)指出:"主动适应加快城镇化建设的需要,切实做到城镇中小学发展与城镇发展同步规划、同步建设、同步使用。""进一步调整农村中小学布局,合理配置公共教育资源。"然而,由于在农村义务教育学校布局调整过程中,一些地方存在方案设计不科学、操作程序不规范、保障措施不到位的问题,农村学校或教学点过度撤并导致农村学校和教学点数量锐减,学校服务范围越来越大,农村学生上学远、上学难等问题依然存在。

(三)"公平与效率"兼顾的教育改革阶段

2010 年 7 月,国务院印发了《国家中长期教育改革和发展规划纲要(2010—2020 年)》,文件进一步将"推进义务教育均衡发展"作为战略性任务。为将该文件落到实处,河南省人民政府相应出台了《河南省中长期教育改革和发展规划纲要(2010—2020 年)》,将目标任务和举措定位在"实施义务教育学校标准化建设,均衡配置教师、设备、图书、校舍等资源"。

为保证农村义务教育的健康发展,2012 年,国务院办公厅印发了《关于规

---

① 庞丽娟.当前我国农村中小学布局调整的问题、原因与对策[J].教育发展研究,2006(2B):1—5

范农村义务教育学校布局调整的意见》(国办发[2012]48号)文件。为贯彻落实国务院文件精神,河南省人民政府办公厅印发了《关于进一步做好农村义务教育学校布局调整工作的意见》(豫政办[2013]132号),文件指出:"在已有中小学布局调整规划的基础上,结合当地实际,完善农村义务教育学校布局专项规划,合理确定县域内教学点、村小学、中心小学、初中学校布局,以及寄宿制学校或非寄宿制学校的比例,明确学校布局调整的保障措施,保证学校布局与村镇建设和学龄人口居住分布相适应。"要求"农村义务教育学校要满足学生就近上学的需要""切实办好村小学和教学点""加强新型农村社区学校建设""着力解决农村义务教育学校撤并带来的突出问题"等。

可见,政策价值取向在一定程度上规范着人们的认识与行为。从河南省基础教育改革与发展政策的价值取向上看,显然存在着"效率优先"的倾向。从政策实施的情况看,一定程度上促进了农村基础教育均衡发展,顺应了农村基础教育发展趋势,对基础教育资源进行了均衡配置,改善了农村中小学的办学条件,缩小了城乡教育差距。然而,在政策实施过程中,各级地方政府在政策执行过程中过于追求"经济效益"而忽视"教育公平",对农村学校办学历史、办学质量、学龄人口、教育设施、交通情况、社会文化等因素缺乏应有的调查分析,教育政策在一定程度上脱离河南农村社会和农村中小学教育发展的实际情况,给农村中小学教育和农村社会发展造成了不同程度的影响。

二、重城镇轻农村

随着我国城镇化发展和人口大量向城镇迁移,农村人口锐减,城镇人口剧增。在这种情况下,大批农民工子女从乡村随父母来到城市入学就读,导致城乡人口结构发生了明显变化,并引发城乡教育结构的变化。而河南作为中国农村经济和农村人口最为显著的省份,在城镇化进程中,农村义务教育领域难免受到"城镇化"这一社会变革的重大影响。义务教育作为国家法律保障的国民教育,既是社会各界高度关注的问题,也是政府公共服务全覆盖的重要问题。然而,长期以来,我省无论是教育投资政策,还是其他相关的教育政策方面,教育管理部门在教育改革决策规划上,总是自觉不自觉地存在着一种城镇化倾向。这一倾向不仅造成了农村学校大量消失,而且加剧了城乡教育发展的失衡。

（一）对农村教育的错误理解

在城镇化潮流驱动下，近年来我省农村城镇化发展速度也达到惊人的程度。城镇化进程中农村教育应该扮演什么样的角色？农村学校该何去何从？这是我省城镇化进程中基础教育改革与发展政策制定的根本出发点和重要依据，也是我省教育政策制定过程中能否处理好城乡教育关系必须明确回答的问题。

"城镇化，从一定意义上讲是指人口的迁移，即农村人口向城镇转移，传统生产方式向现代生产方式转变，农村社会向城市社会转变以及农村生活方式向城市生活方式转变的经济、社会和文化的演化发展过程。它不仅是一个工业化和城乡变迁的过程，而且是一个人的思想、观念、生活和发展水平现代化的过程。"①依照经济地理学观点，衡量一个国家和地区城镇化或城市化发展水平的主要指标是城镇（市）化率，即城镇居民人口占这个国家或地区总人口的比例。我省正处于城镇化发展的伟大进程中，"我国城镇化率为51.3%，如果把在城市常住的1.8亿农民工去掉，真实的城镇化率为35%左右。而西方发达国家的城市化率一般在70%以上"②。

尽管我省当前城镇化率相对较低，但农村人口大量流动，大批农民工及其子女涌向东部沿海经济发达的城市或当地所在的城镇已成为不争的事实。人口流动，尤其是受教育人口的空间流动，客观要求教育资源配置的空间变化和学校布局的调整。可是，城镇化背景下的人口流动是沿着从农村到城市的方向发展，即大量的学龄人口向城镇或城市集中，造成学校布局调整在政策方面也难以避免"重城镇""轻农村"的窠臼。

关键的问题是，一些地方教育管理者错误地认为，农村学校和教学点只有向城镇集中，才是我国城镇化发展的必然趋势。只有实现农村教育城镇化，才能大大降低教育成本，才能把农村儿童浸染于城镇化教育环境中，实现具有一定规模效益的班级教学，通过统一的现代教育课程，培养现代化社会需要的人才，从而彻底改变农村教育落后面貌。在他们看来，教育城镇化似乎与教育现代化等同，学校城镇化的过程就是实现农村教育现代化的过程。殊不知，这种认识是以农村学校消亡为代价的，是城镇化工具理性论的典型体现。这一观

---

① 高书国.中国城乡教育转型模式[M].北京:北京师范大学出版社,2006:1
② 庄植.中国真实城市化率只有35%左右[N]. 证券日报,2013-01-16.[EB/OL].
http://finance.takungpao.com/hgjj/q/2013/0116/1390770.html

点完全忽视了我省城镇化进程的阶段性和长期性特征,忽视了农村学校存在的价值与合理性,忽视了我省教育发展的客观规律,是一种完全超越我省社会发展和历史阶段不切实际的错误认识。但是,在教育城镇化观念影响下,我省各地农村学校和教学点正在向乡镇、县城集中,农村学校和教学点正变得越来越少,呈现逐年减少的趋势。

(二)农村生源的流失和小学师生编制标准的城乡倒挂

城镇化进程中,城乡在教育资源、教育环境、教育条件等方面存在的较大差距,严重影响着农村学校教育的正常发展。这一点突出表现在农村生源的流失和农村中小学教师编制标准的城乡倒挂。

第一,农村学校生源的严重流失。城市学校在主客观条件和政策上对学生和教师形成的强大吸引力,导致农村学校学生和教师的严重流失。

第二,小学师生编制标准的城乡倒挂。城镇化背景下,我省乡村教育面临着前所未有的挑战,尤其在教师编制标准方面,小学师生编制标准出现城乡倒挂现象。

2001年10月,《国务院办公厅转发中央编办、教育部、财政部关于制定中小学教职工编制标准意见的通知》(国办发[2001]74号)对教师配置标准进行了详细规定:乡村小学师生比配置标准为1:23,县镇小学师生比配置为1:21,城市小学师生比配置标准为1:19。然而,我们通过对2011—2014年教育部颁布的教育统计年鉴分析发现了一些新情况(见表5-1)。

表5-1 2011—2014年全国城乡小学师生比情况表[①]

年份 区域	2011	2012	2013	2014
城　市	1:21.43	1:21.42	1:21.44	1:21.58
县　镇	1:19.79	1:19.69	1:19.35	1:19.57
乡　村	1:17.66	1:16.89	1:15.61	1:15.45

如果仅从师生比标准看,农村小学师生比明显高于城市和县镇,可以说,

[①] 孙颖.乡村小学教师多学科教学的现状与困境[C].2015年农村教育国际学术研讨会暨中加澳三国教育研究会:城镇化与教育变革的国际经验与本土探索会议论文集,长春.2015:221

乡村教师总体数量已经超出国家标准。但事实上，乡村小学和教学点教师队伍呈现严重缺编现象。在个别地方，一些乡村教学点为了开足、开齐国家规定的各门类课程，一个教师不得不同时担任多门课程的教学。这一情况对于没有达到一定规模的乡村小学和教学点较为普遍。

是什么原因造成小学师生编制标准的城乡倒挂？从政策层面分析，我国现行的教师编制标准是依据经济学"规模适度理论"提出的，其理论假设是学龄人口可以在一定空间范围内自由、适度集中，达到一定规模，实现教育资源配置的规模化效益。显然，这一标准对于人口集中、交通便利的城镇地区具有明显优势，但对于那些居住分散、交通不便的农村，尤其是边远山区就难以行得通。事实上，农村或边远山区办学的目的不是为了规模效益，而是为了让广大农村儿童充分获得受教育的机会和权利，这也是"教育公平"原则的重要体现。然而，现行的教师编制标准一味注重经济效益，却忽略了农村地区办学条件、人口分布、交通现状、地理环境、儿童受教育权保护等方面的因素，忽视了农村学校的独特性及其社会功能，具有典型的城市中心主义导向，是一种不加辨别的"一刀切"做法。受此影响，我省许多地方政府和教育管理部门，在面对当地教育发展改革问题时，往往置农村社会的实际于不顾，把一些规模小的农村学校撤并，把一些编制标准不达标的教学点撤销。农村小学和教学点的大量消失，导致偏远地区的儿童就近入学变得更加困难，教育公平与农村儿童渐行渐远。

三、学校规模重大轻小

从当前我省基础教育发展的现实情况看，目前存在的比较突出的问题之一是农村中小学布局调整中出现的学校规模"重大轻小"的问题。由于政府部门在政策制定过程中对为什么要开展农村中小学布局调整、布局调整的目的是什么、布局调整的依据是什么等问题缺乏足够的认识，从而引发农村中小学布局调整中的学校规模"重大轻小"问题。

（一）学校布局调整的目的和理论依据

农村中小学布局调整的目的是实现我省教育资源优化配置，进而实现规模效益。而农村中小学布局调整的理论依据又是什么呢？对于这一问题，北京师范大学著名教育经济学者靳希斌先生的回答是依据"教育规模经济理论"。他指出："教育规模经济应指单位生均经常成本因学生人数增加而下降的情况。反之,教育规模不经济则指单位生均经常成本因学生人数增加而上升的情况。"①教育规模经济是如何形成的?即形成的条件是什么?华中师范大学范先佐先生认为,教育规模经济形成的条件具有三方面:"一是资源利用的充分性,二是资源使用的适当性,三是规模扩大的有限性。"②按照范先佐先生的观点,学校规模不是越大越好,也不是越小越好,而是规模适度才好。学校规模适度是指:"学校拥有恰好可以使所有资源得以充分和恰当利用而不至衍生各种弊端的适当学生数。"③如果学校分布过于分散,就难以形成规模,教育资源就难以得到充分利用,生均成本就会增加,造成教育资源闲置或浪费;如果学生过于集中,就会出现规模过大,造成教育管理成本增大,甚至衍生其他教育问题。

(二)重大轻小:教育实践的误区

审视我省农村中小学布局调整的实践,一些地方政府和教育管理部门对"教育规模经济理论"缺乏足够的认识和理解,片面强调规模扩大带来的经济效益,把农村中小学合理布局片面地理解为"学校规模越大越好",这种认识从根本上脱离了"教育规模经济理论"。在中小学布局调整中不顾农村社会现状,不顾农村儿童接受教育的现实需要,形成"见小就撤",导致农村大量小规模学校和教学点被撤销,与之同时在县城组建起从学前教育到高中教育的"超大规模完全学校",并且把这一现象作为教育城镇化进程中学校合理布局的特色广为宣传。这种过度的学生集中超出学校规模适度的合理范围,不仅没有降低有效的教育成本,反而由于学校规模和班级规模过大滋生出教育管理上的困难和教育质量下降的问题,更有悖于教育过程公平的原则。

(三)对学校规模"重大轻小"问题的思考

实际上,关于学校规模大或小的问题,国内学者一直存在争议。早在20世纪八九十年代,一些学者认为根据国外教育改革发展的经验,在我国教育资源较为短缺的情况下,在基础教育"普九"时期,将学校规模办大能够节省成本,有利于义务教育的普及和教育质量的提高。所以,教育改革的政策取向偏

---

① 靳希斌.教育经济学[M].沈阳:辽宁大学出版社,2004:262
② 范先佐.教育经济学新编[M].北京:人民教育出版社,2010:57
③ 范先佐.教育经济学新编[M].北京:人民教育出版社,2010:57

重于办大规模的学校。但是,随着近年来社会经济的快速发展,对教育公平的追求成为教育改革的主旋律,尤其在近年来基础教育课程改革日益深入的情况下,大规模学校和大班额教学的弊端越来越凸显,而农村现存的小规模学校和教学点,在方便学生入学、减轻低收入家庭的教育负担、保护农村弱势群体的正当受教育权益、巩固义务教育普及率和提高义务教育质量方面发挥了重要作用。因此,各级政府要从政策制定和制度改革入手,正确认识农村小规模学校和教学点的作用,进一步加大农村小规模学校的教育投入,努力办好农村小规模学校,是推进义务教育均衡发展,加快社会主义新农村建设的重大举措。

第二节 基础教育改革功能与目标的错位

河南省是一个农业大省,"三农"问题一直备受政府关注。河南省又是一个农村教育人口大省,农村的学校、学生、教师以及相关的教育管理人员在数量上远远超过城市。而农村学校教育的落后局面却是一个不争的事实,这与农村落后局面构成必然的因果关系。这个问题一直困扰着河南社会经济增长和教育发展,农村学校教育变革也就成了各级政府、教师和学生家长梦寐以求的愿望。从当前阶段看,河南省农村基础教育改革的功能和目标发生了错位,主要表现在以下方面。

一、城乡学校教育功能趋同化

教育功能问题一直存在着两个基本的价值取向。一是教育的"社会功能论"或"工具功能论",这一流派强调教育的社会功能,看重教育作为社会机构所肩负的社会职责;二是教育关于"人的发展功能"或"本体功能论",这一流派主张人(受教育者)的生存和发展是教育功能的核心指向,其他种种功能都是次要的、派生的、间接的。

从我国社会发展与教育发展之间的关系出发,我国理论界对教育功能的认识经历了从新中国成立后"教育是上层建筑和阶级斗争的工具"的"教育政治功能论",到改革开放和市场经济下"教育是生产力"的"教育经济功能论",

再到近年来强调的教育"以人为本""关心每一个学生,促进每一个学生发展"的"本体育人功能论"这样一个过程。前两个观点都重视教育的外在功能,后一个观点开始转向教育的内在功能。显而易见,人们对教育功能的认识和理解不仅随着历史发展而变化,而且因社会形态的不同而变化。

"教育在本质上是本土的,它深深地根植于一定的社会、文化、民族、经济等背景之中。教育的本土性意味着教育理念、教育动机、教育目的、教育资源以及教育策略和方法等与本土文化须臾不可分离的根本特征。教育不仅决定于本土文化,其归宿也应当是效力于本土的建设与发展。"①所以,我省农村中小学教育与其所处的农村社会生活环境存在着密切的联系。也就是说,我们的农村中小学教育必须贴近农村社会的现状,必须为农村社会发展服务。因此,我们的农村中小学教育与城市中小学教育相比较,更应当是一种具有"农村本土特色"的教育,乡村生活应当成为农村中小学重要的教育资源,农村中小学教育的功能必然是为农村社会经济发展和文化繁荣培养合格人才。

我省农村中小学教育长期以来深受体制化约束。从教育目的、课程开设、教学方法、教育评价到学校管理等方面看,农村中小学教育无一不是城市中小学教育的翻版。农村中小学的发展策略与城市中小学并无二致,学校的全部工作都围绕着考试和升学展开,为社会主义新农村建设培养人才,兼顾为高一级学校输送合格生源的功能取向已倒置。

二、农村基础教育目标的错位

从目前人们对农村教育的理解来看,思路大概有三个:一是把农村教育理解为农村地区的教育。"农村地区"常常是以行政区划为依据。二是把农村教育跟城市教育相对应。所谓城市一般指的是面积广大、人口集中、交通便利、经济发达、资源丰富、环境优美、机构重重、市场繁荣的地方。三是理解农村教育主要就是针对农民及其子女进行的义务教育。正因如此,人们对农村教育的理解存在着两种截然不同的价值取向:一方面,农村教育表现为一种"离农"的教育,它以城市为中心,培养离开农村进入城市而不回归乡土的人;另一方面,农村教育是一种"为农"的教育,它强调农村教育为农村社会培养人才,要求农村教育为农村经济和文化发展服务。但是,教育发展目标如何定位成为我省基础教育改革发展的一大难题。

---

① 刘世民.错位与抉择[D].重庆:西南大学博士论文,2003:1

(一)农村基础教育目标的"离农性"

从全国范围看,河南是一个农业大省,农业经济长期占主要地位。在计划经济时代,城乡二元结构体制导致公共政策优先发展城市,如计划经济时代的医疗、就业、住房、劳保等福利的享有。在城乡分治的二元制度下,形成了城乡二元分割的教育发展目标和教育资源供给体制。在"先城市后农村""以城市为主,以农村为辅"的教育发展目标和资源配置背景下,城市和农村、发达地区和贫困地区的学生在教育环境、教育资源享有上出现了巨大的反差。城市为主的教育发展目标造成了农村教育发展面临着巨大的资源约束。农村学校条件差,质量低,导致绝大多数农村青少年都期冀通过教育过程实现改变身份,离开农村进入城市。这一问题在20世纪初期已经被教育家陶行知所针砭。他指出:"中国乡村教育走错了路,他教人离开乡下往城里跑,他教人吃饭不种稻,穿衣不种棉,住房子不造林;他教人羡慕奢华,看不起务农;他教人分利不生利;他教农夫子弟变成书呆子。"①从今天我省农村基础教育发展的现状看,"离农性"现象不仅没有停止,反而愈演愈烈。于是,农村学校成了城市学校的"练兵场""回收站""流放地""歇脚点"。

(二)"应试教育"加剧了农村教育的"离农性"

在城乡二元结构的计划经济体制下,社会群体也固化为"市民"和"农民"两大阶层。对于农村教育,政策制定者也一直用"农村""农民"的视角来看待。农村教育与城市教育的关系就出现了两种具体的表现方式:"大城市—小农村"与"小城市—大农村"。无论哪种关系,都表现了城市对农村强大的吸附力。尽管当前理论界关于农村教育在"为农"与"离农"问题上争论不下,但仔细思考不难发现,所谓"离农教育",即受教育者通过接受教育,离开农村来到城市,显然这是一种农民自主的价值取向。而"为农教育",即受教育者通过接受教育,运用所学知识和技术为农村经济发展服务,这是一种政府主导的价值取向。对于农民而言,期望子女通过"离农教育"以实现改变身份,进入城市的梦想;对于政府而言,政府期望通过"应试教育"来选拔人才、培养人才,并实现农村人才回归本土,为农村建设发展服务,这是政府的期冀。由此可见,两种

---

① 华中师范学院教育科学研究所主编.陶行知全集(第一卷)[M].长沙:湖南教育出版社,1984.653

价值取向之间存在必然的矛盾。

从河南社会发展的现实出发,随着城镇化进程的推进,城乡差距不断缩小,"城乡一体化"越来越成为现实。城镇化越来越像一个引力巨大、威力无穷的磁场,源源不断地释放强大的磁力,同时通过它的磁化物——物质产品和精神产品,吸引着周围的人力、物力和财力,对周围乡村产生重大的影响,这是物理学领域的"磁场效应"理论。城镇化的物质生活和精神文化生活,对农民无疑构成了巨大的诱惑力,成为"城市人"是很多农民的梦想。但成为"城市人"对很多农民来说,也不是一件很容易的事,毕竟目前还存在着城乡二元体制的约束。因此,许多农村父母只能把希望寄托在孩子身上。为了让孩子接受好的教育,一些父母不辞辛劳,拼命工作,想方设法把孩子送到条件较好的城市学校。这一现象再次影射了"应试教育"观念和"离农教育"思想。所以,在当前城乡教育一体化过程中,不要盲目乐观和夸大城市教育对农村教育的作用,更不要把"一体化"视为城乡教育公平的代名词。

第三节 城乡义务教育资源配置失衡

任何教育改革与发展都离不开资源的支持,河南省的基础教育改革与发展莫过于此。否则,"如果制定教育政策时没有考虑实施政策所需要的资源,而且如果没有必要的资源,学校、教师和学生就会处于要求得不到满足的局面"①。尽管教育资源在教育发展中具有如此重要的作用,但是,从我省基础教育发展的现状看,教育资源配置呈现出较为严重的失衡现象,这种失衡现象主要表现为教育资源在城区、镇区和乡村之间的不平衡,从而制约着农村基础教育改革的顺利进行。具体而言,这种不平衡具体表现在人力、物力、财力等方面资源配置的失衡。

---

① 唐丽芳,马云鹏.新课程实施情况调查:问题与障碍[J].教育理论与实践,2002(7):52—55

一、人力资源配置有所失衡

义务教育人力资源均衡程度是义务教育均衡发展的核心问题。从人力资源配置状况看,河南省义务教育人力资源配置差异显著,这一点在教师学历结构、职称结构、年龄结构和学科结构等方面表现明显,并呈现如下特征:

(一)乡村小学与初中教师学历偏低

从总体上看,教师学历层次不断提升,但相比较而言,乡村小学教师、初中教师学历层次偏低。据第四章表 4-15 可知,河南省义务教育阶段小学、初中师资水平城乡差距显著。截至 2015 年 12 月底,城区、镇区、乡村小学教师本科及以上学历所占比例分别为 58.18%、39.76%、32.02%,初中阶段教师本科及以上学历所占比例分别为 82.96%、68.98%、66.42%。从这一组数据可以非常清楚地看出,无论是小学阶段,还是初中阶段,本科及以上学历的教师比重乡村明显低于城区、镇区。

河南省农村中小学教师学历达标率总体偏低,因此尽快提高农村教师学历层次,提升其专业化水平,应成为当前我省基础教育发展中的重要课题。接下来的问题是,即使在较短的时间内让基数如此大的农村中小学教师学历达标,仍然无法摆脱我省农村中小学教师第一学历达标率比较低的现实,即很多农村中小学教师是要通过函授、自考、电大等成人教育的途径获得第二学历。是什么原因造成我省乡村中小学教师学历偏低呢?原因很简单,由于乡村小学、初中位置偏僻,交通不畅,一些高素质、高学历的教师不愿长期停留在乡村,即使有些青年教师短暂停留,农村学校艰苦的环境条件也影响着他们的工作积极性。

(二)教师职称结构不合理,农村教师职称结构呈现两极化

如第四章表 4-16、表 4-17 所示,自 2011—2015 年,乡村普通小学、中学高级职称的教师数呈增长的变化趋势,小学高级、一级、二级和三级职称的教师数呈逐年减少的趋势,未评职称的教师数则呈逐年增多的变化趋势。乡村普通小学专任教师职称结构变化呈现两极化分布,即具有高级职称教师数和未评职称教师数均不断增长,这与城区和镇区小学并不一致。在初中阶段,自 2011—2015 年,乡村普通初中中学高级职称的教师数变化不大,保持基本稳

定且稳中有升;中学一级、二级、三级职称的教师数呈波状下降的变化趋势;未评职称的教师数则呈逐年上升的趋势。

农村教师职称结构呈现两极化现象与农村教师年龄分布的"两极化"相关。由于农村学校办学条件差,教师获得教学奖励荣誉及外出进修学习的机会少,教师晋升职称所需时间较长,大部分教师往往靠"论资排辈",一些老教师职称晋级显得"大器晚成"。而另一部分年轻教师刚走上工作岗位时间不长,职称未能评定。

(三)教师年龄结构不合理,小学教师存在老龄化现象

如第四章表4-19所示,在小学阶段,2011—2015年普通小学45岁及以上教师的比例分别为31.72%、30.22%、30.58%、29.2%、27.45%,总体呈逐年递减的变化趋势;在初中阶段,2011—2015年普通初中专任教师45岁及以上的教师比例分别为16.92%、17.42%、20.51%、21.4%、22.39%,呈逐年递增的变化趋势。但是,通过两组数据相比较,不难发现45岁及以上的小学教师比例明显高于45岁以上初中教师的比例。另外,在2015年,乡村小学教师的平均年龄高于全国平均水平(全国平均年龄38.84岁),达到40.31岁。

以上数据显示,河南省农村小学阶段教师存在老龄化现象,初中阶段教师年龄结构分布较为合理。为什么会形成这一现象?主要是受两方面的因素影响。一是历史因素。长期以来,我国实行的是计划经济和城乡二元体制。在城乡二元体制下,城市师范院校毕业生不愿到农村学校任教,城乡之间教师流动困难。现有的农村教师群体一部分来自于传统计划经济时期的"民办教师",他们自20世纪90年代"转正"后不愿意离开乡土,至今服务于农村教育。另一部分是来自农村家庭子女出身的师范毕业生,因为没有更好的职业选择,只能回到乡村学校任教。对他们来说,能谋到一份安稳的工作,获得一定的经济地位和社会地位已经是心满意足了。教师职业的相对稳定性对于农村家庭子女还是具有一定吸引力的。二是环境因素。农村学校条件简陋,这就造成了外来教师生活、工作的诸多不便,特别是外来的年轻女教师,婚姻生活的不便,不仅造成外来女教师的流动回城,而且即使是本村女孩子也会通过各种途径离开农村学校,而能够坚守农村小学教育的只有年龄较大的老教师。这一现象必然导致农村小学教师老龄化问题的出现。

(四)中小学教师学科结构不合理,体音美教师较为紧缺

在小学阶段,如第四章表4-22所示,截至2015年12月底,河南省小学专

任教师班师比是 2.02,城区是 2.47(最高),乡村是 1.78(最低)。在初中阶段,如第四章表 4-23 所示,截至 2015 年 12 月底,河南省初中专任教师班师比 2.09。即使语数英三科要求最多的教师,班师比也只是 0.56、0.52、0.45。从这一组数据可以看出,小学、初中分课程专任教师均紧缺,尤其是体音美专任教师更为紧缺。

体音美教师较为紧缺,究其成因,一方面是受教师编制影响,即农村中小学规模小,教师配置难以满足所有学科的开设,一些学校只能放弃多学科的开设;另一方面,即使一些学校开设体音美课程,多是由其他学科教师兼任,专业的体音美教师较为缺乏;再者,即使体音美教师到某一中小学校任教,也不会像语数英老师那样受到重视,况且学体音美的,自己就业或创业的机会更多。

二、财力资源配置有一定差距

基础教育改革与发展的重要前提是有足够的财力资源给予保障。在目前河南省基础教育的改革与发展中,财力资源配置与保障作用非常重要。本内容主要从预算内公用经费、预算内教育经费、预算内教育事业费三个方面对义务教育阶段财力资源配置状况进行分析。

(一) 城乡中小学生均预算内公用经费有一定差距

由第四章表 4-28、表 4-29 所示,2011－2015 年,河南省小学生每人每年生均预算内公用经费分别为 700.84 元、1135.09 元、1605.39 元、1806.61 元、2036.84 元;河南省乡村小学生每人每年生均预算内公用经费分别为 707.36 元、1214.55 元、1699.35 元、1760.75 元、2032.96 元。2011－2015 年,河南省初中生每人每年生均预算内公用经费分别为 1174.95 元、2104.78 元、2821.16 元、3046.85 元、3295.80 元;河南省乡村初中生每人每年生均预算内公用经费分别为 1221.27 元、2253.11 元、2812.53 元、3137.89 元、3162.72 元。从以上几组数据可以得出如下信息:一是无论是乡村小学生、乡村初中生,还是河南省总体的小学生、初中生,其年生均预算内公用经费均呈逐年增长的趋势,且增速比较大。尤其是 2015 年,河南省小学生、初中生年生均预算内公用经费分别超过了 2000 元、3000 元。当然,表面看起来这是一个惊人的数字,不过这也是可以理解的数字。鉴于一些农村小学规模较小的现实,河南省政府曾明确提出要求,为了保证一些农村小规模学校教育教学的正常运行,制定了"对于学生规模不足 100 人的村小学和教学点按 100 人核定公用经费"

的制度,实行对农村小规模学校的经费倾斜政策。二是总体上说,乡村小学生、乡村初中生的年生均预算内公用经费比河南省整体的小学生、初中生年生均预算内公用经费要低一些。以 2015 年为例,乡村小学生比河南省整体的小学生少 3.88 元;乡村初中生比河南省整体的初中生少 133.08 元。

（二）城乡中小学生均预算内教育经费、教育事业费依然存在一定差距

由第四章表 4-28 所示,乡村小学生均预算内教育经费、教育事业费由 2011 年的 2169.92 元、2154.78 元,到 2015 年分别增长到 4452.63 元、4424.82 元,年均增长率分别为 19.69%、19.71%。可知 2011—2015 年乡村小学生均教育经费呈快速增长的发展趋势。但以 2015 年为例,乡村小学的生均预算内教育经费、教育事业费分别是 4452.63 元、4424.82 元,比河南省小学生平均数(4496.34 元、4447.63 元)分别低了 43.71 元、22.81 元,虽然差异并不显著,但也存在一些差距。

由第四章表 4-29 所示,2011—2015 年河南省普通初中生均预算内教育经费、教育事业费由 2011 年的 3470.75 元、3410.02 元,到 2015 年分别增长到 7291.54 元、7139.84 元,年均增长率分别为 20.39%、20.29%;乡村初中生均预算内教育经费、教育事业费由 2011 年的 3472.86 元、3431.11 元,到 2015 年分别增长到 7078.93 元、6941.48 元,年均增长率分别为 19.49%、19.26%。由此可知,2011—2015 年,无论是乡村初中还是河南省普通初中生均预算内教育经费、教育事业费均呈快速增长的发展趋势。不过,乡村初中的增速要比河南省普通初中慢一些。且以 2015 年为例,乡村初中的生均预算内教育经费、教育事业费分别是 7078.93 元、6941.48 元,比河南省初中生平均数(7291.54 元、7139.84 元)分别低了 212.61 元、198.36 元。这说明乡村初中比河南省普通初中相比,不仅增速慢了一些,而且经费数额也低了一些,即二者存在一定的差距。

尽管乡村小学、初中生均预算内教育经费、教育事业费比河南省普通小学、初中低了一点,但总体上呈现出了快速增长的发展趋势。其主要原因:一是近年来河南省政府和教育主管部门在农村教育投入上给予了较大的政策支持和必要的政策倾斜,使得农村学校在教育经费方面获得较大满足;二是"对于学生规模不足 100 人的村小学和教学点按 100 人核定公用经费"的制度设计,使一些规模较小的农村教学点在生均公用经费方面形成高数值现象。

三、物力资源配置有所失衡

对于基础教育的发展而言,物力资源的重要性是不言而喻的。没有充足的物质基础,学校教育教学工作就很难得以保障。本内容选取学校标准化建设和生均仪器设备值两个指标,分别构成学校硬件设施,反映河南省义务教育阶段物力资源配置状况。

(一)乡村中小学生均危房面积相对较多

由第四章表4-24、表4-25所示,截至2015年底,河南省城区、镇区、乡村普通小学生均危房面积分别为0.81平方米、1.19平方米、1.89平方米;河南省城区、镇区、乡村普通初中生均危房面积分别为1.05平方米、0.60平方米、1.75平方米。从这一组数据明显可以看出,无论是乡村普通小学还是乡村普通初中生均危房面积都比城区、镇区的小学和初中的生均危房面积多。这说明减少城区、镇区、乡村普通小学和初中的生均危房面积,特别是减少乡村普通小学和初中的生均危房面积,任务还比较艰巨。

(二)乡村中小学音乐和美术器械配备比例偏低

由第四章表4-26可以看出,在小学阶段,2011—2015年城区普通小学办学条件各项指标达标学校比例呈逐年增长的发展趋势。但从分城乡的绝对数据比较来看,城区、镇区和乡村呈现明显的倒梯形分布,即城区优于镇区,镇区明显优于乡村,城区、镇区和乡村小学之间存在较大差距,尤其在音乐器械配备和美术器械配备比例上。截至2015年12月底,城区、镇区和乡村小学音乐器械配备和美术器械配备比例分别为71.48%、51.16%、39.71%和71.00%、51.10%、39.49%,与城区和镇区相比,乡村分别低了31.77、11.45和31.51、11.61个百分点。

由第四章表4-27可以看出,在初中阶段,2011—2015年城区普通初中办学条件各项指标达标学校比例均呈逐年增长的发展趋势。从分城乡数据比较来看,城区、镇区和乡村呈现明显的倒梯形分布,即城区优于镇区,镇区优于乡村。截至2015年底,城区、镇区和乡村初中建立校园网的学校比例分别为63.01%、47.60%、35.84%,与城区和镇区相比,乡村分别低27.27和11.76个百分点。

从以上物力资源的城乡配置情况可以发现,河南省义务教育物力资源配置明显存在城区、镇区和乡村的不均衡现象,即城区优于镇区,镇区优于乡村,城区、镇区和乡村办学条件存在一定差距。究其原因主在有以下几点:一是由于受城乡"二元体制"结构因素制约,城市化进程中的城市学校获得先决性的发展机会,乡村学生大量流入办学条件较好的城市学校,导致城市学校规模越来越大,获得的教育资源也越来越多,城市优先的教育发展价值导向造成城市学校占用了大量的教育经费来添置现代化的硬件设施,城市学校在实验教学仪器设备、图书资料、体音美设备器材、互联网设施等方面明显优于乡村学校;二是大量的村屯学校招生规模逐年下降,生源减少影响着教育资源的获得,一些农村小学目前最基本的教育设施如教学设备、图书资料、实验器材都难以保证,尽管国家在政策方面对数量不足 100 人的农村小学给予制度倾斜,但地方教育主管部门对国家教育经费和资源的截留或占用现象时有发生,造成乡村学校发展上的"雪上加霜",由此严重阻碍了河南省基础教育改革与发展的整体进展。

再者,关于乡村中小学生均危房面积增多的现象。造成这种现象主要是因为农村小学的教学用房大多是在 20 世纪 90 年代"普九"时建成的砖瓦房。时间上已有 20 多年,这些房子如不及时改造,慢慢地一大批危房就会陆续出现。这就是目前存在的农村小学办学条件整体上比较差的原因。加之整体教学用房面临"危房期""改造期"[①]。因此,后面几年各级政府面对危房改造也是一个重要难题。

四、大班额问题制约城乡义务教育质量提升

改革开放以来,我省教育事业取得了长足的发展,但是,也存在不少问题。随着河南省城镇化进程的加快,大量农村人口向城镇转移,给各种公共资源非常脆弱的城镇带来了巨大压力。在基础教育方面,稀缺的优质教育资源已经难以满足人民群众不断增长的教育需求。由此,城镇初中大班额现象形成。第四章表 4-9 显示,我省城区普通初中 2011 年、2015 年班级规模人数分别为 57.36 人、54.87 人,镇区普通初中 2011 年、2015 年班级规模人数分别为 62.38 人、57.52 人。这一组数据表明,它们完全超出 2011 年发布的《河南省

---

① 李清臣. 城镇化进程中农村学校布局调整研究[J]. 河南科技学院学报,2014(8):28—33

义务教育学校办学条件基本标准(试行)》规定的"班额不超过 45 人",即出现了较为严重的"大班额"问题。

(一)初中大班额造成生均教育资源的匮乏,难以满足学生的学习和发展需求

初中大班额造成的生均教育资源匮乏首先表现为生均校舍建筑面积不足。由第四章表 4-25 可知,截至 2015 年底,河南省城区、镇区、乡村普通初中生均校舍建筑面积分别是 9.44 平方米、10.69 平方米、13.48 平方米,均未达到国家规定的生均 15.31 平方米这一标准。其次表现为生均图书藏量不足。由第四章表 4-25 可知,截至 2015 年底,河南省城区、镇区、乡村普通初中生均图书藏量 22.64 册、22.61 册、32.94 册,仅乡村达标,城区和镇区均未达标。课题组在对周口、商丘、洛阳等地镇区、农村普通初中学校的调研过程中发现,许多镇区、农村普通学校还没有配备专门的音乐教室、美术教室、实验室、体育器材室等,一些农村初中的体育设施和场地十分简陋,体育场内除了基本的 200 米跑道和一个篮球场地外,作为基本条件的单杠、双杠、排球场对大多数中学来说还是奢侈品。诸多初中办学条件中图书资料、校园网、体育器材、音乐美术器具、实验仪器等设施的严重不足,难以满足学生的学习和发展需求。

(二)大班额造成了初中师生比失调,导致教学质量和班级管理质量下降

师生比作为描述教师资源配置情况的指标,不仅影响到教师的教学质量、班级管理和专业发展,而且影响着学生的身心健康和全面发展。第四章表 4-12 统计结果显示,在初中阶段,河南省 2011 年师生比在城区、镇区、乡村分别为 1∶17.54、1∶17.24、1∶16.16;2015 年生师比分别为 1∶14.58、1∶15.01、1∶11.97。从城乡数据看,2011－2015 年我省初中阶段城区、镇区的教师资源都比较短缺。另外,表中显示的是全省的平均数,事实上,在一些县域内的城区和镇区的大班额与师生比问题非常突出。这就给广大教师带来了沉重的工作负担,在教师精力有限的情况下,难免会推卸对学生学习和管理上的教育责任。

(三) 大班额问题出现的原因

大班额问题的出现，原因是多方面的，主要包括以下方面：

第一，政策因素。20世纪80年代中期，改革开放对人才的需求和经济发展水平对我国义务教育公共服务经费的制约，导致在城市和区县两级条件好的地方办"重点校"政策的出台。我国义务教育非均衡发展的序幕也由此拉开。2001年国务院颁布的《关于基础教育改革和发展的决定》中提出："按照小学就近入学、初中相对集中、优化教育资源配置的原则，合理规划和调整学校布局。"但实施中，由于地方政府和教育管理部门对政策解读存在一定偏差，全省各地盲目撤并农村义务教育学校，派生出不少问题。在中小学布局调整过程中，城区和镇区出现了"大规模学校"与"大班额"问题。21世纪以来，随着我国社会经济的快速增长，教育公平问题日益受到人们的重视。2006年新的《中华人民共和国义务教育法》直接将"义务教育的公平与均衡发展"作为基本价值追求，取消"重点校"，强调"义务教育经费向农村学校与薄弱学校倾斜"。但是，我国城乡义务教育阶段学校之间教育格局已经形成，完全改变绝非一朝一夕的事情。2012年9月，《关于规范农村义务教育学校布局调整的意见》出台，提出要严格规范农村义务教育学校撤并行为，切实办好村小学和教学点。然而，城市和镇区"大规模学校"与农村"教学点"之间早已形成的办学水平、师资队伍、教学质量的差距，造成家长不愿意将孩子送到农村教学点这些"薄弱学校"就读。由此，"择校"问题出现。"择校"使得大量农村中小学生聚集在城区或镇区学校。归根到底，政策因素是造成城区和镇区"大班额"问题的主要原因。

第二，经济因素。河南省是一个人口大省，也是一个以农业为主的经济落后大省，大多数受教育人口分散居住在农村地区。在这样一个经济落后、贫困人口过多、城乡教育差距悬殊的地区让每一个受教育个体享有均等的教育条件和教育机会，可谓是难上加难的事情。因此，我省实现城乡义务教育均衡发展与推进教育公平的关键，就是要消除农村经济发展滞后客观因素的不利影响，最大限度地保证农村义务教育的学校数量，为农村义务教育学校创造良好的条件和环境，保障经济落后的农村义务教育能够比较稳定的发展。然而，随着我省城镇化发展速度加快，各种资源要素不断向城镇集中，使得城镇教育资源得到合理配置，办学效率得到大大提高，办学质量进一步提高。很多农村家长怀着让孩子"上好学"的期盼，不惜通过各种途径、运用各种手段把孩子从农村学校转入城镇学校。学龄人口的大量增加给城镇教育带来巨大压力，学校生源不断膨胀,班级规模不断扩大,"大班额"已经成为当前我省基础教育改革与发展的重大问题。

第三,历史文化因素。20世纪90年代以来,随着素质教育的提出,社会各界对应试教育进行了全方位的反思和批判,使人们对应试教育问题的认识不断深化。然而,应试教育并没有就此止步。客观地说,这一问题在我省中小城市和农村地区中小学反而愈演愈烈。历史地分析,应试教育在我国具有深厚的社会基础,从"学而优则仕"到"科举制",再到20世纪80年代"千军万马过独木桥"的现实都在影响着人们的观念。可见,应试教育既是传统文化观念的产物,同时也是我国现阶段优质教育缺乏的基本体现。特别是对于农村家长,之所以让孩子接受教育,其目的就是为"升学"作准备,这是改变他们社会地位、经济收入以及生存方式的根本。出于对当前有限的教育资源和社会资源的争夺,一大批富裕起来的农民在城市免费义务教育政策推行后,送子女进城求学的愿望更为迫切。于是,一种新的教育现象——农村籍学生"进城求学"风潮在我省城镇地区出现。但我省城镇地区现有的办学体制和义务教育发展格局,远远无法满足源源不断涌入的农村受教育儿童的需要,城镇中小学班级人数不断增加,也是"大班额"问题形成的主要因素。

第四节 基础教育学校评价的片面性

一、基础教育学校评价片面性的具体表现

"教育评价是根据一定教育价值观或教育目标,运用可行的科学手段,通过系统地收集信息、分析解释,对教育现象进行价值判断,从而为不断优化教育和教育决策提供依据的过程。"[①]目前,我国基础教育评价领域在教育目标、教育环境、教育资源等方面存在着明显差异。受传统教育体制约束,现行的教育评价体系未能较好地体现这种差异性。运用相对统一的教育质量标准评价基础教育发展情况,加上政策价值取向的失范,导致基础教育学校评价的片面

---

① 胡中锋主编.教育评价学[M].北京:中国人民大学出版社,1992:5

性，影响着农村基础教育学校的改革与发展。主要表现在以下几个方面：

（一）教育评价目标不明确

目标是人们对活动所期望达到的效果。目标不等于目的，目的是终结性概念，体现为观点、理念等意识层面；目标则是过程性概念，体现为意识和操作两个层面。纵观我国基础教育学校评价现状，不难发现对教育评价目标的确定存在着一定的问题。

教育目标统领着基础教育学校评价的方向。对基础教育学校的评价总是以一定的教育目标为依据。基础教育学校评价目标的确定涉及教育价值观问题，即教育主体对基础教育学校价值的取向与追求。尽管基础教育学校的本质属性是固有不变的，但它受评价主体价值取向的影响，不同的价值取向在基础教育学校评价过程中就形成了不同的教育价值观。如关于基础教育应当为"应试教育"服务还是应当"为儿童发展服务，促进儿童的全面发展"。不同的教育价值观或教育目标对基础教育学校会产生不同的影响，进而影响到教育者的教育理念、教育思想与教育实践。可见，教育价值观的多样性导致教育评价目标的多样性，而教育评价目标的多样性往往容易造成教育评价活动中目标难以确定，影响着对基础教育学校的评价活动。

（二）教育评价功能严重缺失

教育评价具有导向、诊断、激励、鉴定、选拔等多项功能，目的在于改进教育工作，提高教育质量。因此，教育评价是为了鉴定与考核，还是为了推动与改进？是为了选拔与淘汰，还是为了教育与发展？这就是两种不同的教育观或评价观的根本区别。然而，长期以来，我们对基础教育的评价偏重于鉴定和筛选功能，其目的是为高一级学校选拔"精英人才"，是为"升学教育"服务。因此，在选拔和筛选机制下，学生被分为失败者和成功者。这一等级划分往往影响学生的一生，评价完全主宰了学生的前途和命运。由于现行基础教育评价过分强调终结性评价，过于关注结果，而忽视了形成性评价和诊断性评价功能，所以造成了升学率成为评价基础教育学校教育质量的唯一标准。

（三）教育评价标准简单化

教育评价的本质是对教育活动给予的价值判断。然而，对任何教育价值的判断都需要一定的标准，即需要选择一定的教育评价标准。因此，教育评价标准的确定就成为开展教育评价活动的核心问题。对于我国基础教育而言，"以人为本"或"促进儿童健康发展"是教育评价的唯一标准。然而，受"应试教育"观念的影响，我国基础教育评价标准一直存在着"知与德""人与才""业与绩"之间的论争。"重智轻德""重能轻人""重绩轻业"的教育观念，使基础教育一直围绕"分数"和"升学率"运转。教育评价片面强调学生对"书本知识"的获得和学校"升学率"的高低，完全忽视了"人的发展"和"促进人的发展"。教育评价的极端化、功利化追求，阻碍基础教育学校的发展和学生的全面成长。显然，这种片面化的评价标准与学生多样化的发展要求完全不相适应，制约了学生的身心发展和基础教育改革的顺利进行。

（四）教育评价主体亟待多元

教育评价是一种"价值判断"，是主客体之间的一种特定关系。所谓主体是指人类以及一定社会的组织或个体，即指对客体有认识和实践能力的人。所谓客体是指相对主体的自然界、人类社会或文化。要科学进行评价，必须准确理解教育评价中的主客体关系，这一问题直接决定着教育评价标准的确定和教育评价中评价什么、改善什么、满足什么等问题。从我国基础教育学校改革的现实出发，长期存在的"自上而下"以政府为主体的单一评价模式，管理者作为教育价值的评价主体，习惯于用统一性的标准来开展评价实践活动。由于管理者通常从自身的要求出发，常常通过规定统一标准，而忽视对不同办学主体和个体差异性的考察，结果导致评价主体和评价客体在认识上错位和分离的现象。其结果是学校作为"被评者"，对评价内容、评价标准、评价方式等均无法自主选择，很难摆脱被动的处境。通常情况下，许多学校管理者只能"听命"于各类教育行政部门，而学校和教师自身的主体功能弱化，导致他们只能无条件服从"自上而下"的各类评估，不能形成与学校发展实际相匹配的、能够吸纳全体师生共同参与的教育评价制度。评价主体单一化，已经成为制约我国基础教育领域学校评价改革的瓶颈。

二、基础教育学校评价片面性的成因

不同的教育目标或教育价值观会形成不同的教育结果。正确的教育目标或教育价值观总是与一定社会的历史发展、社会制度、文化变迁以及人的发展密切相关。可见，基础教育学校评价问题的形成往往是多方面的，概而言之，大致包括以下原因：

首先,历史地分析,中国人在数千年的教育实践活动中,在本土文化的养育中生成了有关教育评价的观念和认识,这种观念和认识,对如今的教育评价等有较大影响。早在《礼记·学记》中就有关于西周"国学"教学评价的论述:"比年入学,中年考校。一年视离经辨志;三年视敬业乐群;五年视博习亲师;七年视论学取友,谓之小成。九年知类通达,强立而不反,谓之大成。"文中关于对学生学业评价的标准是按照学业年限以及学业水平分等级的,符合一、三、五、七标准的叫"小成",具备坚定不移志向不违师训的叫"大成"。隋唐以后,大力实行"科举制度",于是,教育成为选拔"人才"和维护统治阶级利益的重要手段。在历朝历代选拔人才的重要活动中,科举制度曾起过极为重要的作用。"首先,它有利于选择有真才实学者,使饱学之士主政。其次,'学而优则仕',有利于激励有志者奋发学习,刻苦攻读,最大限度地挖掘人的潜能,为服务社会和人类奠定坚实的基础。"[①]可以说,科举制是我国封建统治者人才选拔和维护统治的工具,同时也是"应试教育"评价思想的根源。

其次,从现实出发,新中国成立后,百废待兴,落后的生产力与生产方式、计划经济体制与政府主导的管理机制,与人民群众不断增长的物质与文化生活需要形成了巨大矛盾。这一矛盾在教育领域的体现是,教育发展的规模速度远远难以满足新中国高速增长的青少年儿童入学的要求。在这一阶段,传统的"应试教育"评价机制不仅得到了较好的延续,而且成为评价基础教育学校办学水平的唯一标准。改革开放以来,随着市场经济的确立,"效益至上"的"资本逻辑"成为主宰教育发展的标准。教育发展在追求规模、数量、速度的过程中,呈现"跨越式发展"的局面。经济发展的功利主义观念影响着教育评价观,"教育产业化"成为时代主流,也突出地表现在对基础教育学校评价方面。渗透物质激励的基础教育学校评价,确实促进了人们对基础教育发展的关注,但也加大了基础教育学校评价的风险。基础教育学校评价中的"重物轻人",造成了基础教育学校评价的伪评价现象。

最后,是理论研究的薄弱。我国虽然有几千年深厚的教育历史,在教育历史发展过程中生成了早期的教育评价思想。但从根本上来看,这些思想和认识还较为朴素,较为片面,与现代西方教育评价科学理论相比,尚缺乏系统性、科学性。从理论研究出发,我国真正对教育评价理论开始研究,至今也不过30多年的时间,可见其理论研究的薄弱。这种理论研究的薄弱表现在基础教

---

① 高会宗,李春仁.试评传统教学评价机制的功与过[J].教育理论与实践,2002(3):33—34

育学校评价方面,就是还缺乏对基础教育学校评价标准、基础教育学校评价成本、基础教育学校评价有效性、基础教育学校城乡分类评价、基础教育学校评价理论的本土化、基础教育学校评价民主化、基础教育学校评价专业化等问题的研究,结果造成对基础教育学校评价实践指导性不强、解释力不够。如果我们一味运用落后的基础教育学校评价理论去评价鲜活的中小学教育实践,那就只能带来一些难以如愿的评价结果了。

第五节 农村留守儿童教育的困惑

近年来,随着我国工业化、城镇化进程的快速推进,农村大量剩余劳动力源源不断地涌向城市,形成了一股巨大的"民工潮"。然而,由于经济、社会机制等因素影响,他们的子女却大都被留在农村,于是便形成了一个新的特殊群体——"农村留守儿童"。随着农村社会生产力水平的不断提高,农村进城务工的人数也与日俱增,与之相应的"农村留守儿童"群体数量也不断增多。有数据显示,至2013年,我国现有农村留守儿童6102.55万人,占农村儿童的37.7%,占全国儿童的21.88%[①]。农村留守儿童的不断增多,造成了诸多的问题,这些问题在教育方面表现相对突出,引发社会的广泛关注。

一、留守儿童监护现状堪忧

从目前农村留守儿童的监护情况分析,对农村留守儿童的监护主要有四种类型:隔代(祖辈)监护、上代监护、同辈监护和自我监护。隔代监护,即由祖辈抚养的监护方式;上代监护,即"留守儿童"由父母的同辈人,如叔、姑、姨等亲戚或他人抚养的监护方式;同辈监护中,有的监护者是哥哥、嫂嫂或姐姐、姐夫,这类监护者一般是年纪较轻,文化水平也较高,如果有就业信息或机会,他们随时都会外出打工。所以,该类监护者也存在着监护权不稳定的问题;自我监护,就是农村父母外出打工后,把监护权交付给了留守儿童自己。这类留守

---

① 全国妇联课题组.我国农村留守儿童、城乡流动儿童状况研究报告[EB/OL]. http://acwf.People.com.cn/n/2013/0510/c99013-21437965.html

儿童除了要自己照顾好自己的生活和学习外，还要承担起一定的农业生产劳动。总体来看，外出务工的父母一般都会将子女交给老人或委托自己放心的亲朋好友照料，直接将孩子交由爷爷奶奶和外公外婆监护的占绝大多数。由于爷爷奶奶对孙辈的溺爱，他们绝大多数会更加放任孩子，即便是管教，也存在交流、沟通上的"代沟"。因此，隔代监护人不仅大多缺少监督孩子学习的意识，而且孩子也往往不服其管束。至于寄养在亲戚家中的一些留守儿童，亲戚一般不会像管教自己的子女那样对待这些孩子，如果管教太严，孩子会不理解。因此一些亲戚往往疏于管理，从而使这些留守孩子失去有效的监管。同辈或自我监护下的留守孩子根本就没有监督，只有自律。这样一来，相当一部分留守儿童由于缺乏父母的管教，感受不到父母的关爱和家庭的温暖，往往形成一定的性格缺陷与行为偏差。所以，农村家长亲子监护责任的放弃和代理监护的失效，造成了大量留守儿童教育管理的缺失，是形成留守儿童教育管理问题的直接原因。

二、缺乏制度设计和具体措施

设立专业化的组织机构是做好农村留守儿童教育工作的组织和制度保障。由统一的专业化的组织机构对农村留守儿童的教育管理工作进行计划、组织、协调和控制，统一制定工作计划和实施方案，保证监督工作落到实处，能为农村留守儿童教育管理工作的顺利进行提供制度保障，能全面系统地推进农村留守儿童教育管理工作，保证工作质量与效率。调查显示，一些省市已经成立专门负责农村留守儿童教育管理的组织机构和部门，但这些组织机构或部门还不够规范。

随着留守儿童规模的不断扩大，留守儿童的教育管理问题已经引起了各级政府和社会各界的高度重视。社会有关方面为留守儿童接受教育已开展了大量富有成效的工作。2005年5月21日至22日，由全国妇联和中国家庭文化研究会共同举办的首届"中国留守儿童社会支援行动研讨会"在郑州召开。会议认为，随着大量农村成年男女向城镇转移就业，农村留守儿童的教育问题已不仅是一个教育问题，如果任其发展下去，将最终演变成严重的社会问题。同年6月，教育部关于学习贯彻《中共中央国务院关于进一步加强和改进未成年人思想道德建设的若干意见》的实施意见》中，对农村留守儿童的教育问题提出了指导性的意见。这些表明留守儿童的教育问题，已经引起了各级政府及其相关部门的普遍关注。但不得不说这些规定和政策，宏观层面关注多，微观层面关注少，对留守儿童教育管理的实质性问题往往重视不够，口惠而不实。2006年10月1日，国务院农工办成立农村留守儿童专题工作组。专题工作组由国务院农工办、教育部、公安部、民政部、司法部、财政部、农业部、卫生部、国家人口和计划生育委员会、中央文明办、全国总工会、共青团中央、全国妇联、中国关心下一代工作委员会等相关部门组成，由全国妇联承担牵头任务。从整体情况看，这些关心、关爱仅仅停留在呼吁对留守儿童教育问题的重视、提出对策建议、完善政策措施以及对某些地区和学校的一些经验总结方面，依然缺乏解决实际问题的具体措施。

2016年2月14日，国务院印发的《关于加强农村留守儿童关爱保护工作的意见》提出，要建立完善农村留守儿童关爱服务体系：一是依法强化家庭监护主体责任，对外出务工父母履行监护职责提出具体要求，明确加强家庭监护监督指导的具体措施。二是落实县、乡镇人民政府和村（居）民委员会职责，明确县级人民政府统筹协调和督促检查责任，要求乡镇人民政府（街道办事处）和村（居）民委员会及时掌握农村留守儿童基本情况，加强对家庭监护的监督、指导，确保农村留守儿童得到妥善照料。三是加大教育部门和学校关爱保护力度，明确教育部门、中小学校在农村留守儿童学习教育、心理健康、生活照顾、安全管理等方面的职责任务。四是要求各级工会、共青团、妇联、残联、关工委等群团组织发挥优势，积极为农村留守儿童及其家庭提供关爱服务。五是通过政府购买服务等方式，支持社会工作服务机构、公益慈善类社会组织、志愿服务组织等社会力量为农村留守儿童提供专业服务；支持社会组织、爱心企业举办农村留守儿童托管服务机构。该文件按照标本兼治的思路，提出从源头上逐步减少儿童留守现象的长远目标，强化农村留守儿童关爱保护工作保障措施。要求各省（区、市）结合本地实际制定具体实施方案，建立健全农村留守儿童关爱保护工作领导机制。这份迄今为止最高规格的文件，提出了解决农村留守儿童问题的总体思路，并明确了责任部门，让人们感到解决"留守儿童问题"有希望了。

三、学校教育的部分失责

在家庭功能不健全的情况下，学校就成为留守儿童社会化过程中一个极其重要的场所。学校作为专业化的教育机构，也是当前农村留守儿童教养的主体，承担着农村留守儿童教育与管理的重任。因此，在农村留守儿童家庭教育和管理严重缺失的情况下，如果学校能给予更多的关爱与帮助，将会在很大程度上弥补农村留守儿童家庭教育上的缺憾。

随着全社会对农村留守儿童教育问题的广泛关注,为了促进农村留守儿童的健康成长,不少农村中小学都开展了一系列有益的实践探索。一些农村中小学相继设立了留守儿童"帮扶中心""活动中心""关爱中心",在学习上为农村留守儿童营造良好氛围,在生活上为农村留守儿童排忧解难,在心理上针对农村留守儿童问题进行心理疏导,对农村留守儿童的健康成长起到正面教育作用。一些学校通过举办"家长学校",向家长特别是隔代监护人介绍科学的教育方法,提升他们的素质。农村中小学大量的教育实践表明,它们较为充分地发挥了农村学校的教育功能。然而,农村中小学对留守儿童的教育工作开展得参差不齐,有时也确实存在一些问题。比如,受传统"应试教育"观念影响,一些农村中小学教师出于对功利的追求,对学习成绩较差的留守儿童,缺乏必要的关心和帮助。在一些教师眼里,很多"留守儿童"就是"双差生",经常受到老师的批评。可以想象,长此以往,一些留守儿童不仅感受不到安全感,缺乏学习和生活的乐趣,从而产生厌学情绪,甚至出现逃学、离家出走行为。

四、心理问题丛生

多数留守儿童正处于人格形成的关键时期,这一时期他们特别需要关爱和引导。但是,由于农村留守儿童父母为生活所迫远离家乡,造成家庭教育的缺位,使这些农村留守儿童无法与父母形成正常的情感交流和亲子互动,孩子没有机会向父母表达自己的感受,父母也无法传达对子女的爱。长此以往,将会使父母与子女产生心理上的隔阂,这样会使儿童丧失基本的心理归属和心理依恋。大量农村留守儿童长期生活在一个没有父母关爱和亲情缺失的环境里,心理上难免会出现各种问题。这些问题具体表现在:

一是性格倔强,逆反心重。由于留守儿童缺乏安全感,他们对周围的一切充满怀疑,对人与人之间的关系充满不信任,这种潜意识中的不信任导致了他们的逆反行为,日常生活中他们常常出现不听话、不礼貌、不谦虚、恶作剧等行为。

二是怨恨父母,自暴自弃。一些农村留守儿童由于年龄小,缺乏对事物的全面认知,他们往往把成长过程中的一切不如意归因于父母,责备父母没出息、没能耐,进而产生怨恨情绪,形成自暴自弃的性格。

三是我行我素,唯我独尊。在一些留守儿童隔代监护家庭,由于爷爷奶奶、外公外婆年龄较大、文化水平较低,一些留守孩子往往认为他们思想落后,对他们的教育和管理置若罔闻,进而形成"我行我素,唯我独尊"的性格。

第六章　河南省县域基础教育改革与发展的创新路径

县域基础教育的改革与发展是在城镇化的背景下,基于城乡教育均衡发展的需要而进行的,它不仅寻求县域内义务教育办学条件及经费投入基本均等,而且要确保有质量的教育公平。针对制约县域义务教育均衡发展的诸多要素,本研究认为县域基础教育改革与发展的路径选择首先要从城乡教育治理体制改革入手。这是着力解决"乡村弱"和"城镇挤"问题的关键所在,更是加快缩小县域内城乡义务教育差距,统筹城乡义务教育发展的关键。

首先,在教育实践中做到两个方面:一是城乡义务教育资源配置要更加突出政府调控手段;二是创新教育公共服务体制,实现供给主体多元化和供给方式多样化。

其次,创新县域义务教育均衡发展模式。总结与反思当前区域内实施的城乡义务教育均衡发展的名校集团化、委托管理、互动联盟、结对帮扶等实践办学模式,既要科学推进城乡薄弱学校标准化建设,又要建设一批特色鲜明的中小学校,使帮扶、结对或联盟学校都有其"均而不同"的特色发展,同时要处理好城乡义务教育均衡发展中"输血"与"造血"的关系。

再次,加大县域内义务教育师资配置的创新与改革。探索建立县级教师发展与管理中心,统筹县域内城乡师资配置;采取激励与补偿措施,提高农村中小学教师的地位和待遇,确保其安居乐教;进一步完善城乡教师交流轮岗制度;开展中小学校长任职资格制,探索教育家办学新体制。

最后,创新提升县级教研室功能,引领课堂教学改革。在重新定位县级教研室地位与功能的基础上,切实践行教研室的研究功能,引领教师开展教学行动研究。

第一节　建立健全"一体化"的城乡义务教育治理体制

长期以来,由于二元社会管理体制的存在,城乡经济、文化、社会的发展出现较大分化。同样,教育发展也陷入城乡二分的格局,城乡教育的发展也陷入城乡不平等发展。针对这一体制的诸多弊端,我国实施了城乡义务教育发展战略,就如何促进义务教育均衡发展进行了相关政策的推进:以县域作为根本切入点,强化省、市和中央的职责,在中央的领导下,保证义务教育城乡、校际均衡发展。城乡教育均衡发展战略的提出与实施革新了人们对城乡义务教育发展的认识,公平、公正成为义务教育发展的重要价值追求和表征方式,城乡均衡发展成为县域义务教育路径的重要考量。城乡义务教育经费标准、校舍建设、教师队伍、教学质量评价改变了以往的双重标准。一定程度上,城乡义务教育不均衡发展的格局得以改善。然而,随着城镇化建设进程的到来,县域内城乡义务教育的发展又面临"城挤乡弱"的新问题,这加剧了县域城乡义务教育均衡发展的难度和复杂性。如何在新的变化了的环境下着力解决"乡村弱"和"城镇挤"问题,巩固和均衡发展九年义务教育,加快缩小县域内城乡教育差距,统筹城乡义务教育发展,是摆在我们面前的重要课题。为此,要注意把握以下三个方面。

一、城乡义务教育统筹发展是城镇化建设的重要内容

推进新型城镇化,统筹城乡发展一体化是中国发展进程中的一个重大命题。城镇化是现代化的必由之路,是解决农村、农业、农民问题的重要途径,是推动区域协调发展的有力支撑,也是扩大内需和促进产业升级的重要抓手,对于我国全面建成小康社会,实现中华民族伟大复兴的中国梦具有重大意义。改革开放三十多年来,经济、文化和社会的发展,推进了中国城镇化进程。城镇人口从1978年的1.7亿人增加到2013年的7.3亿人,城镇化率从17.9%提高到53.7%,吸纳了大量的农业劳动力转移就业,提高了城乡生产要素的配置效率,带来了社会结构的深刻变革,促进了城乡居民生活水平的全面提

升,取得的成就举世公认①。但是,城镇化建设发展过程中累积的矛盾和问题也逐渐彰显,如大量的农业转移人口难以融入城市社会,城市发展模式比较粗放,空间分布和产业结构不合理,城市病的问题日益突出,生态环境和自然历史、文化遗产的保护不力,公共服务落后,等等。

在城镇化建设与发展背景下,城乡义务教育改革与发展也出现新趋势、新特点。随着城镇化建设的推进,农村学校也进入调整期:乡村学校全面向乡镇和县城集中,教育资源更加集中于城镇。由于城乡教育质量的差距,农民在子女的教育上不自觉地走上了进城之路,农村学校不再是农村孩子完成基础教育的唯一场所。但在进城接受教育过程中,农民子女不仅受到户籍限制,更受到家庭经济条件、关系资源以及家长教育意识的限制,可以说城乡之间已经发生了更深层次的、影响更深远的城乡疏离以及贫富阶层分化②。可以看出,随着城镇化建设推进的农村学校"撤点并校",加大城市学校布局并没有促进教育公平,反而带来了新的教育不公平,即贫困农村家庭在此过程中更容易被遗忘,形成"穷者更穷"的恶性循环。

面对这一问题,如何积极应对城镇化带来的机遇和挑战,是新时期县域城乡义务教育统筹发展必须要解决的重要问题。在统筹城乡义务教育发展的过程中,必须厘清城镇化建设与城乡义务教育发展之间的关系。城镇化建设是以城乡统筹、城乡一体、产城互动、节约集约、生态宜居、和谐发展为基本特征的城镇化,是大中小城市、小城镇、新型农村社区协调发展、互促共进的城镇化。城镇化的核心在于以不牺牲农业和粮食、生态和环境为代价,着眼农民,涵盖农村,实现城乡基础设施一体化和公共服务均等化,促进经济社会发展,实现共同富裕。其中,教育是城镇化公共服务所指对象之一。由此可见,城乡义务教育的一体化和均等化是城镇化发展的重要内容,并非是城镇化建设的手段。这一认识直接影响到城乡教育一体化发展,它是规划教育发展、破解当前城乡教育发展不均衡化的重要基点。城乡教育均衡发展必须是在确保这一认识的前提下,统筹规划,以城乡教育均衡发展作为实现城镇化建设的重要要素,以城镇化建设作为城乡教育均衡发展的统领,在城镇化建设与发展的框架

---

① 本文是作者3月23日在中国发展高层论坛2014年会上所作的演讲。作者徐宪平,系国家发改委副主任。http://news.xinhuanet.com/politics/2014－04/18/c_126406833_2.htm

② 饶静,等.失去乡村的中国教育和失去教育的中国乡村[J].中国农业大学学报(社会科学版),2015(2):18－27

内落实城乡教育协调、融合、公平发展。

二、城乡义务教育资源配置要更加突出政府调控手段

教育资源配置是指如何将有限的教育资源在各级各类教育之间、各地区之间和各学校之间进行分配,以期投入的教育资源能够得到充分有效的使用。一般说来,县域内教育资源配置主要包括以下几个方面:一是社会总资源对教育的分配。它是指在社会总资源一定的前提下,如何将资源在社会各领域与教育之间进行合理的分配。社会总资源的分配从总量上和结构上决定着教育资源的分配,社会总资源对教育的分配是教育资源分配的前提。二是教育资源在各级各类学校间的分配。这主要包括教育资源在中小学教育间的分配。

无论是采取何种形式的教育资源配置方式,都必须追寻公平、效率和稳定的目标。

教育资源配置的公平,要求尽可能地使教育资源配置和受教育者的条件相当,考虑到地区和类别差异,对于实际工作中所造成的不公平现象进行调节和修正。对于公平,人们不仅有对"量"上的要求,更有对其"质"上的追求,即要通过对教育资源的有效配置,确保起点和过程的公平,从而实现结果的公平。尤其是当前县域内城乡教育均衡一体化发展,更要注重"质"的公平,即优质教育资源配置要更多地从城乡一体化的视野中进行,关注农村、城市边缘区优质教育资源的提升。诚然,在现实社会中,绝对的公平是不存在的,这里我们可借鉴罗尔斯的差别原则。罗尔斯认为在平等地分配权利和义务的基础上,如果某一种不平等的分配能够给那些"最少受惠者"带来利益补偿,那么,这种不平等的分配就是公平的[①]。显然,教育资源的配置存在着内在的矛盾:平等地分配资源,就不可能出现不平等的分配。然而,在现实生活中,平等地分配所有的权利又不太可能。因此,罗尔斯的"最大最小值"规则更为现实的表述是:在尽可能平等地分配基本权利和义务的基础上,如果某一种不平等的分配能够给那些"最少受惠者"带来利益补偿的话,那么,这种不平等的分配就是公平的。从罗尔斯社会正义的价值取向上看,需要对农村、经济发展薄弱区进行教育补偿,实行差别待遇发展,缩小城乡教育差异。在投入导向上,教育资源特别是义务教育阶段的教育资源应向处于弱势的地区和人群倾斜,改变以往教育资源过于集中投向少数重点中小学的局面。这是当前城乡教育资源

---

① 约翰·罗尔斯.正义论[M].北京:中国社会科学出版社,1998:57

配置发展到新阶段的现实选择,更是现实需求。

在对教育资源进行配置时,必须考虑投入的成本以及这些成本会给本区域经济发展带来哪些重要的贡献,即教育资源配置的效率。教育作为一种特殊的活动,其带来的影响不仅仅是经济上的收益,还有更为广泛的社会、政治、文化等方面的非经济收益。从属性上讲,基础教育本身是一种公益事业,承担了更多的社会责任,是一种立足于为社会和国家培养最基本的合格公民的社会性公共活动,其公益性、普惠性的特点更加突出。因此,县域内义务教育资源配置所追求的效率,不能完全是市场所追求的经济收益。非经济效益更应该是其重要追求。

教育资源配置的稳定主要是指通过教育资源的优化配置,能够使各地区的各级各类教育得到比较充裕的办学经费,使教育得到稳定的发展,教育的地区差异得以缩小,从而提高全社会人员的素质和技能水平,保证社会各项事业平稳持续发展,促进经济的有效增长。作为县域内教育资源配置也应当考虑稳定的因素,这不仅关切着教育的可持续发展,还影响着县域内经济社会的可持续发展。目前,县域义务教育布局调整表面上是农村学生进城享受了更优质的教育资源,实际上是增加了农村学生的上学成本,其结果往往是教育机会和教育资源的进一步分化和更大程度上的不平等[①]。这也是教育发展的新阶段,城乡教育发展中遭遇的新问题。这一问题的背后有一个悖论性存在。谈及教育质量,人们更多地倾向于城市学校教育,于是为了促成教育公平,满足进城学生上学需求,城市教育资源不断扩充。然而,其结果是城市越来越挤,乡村学校被不断掏空。农村家庭为实现孩子进城读书的诉求,不惜任何代价,孩子读书成本的剧增,加剧了农村家庭的负担。这已成为新时期教育发展中产生的新问题,其解决与否关切着教育公平的真正实现,也关乎着社会和谐、稳定和发展。

那么,如何进行教育资源配置,方能协调平等、效率和稳定的关系呢?实际上,这要求结合时代需要创新教育资源配置方式。目前,在教育资源配置上存在着政府和市场两个主体、两个手段。作为政府,它有承担教育发展和进行教育资源合理配置的义务和责任。在教育活动中,政府的主导作用主要体现在对国民教育作出科学的规划、制定相关的教育法律法规、创设良好的教育发展环境、提供必要的监督和评估等方面。在义务教育阶段,由于这一阶段教

---

① 叶敬忠. 农村中小学布局调整,第三届中国农村教育论坛暨中国农村教育发展高端论坛上的发言. [EB/OL]. http://learning.sohu.com/20150528/n413970484.shtml

育属性的公益性、普惠性特征，政府应该承担全部的责任，提供义务教育所需的全部经费。也就是说，县域内义务教育资源配置的主体更多的应是政府，即政府在教育资源配置中的主导作用，市场的调控手段只能在政府资源配置的范围内有限使用。这意味着城乡教育的平等不能只按单一的市场标准加以诠释，否则，对平等的诉求很可能同时就是歧视。真正的城乡教育平等不是脱离自己的文化传统和条件下的比较，而是将文化传统和条件融入到各自教育的平等。由于市场调控手段的先天不足，它不讲究具体情境场域之分，也不论存在之别。尤其是城镇化进程导致的新情况、新问题，突出表现为"城满乡空"的学生无序流动和留守儿童、儿童边缘化群体以及城乡教师的配置问题，必须通过强化政府调控手段寻求出路。

当然，在义务教育资源配置中强调政府的主导作用，并不意味着反对市场在教育活动中的作用。在教育领域引入市场机制，不是要追求利润的最大化，而是要刺激竞争，包括公立学校和民办学校的竞争、公立学校之间的竞争、民办学校之间的竞争等，其目的是希望通过竞争提升教育教学质量和办学的积极性、主动性。如在学校食堂经营上，完全可以托管，引入市场竞争，政府可以探索购买服务的形式。目前，义务教育阶段必须厘清资源配置中市场的准入范围，合理界定政府和市场的边界。在关切到办学主体时，必须明确政府完全责任，对市场参与的活动要确保其盈利的合理限度。

三、创新教育公共服务体制，实现供给主体多元化和供给方式多样化

教育公共服务体制的创新是建立健全"一体化"的城乡义务教育治理体制的重要内容，也是新时期教育资源配置创新的体现。

第一，根据不同教育服务项目的性质和特点，采用不同的供给模式，实现教育公共服务供给主体的多元化，是教育公共服务体系创新的重要举措。例如，对于那些公共服务性质不显著，进入门槛不高，而政府独立承担又有些力不从心的教育服务项目，如远程教育服务，就可以向民营企业和民间组织开放。因为当下远程教育还只是学校教育的一种补充形式，它的建设需要专业的信息网络技术做支持。一些民间企业和组织具备这样的技术和设备，并有多年的实践经验。因此，政府可以将一部分远程教育服务的技术项目交给民间组织和企业来完成。对于那些带有地方服务性质的教育服务项目，如高中教育和职业技术教育等，要采取"谁受益，谁负责"的策略，提高地方政府和有

关部门的投入积极性和投入力度。至于那些关系到社会公平、公民基本权力的教育服务项目,如义务教育,需要依靠国家公共部门来保障其服务的数量和质量。

第二,从我国经济发展的实际状况出发,建立和健全公共财政体制,加大政府对教育公共服务的投入。教育投入是支撑国家长远发展的基础性、战略性投资,是发展教育事业的重要物质基础,是公共财政保障的重点。可见,财政教育投入的大幅增加,是义务教育改革发展的关键因素。这就要求,县级人民政府严格落实教育经费法定增长要求。根据《中华人民共和国教育法》等法律法规的规定,在年初安排公共财政支出预算时,积极采取措施,调整支出结构,努力增加教育经费预算,保证财政教育支出增长幅度明显高于财政经常性收入增长幅度。对预算执行中超收部分,也要按照上述原则优先安排教育拨款,确保全年预算执行结果达到法定增长的要求①。同时,县级人民政府要合理安排使用财政教育拨款经费,切实提高资金使用效益。在这两个前提下,结合新时期经济、社会发展的特点,通过教育公共服务体制的创新,实现供给方式多样化。尤其要结合当前县域内城乡之间、区域之间存在着较大的不平衡现状,提高省级政府和中央政府应当担负的财政责任,提供不同的教育公共服务,分步推进,逐步消除城乡之间、区域之间在教育公共服务方面存在的差别,并建立规范的财政转移支付制度以平衡地区之间的差异。

第三,通过教育公共服务体制的创新,不断扩大教育公共服务覆盖范围。一是不断扩大教育公共服务项目的范围,以满足人民群众不断增长的多方面的物质和精神需求。二是不断扩大教育公共服务不同群体的覆盖范围,满足不同职业、不同年龄人群的公共需求。三是不断扩大教育公共服务区域的覆盖范围。当前,要特别抓紧制定教育公共服务的范围和标准,保证人民群众最基本的教育公共服务。

实现教育公共服务供给主体多元化和供给方式多样化,一方面可以减轻政府的财政负担,另一方面可以提高教育公共服务的质量和效率,还能够扩大服务范围,惠及更多国民。需要注意的是,教育公共服务供给主体多元化建设要切实体现教育服务的"公共性",更要体现教育服务的公平原则。

---

① 国务院关于进一步加大财政教育投入的意见[Z].国发[2012]22号

第二节　创新县域义务教育均衡发展模式

教育均衡发展不能简单地理解为均等发展,它更加强调的是全面、协调、可持续的科学发展①。推进义务教育优质均衡发展,应结合县域实际情况创造性地探索发展道路,彰显特色,从而形成县域义务教育优质均衡发展和优势互补,以及整体质量和效能双重提升的良性发展态势。

一、县域义务教育城乡均衡发展实践模式

如何推进县域义务教育均衡发展?目前国内一些地方进行过卓有成效的探索和尝试,这些区域义务教育均衡发展的创新模式折射出县域义务教育均衡发展的逻辑和方向,从中可以归纳出城乡义务教育均衡发展的一般规律。

(一)名校集团化:共同体发展模式

《国家中长期教育改革与发展规划纲要(2010—2020)》指出,均衡发展是义务教育的战略性任务,要探索多种形式,提高办学水平,扶持薄弱学校发展,扩展优质教育资源,增强办学活力,提高办学效力,推进义务教育均衡发展。《国务院关于深入推进义务教育均衡发展的意见》(国发[2012]48号)要求扩大优质教育资源潜力,发挥优质学校教育资源的带动作用,探索集团化办学,提倡对口帮扶,整体提升学校办学水平。为有效解决"择校难"与"择校热"的问题,为向社会民众提供尽可能多的优质均衡教育,"名校集团化"办学模式为各地教育行政部门所推崇,也为各地著名中小学所热捧。以浙江杭州为先,各地争相以当地著名中小学为创始单位,以它们的教育品牌创立教育集团。通过教育集团的教育品牌与教育力量,来改造与优化薄弱或者相对薄弱的学校;通过教育集团对新生学校的托管与创办,来提升整个教育集团的教育质量。目前,按照"名校集团化"办学模式,杭州市已经建成以杭州二中、学军中学、天

---

① 翟博.教育均衡发展:理论、指标及测算方法[J].教育研究,2006(03):16—28

长小学等名校为创始单位与核心成员的教育集团19个;上海松江区已经分别建成中学、小学、成人教育与职业教育四大教育集团;深圳也在不断推出名校教育集团,深圳实验教育集团就是以深圳实验学校领军的教育集团。

这里的"名校集团化"办学模式有其特殊的产生背景和内涵,它不同于以往的民办或企业经营教育的"教育集团化"。基于教育均衡的"名校集团化办学模式",是指在当地教育行政部门的主导下,以当地著名中小学为发起单位或者创始单位,联合当地薄弱或者相对薄弱的学校,甚至重新创办新学校,形成以著名中小学的教育品牌为名的教育集团①。"名校集团化"的发展目标是实现优质教育资源的优化配置,以名校输出品牌、学校文化、办学理念、优秀教师队伍、学校管理运行模式等为手段,旨在统筹解决优质教育资源供需矛盾,迅速提高整体办学水平和教育质量,实现集团内各成员校的共同发展,化解教育均衡与教育优质、教育公平与教育效率之间的冲突,在均衡教育与优质教育的张力中获得发展,满足人民平等地享受优质教育的需求,解决"择校难"与"择校热"的问题,推进区域教育的均衡发展②。该模式的运行机制是资源"共享制",也即集团成员校共享名校品牌和各成员校的优质教育资源,协同开展教学研讨,确保集团成员校优质资源共享、优势互补。它体现的不仅仅是名校品牌和优质教育资源的输出过程,更为重要的是集团内各成员校之间通过互通有无实现优质教育资源共享和最大化的融合。集团成员之间共享办学理念、教育教学管理模式、课程教学资源等。

诚然,对于集团办学模式,在当今的中国教育界并不新颖。自改革开放以来,在民办教育复兴之际,教育集团办学曾为社会教育投资者所青睐。在基础教育领域里,以中锐教育集团与南洋教育集团为先锋,迅速将集团办学模式推向中国教育领域。在民办教育领域,各地创办的教育集团已达数百家。然而,基于教育均衡的"名校集团化"办学模式,并不是民办教育领域中的集团办学,它是在公办教育领域中,以追求教育均衡与推广优质教育为目的的名校教育集团化办学模式。该集团办学模式借鉴了民办教育集团办学的经验,但由于诞生背景、价值诉求不同,追求的目标与办学宗旨亦不同,也使得两者在集团产权与管理架构上亦不相同,名校集团化办学模式有着独特的优势。这种由公办名校创办教育集团的办学模式,之所以为教育行政部门与办学机构所推

---

① 周彬."名校集团化"办学模式初探[J].教育发展研究,2005(16):78-82
② 王凤杰,张雪松.推进教育公平的有益探索——杭州实施名校集团化战略的做法和经验[J].今日浙江,2006(21):56-57

崇,是因为大家期待着这种办学模式能够化解教育均衡与教育优质、教育公平与教育效率之间的冲突,能够在均衡教育与优质教育的张力中获得发展,而不是为这种冲突与张力所约束与制约。教育行政部门与办学机构,在成立名校教育集团时,都期待着通过名校的教育品牌达到两个目的:一是通过对名校教育品牌的使用与推广,尤其是名校办学理念与学校管理模式(文化)的总结、提升与推广,来发挥名校在推动地区教育发展中的领军作用[①];二是有利于优质学校和薄弱学校的有效对接。

可见,"名校集团化"办学模式革新了人们的教育观念。它从事物的整体上看待教育发展遇到的教育均衡与教育优质、教育效率与教育公平,避免了人们惯有的思维,即以往人们在考虑如何提供优质教育时,自然想到重点学校政策;在考虑如何推进教育均衡时,自然想到义务教育财政拨款均衡。而"名校集团化"办学模式却是一种相对中庸的考虑方式,即通过让已有的不均衡的教育力量与教育品牌,来带动与推动薄弱或者相对薄弱的学校发展,力求在不稀释现有名校教育资源的情况下,使得区域教育达到优质的教育均衡,而不是简单地追求低水平的教育均衡。

在探索集团化办学的过程中,应根据什么来判断、选择集团化办学的类型?相对薄弱的学校又是否一定要完全依赖名校?在2016年10月29日由中国教育学会主办,北京师范大学教育学部、首都师范大学教育学院、《中国教育学刊》杂志社联合承办的"共享、联动、创生:集团化办学的探究与实践"研讨会上,中国教育学会会长钟秉林对集团化办学作了深刻的理论思考[②]。他提出在集团化办学的路径选择上,鼓励多样化探索,并把集团化办学概括为"名校加薄弱学校""名校加新建学校""名校加民办学校"等三种类型;在集团化办学内部治理关系上,概括为"紧密关系型""分散关系型""复合型"等三种类型。北京市教育委员会副主任李奕在报告[③]中谈到,集团化办学发展到今天,我们开始发现,有一些在自发需求驱动下的区域教育组织,包括联盟日渐出现。这些组织最突出的特点是,它们打破边界,进行资源共享,这也是我们期待的。不同尺度的集团化在悄然形成,集团化办学在进一步的发展过程中会呈现一

---

① 周彬."名校集团化"办学模式初探[J].教育发展研究,2005(16):78-82

② 钟秉林.集团化办学要遵循规律、勇于探索、协同创新.[EB/OL]. http://learning.sohu.com/20161102/n472145697.shtml

③ 李奕.集团化办学发展的要义是为孩子成长奠定基础.[EB/OL]. http://learning.sohu.com/20161102/n472110592.shtml

种新的供给结构和方式,学校之间交换教育资源,寻找自己的制高点,利用互联网促进教育均衡化,提升薄弱地区的教育质量。

当然,"名校集团化"办学模式也面临着许多困境。其中,重要的一个方面就是薄弱学校如何在集团化发展中彰显自己的特色。"名校集团化"办学实施的一个重要途径是以名校为龙头,把优质学校的办学理念、管理体制等办学措施运用到新学校或薄弱学校,虽然这样可以帮助其他学校有一个更高的起点发展,但是每个学校应该有自己的文化特色、管理制度。如果仅仅照搬名校的成功经验,势必造成学校文化的雷同,缺乏活力和创新精神,这样不利于学校的发展,不利于提高学校的竞争力,培养出来的学生也不能适应社会发展的需要。

(二) 委托管理:"借鸡下蛋"发展模式

委托管理模式是上海浦东针对城乡教育二元差别,提升城乡义务教育均衡发展提出的治理路径。由于城乡二元结构的原因,上海浦东新区义务教育以普通学校和薄弱学校分布为主,校际间差距较大,造成一些薄弱学校所在学区学生流失严重的现象,择校现象愈演愈烈。尽管上海市采取了"初中标准化建设工程""中小学达标工程"以及加大市级教育财政投入等一系列举措,改善中小学办学条件,城郊和农村薄弱学校在硬件配备方面与优质学校不存在过大的差距。但学校硬件均衡了,其"择校热"并未退烧,民众对优质教育的需求依然旺盛,学生流失仍旧严重,城乡教育均衡发展态势没有出现。在硬件均衡的前提下,如何扩张优质教育资源,壮大薄弱学校的办学实力,进一步推进薄弱学校的内涵发展,促进教育公平,切实满足社会和家长对优质教育的诉求,使得每一位学生都能够享有优质教育资源,逐步实现区域内义务教育优质均衡发展,便成为上海浦东亟待解决的问题。为此,上海浦东新区开始尝试探索借助优质教育学校的管理经验,来管理薄弱学校的可行性与操作方法。它们将目光投向了同样是从一所薄弱学校成功发展起来的上海市成功教育管理咨询中心,开启了委托管理模式的探索之路。

上海浦东新区委托管理的运行模式主要由教育行政部门、受委托方与被委托方、第三方评估机构组成,其运行模式①如下图 6-1 所示。

---

① 肖浩宇. 区域推进义务教育优质均衡发展的多路径研究——以苏浙沪为例[D]. 上海:华东师范大学,2013:39

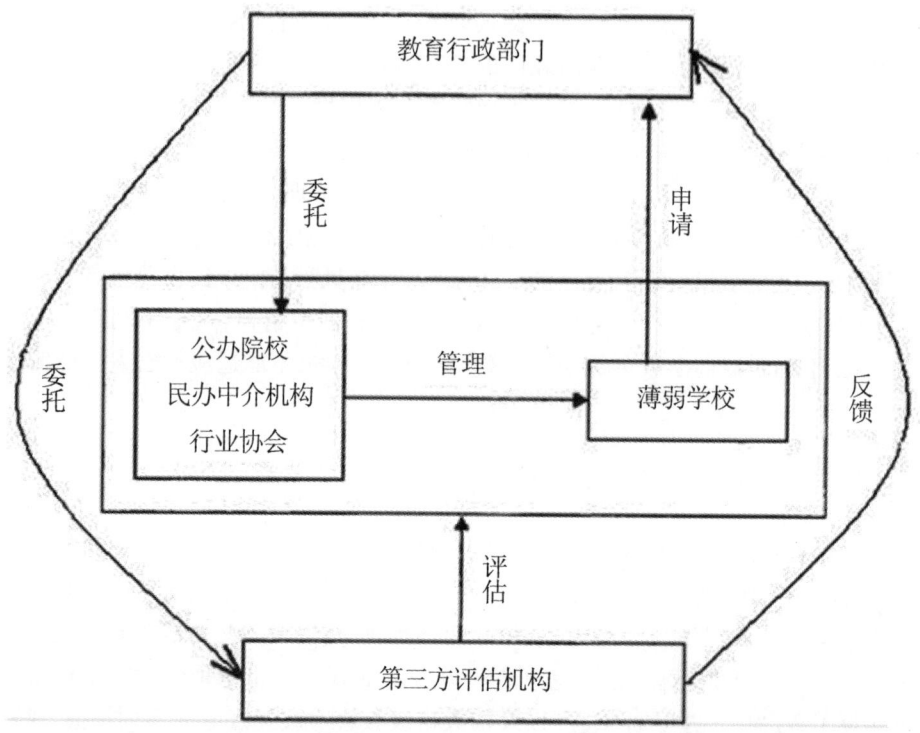

图 6-1　委托管理的运行模式

在这一托管模式中,浦东新区的主要职能是提供教育公共服务,具体的服务外包给更专业的机构进行操作,但由于被委托方需要向委托方支付数额较大的管理经费,义务教育具有公共产品的属性,故而一般都由政府出资向作为委托方的公办院校、民办中介机构或行业协会购买专业服务,在委托管理过程中,提升学校办学质量①。委托方根据教育行政部门及被托管学校的实际情况,制定具体的办学方案,包括引入教育管理理念,组织教育教学、教师培训,整合优质教育资源等全方位的办学工作。委托管理期间,委托方可以充分使用被托关系学校的校舍、仪器设备等国有资产服务于办学,但不享有处置、处分学校资产以及在办学目的之外使用学校资产的权利②。

---

①　李彦荣.政府职能转型过程中教育委托管理中介机构的发展——浦东的实践与思考[J].上海教育科研,2009(04):66－68

②　杨小微主编.中国基础教育改革报告:区域研究 2009[M].桂林:广西师范大学出版社,2010:145

教育行政部门定期委托第三方评估机构,对委托方和被托管的薄弱学校在委托管理全过程中实施绩效评估,进而促进委托方管理的专业化和服务质量的不断提高,促进薄弱学校的内涵式发展,缩小区域内学校间的发展差距,逐步推进义务教育优质均衡发展。委托管理模式联通了优质教育资源对接薄弱学校的桥梁,实现了政府部门、教育中介机构和薄弱学校共赢的良好格局,是探索利用社会资源发展基础教育的有效路径,扩大优质教育资源,促进义务教育优质均衡发展的一种新模式。

(三) 互动联盟:区域联动发展模式

成都市具有大都市比较典型的圈层经济结构,呈现出以中心城区为中心,向近郊、远郊扩散的三个圈层经济模式①。这种圈层划分的特性与优质学校分布特性表现出类似特点,即第一圈层主要是成都市的中心城区,也是成都市优质教育资源最集中的城区,多为办学历史悠久且师资力量也相当雄厚的名校,是家长和社会所青睐、所追求的地方;第二圈层主要是成都市近郊区(市)县,它介于第一、三圈层之间,此圈层有优质学校,但只是零星分布的少量学校;第三圈层是成都市远郊区(市)县,此圈层教育资源十分薄弱。这些学校虽然硬件设施都比较齐全,但城市里拥有的优质教育资源无法满足当地人民的需求,特别是农村学校教育条件十分有限,有的学校连一个骨干教师都没有,再加上农村地区的校址分布比较零散,规模经济效应低。每年都有一大批学生去绵阳、中心城区或其他教育质量高的区县就学。这不仅增加了当地人民的负担,也增加了成都中心城区的学位压力。

2009年,成都市以"全国统筹城乡教育综合改革试验区"为契机,根据成都市的圈层经济结构和本市的教育均衡发展情况,以"全域成都"为视角,首次实施了城乡教育互动发展联盟模式。一方面,通过区县联盟,共享城乡优质教育资源,发挥一圈层优质学校的示范、辐射作用,增加第三圈层区(市)县的优质学校的数量,满足第三圈层大众对优质教育资源的需求,同时第一圈层区县利用第三圈层区(市)县独有的特点,扩张第一圈层的办学领域,提升第一圈层教师、学生的视野;另一方面,在区县联盟的框架下,实行跨区域的学校结对,提升第三圈层区(市)县的农村学校、薄弱学校的办学实力,为第三圈层的农村

---

① 资料来源:成都市教育局,成都统筹城乡教育综合改革试验区第一阶段报告(2009—2012)[R],2013:15—17

学校、薄弱学校生成属于自己的优质教育资源,培养所需的优秀管理者和优秀教师。该模式旨在打破"以县为主"教育均衡现象,扩张第一圈层区县优质教育资源的辐射地,发挥各区(市)县的教育优势,缩小成都市三个圈层间区(市)县教育差距,缩小城乡学校的办学水平差距,推进成都市"三圈一体"优质教育均衡发展。

根据互动联盟模式,成都市形成了以成都市教育局统筹为主,以全域成都为视角,以完善的政策机制为导向,以区(市)县联盟为框架,以跨区域学校结对发展为基础,围绕教育理念、师资建设、教学研究、德育教育、校园文化等开展干部、教师、学生双向交流的互动联盟模式框架。根据这一模式,2009年成都市教育局将第一圈层的6个主城区,相继与第三圈层的8个区(市)县教育行政部门建立"一对多"的区县联盟。历经3年,互动联盟模式在一、三圈层的实施取得了显著成果,提升了第三圈层区(市)县农村学校和薄弱学校的办学质量,缩小了一、三圈层的区(市)县之间的教育差距。鉴于互动联盟模式在一、三圈层间取得的成效以及成都市"三圈一体"发展战略规划的要求,2012年,成都市教育局启动了第二轮城乡教育互动联盟工作,增加了专项经费,并扩大了区县联盟的规模,把2009年实行的区(市)县从一、三圈层的"一对多"的区(市)县联盟扩张到一、二、三圈层,把成都市的20个区(市)县在市教育局的统筹下,组成10对"一对一"的区(市)县联盟。经过两轮的实践探索,区(市)县联盟在空间和地域上,突破了一、二、三圈层和县际间行政区划构成的界限,打破了资源流通的行政壁垒。发挥各自的优势,共享彼此的教育资源和教育成果,促使联盟的区(市)县共同提升①。

(四)结对帮扶:提升薄弱学校优质发展

为更好地发挥优质教育资源的示范引领与带动作用,优化资源配置,增强区域间、校际间交流与合作,加快农村学校、薄弱学校建设步伐,逐步缩小城乡之间、校际之间教育差距,促进区域内中小学教育全面、均衡、协调发展,优质学校结对薄弱学校、帮扶薄弱学校的发展成为普遍采用的策略。一定程度上,这种形式的帮扶是教育扶贫的体现。帮扶与被帮扶学校之间没有契约形式的义务约束,完全是一种义务的形式。帮扶教师业绩考核还在原学校进行,被帮

---

① 成都教育发展报告编写组.成都教育发展报告(2013)——统筹城乡教育 促进教育公平[M].2013:39

扶的学校对帮扶者没有评价权利。如此一来,结对帮扶发展模式成为一种形式性存在,在薄弱学校的发展上没有过多提升。但是,这主要看县教育主管部门如何提出要求,要求高、考核严,照样能起到比较好的作用。在这方面,河南省郸城县教体局作了有益的探索和尝试,这一内容在第七章第三节中有专门介绍,这里不再赘述。

二、县域义务教育城乡均衡发展实践模式的经验借鉴

根据县域义务教育城乡均衡发展实践,从中可以看出城乡学校互动交流对提高乡村学校教育质量的重大意义,要改变"乡村弱"的局面需要总结和推广某些地方实施的城乡学校联合体、集团、联盟等模式。诚然,县级政府要在专项资金支出安排和激励机制等方面给予一定的政策支持,促进县域内校际联合协作健康发展,提升县域义务教育城乡均衡发展的实效。此外,还要在推进校际联合协作发展中,处理和把握以下三个方面的要点。

(一)县域义务教育城乡均衡发展要处理好输血与造血的关系

优质学校带动薄弱学校发展是县域义务教育城乡均衡发展的重要方式,是提升薄弱学校科学发展的关键。但在这一帮扶模式中要处理好输血和造血的关系,否则,薄弱学校的发展就不能实现其真正的改善。

一方面,只有合理输血,优质学校带动薄弱学校的发展才能有效。在优质学校帮扶薄弱学校发展中,为薄弱学校"输血",不可乱"输",必须"血型"相符,否则不仅达不到应有的目标,甚至会断送一所学校及师生的前途。因此,优质学校在对薄弱学校"输血"前必须对该校进行全方位的诊断,从学校历史沿革、学校文化、师资情况、课程现状及资源、学生发展现状等方面进行诊断、论证,从而确定输什么样的血、怎样输血(输血的角度和方式)。帮扶过程中一定要力避形式化的做法,诸如搞讲座、上示范课、公开课等,要从课堂改变着手,做好一部分有自我发展愿景的教师带动示范效应,通过钻研课标、解读教材、了解学生、融入课标理念进行备课、课堂跟踪(相互听课与交流)等环节改善课堂教学效果,然后以这部分教师课堂中的变化带动其他更多教师的参与,最终带动学校整体教师的发展。

另一方面,增强造血功能,城乡均衡发展才有后劲。外部的引领、带动最终只有内化为薄弱学校教师的要求,薄弱学校的发展才有可能。因此,通过为薄弱学校"输血"来解决均衡发展的问题不是长久之计,解决问题的根本在于

增强自身的"造血"功能。为其"输血",只是校际合作发展中帮扶薄弱学校生存发展的支撑性因素。为增强薄弱学校的发展后劲,还需要后续的持续帮扶,定期送"教"(优质课、示范课、观摩课等)、送"讲"(教育理论、教育理念)到薄弱学校,让它们自己体味其中的发展原理及走向,并让身在其中的每一位教师从中摸索出一条适合自己的发展之路,并坚持不懈地走下去,最终形成薄弱学校的自我特征的发展方式。

(二)城乡义务教育均衡发展的前提是科学推进学校标准化建设

义务教育均衡不是低水平的均衡,也不是静态的均衡,义务教育均衡发展的前提是城乡义务教育薄弱学校的标准化建设。只有城乡义务教育均衡发展的前提条件真实相当,发展结果才有均衡的可能。当前,要全面摸清县域内城乡义务教育学校发展情况,尤其是农村和城市边缘区学校状况。要根据不同情况,完善寄宿制学校、乡村小规模学校办学标准,科学推进城乡义务教育公办学校标准化建设,全面改善贫困地区义务教育薄弱学校的基本办学条件,补足这些学校发展的短板。

只有在保障农村和城市边缘区等落后学校的正常运转下,优质学校教育资源才有嫁接薄弱学校的可能。否则,没有这些学校基本生存条件的改善,任何集团化、联盟、托管的教育发展模式都不能在这些学校得以实现。这里的标准不仅仅是物化基础设施建设,还包括师资配备的充沛,能保证各门学科充分开设。当然,薄弱学校的标准化建设必须通过政府的主导加以解决。通过薄弱学校标准化建设,多渠道筹措资金,加大投入力度,使这些薄弱学校的教育教学仪器及现代教育技术装备全面达标,学校布局更加趋于科学合理,教室建设更加规范、标准,校园环境更加优雅整洁,学校文化建设品位得以提升,整体办学条件明显改善。学校标准化建设中,学校管理的规范、科学应当是其重要内容:坚持依法治校,实施科学管理,努力提高管理水平。加强教师队伍建设,优化教师队伍,促进整体素质全面提升。通过外出学习和校本研修,打造专业化教师队伍。

义务教育均衡不是低水平的均衡,也不是静态的均衡,义务教育均衡发展与标准化建设并不矛盾。河南省人民政府办公厅印发的《关于开展义务教育发展基本均衡县评估认定工作的通知》(豫政办[2012]131号)明确提出,推进义务教育均衡发展的基本要求是:每一所学校都符合国家或省定办学条件标准,办学经费得到保障;教育资源满足学校教育教学需要,开齐国家和省规定课程;教师配置合理,教师素质不断提升;学校班额符合国家规定标准,消除

"大班额"现象,率先在县域内实现义务教育的基本均衡发展。安徽省教育厅印发的《县域义务教育均衡发展督导评估暂行办法》中也明确指出,判断县域义务教育均衡发展的一个门槛,就是办学条件达到本省基本办学标准。教育主管部门从教育管理和发展的角度看,必须抓一些示范性学校创建,并逐步推进中小学标准化建设,从而带动整体教育办学水平和办学质量的提升。但示范性学校和标准化学校的建设,必然导致学校之间在一定时期内打破旧的均衡,产生新的不均衡。义务教育均衡发展是一个不断打破低水平均衡而逐步达到高水均衡的动态过程。

(三) 城乡义务教育均衡发展的内核是学校发展各有特色

特色学校是学校发展的重要内涵,是衡量一所学校发展水平的重要标尺,也是学校发展的核心竞争力和生命力。促进学校特色发展,建设一批特色鲜明的中小学校,已成为推动基础教育均衡发展的必然趋势。因此,县域义务教育实施名校带动其他学校发展的过程中,要注意学校的个性发展,使帮扶、结对或联盟学校都有其"均而不同"的特色发展。帮扶、结对或联盟可以促进优质发展,但这一发展是非同质化的发展,是各有其特色的发展。为此,要尤其注重以下四个方面的工作。

一是注重校长队伍"特色化"建设。校长是维系学校建设、特色发展的重要力量。因此,学校特色化建设要从有特色化的校长抓起。县域教育行政部门要创新培训方式,使中小学校长理解特色学校建设的意义,深入挖掘学校特色,制订特色学校建设计划,有目的地培养一批特色意识强、理论素养高、个性鲜明的中小学校长。以"特色学校"办学实践,增强中小学校长的"特色"观念,提高中小学校长的"特色学校"建设能力。

二是探索学校管理"特色化"模式。为加快特色学校建设,学校特色化是前提。各个学校要在外力的帮扶下,思考学校的传统和区域,以合适的方式,探索、践行学校"特色化"管理模式。这是一个学校持续发展的根本所在。

三是以特色活动建设"特色化"校园。名校在带动其他学校发展的时候,要给予其他学校一定的选择权和自主权,坚持共性和个性的结合,鼓励学校打造出符合自身发展的校园文化。校园文化的品位影响着教育环境和学校育人的品位。城乡义务教育阶段各学校差距是既定存在的,如何在城乡中小学发展不均衡的现实下,进行"一校一特色"建设。"一校一特色"建设不要求一个模式建设,它是承认差异下的尊重差别发展。任何一个学校无论其发展基础如何,它都能找到一个凸显自我的基点。如当前许多县域内中小学校尝试开展的"校本课程开发""中华美德颂""感恩教育""挫折教育""汉字工程"等主题教育活动,都彰显出校本特色,帮助农村中小学生理解父母之爱,感悟挫折对成长的意义,养成健康人格。

最终,通过特色化建设,实现县域城乡义务教育均衡发展"一校一特色、校校有亮点"的办学格局,促进城乡中小学校在"均而不同"的发展态势中,创造性地探索本校的特色发展之路,从而实现城乡义务教育学校优势互补、特色发展、整体提升。这也是城乡义务教育学校集团化、托管式、联盟化发展中要破解的问题,是帮扶发展中处理好"造血"和"输血"关系的重要路径选择。

附材料6-1:

四川省阆中市探索"朴素而幸福"的乡村教育实践[①]

日前,在实地走访阆中市多所农村学校后,中国陶行知研究会常务副会长、21世纪教育研究院院长杨东平问阆中市教育和科学技术局局长汤勇:"阆中市的乡村教育搞得这么好,你们是不是很有钱?"

汤勇回答说,阆中不是很有钱,而是把钱用在刀刃上,尽可能用更少的钱办更多的事。办教育没有钱不行,只有钱也不行。教育办得好坏,不是取决于钱投入的多少,而是取决于教育者有怎样的思想和理念,有没有对教育的情怀,能不能坚守良知。

教育的"乡愁"在这里安放

前不久,四川省阆中市某学校花了1万多元,请一家广告公司在学校里做了几块喷绘板,受到市教科局的批评。阆中市教科局局长汤勇直言不讳:"我们反对这种劳民伤财的匠人文化或者商业文化。"

隆冬季节,记者走访了阆中多所乡村学校,发现在这些平房矮墙的校园里,处处闪耀着师生们自己动手建设学校的智慧。可乐瓶子栽花、一根麻绳健体、校园里种地……层出不穷的"土办法",被师生们创造出来,不但节省了大量资金,更激发出蓬勃的教育活力。阆中朴素而幸福的乡村教育实践,也许正

---

① 施剑松,李益众. 中国教育报,2016-1-27(1). [EB/OL]. http://opinion.jyb.cn/basc/xw/201601/t20160127_650703.html

在酝酿着中国乡土教育的一条新路。

乡村学校要的不应只是"高大上"

走访阆中的乡村学校,有一个现象让记者印象深刻:这里的乡村学校都很"矮",高楼少、平房多。

阆中的乡村学校,保留了一大批建于20世纪六七十年代的、青瓦白墙的单层建筑。这些建筑经加固、维修后,有的依然作为教室,有的成为师生宿舍,有的变成了"雅间"似的食堂,别具特色。

汤勇说:"乡村学校要的不应只是'高大上',还要与周围环境的和谐共生。校园建设,我们坚持量力而行,宜建则建、宜改则改、宜整合则整合。反对大拆大建、推倒重来,因为文化的传承、资金的节省、情感的延续更为重要。"

近4年,阆中市建了76所乡村幼儿园,其中70所都设在中心学校里。通过资源整合,利用和改造原有的建筑,只投入了2000多万元,要比全部新建同样规模的幼儿园少花了1亿多元。

在中小学建设上,阆中精打细算。按惯例,学生食堂应该是一个大通间,全校师生在一起用餐。而阆中许多学校的食堂却是一个班一个"雅间",书柜、消毒柜应有尽有。这些"雅间"都是利用旧校舍改造而成,相比拆掉之后再重新修建大食堂,这样的"雅间"食堂不仅质朴温馨,还节省了很大一笔资金。

虽然在硬件建设上很"吝啬",但在保障小规模农村学校的正常运转上,阆中市教科局却堪称"大手笔"。

在阆中,对生源不足300人的农村小规模学校,公用经费一律按每年20万元的标准保底拨付。2014年,全市投入近千万元为每名农村教师免费配送床、椅、书柜、书桌"四件套",使农村教师的办公及生活条件得到极大改善。

让孩子记住"被遗忘的乡愁"

10年前,刚走上局长岗位的汤勇站在天宫中心学校门口,眼前是一片撂荒的土地。他问校长:"能不能与农民联系,租用他们的土地来种菜?"

从此,天宫中心学校的学生多了一个校园外的课堂——50亩菜地。种地之外,学校还养了几十头猪,建了蘑菇房、豆芽房和小鱼塘。师生种的菜、养的猪,为学校食堂提供了绿色无污染的新鲜食材。多余的部分,教科局以高于市场价收购,学校利用这笔收入为部分家庭经济困难的学生提供免费午餐和经济资助。

"天宫经验"让汤勇备受鼓舞,他把全市农村学校的校长们请到天宫中心学校召开现场会。会上,汤勇提出要求:有条件的学校都要建劳动基地。

目前,阆中市农村学校共租用了150多亩土地,大部分是农民的撂荒地,每10亩地一年租金不到2000元。

农民荒废的土地变成素质教育的良田,作物的收获只是成果之一。阆中众多乡村学校都把劳动实践课程教学与农村生产生活对接。天宫中心学校师生把养猪种菜的心得总结成"三字经",打着快板传唱;播种、挖地、锄草、擦汗等动作还被老师们编成了"劳动操",成了学校远近闻名的特色操。

2014年底,占地近10亩、有1.6万多件展品的"农耕文化教育体验园"在天宫中心校落成。散落在农村的农具、工具找到了安身之所,化身乡土文化的教材,让孩子们记住"被遗忘的乡愁"。

用乡土智慧点亮校园

阆中农村学校校园环境普遍朴素而清爽,雕塑少,书柜多;喷绘少,手绘多。阆中倡导师生自己动脑动手美化校园,因为"他们的雕刻、绘画、书法、剪纸等作品是最好的装饰品"。

专业老师缺乏、功能室不够、设备太贵,这是许多乡村学校拒绝开展丰富课外活动的普遍"借口"。阆中市也面临这些难题。但汤勇说:"辅导老师不专业没关系,师生一起学;设备不理想没关系,有课程有师生就有快乐;没有固定功能室也没关系,食堂、教室也能一室多用。"

阆中每所学校都根据自身实际,为孩子们提供了丰富多彩的社团活动。思依镇小学有20多个社团,科技特色鲜明。学校鼓励老师外出学习"特长",但要学会才能报销费用。科学教师何华清49岁了,原来是教数学的。4年来,他指导的学生在大大小小的科技创新大赛中拿到了50多个奖项。

很多农村学校图书馆建得漂亮,藏书也很多,但利用效率不高。阆中市通过建开放式书屋、书角、书架、书壁,把学校里一本本藏书"请"出来。走廊上、操场边、餐厅里处处都是书,师生随手可拿、随时可读。

"你们如此办乡村教育,有没有影响升学?"记者问汤勇。汤勇回答:"这些年,我们坚持按教育规律办教育,办孩子们向往和喜欢的教育,办适合每一个孩子的教育,让师生过上了一种快乐而幸福的学习生活。孩子们喜欢学校,也热爱学习。教育教学质量在不断提高,升学率也在逐年提升。"

当前,一些地区乡村学校日益萧条的态势毋庸讳言,在乡村教育该如何办的问题上,依然存在不同的声音。但在阆中这个国家级贫困县,教育者们给出了自己的答案——教育规律加乡村特点和乡土智慧。

第三节　县域义务教育师资配置的创新与改革

县域城乡义务教育发展的失衡最为关键的因素是师资力量的不均衡，这一问题的解决是城乡义务教育均衡发展的根本。尤其是随着城乡学校标准建设的推进，师资力量的标准化、优质化矛盾将会更加凸显。因此，要破解"城市强乡村弱"的城乡义务教育发展不均衡问题，就要突破农村区域内部的局限，跨越城乡之间空间的障碍，建立县级教师发展与管理中心，实现县域内教师资源的统一调配。

一、建立县级教师发展与管理中心，统筹县域城乡师资配置

一定程度上，县域内基础教育城乡发展失衡的一大诱因是区域师资队伍不均衡。针对这一问题，可以考虑建立县域教师发展与管理中心，由其统一实施县域内教师队伍的管理，包括聘用、岗位调配等工作，以破解县域内师资配置的非均衡化，使县域内校际间师资力量达到相对平衡。

为整合县域内教师专业发展的资源，依据教育部的要求，条件许可的地方可以尝试成立县级教师发展中心。县级教师发展中心就是将县级教研部门和电教等部门并到区县教师进修学校。具体地说，就是整合原教师进修学校、中小学教学研究室、市电化教育馆、市成人教育职业教育研究室的职能和资源而构建的教科研训"四位一体"的全新的教育机构。本研究认为，在教师发展中心的基础上，应当增加其职权范围，把关系到教师发展利益的聘用和职称晋升等统一到一个部门，成立教师发展与管理中心，由其统筹县域内城乡师资力量配置。

首先，县级教师发展与管理中心负责县域教职工聘用和岗位管理工作，按照"县管校聘"原则统筹调配编内教师资源。根据县管教师总量、岗位结构和教师身份，校管按岗配置、合理使用和教师考核，推进县域教师管理改革。由教师发展与管理中心根据各校实际需要，在教师招聘、编制内人员调配、职称评审、荣誉奖励等方面统一管理，真正实现县域内教师管理一体化。这应是城

乡义务教育学校师资均衡发展应有的路向。江苏省部分县(区)成立县级教师发展中心,由其统筹县域内教师的管理,迈开了教师管理一体化的重要步伐,这一举措必将提高县域内教师资源的有效管理与使用。

其次,在确保教师队伍由教师发展与管理中心统一管理的前提下,加强学校用人权,赋予学校更多的办学自主权。各个学校要在县级教师发展与管理中心的统一管理下,根据政策要求,细化学校的管理,在薪酬、评先评优方面有充分的自主权限,根据教师的业绩表现评价教师专业水平,适时贴切反映教师工作成效,协同教师发展与管理中心共同促进教师专业发展。

再者,国家要根据城乡义务教育出现的新变化、新问题,研究确定县域统一的义务教育学校岗位结构比例,完善职称评聘政策,逐步推动县域内同学段学校岗位结构协调并向乡村适当倾斜,实现职称评审与岗位聘用制度的有效衔接,吸引优秀教师向农村流动。县级教育行政部门要依据国家义务教育学校教职工编制标准、学生规模和教育教学需要,按照中央严格控制机构编制的有关要求,建立城乡义务教育学校教职工编制统筹配置机制和跨区域调整机制,实行教职工编制城乡区域统筹和动态管理,盘活编制存量,提高使用效益。尤其是在核定的教职工编制总额和岗位总量内,县级教育行政部门要按照班额、生源等情况,充分考虑乡村小规模学校、寄宿制学校和城镇学校的实际需要,统筹分配各校教职工编制和岗位数量。

二、采取激励与补偿措施,更加关注农村教师群体生存与发展

城乡义务教育发展失衡的关键是师资力量的不均衡。目前,乡村义务教育阶段学校与教师的境况是:一是学生流失严重,在校生大幅减少;二是因各种原因留不住较为优秀的教师,而导致代课教师的增加。或因农村学校缺老师而不能入学或因师资力量薄弱而不愿入学,学生到远处求学,不少家长到县城或就近的乡镇租房子"陪读",这样不可避免地增加了农村家庭的经济负担。同时,城区学校为了满足进城务工子女入学问题,不断地通过新建、扩建学校,扩充教育资源,其结果是再快的教育资源扩充速度也赶不上农村学生进城的需求,从而带来"大班额"等一系列问题。长期来看,要根本解决"城挤乡空,城强乡弱"的现状,还必须强化农村教师队伍建设,采取更多措施,更加关注农村教师群体的生存与发展,激励"优者从教",保障"教者从优",让优秀教师愿意来、留得住,方可确保农村教师队伍的稳定、教学质量的稳步提升,从而重拾农

民对农村教育的信心,真正实现城乡义务教育的协调均衡发展。

(一)努力提高农村中小学教师的地位和待遇

优秀教师不愿意去农村,优秀的农村教师又留不住,一个很重要的原因是农村从教教师的比较优势不具备,这是当前农村义务教育的最大软肋,是农村义务教育发展弱化于城市义务教育发展的一个重要因素。当前很多城乡义务教育不均衡发展都与这一因素有着必然的联系。教师的待遇在地域之间、城乡之间、学校之间如果不能体现出应有的差异,都搞一刀切,农村学校将永远处于弱势的地位,很多人不愿意来,来了也留不住,暂时留下的也是出工不出力。要改变这一切,只有创新农村教师薪酬等待遇制度,以差别化待遇提升农村教师优越感,从而吸引更多的优秀教师从事农村教育。

首先,依法保障农村中小学教师工资待遇,真正实现中小学教师平均工资不低于或高于当地公务员的平均工资水平,并逐步提高。在这一水平下,农村中小学教师的绩效工资平均水平要高于城区中小学教师。同时,同步推进农村教师医疗、养老制度改革。湖北省已率先在全国实现农村教师义务教育教师实施绩效工资时,按高于城区教师绩效工资12%以内的水平确定农村教师津贴标准,并根据绩效工资总水平变化实行动态调整。

其次,实施农村中小学教师岗位津贴补助制度。提高农村教师工资待遇,要结合地域经济社会发展情况,建立农村中小学教师岗位津贴补助制度,增加农村教师的"票子",使从事农村教育的教师不因农村的贫困而影响收入。同时,对一些扎根在农村义务教育学校工作的名师、特级教师等,还要按照总量控制、竞争择优、动态管理的原则,建立扎根农村义务教育学校骨干教师补助制度,可以按年限周期开展遴选,真正让一部分愿意到农村学校从教,使其感受到在农村从教的优越性。

稳定农村教师队伍就要提高他们的工资和生活待遇水平,这是实实在在地撬动一系列政策的杠杆,也是支持和鼓励、吸引人才到乡村从教的一个非常有效的途径。"中央对乡村教师生活补助政策的核心原则是'地方自主实施,中央综合奖补',即中央财政根据地方实施情况综合确定奖补资金。"[1]国家从政策层面已于2013年启动了集中连片特困地区乡村教师的补助政策,这个政策到2014年惠及了全国118万乡村教师。2015年国务院办公厅印发的《乡

---

[1] 庞丽娟. 呼吁扩大乡村教师生活补助实施范围[N]. 人民政协报,2015-3-13(25)

村教师支持计划(2015—2020年)》提出,全面落实集中连片特困地区乡村教师生活补助政策,依据学校艰苦边远程度实行差别化的补助标准,中央财政继续给予综合奖补,各地要依法依规落实乡村教师工资待遇政策。这里的关键问题是通过对乡村教师的界定,要撬动各级政府都来关心农村教师的待遇问题,为他们实实在在地做一些实事。湖南省凤凰县是一个经济发展等各方面相对贫困的地区,但是当地政府非常重视乡村教师队伍建设。该县从2009年开始实施了农村教师补贴计划,到2015年它们每月给当地乡村教师补助1400元钱。这样做的直接效果就是以前乡村学校岗位出来以后没人竞聘,现在待遇提高以后,出现了很多城镇或县城老师想到这个地方去从教,有时还要采取公开竞争的方式,来选拔更好的人去做乡村教师。这是一种非常好的现象,当地政府能够实实在在地为乡村学校发展出实招、谋实事,为乡村教师办好事、谋实惠。

再者,探索实行农村中小学教师职称评审、评优表先倾斜政策。在职称评审上,按照国家统一部署逐步在农村中小学设置正高级教师职务。在职称评审指标的分配上,对农村中小学教师予以倾斜,逐步推行分类评审等办法①。对一些长期从教、终身从事农村教育的教师,在农村学校任教满30年、贡献突出的教师予以奖励与表彰。

(二)建立农村中小学教师住房保障机制,确保教师能安居乐教

在增加农村教师"票子"的同时,还要解决这些教师的生活问题,让这些教师能安下心来投入教育和教学工作。其中,住房问题是关系教师生活问题的重要方面。2015年国务院办公厅印发的《乡村教师支持计划(2015—2020年)》提出,加快实施边远艰苦地区乡村学校教师周转宿舍建设;各地要按规定将符合条件的乡村教师住房纳入当地住房保障范围,统筹予以解决;依法为教师缴纳住房公积金和各项社会保险费。因此,各级政府尤其是县级政府要采取多种形式、多种渠道解决农村中小学教师的住房问题。对于新录用教师、城乡交流教师建设周转住房,参照保障性住房用地政策供应,积极建设农村教师住宅小区,让这些教师在这里能安居乐教。其实,教师保障房关乎教师交流轮岗、异地任教的真正实施,也是推进教师县域化统一管理的基础性工程。解决教师住房问题不仅仅解决的是教师的吃住问题,更是解决教师乐教、促使教师

---

① 乡村教师支持计划(2015—2020年)[Z].国办发[2015]43号

爱教的重要策略。生活域场不完全在一个时空,阻碍了师生课堂之外的交往。教师与学生如何融合?而教师周转房恰好一定程度上弥补了这一时空的缺陷,教师生活在校园,便于教师对学生的了解和沟通,也能使学生走进教师,是教育融入生活的重要载体。实际上,这也是书院制学校管理的一个缩影。

三、进一步完善城乡教师交流轮岗制度

近年来,为促进城乡义务教育均衡发展,国家提出建立城乡教师交流轮岗制度。《中共中央关于全面深化改革若干重大问题的决定》提出,把实行校长教师交流轮岗作为破解择校难题、办好人民满意教育的一项重要举措。2014年9月,《教育部财政部人力资源和社会保障部关于推进县(区)域内义务教育学校校长教师交流轮岗的意见》,提出加快推进校长教师交流轮岗,要求各地充分认识校长教师交流轮岗工作的重要性和紧迫性,加快建立和不断完善义务教育校长教师交流轮岗制度,推进校长教师优质资源的合理配置,重点引导优秀校长和骨干教师向农村学校、薄弱学校流动。2015年国务院办公厅印发的《乡村教师支持计划(2015—2020年)》提出,县域内重点推动县城学校教师到乡村学校交流轮岗。教师交流作为未来义务教育一项基本的教育政策已在国家和地方层面上达成了共识。

但从目前来看,这些政策还处在激励性引导阶段,还没有成为一种硬性的政策约束。作为县域教师同一管理制度配套政策,要不断完善城乡教师交流轮岗制度,真正实现城乡教师轮岗交流,使城区教师能走下去,农村教师能走上来。

一是规定高级职称的晋升需要有农村学校支教经历和业绩。职称晋升是教师专业成长的重要体现。因此,县级政府要约定城区学校教师晋升高一级职务、参评高级教师职称评审,必须有一定期限的农村学校支教经历且业绩优良。

二是轮岗教师的"轮岗"必须是全职离岗。在推进城乡义务教育教师轮岗中,要力避形式化的对口支援,不能出现指标去人不去的现象,也不能出现找代课教师顶替的现象。要加强对轮岗教师的业绩考核工作,可实行一学期一考核,一学年结束一总评,对学年度考核不合格者至少再延长一个学期。把"轮岗"中的业绩作为该教师以后晋职、晋级的重要依据。

三是实行城乡教师的双向"轮岗"和交流。也就是说,既有镇区、城区的教师到乡村学校"轮岗"交流,也要有乡村教师到镇区、城区学校"轮岗"交流的机

会。这样可以做到：城区教师把新理念、新思路、新方法带到乡村学校，激发乡村教育教学工作的活力；乡村教师可在镇区、城区学校骨干教师的指导下，较快提升业务水平，促进其专业发展。

在完善交流轮岗制度时，不能以任何借口剥夺乡村教师参与交流轮岗的权利和义务，应该鼓励乡村教师走出来，使城乡教师交流轮岗成为常态。从外部条件分析，在我国教师数量供给大于需求的背景下，一方面我们要设计教师退出机制，另一方面，我们不能把乡村教师岗位设计成没有希望和机会走出来的岗位，决不能让应聘者感到去农村学校当老师就是一辈子也不可能再重新回到城市学校工作了。对在乡村教育工作满一定年限且业绩优秀者，允许教师向镇区、城区学校流动。

另外，为做好城乡教师交流轮岗工作，需要完善交流轮岗制度，实行三级奖励和激励机制①。

一是对教师个体以初次补偿与评价奖励相结合的方式进行激励。前者为了弥补由交流带来的生活和工作成本的增加，可基于工作与生活条件的艰苦程度进行补偿；后者为了奖励交流教师的努力程度和贡献状况，可基于交流教师带来的教育教学的提升状况，如学生"成长量"、教师的综合带动作用等，进行分级评价奖励。

二是对派出教师的城镇学校通过政策支持进行激励。城镇学校追求学校发展，比较在乎教育局的考核与社会的综合评价。因此，把派出优秀教师支援农村学校的发展作为对其考评的重要指标。鼓励城镇学校积极派出优秀教师参与教师交流，对此项工作做得好的城镇学校，既增加其经费拨付，又在干部任用等方面给予政策支持。即通过改变评价内容和方式，保证城镇学校参与的动力。

三是对县级政府通过经费配套与奖励进行激励。科学测算教师交流的政策成本并建立积极差异补偿机制，依据各县（区）的经济能力，中央和省级政府按一定的分担比例给予经费支持。对于教师交流政策实施效果较好的县（区），省政府给予奖励；对于教师交流政策实施效果较好的省份，中央政府给予奖励。

---

① 张源源，刘善槐.县域内教师交流的机制梗阻与政策重建[J].中国教育学刊，2016(10)：97－102

四、开展中小学校长任职资格制,探索教育家办学新体制

在县域内开展校长职级制改革试点,取消中小学校长行政级别,完善激励导向机制,遴选懂教育、有教育情怀的教育工作者,以引领教育的发展。

中小学校是专业性很强的教书育人的公共服务机构,中小学校长是教育政策的直接执行者,是学校办学的组织者、领导者和管理者,其履职水平在一定程度上直接决定着我国教育事业的改革和发展。据某地级市调查,该市10所县(市区)一中来自教育系统之外的校长竟然占6名,达60%[①]。

中小学校校长入职资格不严,导致中小学校长的行政化现象日趋严重,弊端日益显现。不少中小学校长专业化水平较低,导致中小学校管理的科学化、民主化、法治化水平不高。其主要表现在:依法治教意识淡漠,不贯彻党和国家的教育方针、不执行国家课程方案的现象比较普遍;不尊重教育规律、不依靠教育科学,往往用管理经济的办法管理教育教学活动;在日常管理中官气十足,校长与教师关系紧张;等等。可见,推行中小学校长职级制迫在眉睫。要通过中小学校长职级制规定职级系列(级与等);根据职级制定职级工资系列;制定职级校长的任职条件;制定评审各职级校长的指标体系;规定考评聘任各职级校长的工作程序。

"教育家办学"应当成为中小学校长的一个重要特质。《国家中长期教育改革与发展规划纲要(2010—2020)》明确提出教育家办教育的指导思想。教育家是追寻和守护教育的普遍价值并把这些价值贯彻在学校教育实践中的人,他们具有教育良知、教育理想、教育智慧,能自觉地从学校发展的文化自觉与创新的角度,创造丰富的教育实践,引领学校发展。

办教育需要交由懂教育的人来办。教育是个特殊行业,县域中小学校长要真正践行教育家办学,通过创新机制和体制把真正懂教育、爱教育的人用到关键岗位。中小学校长不仅仅是一般的管理者,更是"专业首长"、教育专家。苏霍姆林斯基说:"有一个好校长就有一所好学校。"校长的学术涵养和专业发展对教育发展起着重要引领和导向作用。否则,一个不深谙教育的人担任校

---

① 吕巍.全国政协委员:完善中小学校长任职资格制度,促教育家办学.2016年01月20日,人民政协网.[EB/OL].http://www.rmzxb.com.cn/c/2016-01-20/676180.shtml

长就会发生"外行指挥内行"、教育决策思维的非专业化倾向,难以形成敬仰规律、尊重规律的教育文化。作为一个校长,一定是最了解课堂、最了解教师、最了解学生的优秀教师,深知教育规律,在世俗面前能淡泊名利、耐得住寂寞的教育灵魂。

懂教育的人还需有教育家的理性与情怀。纵观教育事业发展成功的县域,其背后的推动者是一个有着教育家理性和情怀的群体存在。无论是教育行政部门的管理者,还是中小学校长,他们都是教师出身,且是优秀教师的代表。他们深谙教育教学规律,对教育有自己的独特理解,执着教育行动,践行教育实践。在他们身上有一个共同的属性,那就是教育家的情怀和成为教育家的追求。他们给予学生的教育是影响学生一生的教育:既重科学精神,又重人文关怀;既重知识传授,又重能力培养;既重全面发展,又重特长张扬;既重学生在校的发展,又重学生未来一生的成长。正是这些有着教育家的理性和情怀的局长、校长和教师群体的存在,才有效地推进了县域基础教育的改革与发展。他们的成功诠释着"一个好局长就是一方好教育,一个好校长就是一所好学校"的真实命题。

附材料 6-2:

赴泸溪县学习农村教师岗位补贴经验的考察报告[①]

为进一步解放思想,更新观念,努力改变我县城乡师资严重不均衡的现状,我们在省教育厅领导的强力推荐下,由县政府教育督导室牵头,组织了有县教育局人事股、计财股和县财政局有关部门参与的联合考察组,在何沙主任督学和市政府教育督导室刘华主任的率领下,于 2014 年 11 月 25 日至 27 日,专程赴泸溪县学习农教补贴经验。学习期间,泸溪县委常委董琪、县政府正县级干部姚元喜、分管教育的副县长尚远道、教育局局长龚佳平、主任督学姚本桂等领导全程陪同我们实地考察,并详细介绍了当地的做法与取得的成效。所见所闻让我们深受鼓舞,受益匪浅。现将我们的感受与想法报告如下。

---

① 株洲县教育局.[EB/OL]..http://www.zzedu.gov.cn/Item/Show.asp?m=1&d=69356.2014-11-30

一、感受泸溪教育,发展态势令人鼓舞

泸溪县地处湖南西部,湘西土家族苗族自治州东南端,面积 1566 平方公里,人口 30.57 万,2013 年的财政收入为 3.3 亿元,经济基础较为薄弱,是一个集"老、少、边、穷、山、库"为一体的国家扶贫开发工作重点县。

这样一个小县,2009 年在财政收入只有 2.5 亿元的情况下,毅然决然地安排了额外预算作为农村教师岗位补贴。2010 年、2011 年的农村教师岗位津贴补贴分别比上一年翻一番,到 2011 年,该项专项预算达到了 1200 万元(全部为自有财力),2013 年更是达到了 1800 万元(其中 700 万元为中央财政补贴)。近年来该县又开展了"廉租房进校园"等多项行动,使该县教育出现了前所未有的发展态势,形成了闻名遐迩的"泸溪现象"。国家教育部、省教育厅多次广为推荐,《中国教育报》《湖南教育》等都有长篇纪实报道。

考察期间,我们考察组所到之处,无不感受到当地涌动着的重教氛围。他们思想解放程度之高、教育发展势头之猛、改革气魄力度之大、效果之好,令人鼓舞、发人深省。概括起来,有以下"四个特点"和"三点感受"。

四个特点:

第一个特点:观念新、思路活。

观念方面。首先,我们所接触到的领导和老师,骨子里都有一种思维:改变泸溪贫穷落后,最有效的办法就是抓教育。通过改变一个孩子的命运,来改变一个家庭,带动一个村组,影响一个社会。抓好了教育,等同于抓好了经济发展生态。其次,泸溪的决策者都深刻体会到,在当今这个市场经济社会,教育不应该仍然停留在计划经济时代,教师的待遇在地域之间、城乡之间、学校之间如果不能体现出应有的差异,都搞一刀切,农村学校将永远处于弱势的地位,很多人不愿意来,来了也留不住,暂时留下的也是出工不出力。要改变这一切,只有运用"市场经济的那一套"来调整。

思路方面。为有效解决农村学校教师周转房严重不足的问题,让"走教教师"扎根学校,提升工作效益,他们想到了"廉租房进校园"的办法;因为当地很多村小学教师的配偶没工作,他们想到了通过补足那些教师无业配偶的打工工资,来让他们的无业配偶专职做"陪教",为此最终把村小的农教补贴定位在每月 1200 元。同时,他们的考核办法也极具特色。在考核中,他们坚持"五个原则"(坚持公正、公平、公开的原则,坚持教育教学质量为核心的原则,坚持多劳多得、优绩优酬的原则,坚持在岗享受、不在岗不享受的原则,坚持照顾边远、拉开档次的原则),根据农村教师德、能、勤、绩、艰苦程度等情况,结合每学

期综合考核结果,分上、下半年,拉开档次,真正做到了"三个不一样",即"干与不干不一样、干多与干少不一样、干好与干差不一样"。因而充分发挥了奖励性绩效工资及农村教师岗位津贴的激励作用。

第二个特点:气魄大、力度足。

为了激发农村教师安心从教的积极性,不少地方都实施了农村教师岗位津补贴制度,但补助力度有泸溪县这么大的还不多见。为让农村教师更好地扎根基层,安心从教,确保教育均衡发展,泸溪县委、县政府先后8次专题研究农村教师岗位津贴等优惠措施,大力推行"三个倾斜"政策。

一是福利待遇向农村教师倾斜。从2009年开始,他们大力实施农村教师岗位补贴制度,农教补贴逐年提高。2009年农村村片(小)教师每人每月300元。2010年,在上一年基础上翻一番,农村村片(小)教师岗位补贴提高到每人每月600元,农村中心完小、农村初中教师岗位补贴每人每月200元。2011年,在上年的基础上再翻一番,农村村片(小)教师岗位补贴提高到每人每月1200元,农村中心完小、农村初中教师岗位补贴提高到每人每月400元。同时,绩效工资坚持向农村学校倾斜,农村村片(小)教师每人每月200元,农村初中、农村中心完小教师每人每月100元。这样,农村村片(小)教师、农村中心完小和农村初中教师每月收入分别比城镇教师多1400元(全年16800元)、500元(全年6000元)。全年县财政共补贴乡镇中学教师、乡镇中心完小教师1671人,村小教师502人,县财政安排补贴资金达1846万元。这1846万元,除了国家补贴700万元以外,其余1100多万元全部在本县一般性财政收入中列支解决。这对于一个全部财政收入才3.3亿元的小县来说,气魄不可谓不大,力度不可谓不足。

二是评奖评优向农村教师倾斜。泸溪县将80%的评选优秀教师和学科带头人指标投放到全县各农村学校。在2010年5月召开的"县委推进教育强县会议"上,隆重表彰的42名教师中,农村教师达32人,颁发了10000元、5000元重奖,在省、州引起轰动。2011年教师节,在受表彰的131名教师中,农村教师达到102人,教师个人获得的最高奖励为5万元。2012年教师节当天,泸溪县财政拨款100万元,表彰优秀教师129人,其中农村教师达98人。县里把指标往农村倾斜,学区和中心学校就把指标往条件艰苦的村小、片小倾斜。2012年泸溪县浦市镇中心完小共有25名教师获得各类奖励,其中在村(片)小工作的教师占14人。

三是职务评审向农村教师倾斜。从2005年起,泸溪县将教师中、高级职务晋升指标直接分配到乡镇,分解到学校,农村教师职务晋升的比例和机会超过了城区学校。同时,规定城镇学校教师晋升高一级职务、参评特级教师,至少须有1年农村学校支教经历。

第三个特点:措施硬、方法多。

在提高农村教师工资待遇、增加农村教师"票子"的基础上,泸溪县还实施了农村中小学教师住房建设"两项工程",让广大农村教师拥有了"房子"。

一是实施农村教师周转房建设工程。从2010年起,泸溪县就开始实施了"廉租房进校园"专项行动,将农村中小学教师住房纳入保障性住房建设中,实行"统一立项、统一规划、统一设计、统一招标、统一质量监管"的"五统一"管理办法,规划在全县农村学校建设教师周转房1500套,建筑面积75000平方米。为此,该县计划投入资金7000多万元,力争在五年内实现全县无房教师拥有一套新住房,实现农村教师住有所居。目前,该县已建成教师住房1348套,建筑面积6.739万多平方米,已投入建设资金6500多万元,已入住教师(含家属)2375人。

二是实施农村教师公转房建设工程。从2006年起,泸溪县按照"政府统筹、个人垫资、产权公有、以息抵租、周转使用"的原则,全面实施农村中小学教师公转住房建设工程,至2009年该县共计投入资金1564万元,建设公转住房350套,建筑面积22728平方米,教师(含家属)入住873人。这两项工程的实施,极大地解决了泸溪县农村教师,尤其是青年教师住房难的问题,让在农村一线工作的老师们能安居乐教。

第四个特点:状态好、效果佳。

泸溪县自农村教师岗位补贴制度等一系列惠及农村教师的政策实施后,农村办学条件有新改善,教师安心农村从教热情有新提高,出现了以下三个新变化。

变化之一:农村人民群众更加满意。

在农村教师岗位补贴制度实施以前,因各种原因农村学校"新教师不肯来,老教师留不住",这就直接产生了两个问题:一方面是只能聘请代课老师。2008年前,泸溪县有代课教师52名。另一方面是增加农村家庭负担。由于农村学校因缺老师而不能入学和师资力量薄弱而不愿入学,家长只能带着小孩到县城或就近的乡镇租房子"陪读",增加了家庭负担。通过实行农村教师岗位补贴制度后,更多的优秀老师愿意前往农村,农村学校就能正常运转,学生就能就近就地入学。聘请代课教师和减轻农村家庭负担的问题全部得以解决。这样,学生满意了,农民群众也更加满意了。

变化之二:农村教师队伍更加稳定。

在农村教师岗位补贴制度实施以前,村片小教师想进乡镇,乡镇教师想进县城,干工作不安心。特别是一些条件较差,路途较远的村片小很难留住教师。2008年,泸溪县申请往城镇中小学调动的教师达到206人。泸溪县实施农村教师岗位补贴后,通过"三个比较"不难看出农村教师是实实在在受益了,农村教师队伍也更加稳定了。比较一:农村教师收入比城里教师工资多。2012年,泸溪县农村教师每人每月收入最高比城镇教师多出1400元,全年分别比城镇教师高出16800元。比较二:农村教师收入比教育局局长工资多。2012年,以泸溪县农村小学高级教师工资为例,每年工资总额可达60000元,泸溪县教育局长全年约为38000元,每年农村教师收入比教育局长工资多出20000余元。比较三:农村教师收入比县级领导工资多。泸溪县级领导工资全年约为45000元,与泸溪县农村小学高级教师的工资对比,每年少出15000元左右。据统计,自2010年以来,先后有265名城区或乡镇中心学校教师自愿申请到农村村小任教。

变化之三:教学质量稳步提升。

农村教师待遇的不断提高,有效调动了泸溪县广大农村教师的工作热情,提升了整个队伍的凝聚力和战斗力,确保了义务教育入学率和巩固率及农村学生综合素质的稳步提升。近三年来,泸溪县小学入学率达到100%,小学、初中年辍学率分别为0.22%、2.97%;小学毕业生升入初中比例达到99.81%,初中毕业生升入高中阶段(含职中)学校比例达92.47%。2010年,泸溪县荣获"湖南省推进义务教育均衡发展工作先进县",2012年,荣获"湖南省民族地区教育强县建设工作先进县"。由于农村村小、初中的教育质量全面提升,高中生源有了质的提升,泸溪县一中近年每年都有学生考取北大、清华。2014年900多名考生中,竟然考出了4名北大、清华学生,50余名复旦大学、浙江大学等一流名校。高考应届生本科上线"万人比"连年居湘西土家族苗族自治州第一,教育目标管理连年荣获湘西土家族苗族自治州一等奖,打造出了闻名遐迩的"泸溪现象"。

三点感受:

感受之一:人往"低处"走。

"人往高处走,水往低处流",说的是人的自我发展的客观需要和自然规律。此话如果从教师口中说出,其潜台词是想办法调往条件好的城镇学校。如今,泸溪县的情况恰恰相反:得益于大力实施农村教师补贴制度,泸溪县的教师们现在争着往偏僻的村小和教学点去,因为在农村从教,一是待遇比城镇要好,二是成就感比城镇要高。

张贤德是泸溪县洗溪镇中心完全学校初中部的数学老师。他爱人没有工作,家里还有两个正在读幼儿园的双胞胎儿子和一对老人。孩子要上学、老人要赡养,可张贤德每个月的工资只有 2000 元。沉重的生活负担把这个从教 14 年的教师压得不轻!不过现在好多了,去年 9 月,他主动放弃了在镇上工作的机会,自愿来到地处偏远的黄泥冲小学支教,肩上的担子一下子轻松了很多。张贤德说:"以前是个'月光族',而现在在村小工作,每个月多了 1000 多元的补贴,解决了大问题。"

感受之二:住房人人有。

安居才能乐业。除了阶梯式农教补贴,泸溪县还努力改善农村教师的工作生活条件,让扎根基层的教师安居乐教。

潭溪镇中学有两栋公寓楼对比鲜明:一栋是建于 20 世纪 80 年代的旧公寓楼,总共 4 层,16 套,楼内昏暗逼仄,楼外电线、绳索凌乱密布,灰头土脸;一栋是新公寓楼,总共 6 层,48 套,白篱笆、白墙体,干净整洁,挺拔入云。校长刘勇介绍,这就是教育局为学校建设的教师周转房,去年 10 月竣工,在潭溪镇中学任教的老师一人一套。

居住条件的大大改善,也使青年教师更乐意留在乡下。今年 1 月刚参加工作的杨林峰被分配到小章乡中心完小之后,学校就给他分了一套带厨房和卫生间的新房子,他对现在的居住条件十分满意:"来之前还想着要去租房,没想到学校建有周转房,而且居住条件一点也不比城里差。"

来自保靖县的张燕辉 2009 年从吉首大学体育专业毕业后,成为潭溪镇中学的一名特岗教师。因为学校可以提供周转房,马上就要结婚的他,在服务期结束之后,毅然选择了继续留在乡下,转正入编,安心从教。

感受之三:影响更持久。

除了加票子、盖房子,给位子也是泸溪县提高农村教师安心从教、乐于从教、幸福从教热情的一大法宝。

重奖之下必有勇夫。可泸溪县不止于重奖,在提拔任用、评先评优、晋职等方面,都向农村教师大开绿灯。

泸溪县潭溪镇中心完小向民高校长深有体会地告诉我们,2008 年,县里还没有出台各项优惠政策时,教师的幸福指数低、厌教情绪严重,不少教师抱怨不断,甚至转行、调岗,为此他不得不经常做教师们的思想工作,还提出了一句口号"做一个不抱怨的老师"。而如今,这句口号虽然还悬挂在学校办公室的墙上,但显然已经没有必要了。潭溪镇中心完小除了拥有本部外,还管理着 13 所村小。以前是村小没有人愿意去,在村小任教的教师总是想方设法往中心完小调,而现在是教师们争着下村小。上学期有十几名教师申请到村小任教,他只批准了2人。"以前我要苦口婆心地动员教师下村小,现在却遇到了'幸福的烦恼'——派谁下村小?为此,我不得不制定一个严格的标准:谁的教学质量考了全校第一,谁才有资格下去任教。"向民高说。

优秀教师愿意来、留得住,为乡村教育带来的变化显而易见。泸溪县小章乡的黄泥冲小学以前的教学质量在全乡垫底,不少家长不得不将子女从身边的学校转走,而去年从小章乡中心完小下来8名教师支教之后,学校的情况大为改观。上学期乡里组织的一次质量检测,6个年级12门功课,黄泥冲小学取得了6个第一,而中心完小才拿了4个第一,另外2个第一也被其他村小拿走。取得这样的好成绩,村小负责人张海涛终于松了一口气。更让他高兴的是,通过质量效应,以前转走的学生纷纷转了回来,村小又恢复了勃勃生机。

二、剖析泸溪现象,成功经验可资借鉴

泸溪县与株洲县面积相当,人口相当,当初的农村教育状况也相似。长期以来,城乡师资严重不均衡,城区教师严重超编,城区学位十分紧张;农村许多学校山高路远、交通不便,师资奇缺且很不稳定,代课教师素质参差不齐且无长远打算,一些教师出工不出力,一心寻找关系往城区附近调,导致农村学校缺教师、缺学生,教学质量差,学位大量剩余,严重制约义务教育均衡发展,成为一直以来困扰教育工作的重点和难点。最突出的特点就是,村小空房率很高,尽管在城区花巨资一再新建学校,过不了多久,仍然满足不了需求,想尽了各种办法,其结果均是治标不治本。

为此,泸溪县委、县政府算了三笔账:

一是假设安排1000万,在教育系统能够做什么:能开支多少名代课教师的工资?能支撑多少名新招聘教师的工资福利?如果将这1000万用于大量招聘新教师和聘请代课教师,与花这1000万实行阶梯式农教补贴,稳定农村教师队伍,吸引部分城区超编教师去农村,尽量少招新教师,清退所有代课教师相比,哪样更合算?算出的结果是后者。

二是假设安排1000万,在城区需要多少年建成多少所学校,才能满足城区日益增长的学位要求?如果能通过阶梯式农教补贴,稳定和优化农村教师队伍,提高农村教学质量,稳定农村学生甚至吸引城区的农村学生回流,充分利用农村合格学校建设成果,那么比在城区没完没了地建学校,哪样更划得来?得出的结论是:在城区新建学校虽然也是一个重要途径,但最大限度利用农村合格学校,才是治本之策。

三是假设安排1000万,在全县民生事业上能做哪些事?哪种事更有社会效益?是修多少公里公路?是盖多少养老院?还是用来打造乡村的教育质量名片?结论显然也是后者,因为他们认为,教育才是最广大群众最受益的民生大事,是改变农村家庭面貌和整个泸溪未来命运的法宝。

通过反复论证,统一思想,泸溪县最终决定,将市场经济手段引入教师队伍管理中,采取了设立阶梯式农村教师补贴等一系列办法,起到了立竿见影的效果:

农村学校教师队伍不断得到充实和优化,代课教师全部退出历史舞台;小学初中教学质量大面积提高,甚至出现了村小教学质量超过乡镇中心小学,乡镇中心小学超过城区学校的现象;小学和初中教学质量大范围和大幅度提高,给高中教育提供了更优质的生源。正因为有了优质生源,泸溪县一中才有了今年900多人参考,4名学生考取北大、清华,50名学生考取一流名校这样的可喜局面。

剖析泸溪现象,不难发现他们用了并不太多的资金,却打造出了全国闻名的民生品牌,其经验确实值得我们学习与借鉴。

理性分析一下,株洲县与泸溪县的县情有同有异。

相同之处——总人口、总面积、乡镇数量、教师和学生数量等方面几乎相等。

不同之处——一是经济状况不同。泸溪县是国家扶贫开发工作重点县,虽然我们的财政收入是泸溪县的两倍,但我们加快经济发展的压力更大、项目对财政资金的刚性需求也更大;泸溪县每年能用近1200万元的自有财力来作为农教补贴,我们假定每年用600万元来做这个补贴,也是一件不简单的事。二是地理状况不同。泸溪县的县城白沙镇基本处于县域中心位置,设置阶梯相对简单,它们第一梯度(即每月享受1200元的农村教师)的比例占到了50%,所以补贴总额偏大;而我们的渌口镇处于县域的最北端,地理位置狭长,阶梯设置相对复杂,因此可以用减少第一梯度教师人数、增加梯度级次的办法,用600万元左右就可以基本解决问题。

基于这些判断,我们对株洲县实行义务教育阶段农村教师阶梯式岗位补贴(以下简称农教补贴)提出如下初步建议,供领导们决策参考。

(一) 基本原则

1. 农教补贴的发放,必须坚持有利于激励城区学校和乡镇中心学校教师,自愿到条件相对艰苦的农村学校特别是村小工作的原则。渌口镇、南阳桥乡境内的所有学校,仙井乡两所中学及中心小学,洲坪乡和平中学等学校不享受该补贴,其他学校根据与城区渌口镇的距离和条件艰苦情况,适当拉开差距。

2. 农教补贴的发放,必须坚持有利于提高教师积极性,促进教育教学质量有效提高的原则。所有农教补贴由县教育局按各校实际在岗教师总数和补贴标准按期拨付到校,各学校按照30%的基数发放到人,剩余70%部分则根据其德、能、勤、绩等考核后拉开适当档次后发放。

3. 农教补贴的发放,必须坚持在岗则发、不在岗不享受的原则。相关学校教师的农教补贴均按该教师实际在岗时间计发(按月或按日计算)。全县农教补贴由县教育局人事股和计财股实施动态化管理,各校发放方案和发放表册均须由县教育局人事股和计财股核实批复后方可实施。

4. 农教补贴的发放,必须坚持公开、公平、公正的原则。相关学校在制定补贴考核具体方案时,必须根据县教育局相关部门的参考意见,在乡镇中学的具体指导下,召开全体教职工大会讨论通过;补贴及考核情况必须经过公示无异议后方可上报县教育局人事股审核批复,确保做到公开透明。

(二) 具体思路

1. 全县农教补贴共分为六类。第一类为最高标准(每人每月1200元),每类级差为200元。根据基本原则,具体划定类别如下:

第一类:王十万乡挠洲小学。发放标准:每人每月1200元。

第二类:龙潭乡小学,太湖乡长冲小学,淦田镇八斗小学,龙凤乡生田小学、金福小学,古岳峰镇金台小学。发放标准:每人每月1000元。

第三类:古岳峰镇果树坪小学,王十万乡王十万小学、花石小学,堂市乡楼下小学,平山乡官塘小学,龙潭乡中学、龙凤中学。发放标准:每人每月800元。

第四类:朱亭镇双江小学、兴隆小学,砖桥乡马迹小学、花田小学,淦田镇鲇鱼山小学,太湖乡果田小学,堂市乡堂市小学、黄竹小学,古岳峰镇向阳小学,王十万乡中学,平山乡华石中学。发放标准:每人每月600元。

第五类:朱亭镇朱亭小学、文昌小学,淦田镇梓湖小学,太湖乡春风小学,洲坪乡洪垅小学、大观小学、乌石垅小学,朱亭镇黄龙中学,太湖乡中学,淦田镇中学,洲坪乡昭陵中学,砖桥乡中学,古岳峰镇中学,堂市乡中学。发放标准:每人每月400元。

第六类:洲坪乡清水塘小学,仙井乡宏厦桥小学、雷家桥小学、黄霞小学、高泉小学。发放标准:每人每月200元。

2. 农教补贴中的70%须经考核后才能发放的奖励性补贴。各校可按下列步骤操作：一是根据各校的考核细则按期对教师的工作情况进行量化计分；二是计算出本校70%奖励性补贴的总金额和本校所有教师考核所得总分数；三是以总金额除以总分数，得出每1个考核分的可实际分配的金额；四是以各教师的实际考核得分乘以每1个考核分的可实际分配的金额，即为该教师每月应得的奖励性补贴。

3. 由乡镇中学安排到乡镇中心幼儿园工作的教师，其农教补贴标准和分配方案，由各中心幼儿园参照本乡镇中心小学的标准和办法执行。

4. 凡有下列情况之一的，不予发放补贴：长期不在岗的（含长病休人员、外单位借用人员），出现重大安全责任事故且有直接责任的，年度考核被定为不合格等次的。

5. 各校将《××学校农村教师补贴发放办法》于每年3月底前交县教育局人事股，待审定同意后，根据考核结果每半年发放一次（上半年7月发放，下半年下年元月发放）。

根据上述方案，我们对全县农教补贴所需的经费进行了测算。不含现在在岗的31名代课教师、应该安排但目前尚未安排到位的缺口科任教师，以目前在职在岗的相关教师为基数，全年需要补贴的总金额为574.32万（详见附件）。

我们坚信，在实行农村教师阶梯式岗位补贴的激励下，实现教育强县的步伐，一定会迈得更加坚实有力；我们的教育事业，一定能有一个突飞猛进的发展！

第四节 归本县级教研室 深化课堂与教学

随着基础教育课程改革的逐步深入，人们愈发认识到课程改革的关键是教学改革，教学改革的主阵地是课堂。教学改革的真正发生依赖于教师对课堂教学的不断改进和完善。在教学实践中，校本研究活动是教师改进和完善课堂教学的重要途径与方式，是教师日常工作中不可或缺的一项教研活动，是撬动课堂教学变革的重要支点。

课堂教学是整个学校教育的生命线，谁能赢得课堂，谁就赢得了整个教育。因此，教学质量的提升要从课堂抓起，从县级教研室的功能创新与提升抓起。

一、重新定位县级教研室的地位与功能

我国中小学教研室始建于1956年,是在各地教育行政部门领导下,承担当地基础教学业务工作的事业单位。目前,各省、市、县(区)教育行政部门都设有中小学教研室这一部门,有了一支专兼职结合的教研员队伍,教研员在发挥其应有的作用。但是,笔者在一些市、县(区)调研时发现,教研室中的教研员队伍并不整齐,不能很好地履行好、发挥好其应有的作用,有的市、县(区)教研室出现的问题还比较严重。教育行政部门不重视教研室的建设与发展,使教研室或成为安排"闲人""特殊人员"的机构,或把它边缘化。教研员不搞教研或干脆不会教研,那更谈不上引领中小学教师专业发展。

教研是教师有目的、有过程、有方法地分析和解决学校教育教学过程中所面临的各种具体教育教学问题,提高教育教学质量,促进教师专业发展的一种实践性、反思性研究活动。长期以来,我国基础教育的管理是高度集权的。在此背景下,课程开发主要依靠学科专家设计,课程推广主要由地方教育行政部门与教研系统完成,课程实施是教师的事务。这种典型的计划课程形成了课程开发系统、推广系统与实施系统的"制—供—销"单向关系[1]。此时的教研系统主要是受地方各级教育行政部门的委派,具体指导学校的教育教学。随着我国三级课程管理制度的设计,教师队伍的学历水平已有明显的提高,学校教育的内涵也发生了显著的变化。因此,它要求教研系统必须置于新的制度中重新考虑自己的角色和功能。课程改革客观上驱使教研室的工作重心从原来的统一教学进度、组织考试、教学评比、学科竞赛、安排课题项目等转移到服务于自下而上的校本教学研究工作;它要求教研员必须改变自上而下的指令性工作方式,从重在统一、规范走向引领教师专业发展,从重在分派任务走向教师学习文化的再造;它要求教研员重视研究学校在课程改革实践中所遇到的具体问题,强化"学校本位"的意识,使有组织的区域性活动能够植根于学校的实际工作[2]。

---

[1] 崔允漷.论教研室的定位与教研员的专业发展[J].上海教育科研,2009(8):4-8
[2] 崔允漷.论教研室的定位与教研员的专业发展[J].上海教育科研,2009(8):4-8

二、切实践行教研室的研究功能

目前各级教研室都以"管理、研究、指导、服务"①为指导思想开展教研工作。作为县级教研室其主要职责不在于"管理",而重在"研究、指导与服务"等方面。"研究、指导与服务"这三者又有其内在的必然联系,即只有把"研究"做好了,教研员自己有底气和信心了,才能真正做好指导与服务工作,这样的指导才有效,服务的质量才高。

以往,县级教研室往往被定位为一个教育行政部门的一个处室,以行政职能取代其教研职能,使其沦为教育行政部门的附庸,说话没分量,干事没凭证,形同虚设,很多地方的教研员既不"教"也不"研"。因此,县级教研室需重新回归教研室功能,着力抓好教研工作,推动县域内各个中小学校教研活动的开展。顾名思义,教研员即教学研究人员,教学研究当然是其主要职能。教研员应既是"教"的能手,也是"研"的专家。但是,如何开展研究必须重新审视"教学研究"的概念。新课程背景下的教学研究有别于传统的学科教学研究,有了课程标准之后,考研员必须同时思考"教什么""怎么教""为什么教"和"教到什么程度"的问题。也就是说,教研员需要思考课程标准、课程评价、教材与教学设计的一致性问题,要将教学置于课程标准、教材和评价一体化的视域下去理解、去研究、去实践,探索基于课程标准的教学与评价。

作为县级教育部门要求教研员把课堂作为工作坊,实施行动教研,深入各中小学校,以"参加一次教研会、点评一节课、讲好一节课"为工作模式,会诊课堂,引领教研。在教研员引领下,各中小学校根据先进的课堂教学改革模式,依托学校自身的资源优势进行校本高效课堂研究,探索适合自己校本的教学模式,最终促进教师专业成长。这应是新时期教研室的功能与定位,也是开展教研活动的出发点和归宿。

践行研究功能,还要注意"研教"与"研学"并重②。在教研活动策划、设计、实施中,过去我们比较注重研究教师的教,关注教师的教学语言、教学流程、教学方法等。现在,要在保持这种优势的基础上,进一步重视对学生学习

---

① 万荣庆.新课程背景下县级教研室的功能再探[J].教学与管理,2009(12):12—13

② 梁威,等.新时期我国基础教育教学研究制度:作用、挑战及展望[J].课程·教材·教法,2016(2):11—16

的研究,加强对学生学习过程、学习心理、学习状态、学习特点、学习方法、学习规律等的研究。因为,并非教师教得多,学生就一定学得多;并非教师教得好,学生就一定学得好。前者仅是后者的必要但非充分条件。教的外因必须经过学的内因才能起到促进学生有效发展的作用。

三、引领教师开展教学行动研究

在深化基础教育课程改革的当下,教研员引领、指导中小学教师进行课堂教学改革的责任重大,担子很重。笔者认为,真正当好课程改革的排头兵和教师专业发展的引领者,教研室与教研员要做到"三真",即教研室是"真正的教研室",教研员是"真教研员",教研员"真搞教研"。

引领教师开展行动研究,就要做教师的贴心人,真心为教师服务。1990年,原国家教委印发的《关于改进和加强教学研究室工作的若干意见》要求:"各级教研室都要改进工作作风和工作方法。要深入基层,深入教学第一线,与教师亲密合作,真诚地为基层服务,为教师服务。"教研员要努力使自己"理论联系实际,全心全意为教学第一线服务"①。文件精神充分强调了教研室和教研员的服务意识与服务能力。在深化新课程改革的当下,县级教研室和教研员更要充分认识到教研机构是一个业务支持部门,是事业单位而不是行政部门;要进一步增强服务意识,真正确立为学校和教师服务的理念,提高自身的服务能力,引领教师专业发展。

引领教师开展行动研究,就要加强对教师教研的指导。教研员不仅要重视一对一地对观摩课教师的指导,更要重视对一般教师、学校学科教研组和薄弱学校的指导,还可以通过听课、评课等方式,给予具体的指导。对优质课教师的再指导,可以起到"锦上添花"的作用;对一般教师和薄弱学校的指导,可以起到"雪中送炭"的作用;对学校学科教研组的指导,可提高教研指导活动的效率,大面积促进教育教学质量的提升。

引领教师开展行动研究,就要通过实实在在的行动,使教研员和一线教师都要真正"行动"起来。这里简单介绍几种主要的行动载体②。一是校本培训。它是以学校教学为中心的教师在职培训和进修模式,是从学校实际出发,

---

① 国家教委.关于改进和加强教学研究室工作的若干意见[Z].教基[1990]013号
② 傅建明.教师专业发展——途径与方法[M].上海:华东师范大学出版社,2007:200—204

以教师反思性学习为主要内容,以案例分析和行动研究为载体,旨在解决教师在教育教学过程中遇到的困难和问题,提高教师教育教学能力。二是师徒结对。它是一种资深教师、特级教师等对普通教师的引领形式,这种形式对新老教师而言,都是一个有目标、有计划、分阶段的经验传授过程和自身提高的过程。三是课例教研。它是以一个个实际的课堂教学为例的教学研究,是围绕一堂课的课前、课中、课后展开的一系列研讨,它从教师所面对的课堂教学的具体问题或需要出发,以教师为研究主体,努力改进教学实践。另外,还有自我反思、同事互助、理论引领等方式,这里就不再赘述。

引领教师开展行动研究,还要根据新时期教研室行动研究的特点认真开展研究。其特点主要表现为①:一是研究主体是教师和教研员。教研员尽管在许多具体的教研活动中更多地扮演教研活动的组织者、引领者、服务者和促进者的角色,但他最重要的角色还是研究者。二是在研究问题的确定上,教研员并不是自己确定研究的问题,而是与教师从教学实践中共同商讨确定研究的问题。三是在研究活动的态度上,教研不是"为研究而研究",而是将研究作为进行教学实践的一种态度和方式,在研究中教学,在教学中研究。这是教研员和教师这个教研群体的生活方式和工作方式。四是从研究的目的来看,对教研员来说,行动教研不仅是帮助或指导教师寻找出对某一个问题的最佳答案或解决问题的最优方法,更重要的是通过此类的教研活动,探索出更有利于促进教师专业发展的教研制度和运行机制,实现对原有制度的变革和创新。对教师来说,行动教研不仅能够解决实践中的现实教学问题,而且更重要的是通过活动的参与,能更好地掌握在不同的教学情境下解决实际问题的方法和策略,养成经常反思、不断改进和自主学习的良好习惯。也就是说教师能够学会实现理念向行为的转移、改进教学、追求卓越的有效途径,最终获得各自不同的专业发展。五是从活动的过程来看,教研一般包括三个阶段:第一个阶段为原有行为阶段,也就是教师个人在未开始进行行动教研前的已有的教学行为;第二个阶段是行动教研的新设计阶段,也就是在新的教育教学理论或理念的指引下,对需要解决的问题制定出新的解决方案;第三个阶段是新行为阶段,也就是关注在课堂上学生获得的行为调整情况,检验行动教研的成果。连接这三个阶段活动的是教研员引领的合作反思,即反思已有行为与新理念、新经验的差距,完成更新理念的飞跃;反思理性的问题解决方案与学生实际获得

---

① 董绍才.基础教育教研室制度创新研究——基于山东的案例[D].上海:华东师范大学博士论文,2009:158

的差距,完成理念向行为的转移。这种过程是一个不断反复的循环过程,教研员与教师是合作、平等和互助的关系。对教研员来讲,这个活动过程同样又是对原有教研制度的反思和教研行为创新的过程,即反思已有的教研制度。找出教研机制和教研行为与教师专业发展理论的差距,完成理念更新的飞跃;反思理论的教师专业发展的途径方案与现实教师专业成长效果的差距,完成理念向新型教研行为的转变。

附材料6-3:

发挥教研主体功能,向教研要效益要质量[①]

——郸城县基础教研室工作经验介绍

郸城县基础教研室在县教体局党组的正确领导下,在周口市教研室的指导下,紧紧围绕"全面提高中小学课堂教学质量"这一工作主线,以"服务学校、服务教师、服务学生"为工作理念,以"抓管理、上质量、求发展"为工作目标,教研室全体工作人员下沉工作,逐步形成了个性教研、有效教研,不仅打造了学习型教研室,而且使全县校本教研活动开展得有声有色。

一、开展教学视导活动,强化过程管理

郸城县基础教研室重新修订了《教学管理评估细则》,印发了《普通中小学教学常规要求(试行)》,督促各校建立了《教学教研基本情况手册》,使教师教学有规范、校本教研有抓手、教研指导有依据。基础教研室分为高中、初中、小学三个教研组,各组教研员深入学校课堂第一线,调研各学校教学管理和校本教研开展情况;开展听课、评课活动,加强常规视导和跟踪视导;重视对薄弱学校的指导,坚持抓好教研和课改重点校,力促"以一校带一片"作用的发挥。

坚持常规视导与跟踪视导相结合。常规视导主要通过听评课、召开座谈会、检查学校年级管理材料、检查教师教案学案、检查教师的听课记录、检查教师的学生作业练习纠错本、向教师问卷调查、向学生问卷调查等环节进行,并向学校、年级备课组以及任课教师反馈调研视导情况,提出教学和管理方面的

[①] 这一材料是在郸城县教体局基础教研室近几年工作总结基础上提炼而成的。

改进建议。跟踪视导主要是对各校常规视导中发现的问题,提出改进建议后,检查整改和落实情况,以有效促进教学管理和狠抓工作落实。

坚持教学管理与教学研究相结合。教学管理围绕"以教学为中心,质量是生命线"这一中心开展工作,督促各学校建立《教学教研基本情况手册》,修订完善校本教研工作计划和三项工程推进方案。坚持在视导中听课、评课,检查教学常规的落实情况、集体备课情况,注重过程管理,以保证学校教育教学工作扎实有效开展。教学研究重在了解教情、学情的基础上,对教与学、班级管理与个别学生教育进行研究与分析,定期将研究成果加以汇总,印发《郸城教研》,宣传并推广好的教研成果,以促进全县中小学教育教学质量的全面提升。

二、实施"三项工程",推动课堂教学改革

"三项工程"(高效课堂、高效阅读、汉字工程)是县教体局党组提出并强力推进的重点工作之一,旨在全面提高中小学教育教学质量和课堂教学改革。县基础教研室狠抓此项工作的推进与落实,每年召开专题工作推进会和总结表彰会。实行动态管理,不断指导、督促各中小学校的深入落实;坚持星级评比的检查验收,评出高效课堂、高效阅读、汉字工程星级学校。

高中组结合教学实际,全体教研员讨论研究制订了以"全程质疑解疑课改方案"为抓手,全面打造课堂教学改革,提高课堂效率;每学年组织一次课堂教学改革观摩会,每学科推荐两名教师,分三个会场先讲课,后交流,为教师相互交流课改经验提供了较好的平台;要求各学校以不同的形式推进课堂教学改革,一高开展了"烛光"杯大赛活动,二高开展了"青年"杯优质课大赛活动,三高开展了"杏坛"杯大赛活动,这些活动极大地促进了课堂教学改革,使课改取得了显著效果。

初中组、小学组以验收"三项工程"为抓手,以"三项工程"评星为载体,组织召开"三项工程"现场会,狠抓工作落实,起到以一校带一片的积极影响作用。"三项工程"的开展,取得了明显成效:教师教案撰写、作业批改认真,板书字体工整;教师探索课堂教学改革劲头足、积极性高,成效显著;学生作业书写字体工整,考试卷面书写美观、整洁;学生朗诵与阅读效果好、效率高;学生学习积极主动,自主与自觉性强;学生参加各种活动得到锻炼机会多,成长与发展快。

三、组织教研活动,向教研要质量

校本教研是新课程改革背景下提高教学质量、促进教师专业发展的最有

效形式之一。县基础教研室发挥本体作用和主导作用,强化教研职责,引领和带动各中小学校积极开展教研活动:推行学科教研课题化管理,教研员人人身上有课题,人人都有自己的教改实验项目;教研员组织集体备课,深入课堂调研,使课题落到实处,并指导、督促中小学教师进行教学研究;教研员和中小学教师在课堂教学中发现问题、寻找课题,在课题研究中促进教学质量的提高。

积极组织参加上级教研部门组织的教学观摩研讨会,更新观念,开阔视野。学科教研员经常组织中小学教师分赴省内外参加学科研讨会,学习先进的教学理念,得到学科专家的指导,对参训教师尤其是中青年教师业务素质的提升影响很大。同时,抓好每学期两次的教材研讨活动,组织参加全国和全省学科竞赛。

每月定时召开教研员月例会。周密组织会议,各个教研员会议前上交上月教研工作总结,根据上交的教研工作总结对各乡镇和县直学校进行量化打分,在下月的教研员月例会上通报量化结果。会上由教研员代表汇报交流本乡教学工作的开展情况。并分片召开联盟教研活动,打破乡镇与乡镇之间形成的教研壁垒,互通有无,相互学习,取长补短。

创新优质课评比活动,实现教学艺术的升华。优质课评比活动是促使教师深钻教材、研究教法、改进教学手段的一种很好的教研活动形式。为帮助教师通过一节公开课,认真思考、研究,反思课堂教学的方方面面,获得全方位的感悟和提升,教研员常常一对一、手把手地辅导与讲解,引领和带动中小学教师,特别是农村教师课堂教学质量的提升。教师参加优质课、公开课的评比活动,不仅仅是拿到某一个奖项,或展示个人的教学技能和才华,更主要的是其教学劳动价值得到体现和教学艺术得到升华,使其精神上得到幸福的美感和教学的乐趣。

下篇　个案与分析

第七章　县域教育改革与发展的实践探索：以郸城县为例

县域教育改革与发展是由一个个生动鲜活的县进行扎扎实实的教育改革实践所构成的。本章选取河南省周口市郸城县为个案，介绍郸城县县情，分析郸城县基础教育基本情况，梳理郸城县教育改革与实践，总结郸城县办学经验，以期找到一个农业人口大县、经济欠发达县，如何走出了一条教育管理者敬业、教师乐业、学生乐学、群众满意的教育创新发展道路。

作为国家级贫困县的郸城县，县委、县政府致力于打造教育名片，倾全县之力支持教育发展，牢固树立教育是"最大的发展后劲"的理念，坚持把教育作为最大民生工程和扶贫开发治本之策，积极创新教育发展体制机制，使全县教育质量稳步提升。县教体局提出"用事实说话"的工作思路，以汉字工程、高效课堂、高效阅读为抓手，不断深化教育教学改革。全县教职员工沉下心来，踏踏实实教学、科研、学习，不断打造新亮点、创造新业绩，树立了全省、全国知名的"郸城教育品牌"，产生了积极的社会反响。

郸城县教育改革与发展的成功经验可概况为"五个有"：有一个好环境的支持，有一批懂教育的人的引领，有一个全县教育一盘棋的规划和学校特色的追求，有一股抓教研、抓教改的韧劲，有一个挚爱教育、真心奉献的好教师群体。

第一节 郸城县县域情况介绍

郸城县位于北纬 33°38′—33°65′、东经 115°10′—115°46′之间,隶属于周口市,属豫东平原,地处豫皖两省三县交界处,西临淮阳,北接鹿邑,南靠沈丘,东部和东南部与安徽省的亳州市、太和县为邻,是河南省的东大门。气候温和,年平均气温 14.6℃,属暖温带半湿润性季风气候区。日照充足,年平均日照时数 2258.6 小时,日照百分率为 51%,年平均太阳辐射总量每平方厘米 118 千卡,是河南省太阳辐射比较丰富的地区之一。雨量充沛,年平均降水量 738.6 毫米。海拔在 35.6 米至 43.8 米之间,由西北向东南稍呈倾斜状,地势平坦,平原面积占 100%。

郸城县历史悠久。西周时属厉(lai)、陈,战国后属楚,秦时属苦(hu)县和项县,汉设宁平县和宜禄县,隋置郸县,唐时分属鹿邑县、宛丘县、项城县,明清归鹿邑县。1951 年 5 月设河南省郸城办事处,1952 年 8 月成立郸城县。郸城县是钟灵神秀之城。传说是道家鼻祖"老子炼丹丹成"之地,鬼谷子王禅升仙之地。现存有老子炼丹遗址、段寨遗址、西汉公主刘伯姬陵墓、西汉"社稷之臣"汲黯墓遗址等。这里是中国书法之乡、中华诗词名县。现有国家级书法会员 15 人,省级会员 267 人;中华诗词学会会员 16 人,省诗词学会会员 67 人。城东 15 公里的国家 2A 级旅游景区"中原民俗园",收藏农耕文化用具 10 万多件,其中石磨近 5 万扇,列入世界吉尼斯纪录,被誉为中原民俗文化第一园。段寨遗址被国务院公布为全国第七批重点文物保护单位。郸城坠剧、郸城大鼓、张振福泥塑被省人民政府列入第三批省级非物质文化遗产保护名录。

一、区域所辖属典型的农村地区

郸城县辖 8 镇 11 乡 3 个办事处和 1 个产业集聚区,523 个村级组织(488 个行政村,35 个居委会),县域总面积 1490 平方公里,周口市人口普查:截至 2015 年底,总人口 134.19 万(百度百科)。郸城县地处黄淮平原腹地,地势平坦、水土肥沃,盛产小麦、玉米、大豆、红薯、烟叶等作物,是典型的农业大县。常年粮食种植面积 200 万亩以上,是重要的粮棉生产基地。截至 2014 年,夏粮单产连续 7 年超千斤,全年粮食总产量突破 10 亿公斤,实现"十一连增"。

整合涉农项目资金3.08亿元,建有高标准粮田和现代农业科技园区16万亩。依托天豫薯业、财鑫糖业、金丹乳酸等涉农龙头企业,扶持壮大甘薯和玉米两大产业集群,带动1.7万户农民增收。建成胡集闫楼农业生态园和城郊密加猕猴桃种植园,引领带动了都市农业发展。农业基础不断夯实,是"河南省高标准粮田建设先进县",连续4年被评为全国粮食生产先进县,连续3届被评为全国食品工业强县,是全国科技进步县,是全省农业综合开发先进县、国土资源节约集约模范县、生猪调出大县、林业生态模范县。

2016年底,河南省"郸城县现代农业科技园区"获得国家科技部的审批验收,成功晋升为国家级农业科技园区。为加快粮食生产核心区建设,新规划面积28平方公里的县农业科技园区正加快推进,被批准为省级农业科技示范园区。至此,该县已拥有一个国家级、五个省级农业标准化示范区。

二、区域经济发展势头良好

郸城县以食品、医药为两大主导产业,年产值突破265亿元,占全县规模以上工业总产值的68%,产业集聚效应凸显,工业发展势头强劲。郸城县采取"公司+基地+农户"的发展模式,实现了以财鑫糖业、金丹乳酸、天豫薯业、文玉食品等12家食品企业和百年康鑫药业、巨鑫生物科技、上海迪冉、神农医药等9家医药企业为主导产业的强劲发展。同时,积极承接制衣、制伞等劳动密集型产业,先后引入鼎祥制衣、群得益服饰、好兄妹服饰等10家纺织服装企业;引进宝丽姿伞业、金欧户外用品、兄和家居、雨景伞业等20多家制伞企业,制伞从业人员达8000多人,初步形成了集设计、开发、制造、销售于一体的产业链条。目前,拥有规模以上企业114家、亿元以上企业34家、拥有自主出口权企业27家。

2016年6月,郸城县高新技术产业开发区成功获批为河南省高新技术产业开发区。同时摘取全省新型工业化产业示范基地、承接产业转移示范区、全省创新创业孵化载体工作先进单位、全省最具竞争力产业集群金星奖、河南省产业集聚区建设5周年——5A级最佳投资服务金星奖等多项荣誉。郸城高新技术产业开发区内拥有高新技术企业9家(其中国家火炬计划重点高新技术企业1家)、全国农业产业化重点龙头企业2家。

建有两家博士后工作站和一家院士工作站,建成2个国家级和10个省级研发中心、2个国家级重点检测实验室和1家省级科技企业孵化器,先后承担国家级、省级项目70余项,国家"863"计划5项、省重大科技专项5项,拥有授权专利 593 项,荣获国家、省、市科技进步奖 30 余项,其中,"L-乳酸的产业化关键技术应用"荣获河南省科技进步一等奖、省长质量奖和 2011 年度国家科技进步二等奖。河南财鑫集团是国家大型一类企业,国家级农业产业化重点龙头企业,河南百强工业企业。郸城县金丹乳酸科技股份有限公司于 2015 年 8 月成功挂牌上市,3 项关键技术填补世界空白,年产乳酸 10 万吨,生产规模居世界第二、亚洲第一,其中 DL-乳酸产量居世界首位。郸城县被确定为"国家科技富民强县试点县",科技创新已成为全县经济发展的主动力和区域竞争的新优势。

第二节 郸城县教育基本情况与分析[①]

截至 2016 年 7 月,郸城县[②]共有学校 667 所,其中公办学校 578 所,民办学校 89 所;共有在校学生 29.8204 万人,其中,小学段 16.4786 万人,初中段 9.3545 万人,高中段 3.9873 万人;共有教师 1.5008 万人,其中,小学教师 8539 人,初中教师 5155 人,高中教师 1314 人。依据 2011—2015 年《中国教育统计年鉴》《河南省教育统计年鉴》《周口教育统计年鉴》等相关资料,并与河南省、周口市基础教育现状相对照,把郸城县 2011—2015 年的普通小学、普通初中、普通高中等教育基本办学状况进行全面的梳理与分析。

一、小学教育情况

(一)学校数量情况

由表 7-1、图 7-1 可知,郸城县普通小学学校呈稳定发展态势。2011 年郸

---

① 本研究对郸城县教育基本情况的分析主要是指义务教育阶段的小学和初中以及高中阶段的相关情况,即没有对学前教育、中等职业教育、农业职业教育等情况作统计与分析。

② 截至目前,郸城县辖 3 个街道办事处、8 个镇、11 个乡和 1 个产业集聚区,其中包括 523 个村级组织(488 个行政村,35 个居委会)。

城县普通小学学校数491所,到2015年增加至506所,年均增加率0.76%,与河南省(-2.93%)、周口市(-2.39%)普通小学学校数变化趋势相反。

从分区域来看,由表7-1、图7-1可知,郸城县城区、乡村普通小学均在逐年减少,分别由2011年的24所、365所,减少到2015年的19所、299所,年均减少率分别为5.67%、4.86%;而镇区普通小学逐年增加,由2011年的102所,增加至2015年的188所,年均增加率16.52%。

由表7-2可知,郸城县民办普通小学数呈稳步发展态势,由2011年的51所增加到2015年的58所,增加的民办普通小学主要分布在镇区和乡村,分别为3所和6所。

表7-1 2011-2015年河南省、周口市、郸城县城乡普通小学数量情况表 (单位:所)

区域	年份	2011	2012	2013	2014	2015	年平均增加率(%)
河南省	总计	27793	27452	26086	25578	24673	-2.93
	城区	2149	2075	2054	2013	1855	-3.61
	镇区	5628	5924	5968	6023	6157	2.27
	乡村	20016	19453	18064	17542	16661	-4.48
周口市	总计	3936	3928	3826	3828	3573	-2.39
	城区	166	162	153	159	136	-4.86
	镇区	959	1077	1034	1059	1020	1.55
	乡村	2811	2689	2639	2613	2417	-13.50
郸城县	总计	491	491	499	502	506	0.76
	城区	24	21	20	20	19	-5.67
	镇区	102	183	186	186	188	16.52
	乡村	365	287	293	296	299	-4.86

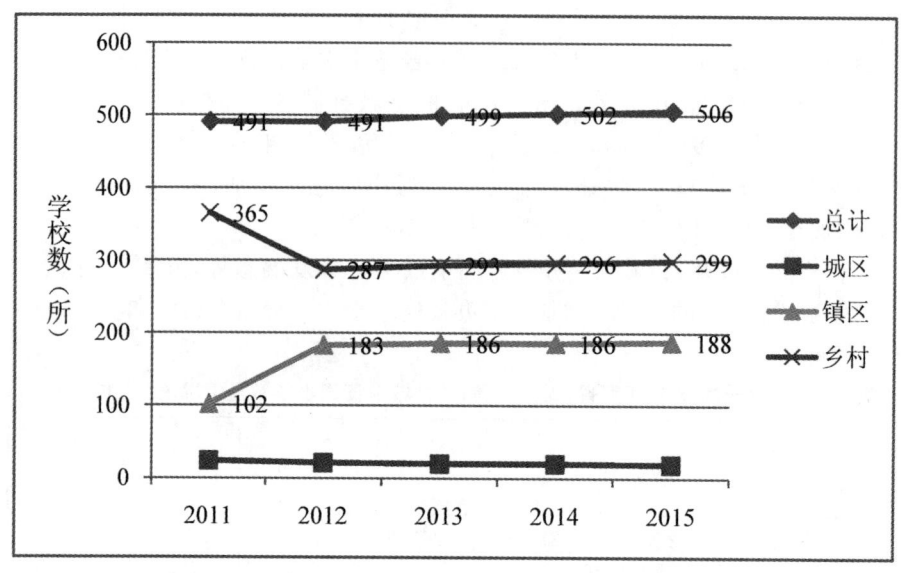

图 7-1　2011－2015 年郸城县城乡普通小学数量变化图

表 7-2　2011－2015 年周口市、郸城县城乡民办小学数量情况表　（单位：所）

区域	年份	2011	2012	2013	2014	2015
周口市	总计	288	300	315	326	340
	城区	23	23	21	23	21
	镇区	134	141	140	138	143
	乡村	131	136	154	154	176
郸城县	总计	51	49	51	55	58
	城区	5	4	3	3	3
	镇区	30	31	31	31	33
	乡村	16	14	17	17	22

（二）在校生数量情况

由表 7-3、图 7-2 可知，郸城县普通小学在校生总体呈减少趋势。由 2011 年的 185267 人，减少至 2015 年的 118831 人，年均减少率 10.51%（尤其是 2012 年到 2013 年减少速度最快，2014 年跌至谷底），比周口市（10.59%）减少稍慢,比河南省(3.77%)减少得快。

从分区域来看,郸城县城区普通小学在校生数总体呈减少趋势。普通小学在校生数由 2011 年的 4820 人,减少至 2015 年的 3798 人,年均减少率为 5.78%;乡村普通小学在校生数呈逐年减少趋势,由 2011 年的 132180 人,减少到 2015 年的 52681 人,年均减少率为 20.54%;而郸城县镇区普通小学在校生数总体呈增加趋势,年均增加率为 6.61%,这与镇区普通小学数增加基本一致。

表 7-3 2011—2015 年河南省、周口市、郸城县城乡普通小学在校生数情况表 (单位:人)

区域	年份	2011	2012	2013	2014	2015	年平均增加率(%)
河南省	总计	10928960	10791827	9399771	9286003	9370543	−3.77
	城区	1829077	1884401	1886622	1975715	1930693	1.36
	镇区	3225398	3409261	3234895	3312780	3599475	2.78
	乡村	5874485	5498165	4278254	3997508	3840375	−10.08
周口市	总计	1423157	1344380	1051772	923087	909489	−10.59
	城区	98661	109590	95443	92581	89607	−2.38
	镇区	452158	472556	411164	377805	392712	−3.46
	乡村	872338	762234	545165	452701	427170	−16.35
郸城县	总计	185267	177371	137098	116735	118831	−10.51
	城区	4820	4726	6098	5968	3798	−5.78
	镇区	48267	75840	65690	57937	62352	6.61
	乡村	132180	96805	65310	52830	52681	−20.54

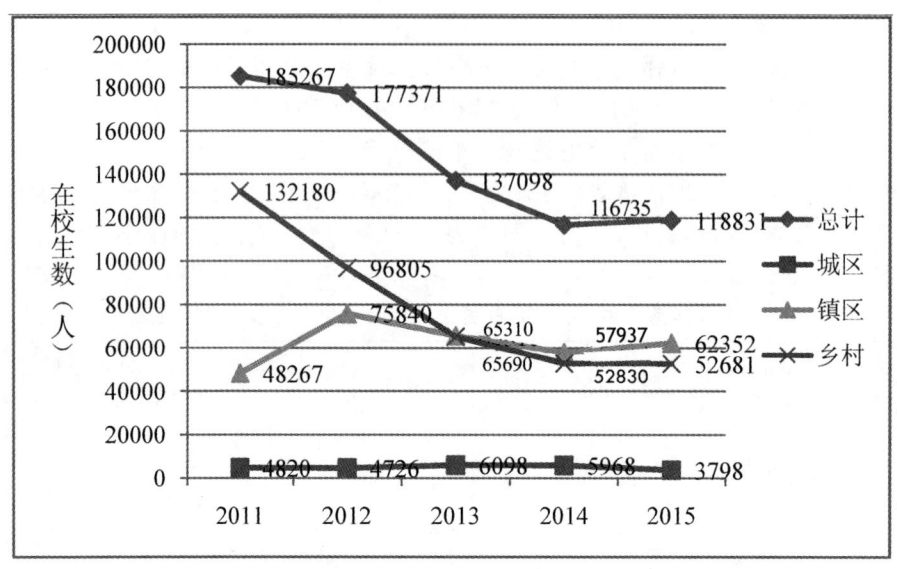

图 7-2　2011—2015 年郸城县城乡普通小学在校生数变化图

由表 7-4、图 7-3 可知,郸城县民办普通小学在校生数总体呈增长趋势。由 2012 年的 31793 人,增加到 2015 年的 45955 人,年均增加率 13.07％,比周口市民办普通小学在校生数(2.94％)增加速度快。其中,乡村民办普通小学在校生数先扬后抑再扬,总体呈增长趋势,年均增加率为 26.25％,比郸城县民办普通小学在校生年均增加率(13.07％)增加的多,这与乡村民办普通小学数增加基本一致。

表 7-4　2011—2015 年周口市、郸城县民办普通小学在校生数情况表　（单位:人）

区域	年份	2011	2012	2013	2014	年平均增加率(％)
周口市	总计	233112	258664	230015	254306	2.94
	乡村	73520	84714	76169	84912	4.92
郸城县	总计	31793	42747	38773	45955	13.07
	乡村	6344	10056	9718	12766	26.25

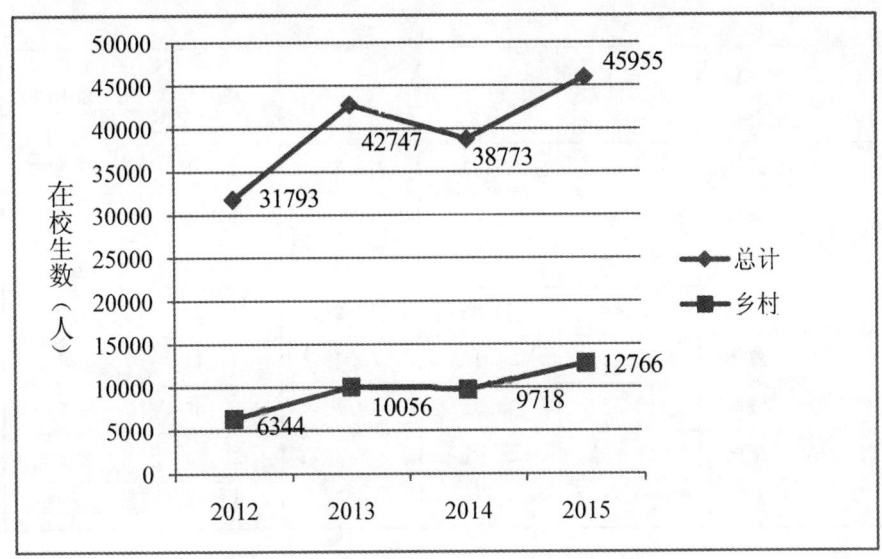

图 7-3 2012—2015 年郸城县城乡民办普通小学在校生数变化图

(三) 生师比情况

由表 7-5、图 7-4 可知,郸城县普通小学生师比逐年好转,由 2011 年的 25.12∶1,发展到 2015 年的 16.16∶1,且与周口市、河南省变化基本一致。郸城县普通小学生师比(16.16∶1)与国家规定(22—24∶1)相比已达标,好于周口市(17.22∶1)、河南省(19.85∶1)。

表 7-5 2011—2015 年河南省、周口市、郸城县城乡普通小学生师比情况表 (单位:人)

区域	年份	2011	2012	2013	2014	2015
河南省	总体	22.78	22.51	19.82	19.76	19.85
	城区	22.62	23.34	22.84	23.20	23.12
	镇区	23.67	23.82	22.20	22.18	22.40
	乡村	22.37	21.51	17.40	16.98	16.85

续表

区域	年份	2011	2012	2013	2014	2015
周口市	总体	26.27	25.21	20.33	18.48	17.22
	城区	23.31	25.61	21.65	21.38	20.42
	镇区	26.22	25.73	23.48	22.06	19.86
	乡村	26.68	24.83	18.29	15.89	14.91
郸城县	总体	25.12	24.12	19.48	17.11	16.16
	城区	12.52	13.35	19.73	20.58	16.96
	镇区	23.15	24.27	22.83	20.33	18.12
	乡村	26.95	24.98	16.95	14.56	14.29

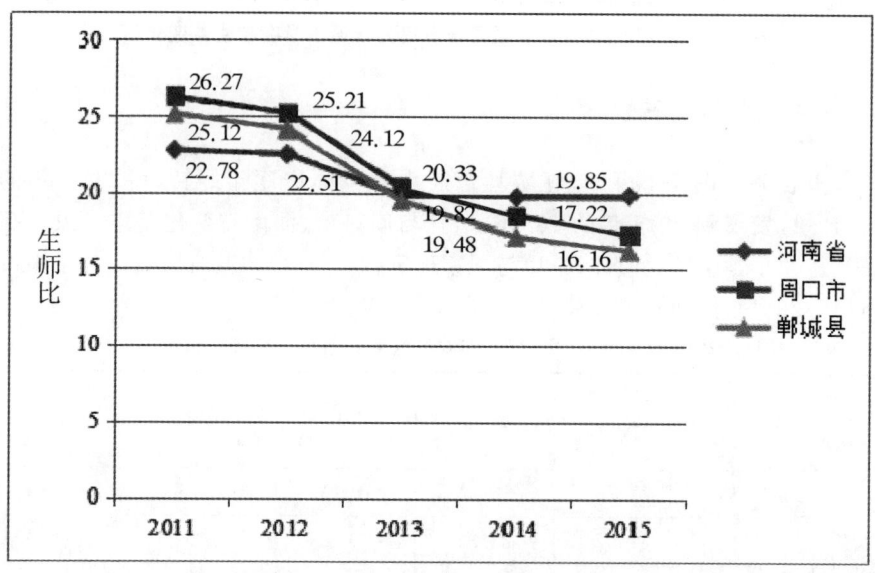

图 7-4 2011—2015 年郸城县、周口市、河南省普通小学生师比变化图

从分区域来看,由表 7-5、图 7-5 可知,郸城县城区、镇区、乡村普通小学生师比整体呈逐渐好转态势。我国现行中小学教师编制标准规定,城区、镇区、乡村普通小学生师比分别为 19∶1、21∶1、23∶1。截至 2015 年 12 月底,郸城县城区(16.96∶1)、镇区(18.12∶1)、乡村(14.29∶1)生师比均已达标。

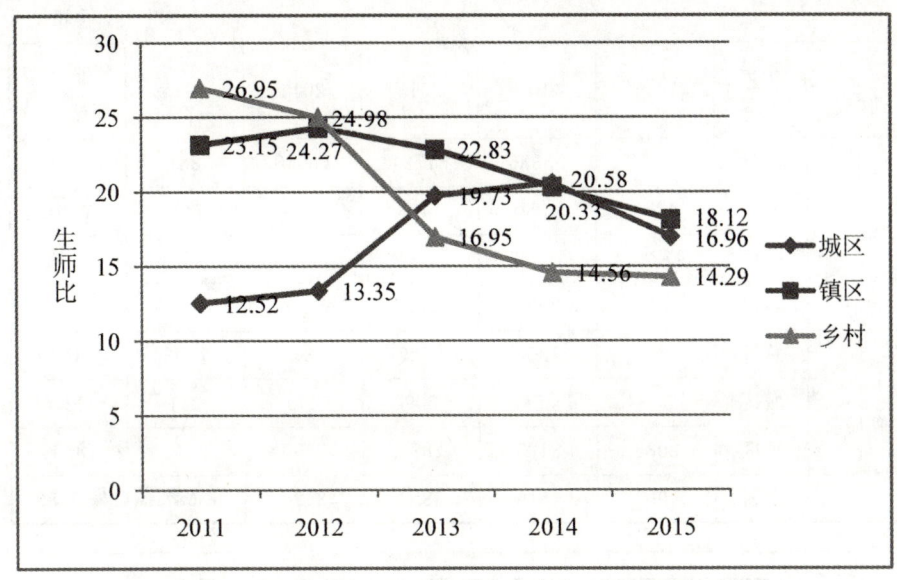

图 7-5　2011－2015 年郸城县城乡普通小学生师比变化图

（四）专任教师结构情况

1. 专任教师数量情况

由表 7-6 可知，郸城县普通小学专任教师总体稳定，但有减少趋势。普通小学专任教师由 2011 年的 7375 人，减少至 2015 年的 7353 人，年均减少率为 0.07%。与河南省（－0.40%）、周口市（－0.64%）普通小学专任教师发展趋势一致，并且差距不大。

表 7-6　2011－2015 年河南省、周口市、郸城县城乡普通小学专任教师情况表　（单位：人）

区域	年份	2011	2012	2013	2014	2015	年平均增加率（%）
河南省	总计	479717	479460	474208	469945	472129	－0.40
	城区	80863	80720	82610	85147	83494	0.80
	镇区	136254	143139	145737	149333	160673	4.21
	乡村	262600	255601	245861	235465	227962	－3.47

续表

区域	年份	2011	2012	2013	2014	2015	年平均增加率(%)
周口市	总计	54177	53336	51724	49948	52813	−0.64
	城区	4233	4280	4408	4331	4389	0.91
	镇区	17246	18363	17508	17126	19778	3.48
	乡村	32698	30693	29808	28491	28646	−3.25
郸城县	总计	7375	7355	7039	6822	7353	−0.07
	城区	385	354	309	290	224	−12.66
	镇区	2085	3125	2877	2850	3442	13.35
	乡村	4905	3876	3853	3628	3687	−6.89

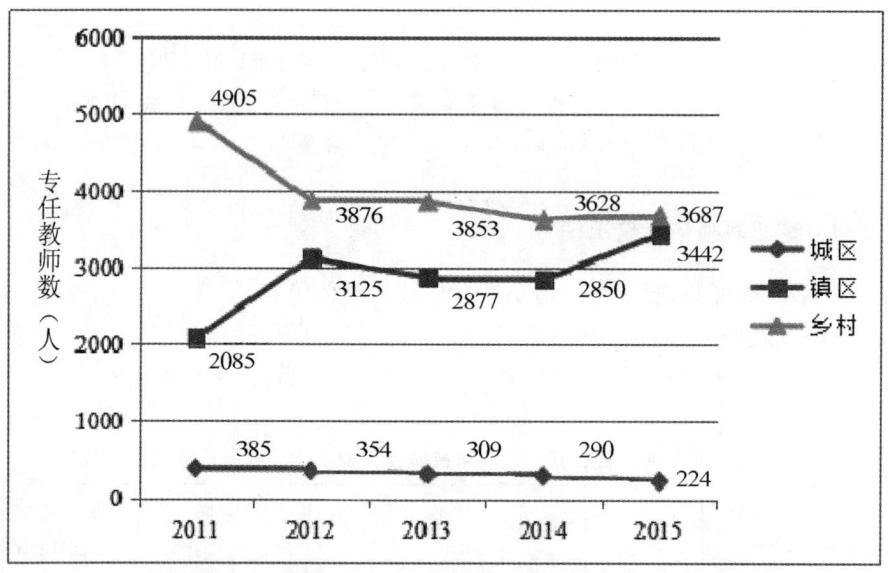

图 7-6 2011—2015 年郸城县城乡普通小学专任教师变化图

从分区域来看,由表 7-6、图 7-6 可知,郸城县城区普通小学专任教师逐年减少,普通小学专任教师由 2011 年的 385 人,减少至 2015 年的 224 人,年均减少率为 12.66%;镇区普通小学专任教师总体呈增加趋势,年均增加率 13.35%;乡村普通小学专任教师总体呈减少趋势,年均减少率为 6.89%,与乡村普通小学减少趋势基本一致。郸城县城区普通小学专任教师逐年减少,这与该县城区行政划分有关。而河南省和周口市城区、镇区普通小学专任教师数量却在增加,说明教师从乡村向镇区、从镇区向城区流动。

由表 7-7 可知,郸城县民办普通小学专任教师总体呈增加趋势。民办普通小学专任教师数由 2012 年的 933 人,增加到 2015 年的 1186 人,年均增加率 8.33%,且乡村民办普通小学专任教师增加最多(19.39%)。而周口市民办普通小学专任教师总体呈减少趋势,尤其是乡村民办普通小学专任教师减少速度更快(10.05%)。这也说明郸城县民办普通小学与周口市相比发展得相对较好。

表 7-7　2012—2015 年周口市、郸城县民办普通小学专任教师情况表①　(单位:人)

区域	年份	2011	2012	2013	2014	年平均增加率(%)
周口市	总计	7631	8352	1763	5587	−9.87
	其中:乡村	2539	2916	510	1848	−10.05
郸城县	总计	933	1294	389	1186	8.33
	其中:乡村	181	269	164	308	19.39

2. 专任教师年龄结构情况

由表 7-8、图 7-7 可知,截至 2015 年 12 月底,郸城县普通小学专任教师较为年轻,平均年龄为 39.10 岁,40 岁以下的教师占 56.25%;40—44 岁的占 13.8%,即 45 岁以下的教师占 70.05%。

表 7-8　2015 年郸城县普通小学专任教师年龄结构情况表　(单位:人)

比例	年龄	24 以下	25—29	30—34	35—39	40—44	45—49	50—54	55—59	60 及以上
人		420	879	1573	1457	1062	872	728	688	17
%		5.46	11.42	20.44	18.93	13.80	11.33	9.46	8.94	0.22

---

① 2011 年《周口市教育统计年鉴》未统计民办学校基本情况。

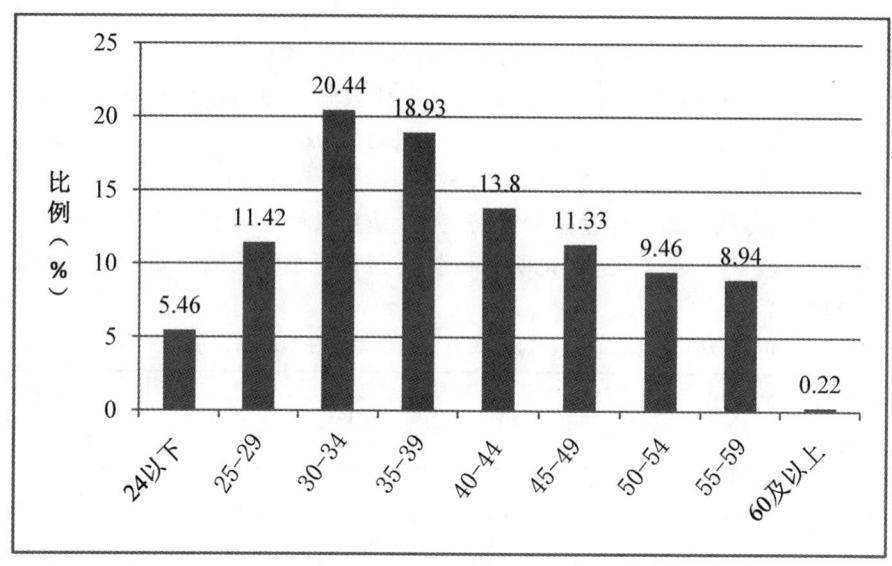

图 7-7　2015 年郸城县普通小学专任教师年龄结构比较图

3. 专任教师学历结构情况

由表 7-9 可知,截至 2015 年 12 月底,郸城县普通小学专任教师学历还未完全达标,达标率为 90.94%(专科学历达标),本科以上学历仅占郸城县普通小学专任教师总数的 22.55%。

表 7-9　2015 年郸城县普通小学专任教师学历结构情况表　（单位:人）

学历 比例	研究生毕业	本科毕业	专科毕业	高中阶段毕业
人	5	1731	5263	697
%	0.06	22.49	68.39	9.06

4. 专任教师职称结构情况

由表 7-10 和图 7-8 可以看出,截至 2015 年 12 月底,郸城县普通小学专任教师职称结构的基本状况。其中,未定级教师占总体专任教师的 13.96%,小学高级职称(中学高级、小学高级)专任教师占总体专任教师的 49.32%,其次是小学一级(30.90%)。

表 7-10 2015 年郸城县普通小学专任教师职称结构情况表 （单位：人）

职称 比例	中学高级	小学高级	小学一级	小学二级	小教三级	未定	合计
人	88	3708	2378	448	0	1074	7696
%	1.14	48.18	30.90	5.82	0	13.96	

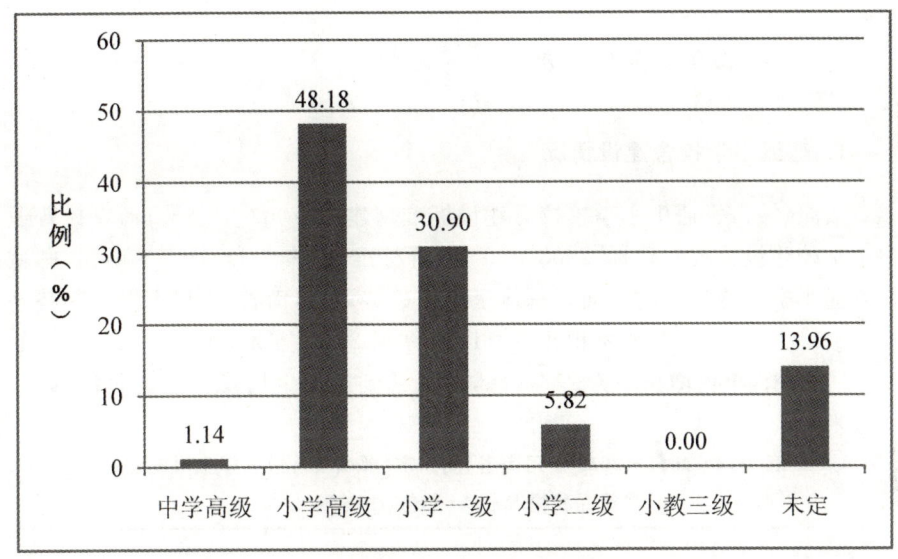

图 7-8 2015 年郸城县普通小学教师职称结构比较图

5. 分课程专任教师情况

表 7-11 可见，截至 2015 年 12 月底，郸城县每所普通小学平均专任教师 7752/506＝15.32 人。但从学科角度来看，语文、数学两个学科课程教师占总体的 77.53%，其次是英语、品德与生活（社会）学科课程，其他学科分课程教师所占比例较少，尤其是综合实践课程专任教师。

表 7-11　2015 年郸城县普通小学分课程专任教师情况表　（单位：人）

学科\比例	合计	品德与生活（社会）	语文	数学	英语	体育	科学	艺术	音乐	美术	综合实践活动	
											信息技术	劳动与技术
人	7752	393	3228	2782	533	228	154	28	148	123	76	59
比例（%）		5.07	41.64	35.89	6.88	2.94	1.99	0.36	1.91	1.59	0.98	0.76

（五）基本办学条件情况

1. 普通小学校舍建设情况

按照《城市普通中小学校校舍建设标准》（建标〔2002〕102 号）、《农村普通中小学校建设标准》（建标〔2008〕109 号）等标准，由表 7-12、图 7-9 可知，郸城县普通小学生均校舍建筑面积总体呈增长趋势，与河南省、周口市发展趋势基本一致。生均校舍建筑面积由 2011 年的 3.25 平方米，增长到 2015 年的 7.13 平方米，年均增长率为 21.70%，且已达到国家生均校舍建筑面积（6.50 平方米）。

表 7-12　2011－2015 年河南省、周口市、郸城县普通小学生均校舍建筑面积情况表　（单位：平方米/生）

区域	年份	2011	2012	2013	2014	2015	年平均增加率（%）
河南省	总体	4.41	4.74	5.57	5.90	6.11	8.49
	城区	4.32	4.38	4.67	4.83	4.81	2.72
	镇区	4.08	4.38	4.79	5.04	5.20	6.25
	乡村	4.62	5.09	6.55	7.15	7.63	13.36
周口市	总体	3.66	4.03	5.33	6.31	6.92	17.26
	城区	3.64	3.55	4.03	4.44	4.39	4.80
	镇区	3.54	3.88	4.71	5.47	5.82	13.23
	乡村	3.66	4.18	6.03	7.40	8.47	23.34

续表

区域	年份	2011	2012	2013	2014	2015	年均增加率(%)
郸城县	总体	3.25	3.53	5.25	6.51	7.13	21.70
	城区	5.88	5.41	5.24	5.16	6.11	0.96
	镇区	3.48	3.58	4.97	6.26	6.66	17.62
	乡村	3.07	3.40	5.53	6.94	7.76	26.09

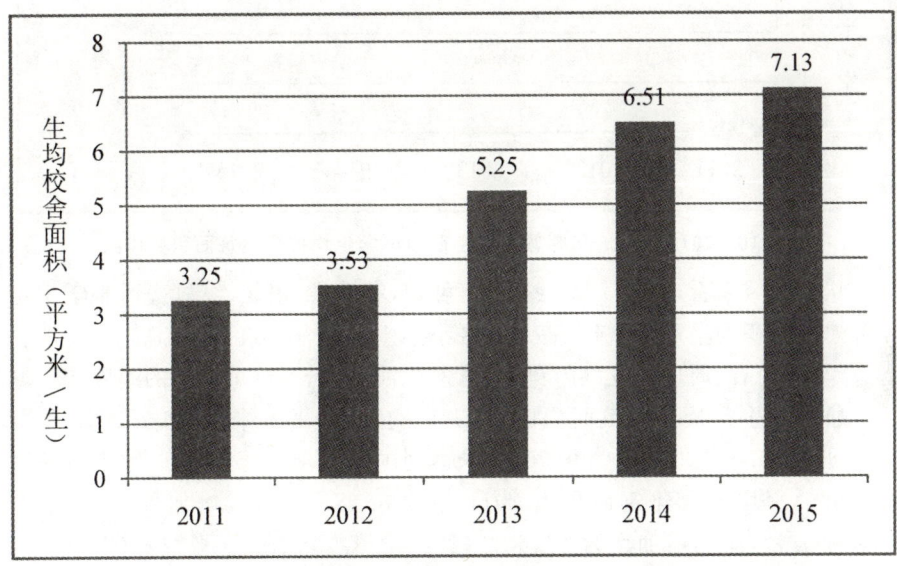

图 7-9　2011—2015 年郸城县普通小学生均校舍建筑面积比较图

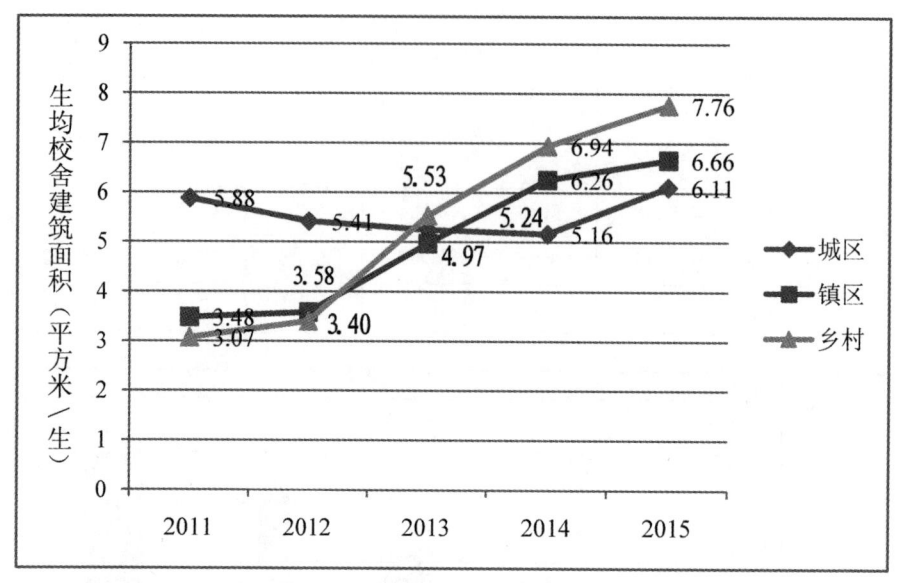

图 7-10 2011—2015 年郸城县城乡普通小学生均校舍建筑面积变化图

从分区域来看,由表 7-12、图 7-10 可知,郸城县、镇区、乡村普通小学生均校舍建筑面积均呈逐年增长趋势,城区小学生均校舍建筑面积,总体上呈增长态势,与河南省、周口市发展趋势一致,但比河南省、周口市增长的速度快。城区普通小学生均校舍建筑面积由 2011 年的 5.88 平方米,增加至 2015 年的 6.11 平方米,年均增加率为 0.96%,未达到国家要求(6.50 平方米/生);镇区普通小学生均校舍建筑面积由 2011 年的 3.48 平方米,增加到 2015 年的 6.66 平方米,年均增加率为 17.62%,达到国家要求(6.50 平方米/生);乡村普通小学生均校舍建筑面积由 2011 年的 3.07 平方米,增加至 2015 年的 7.76 平方米,年均增加率为 26.09%,达到国家要求(6.50 平方米/生)。

2. 图书藏量情况

根据教育部《中小学图书馆(室)规程(修订)》(教基[2003]5 号)规定:市小学不得低于 15 册/生,乡(镇)中心小学不得低于 12 册/生。由表 7-13、图 7-11可知,郸城县普通小学生均图书藏量总体呈增长趋势,与河南省、周口市发展趋势基本一致。生均图书藏量由 2011 年的 8.91 册,增加到 2015 年的 12.45 册,年均增长率为 8.72%,达到国家要求的生均图书藏量。

表 7-13　2011—2015 年河南省、周口市、郸城县普通小学生生均图书藏量情况表　（单位：册/生）

区域	年份	2011	2012	2013	2014	2015	年均增加率(%)
河南省	总体	12.38	13.39	15.30	15.78	16.16	6.89
	城区	13.05	13.60	14.79	15.12	15.51	4.41
	镇区	11.87	12.78	13.57	13.85	13.83	3.89
	乡村	12.44	13.70	16.83	17.70	18.66	10.67
周口市	总体	8.69	9.72	10.02	11.74	12.90	10.38
	城区		7.99	8.29	8.28	8.65	2.68
	镇区		9.68	8.91	10.56	10.76	3.59
	乡村	8.92	9.99	11.15	13.44	15.75	15.27
郸城县	总体	8.91	8.94	7.73	8.27	12.45	8.72
	城区		13.79	7.70	4.86	13.28	−1.25
	镇区		8.82	6.51	7.46	10.19	4.93
	乡村	9.12	8.80	8.96	9.56	15.05	13.34

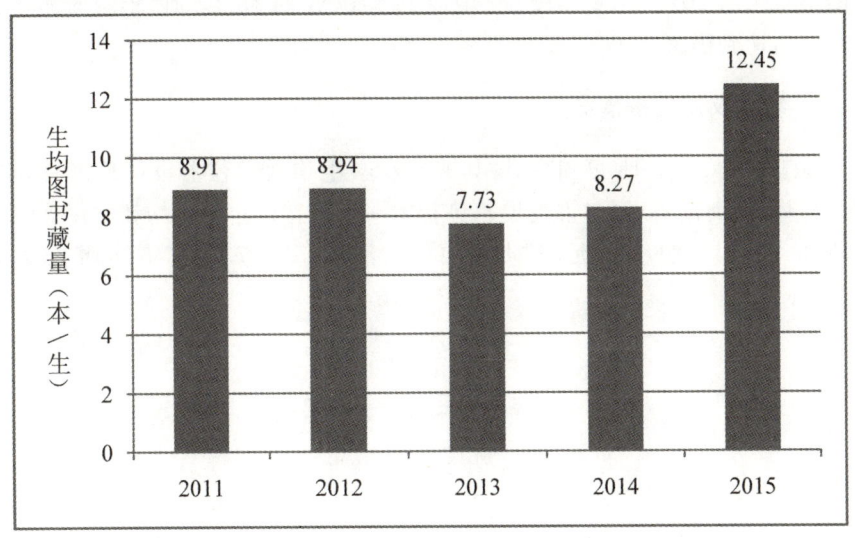

图 7-11　2011—2015 年郸城县城乡普通小学生均图书藏量比较图

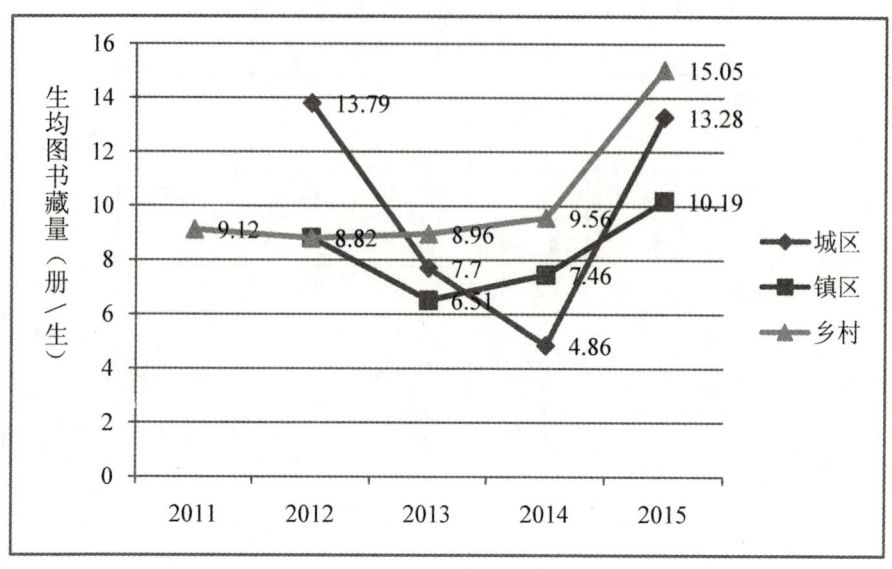

图 7-12　2011—2015 年郸城县城乡普通小学生均图书藏量增长趋势图

从分区域来看,由表 7-13、图 7-12 可知,郸城县城区、镇区、乡村普通小学生均图书藏量均呈总体增长趋势,但城区、镇区均未达到国家要求,与河南省、周口市发展趋势一致,但没有河南省、周口市增长的速度快。乡村普通小学生均图书藏量由 2011 年的 9.12 册,增加至 2015 年的 15.05 册,年均增加率为 13.34%,达到国家要求。

3. 教学仪器设备情况

由表 7-14、图 7-13 可知,郸城县普通小学生均教学仪器设备总值总体呈增长趋势,与河南省、周口市发展趋势基本一致。普通小学生均教学仪器设备总值由 2011 年的 100 元,增加到 2015 年的 515.73 元,年均增长率为 50.70%。

表 7-14　2011—2015 年河南省、周口市、郸城县城乡普通小学生均教学仪器设备总值情况表　（单位：元/生）

区域	年份	2011	2012	2013	2014	2015	年均增加率(%)
河南省	总体	182.71	223.27	318.65	432.10	465.49	26.34
	城区	342.03	374.95	459.02	523.04	580.94	14.16
	镇区	186.83	225.23	288.43	437.48	392.86	20.42
	乡村	130.83	170.06	279.61	382.70	475.51	38.07
周口市	总体	100	126.46	78.17	306.68	425.46	43.62
	城区		148.74	67.41	268.32	258.84	20.28
	镇区		154.90	84.73	320.88	407.84	38.08
	乡村	100	105.63	75.11	301.87	476.62	47.76
郸城县	总体	100	81.57	196.20	336.84	515.73	50.70
	城区		68.35	137.42	216.15	231.70	50.22
	镇区	100	94.42	259.80	365.97	539.37	54.60
	乡村	100	72.16	137.73	318.54	508.23	50.15

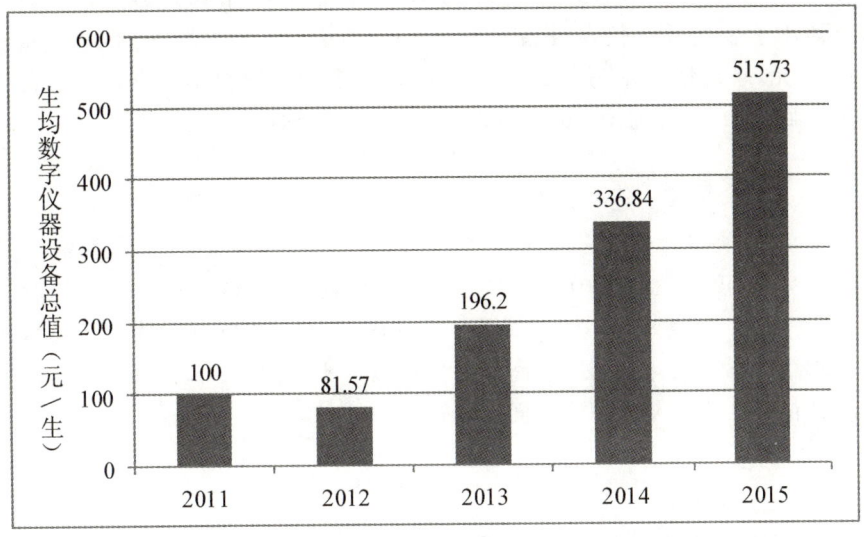

图 7-13　2011—2015 年郸城县普通小学生均教学仪器设备总值比较图

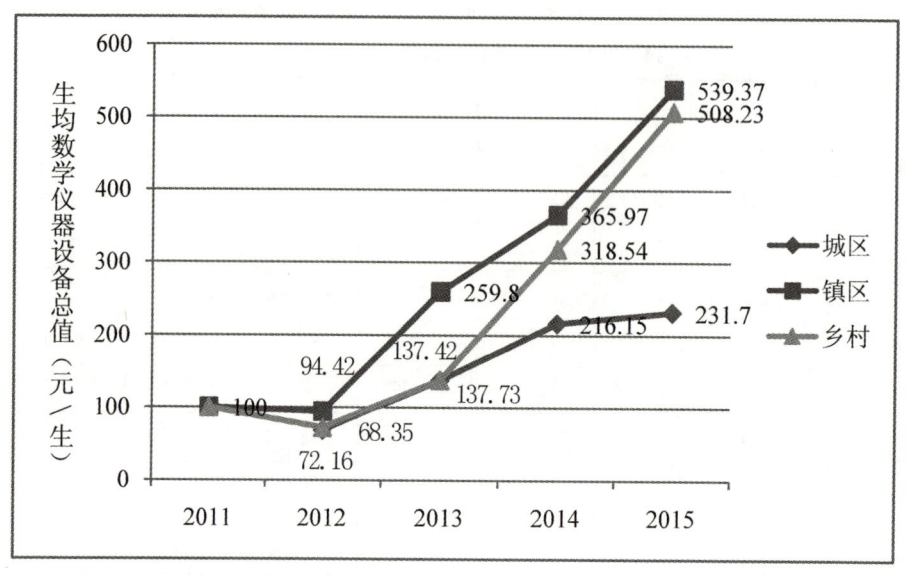

图 7-14 2011—2015 年郸城县城乡普通小学生均教学仪器设备总值变化图

从分区域来看,由表 7-14、图 7-14 可知,郸城县城区、镇区、乡村普通小学生均教学仪器设备总值总体呈增长趋势。与河南省、周口市发展趋势一致,但比河南省、周口市增长的速度快。城区普通小学生均教学仪器设备总值由 2012 年的 68.35 元,增加到 2015 年的 231.70 元,年均增长率为 50.22%;镇区普通小学生均教学仪器设备总值由 2011 年的 100 元,增加到 2015 年的 539.37 元,年均增加率为 54.60%;乡村普通小学生均教学仪器设备总值由 2011 年的 100 元,增加到 2015 年的 508.23 元,年均增加率为 50.15%。

4. 信息化建设情况

第一,计算机台数与多媒体教室座位数。

表 7-15 可知,截至 2015 年 12 月底,郸城县的计算机数(台)、网络教室(间)、普通教室(间)分别为 6150 台、5715 间、5241 间,分别占周口市总数的 22.38%、13.87%、14.01%,远高于周口市投入平均水平 11.11%①。这说明郸城县在信息技术硬件设施方面投入较大。

---

① 周口市所辖 9 个县市区,分别为川汇区、扶沟县、西华县、商水县、沈丘县、郸城县、淮阳县、太康县、项城市。按照教学条件平均分配,那么即可 1/9×100≈11.11%。

表 7-15 2015 年周口市、郸城县普通小学计算机与多媒体教室比较表

	计算机数（台）			教室（间）		教室中:普通教室(间)	
	计	其中:教学用计算机		计	其中:网络多媒体教室	计	其中:网络多媒体教室
		计	其中:平板电脑				
周口市	27484	21434	2466	41195	5589	37418	5368
郸城县	6150	5010	516	5715	1021	5241	987
郸城占周口总体比例(%)	22.38	23.37	20.92	13.87	18.27	14.01	18.39

第二，信息化建设情况。

由表 7-16 可以看出，截至 2015 年 12 月底，郸城县在信息化建设方面已经做了较大投入。其中，接入互联网校数（所）199 所、接入互联网出口带宽 7459Mbps、数字资源量 78419.00GB、接受过信息技术相关培训的专任教师 2668 人次、信息化工作人员数 291 人，其中的第一、二、四项分别占周口市总体的 49.01%、20.02%、21.34%，远高于周口市信息化建设投入平均水平 11.11%。这也足以说明郸城县对信息化建设投入与支持力度比较大。

表 7-16 2015 年周口市、郸城县普通小学信息化建设情况表

	接入互联网校数（所）	接入互联网出口带宽(Mbps)	数字资源量(GB)		接受过信息技术相关培训的专任教师(人次)	信息化工作人员数(人)
			计	其中:电子图书		
周口市	406	37252	917087.28	578449.97	12500	2081
郸城县	199	7459	78419.00	27172.00	2668	291
郸城占周口总体比例(%)	49.01	20.02	8.55	4.70	21.34	13.98

二、初中教育情况

（一）学校数量情况

由表 7-17、图 7-15 可知，郸城县普通初中学校数量总体上呈减少趋势。由 2011 年的 83 所，减少到 2015 年的 64 所，年均减少率为 6.29%，与河南省

(−0.17%)、周口市(−0.69%)普通初中学校数变化趋势一致。

从分区域来看,表7-17、图7-15可知,郸城县城区、镇区、乡村的普通初中总体上在减少,分别由2011年的5所、39所、39所,逐渐减少到2015年的4所、38所、22所,年均减少率分别为5.43%、0.65%、13.34%。其中,乡村普通初中数减少速度最快。

2011—2015年《周口教育年鉴》显示,郸城县民办普通初中学校数基本稳定。截至2015年12月底,郸城县民办普通初中26所,其中乡村民办普通初中4所。

表7-17 2011—2015年河南省、周口市、郸城县城乡普通初中学校数量情况表 (单位:所)

区域	年份	2011	2012	2013	2014	2015	年均增加率(%)
河南省	总计	4596	4551	4550	4566	4565	−0.17
	城区	787	767	770	797	738	−1.59
	镇区	1899	1966	2016	2065	2164	3.32
	乡村	1910	1818	1764	1704	1663	−3.40
周口市	总计	548	541	543	539	533	−0.69
	城区	44	46	46	46	46	1.12
	镇区	270	273	276	277	278	0.73
	乡村	234	222	221	213	209	−2.79
郸城县	总计	83	74	68	67	64	−6.29
	城区	5	5	4	4	4	−5.43
	镇区	39	41	40	39	38	−0.65
	乡村	39	28	21	24	22	−13.34

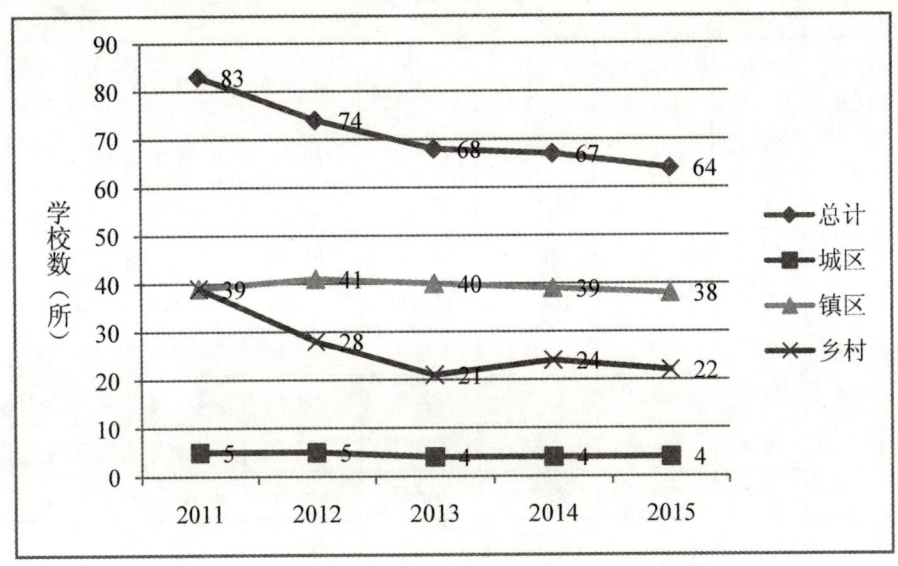

图 7-15　2011—2015 郸城县城乡普通初中学校数变化图

(二) 在校生数量情况

由表 7-18、图 7-16 可见,郸城县普通初中在校生总体呈减少趋势,由 2011 年的 79979 人,减少至 2015 年的 64542 人,年均减少率 5.22%,尤其是 2012 年到 2013 年减少的幅度比较大,总体上比河南省(3.56%)减少得快,比周口市(7.78%)减少得慢。

表 7-18　2011—2015 年河南省、周口市、郸城县城乡普通初中在校生数情况表　(单位:人)

区域	年份	2011	2012	2013	2014	2015	年均增加率(%)
河南省	总计	4679780	4537868	3850493	3993606	4048103	−3.56
	城区	967417	1000268	977758	1023154	950049	−0.45
	镇区	2244447	2250370	1981445	2089398	2244546	0.00
	乡村	1467916	1287230	891290	881054	853508	−12.68

续表

区域	年份	2011	2012	2013	2014	2015	年均增加率(%)
周口市	总计	643781	617589	472351	461302	465720	−7.78
	城区	64675	78892	58265	58601	58082	−2.65
	镇区	355385	343969	289297	285197	291398	−4.84
	乡村	223721	194728	124789	117504	116240	−15.10
郸城县	总计	79979	74540	62645	60959	64542	−5.22
	城区	10834	11239	3297	3069	3280	−25.82
	镇区	43608	42235	45701	45212	48080	2.47
	乡村	25537	21066	13647	12678	13182	−15.24

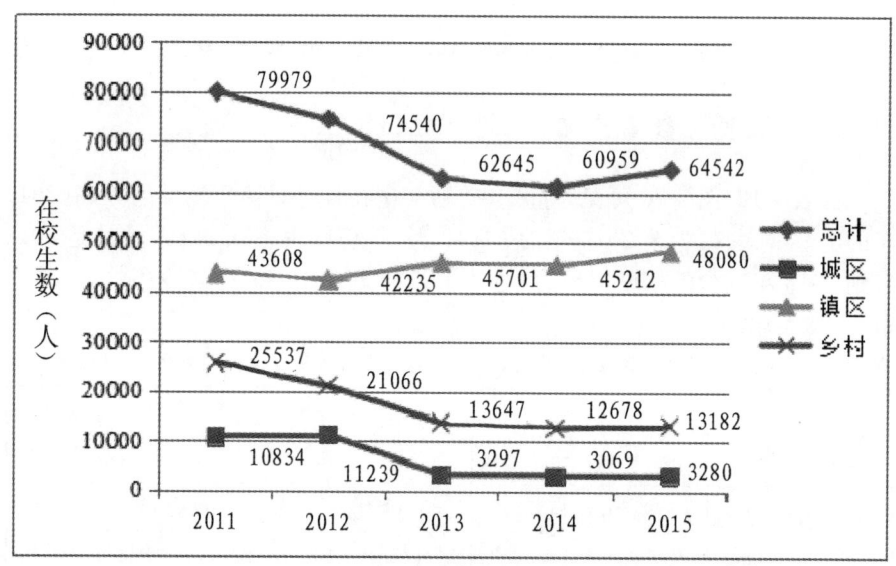

图 7-16　2011−2015 年郸城县城乡普通初中在校生数变化图

从分区域来看,由表 7-18、图 7-16 可知,郸城县城区普通初中在校生数总体呈减少趋势。普通初中在校生数由 2011 年的 10834 人,减少到 2015 年的 3280 人,年均减少率为 25.82%;乡村普通初中在校生数总体呈减少趋势,由 2011 年的 25537 人,减少到到 2015 年的 13182 人,年均减少率为 15.24%;而郸城县镇区普通初中在校生数总体呈增加趋势,由 2011 年的 43608 人,增加到2015年的48080人,年均增加率为2.47%。

由表7-19、图7-17可知,郸城县民办普通初中在校生数总体呈减少趋势,由2012年的31314人,减少至2015年的29003人,年均减少率为2.52%,与周口市(0.39%)的发展趋势相反。郸城县乡村民办普通初中在校生数总体呈增长趋势,在校生数由2011年的1221人,增加到2015年的1910人,年均增加率16.08%,这与民办普通初中数增加基本一致。

表7-19 2012-2015年周口市、郸城县民办普通初中在校生数情况 （单位:人）

区域	年份	2012	2013	2014	2015	年平均增加率(%)
周口市	总计	151298	146904	145287	153058	0.39
	其中:乡村	13637	12747	12219	14523	2.12
郸城县	总计	31314	28320	26963	29003	-2.52
	其中:乡村	1221	1719	1755	1910	16.08

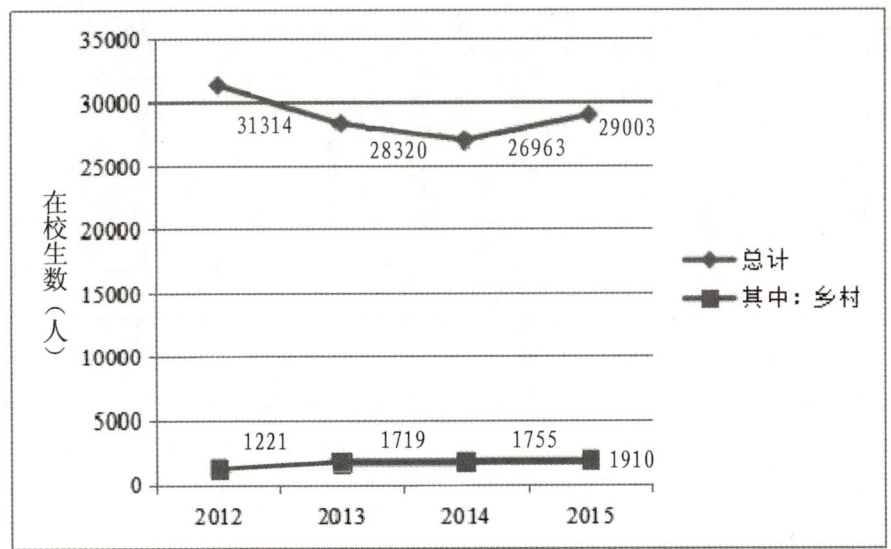

图7-17 2012-2015年郸城县民办普通初中在校生数变化图

(三) 生师比情况

由表7-20、图7-18可知,郸城县普通初中生师比总体向好发展,由2011年的21.42:1,发展到2015年的17.42:1,且与周口市、河南省变化基本一致。截至2015年12月底,郸城县的初中生师比(17.42:1),比周口市(14.58:1)、河南省(13.56:1)差些。相当于郸城县一个普通初中教师平均比周口市、河南省普通初中教师多负担三四个学生。

表7-20 2011—2015年郸城县、周口市、河南省城乡普通初中生师比情况表

区域	年份	2011	2012	2013	2014	2015
河南省	总体	16.58	16.07	13.94	13.69	13.56
	城区	12.54	16.04	15.18	15.25	14.21
	镇区	17.25	16.86	14.59	14.32	33.57
	乡村	16.16	15.23	11.18	11.21	11.31
周口市	总体	21.88	21.22	12.54	16.72	14.58
	城区	20.72	24.02	10.51	17.23	12.64
	镇区	22.57	21.34	12.68	18.67	16.00
	乡村	21.19	20.06	13.42	13.19	12.71
郸城县	总体	21.42	20.17	23.15	20.99	17.42
	城区	35.64	36.97	33.64	31.32	27.80
	镇区	21.28	19.11	27.87	24.10	28.82
	乡村	18.49	17.84	14.10	13.63	14.02

从分区域来看,由表7-20、图7-19可知,郸城县城区、镇区、乡村普通初中生师比总体呈逐渐好转状态。我国现行中小学教师编制标准规定,城区、镇区、乡村初中生师比分别为13.5:1、16:1、18:1[1]。截至2015年12月底,生师比城区(27.80:1)、镇区(28.82:1)高于乡村(14.02:1),且差距较大。城区、镇

---

[1] 中央编办、教育部、财政部.关于制定中小学教职工编制标准意见的通知[Z].国办发74号.[EB/OL].http://www.niubb.netgongbao/content/2001/content_61159.htm,2001

区普通初中生师比均未达标。

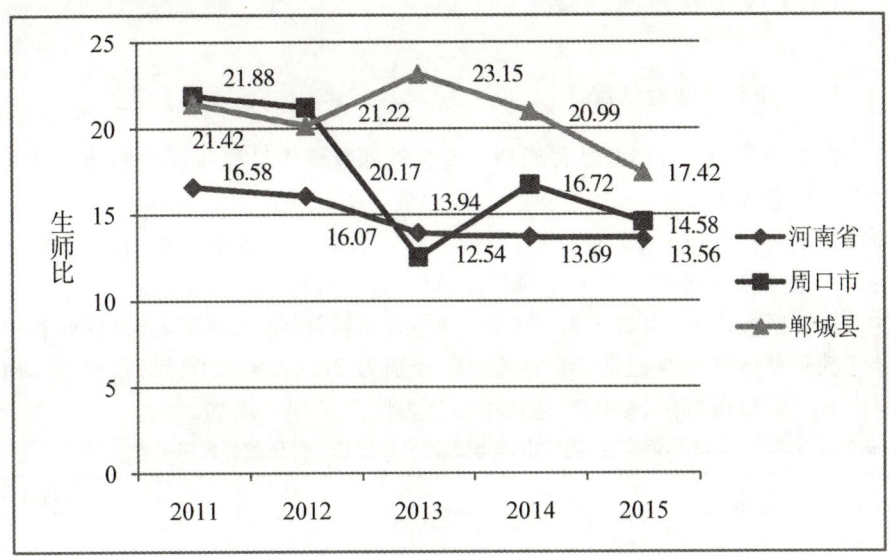

图 7-18 2011—2015 年郸城县、周口市、河南省普通初中生师比变化图

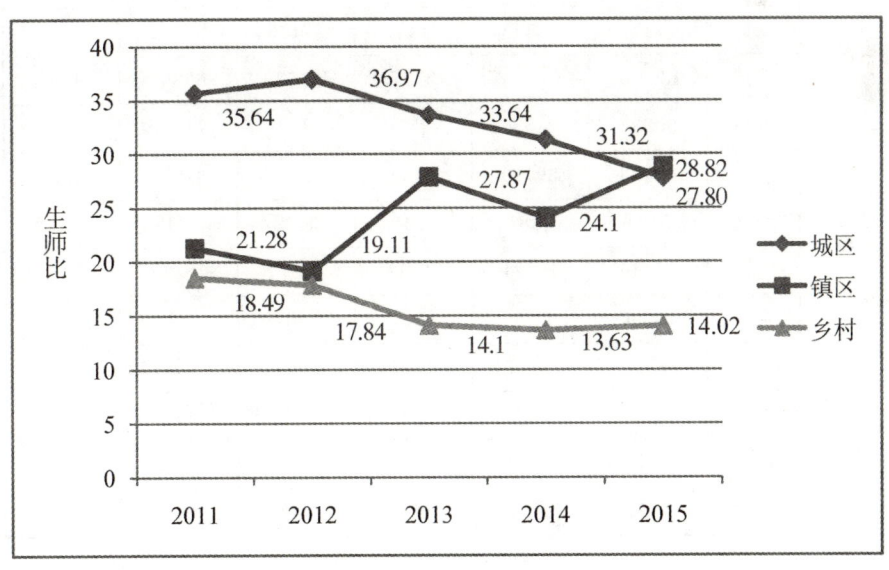

图 7-19 2011—2015 年郸城县城乡普通初中生师比变化图

（四）专任教师结构情况

1. 专任教师数量情况

由表 7-21 可知，郸城县普通初中专任教师数整体呈稳步减少趋势。普通初中专任教师由 2011 年的 3734 人，减少至 2015 年的 3706 人，年均减少率为 0.19%，与河南省（1.42%）、周口市（2.08%）发展趋势基本一致，并且差距不大。这也与普通初中在校生数的变化趋势基本一致。

从分区域来看，由表 7-21、图 7-20 可知，郸城县城区、镇区、乡村普通初中专任教师整体呈减少趋势，年均减少率分别为 21.07%、5.01%、9.17%。而河南省和周口市城区、镇区普通初中专任教师数量却在增加。

表 7-21 2011—2015 年河南省、周口市、郸城县城乡普通初中专任教师数情况表 （单位：人）

区域	年份	2011	2012	2013	2014	2015	年均增加率（%）
河南省	总计	282202	282413	276205	291611	298617	1.42
	城区	77143	62343	64431	67106	66869	1.24
	镇区	130118	133500	135773	145914	66869	4.68
	乡村	90834	84530	79738	78591	75489	−4.52
周口市	总计	29423	29110	37659	27582	31953	2.08
	城区	3121	3284	5546	3402	4596	10.16
	镇区	15746	16121	22812	15273	18212	3.70
	乡村	10556	9705	9301	8907	9145	−3.52
郸城县	总计	3734	3695	2706	2904	3706	−0.19
	城区	304	304	98	98	118	−21.07
	镇区	2049	2210	1640	1876	1668	−5.01
	乡村	1381	1181	968	930	940	−9.17

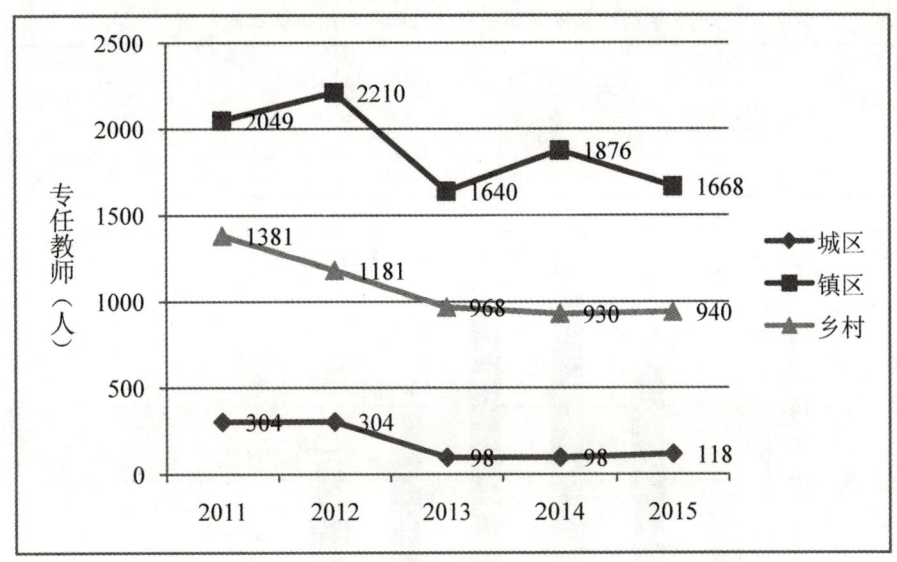

图 7-20 2011—2015 年郸城县城乡普通初中专任教师变化图

由表 7-22 可知,郸城县民办普通初中专任教师数整体呈减少趋势。民办普通初中专任教师数由 2012 年的 1746 人,减少到 2015 年的 1449 人,年均减少率 6.03%,而乡村民办普通初中专任教师数在增加,由 2012 年的 48 人,增加到 2015 年的 119 人,年均增加率 35.34%。这与郸城县乡村民办普通初中在校生人数变化基本一致。

表 7-22 2012—2015 年周口市、郸城县民办初中专任教师数情况表 （单位:人）

区域	年份	2012	2013	2014	2015	年平均增加率(%)
周口市	总计	10080	12250	3627	7001	−11.44
	其中:乡村	1009	1390	448	751	−9.37
郸城县	总计	1746	1801	993	1449	−6.03
	其中:乡村	48	147	100	119	35.34

2. 专任教师年龄结构情况

由表 7-23、图 7-21 可知,截至 2015 年 12 月底,郸城县普通初中专任教师较为年轻,平均年龄为 36.29 岁,40 岁以下的教师占总专任教师数的 67.38%,45 岁以下的教师占总专任教师数的 82.04%。

表 7-23　2015 年郸城县普通初中专任教师年龄结构情况表　（单位：人）

年龄 比例	24 以下	25—29	30—34	35—39	40—44	45—49	50—54	55—59	60 及以上
人	186	601	760	719	493	362	153	78	11
%	5.53	17.87	22.60	21.38	14.66	10.76	4.55	2.32	0.33

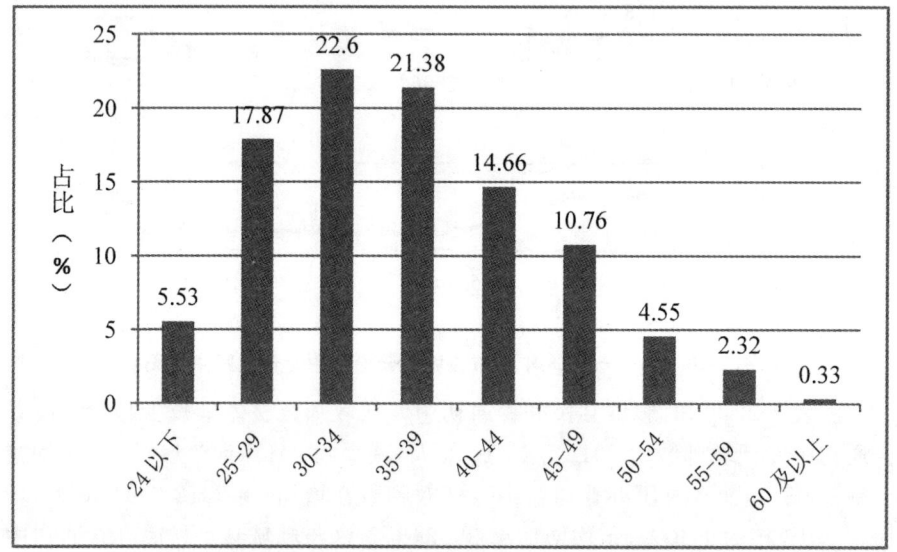

图 7-21　2015 年郸城县小学专任教师年龄结构占比图

3. 专任教师学历结构情况

由表 7-24 可知，截至 2015 年 12 月底，郸城县初中专任教师学历还未完全达标（本科学历达标），本科及以上学历的仅占郸城县初中专任教师总数的 56.40%。

表 7-24　2015 年郸城县初中专任教师学历结构情况表　（单位：人）

学历 比例	研究生毕业	本科毕业	专科毕业	高中阶段毕业
人	1	1896	1453	13
%	0.03	56.37	43.21	0.39

4. 专任教师职称结构情况

由表 7-25、图 7-22 可知,截至 2015 年 12 月底,郸城县初中专任教师职称分布状况为:中学高级、中学一级职称专任教师人数为 1856 人,占总专任教师人数的 55.19%。但未定级教师数 369 人,占总专任教师人数的 10.97%。

表 7-25 2015 年郸城县初中专任教师职称情况表 (单位:人)

比例＼职称	中学高级	中学一级	中学二级	中学三级	未定	合计
人	342	1514	946	192	369	3363
%	10.17	45.02	28.13	5.71	10.97	100

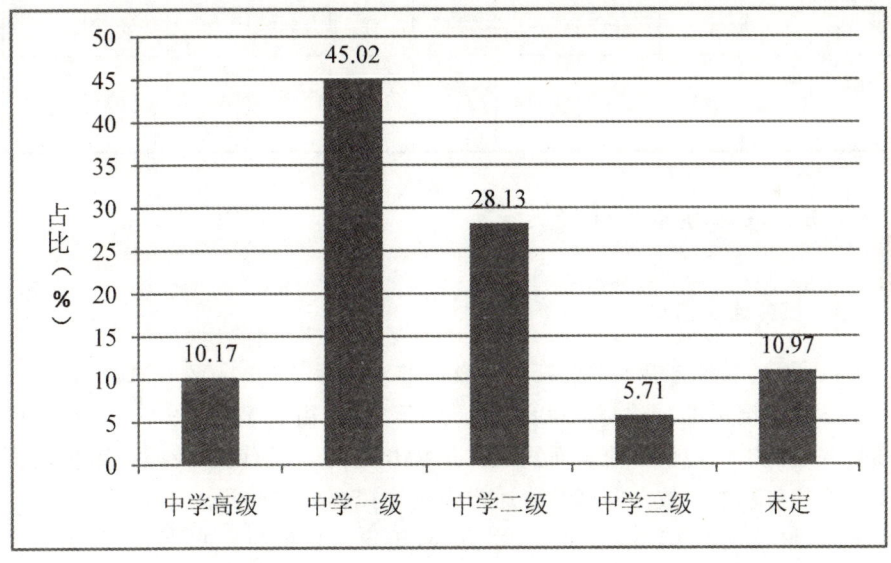

图 7-22 2015 年郸城县初中教师职称结构占比图

5. 分课程专任教师情况

表 7-26 可见,截至 2015 年 12 月底,郸城县每所初中平均专任教师 3361/64＝52.16 人。但从学科角度来看,语文、数学、英语的课程教师数分别占初中分课程专任教师数的 21.57%、20.77%、16.01%,分课程专任教师最少的是科学、艺术、劳动与技术,比例分别为 0.62%、0.42%、0.15%。

表 7-26　2015 年郸城县初中分课程校均专任教师情况表　（单位：人）

学科比例	合计	品德与生活（社会）	语文	数学	英语	科学	物理	化学	生物	历史与社会
人	3361	188	725	698	538	21	180	120	145	33
比例（％）		5.59	21.57	20.77	16.01	0.62	5.36	3.57	4.31	0.98

学科比例	地理	历史	体育与健康	艺术	音乐	美术	综合实践活动		其他
							信息技术	劳动与技术	
人	145	173	115	14	91	78	56	5	36
比例（％）	4.31	5.15	3.42	0.42	2.71	2.32	1.67	0.15	1.07

（五）基本办学条件情况

1. 校舍建设情况

按照《城市普通中小学校校舍建设标准》（建标［2002］102 号）、《农村普通中小学校建设标准》（建标［2008］109 号）等标准，由表 7-27、图 7-23 可知，郸城县普通初中生均校舍建筑面积总体呈增长趋势，与河南省及周口市生均面积发展趋势基本一致。郸城县普通初中生均校舍建筑面积由 2011 年的 7.25 平方米，增长到 2015 年的 10.48 平方米，年均增长率为 9.65％，已达到并超过国家生均校舍建筑面积（6.40 平方米）。

表 7-27　2011－2015 年河南省、周口市、郸城县城乡普通初中
生均校舍建筑面积情况表　（单位：平方米/生）

区域	年份	2011	2012	2013	2014	2015	年均增加率(%)
河南省	总体	7.51	8.21	10.17	10.64	10.98	9.96
	城区	7.92	8.12	8.68	9.56	9.44	4.49
	镇区	7.09	7.85	9.77	10.18	10.69	10.81
	乡村	7.87	8.90	12.70	12.96	13.48	14.40
周口市	总体	5.64	5.61	7.05	9.76	10.21	15.99
	城区		3.53	4.47	7.89	8.29	32.92
	镇区		5.44	6.51	9.16	9.65	21.05
	乡村	5.94	6.74	9.51	12.13	12.58	20.64
郸城县	总体	7.25	7.03	8.44	10.64	10.48	9.65
	城区		5.08	6.39	12.17	8.19	17.26
	镇区		7.51	8.30	10.60	10.87	13.12
	乡村	7.49	7.12	9.43	10.39	9.62	6.46

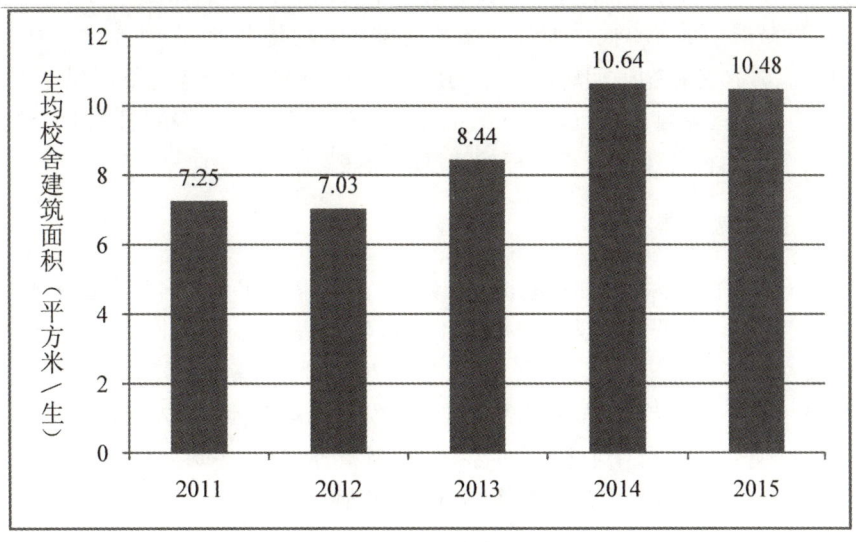

图 7-23　2011－2015 年郸城县普通初中生均校舍建筑面积比较图

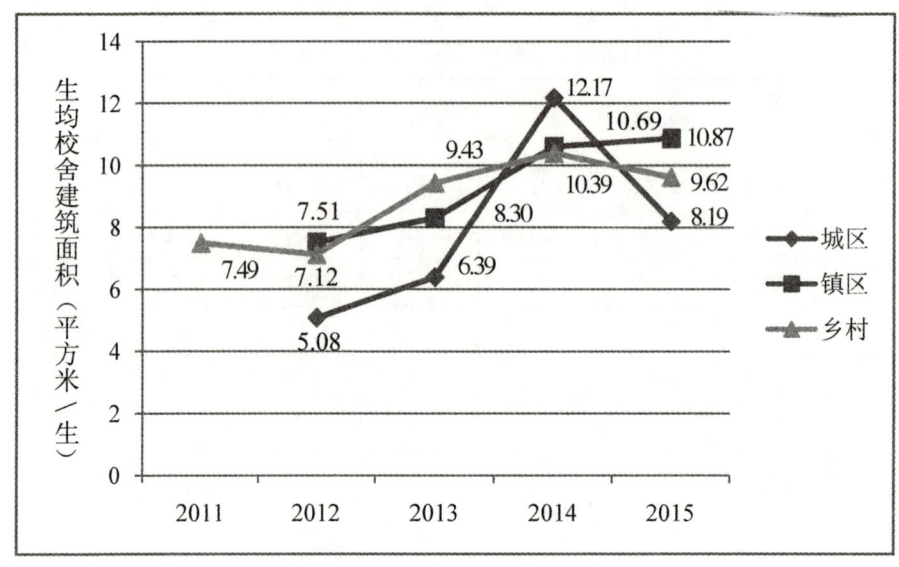

图 7-24 2011—2015 年郸城县城乡普通初中生均校舍建筑面积发展趋势图

从分区域来看,由表 7-27、图 7-24 可知,郸城县城区、镇区、乡村普通初中生均校舍建筑面积均呈增长趋势,与河南省、周口市发展趋势一致,但比河南省、周口市增长的速度要慢些。城区、镇区、乡村普通初中生均校舍建筑面积分别由 2012 年的 5.08 平方米、7.51 平方米、7.12 平方米,增加至 2015 年的 8.19 平方米、10.87 平方米、9.62 平方米,年均增加率分别为 17.26%、13.12%、6.46%。这说明郸城县不同区域普通初中生均校舍建筑面积逐年好转,且均达到国家要求(9.00、6.66、6.40 平方米/生①),但乡村比城区、镇区普通初中生均校舍建筑面积达标的速度要慢些。

2. 图书藏量情况

教育部《中小学图书馆(室)规程(修订)》(教基[2003]5 号)规定:初中生均图书藏量,省级重点中学不得低于 45 册,城市一般初中不得低于 25 册,农村一般初中不得低于 20 册。由表 7-28、图 7-25 可知,郸城县普通初中生均图书藏量呈逐年增长趋势,与河南省、周口市发展趋势基本一致。由 2011 年生均图书藏量 9.29 册,到 2015 年生均图书藏量 13.19 册,年均增长率为 9.16%,未达到国家要求的生均图书藏量(20 册/生)。

---

① 城市普通中小学校校舍建筑面积指标表。

表 7-28　2011—2015 年河南省、周口市、郸城县城乡普通初中生均图书藏量情况表　（单位:册/生）

区域	年份	2011	2012	2013	2014	2015	年均增加率(%)
河南省	总体	19.09	21.20	24.68	24.06	24.79	6.75
	城区	17.09	17.63	19.42	20.78	22.64	7.28
	镇区	18.04	20.50	22.99	22.06	22.61	5.81
	乡村	22.03	25.20	34.22	32.61	32.94	10.58
周口市	总体	12.06	12.55	13.84	16.91	18.06	10.62
	城区		7.59	7.65	9.34	8.81	3.46
	镇区		12.05	12.48	15.62	16.62	11.31
	乡村	12.75	15.44	19.86	23.83	26.27	19.81
郸城县	总体	9.29	9.56	9.73	11.05	13.19	9.16
	城区		8.30	10.62	5.87	7.77	−2.18
	镇区		8.18	8.17	11.31	12.71	15.82
	乡村	11.93	12.99	14.71	11.41	16.29	8.10

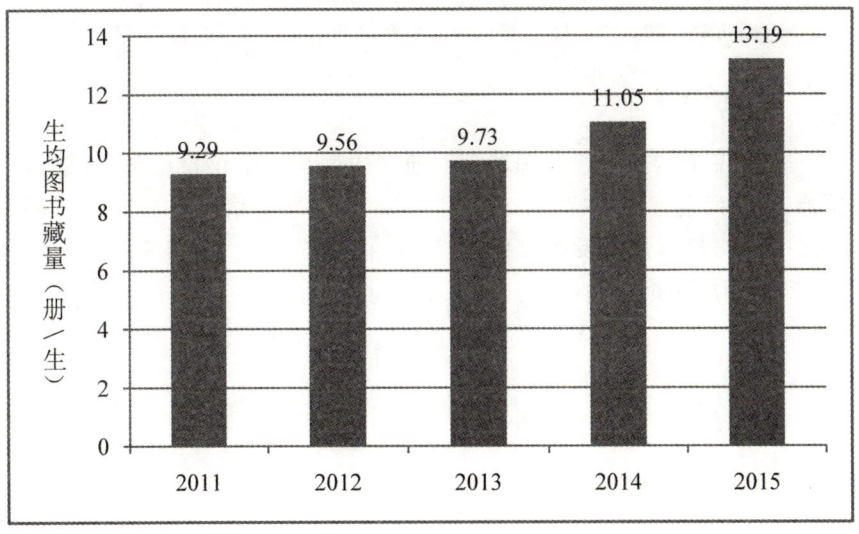

图 7-25　2011—2015 年郸城县普通初中生均图书藏量比较图

从分区域来看,由表7-28、图7-26可知,郸城县镇区、乡村普通初中生均图书藏量总体呈增长趋势,与河南省、周口市发展趋势一致,但没有河南省、周口市增长的速度快。郸城县城区普通初中生均图书藏量则出现减少趋势,年均减少率为2.18%。城区、镇区、乡村普通初中生均图书藏量与国家要求(20册/生)均有差距。

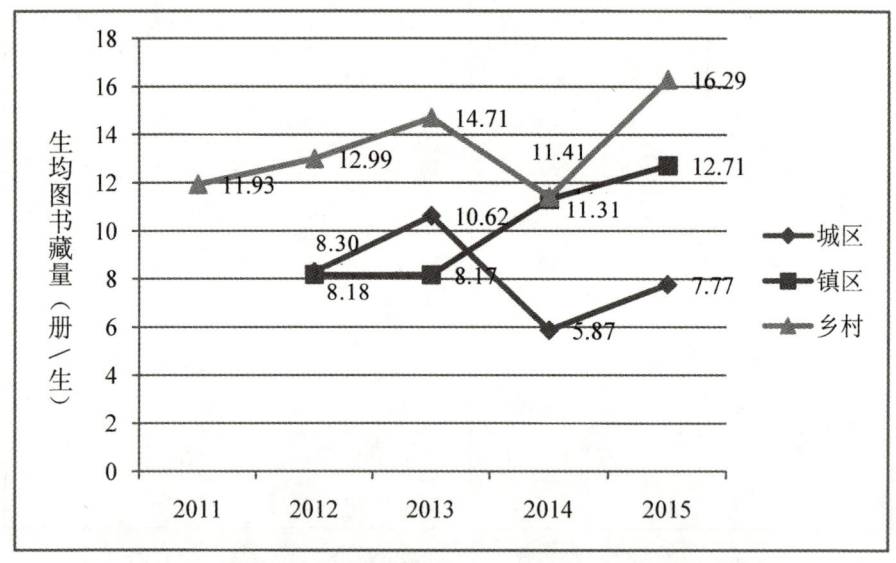

图7-26　2011—2015年郸城县城乡普通初中生均图书藏量变化图

3. 教学仪器设备情况

由表7-29、图7-27可知,郸城县普通初中生均教学仪器设备总值整体呈增长趋势,与河南省(21.47%)、周口市(33.51%)发展趋势基本一致。郸城县普通初中生均教学仪器设备总值由2011年的176.59元,增长到2015年的672.80元,年均增长率为39.71%。

表 7-29　2011—2015 年河南省、周口市、郸城县城乡普通初中
生均教学仪器设备总值情况表　（单位：元/生）

区域	年份	2011	2012	2013	2014	2015	年均增加率(%)
河南省	总体	397.60	467.85	644.87	781.92	865.72	21.47
	城区	650.89	677.59	824.87	1025.78	1119.31	14.51
	镇区	337.34	416.12	553.38	666.16	730.85	21.32
	乡村	322.80	395.31	314.22	773.23	938.11	30.57
周口市	总体	241.41	218.18	307.39	632.68	767.10	33.51
	城区		289.53	389.36	852.49	981.17	50.20
	镇区		209.73	291.14	603.38	721.25	50.94
	乡村	193.99	204.21	306.79	594.19	775.09	41.38
郸城县	总体	176.59	165.96	255.01	566.02	672.80	39.71
	城区		109.44	148.53	342.13	265.24	34.32
	镇区		196.76	275.95	618.20	690.60	51.97
	乡村	118.69	134.39	234.76	434.12	709.30	56.35

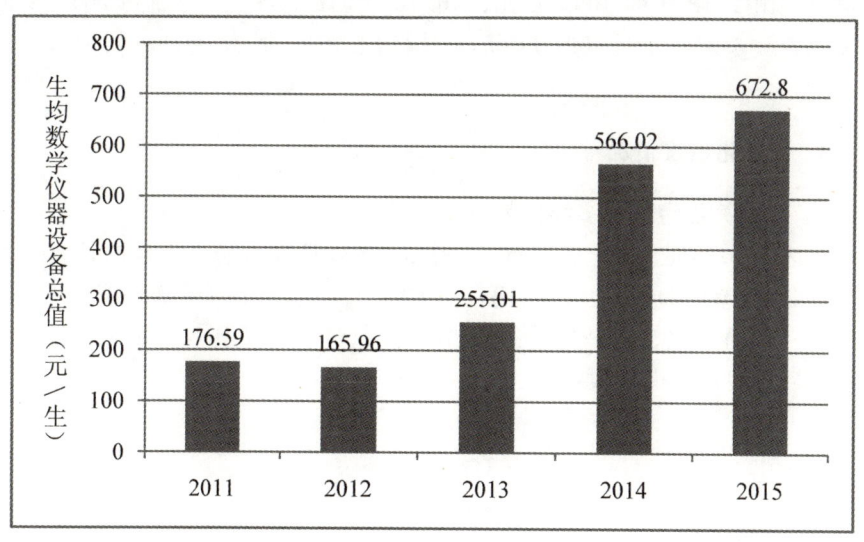

图 7-27　2011—2015 年郸城县普通初中生均教学仪器设备总值比较图

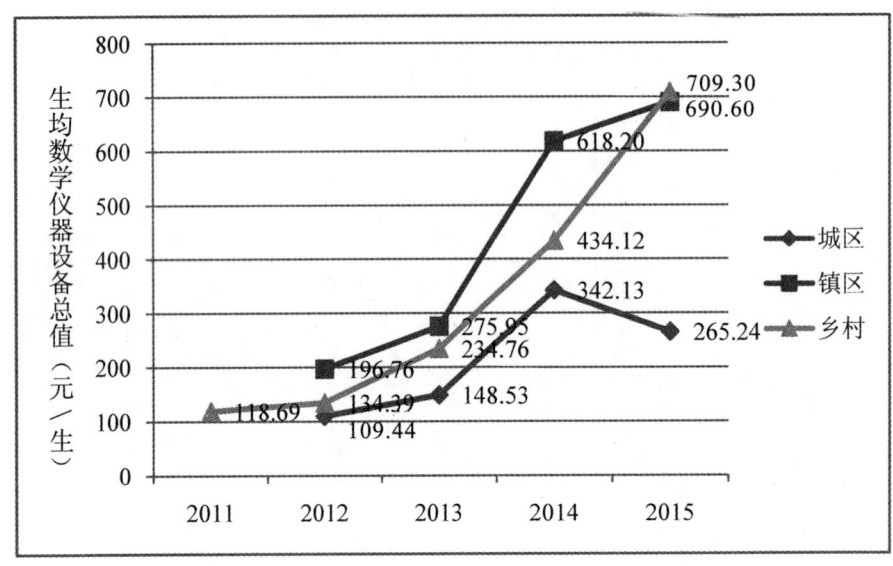

图 7-28　2011—2015 年郸城县城乡普通初中生均教学仪器设备总值变化图

从分区域来看,由表 7-29、图 7-28 可知,郸城县城区、镇区、乡村普通初中生均教学仪器设备总值整体呈增长趋势。与河南省、周口市发展趋势一致,比河南省、周口市增长的速度快。城区、镇区、乡村普通初中生均教学仪器设备总值分别由 2012 年的 109.44 元、196.76 元、134.39 元,增加到 2015 年的 265.24 元、690.60 元、709.30 元,年均增长率分别为 34.32%、51.97%、56.35%。

4. 信息化建设情况

第一,计算机台数与多媒体教室座位数。

由表 7-30 可见,截至 2015 年 12 月底,郸城县普通初中学校的计算机数(台)、网络教室(间)、普通教室(间)分别为 5210 台、1772 间、1665 间,分别占周口市总数的 17.35%、12.51%、13.19%。这说明郸城县普通初中学校在信息技术硬件设施方面投入较大。

表 7-30 2015 年周口市、郸城县普通初中计算机与多媒体教室比较表

	计算机数（台）			教室（间）		教室中:普通教室（间）	
	计	其中:教学用计算机		计	其中:网络多媒体教室	计	其中:网络多媒体教室
		计	其中:平板电脑				
周口市	30034	25207	1898	14169	4279	12623	4104
郸城县	5210	3798	167	1772	517	1665	510
郸城占周口总体比例（%）	17.35	15.07	8.80	12.51	12.08	13.19	12.43

第二,信息化建设情况。

由表 7-31 可以看出,截至 2015 年 12 月底,郸城县普通初中学校信息化建设方面已经做了较大投入。其中,接入互联网校数（所）49 所、接入互联网出口带宽 30Mbps、数字资源量 44622.00GB、接受过信息技术相关培训的专任教师 1573 人次、信息化工作人员数 117 人。第一、三、四项分别占周口市总体的 26.63%、12.95%、17.76%,这也足以说明郸城县对信息化建设的投入与支持。

表 7-31 2015 年周口市、郸城县普通初中信息化建设情况表

	接入互联网校数（所）	接入互联网出口带宽（Mbps）	数字资源量（GB）		接受过信息技术相关培训的专任教师（人次）	信息化工作人员数（人）
			计	其中:电子图书		
周口市	184	17726	344701.00	198928.00	8855	1054
郸城县	49	30	44622.00	18885.00	1573	117
郸城占周口总体比例（%）	26.63	0.17	12.95	9.49	17.76	11.10

三、高中教育情况

（一）学校数量情况

由表 7-32 可知,郸城县普通高中学校数量呈减少趋势,但趋于稳定。郸城县普通高中学校数由 2011 年的 10 所,减少到 2015 年的 8 所,年均减少率

5.43%,与河南省(−0.70%)、周口市(−4.25%)普通高中学校数变化趋势基本一致。从分区域来看,郸城县城区、镇区普通高中学校数基本稳定不变,乡村普通高中在2014年之后就停止办学了。

表 7-32 2011−2015 年河南省、周口市、郸城县城乡普通高中学校数情况表 (单位:所)

区域	年份	2011	2012	2013	2014	2015	年均增加率(%)
河南省	总计	792	785	776	774	770	−0.70
	城区	338	330	334	335	308	−2.30
	镇区	415	420	411	414	432	1.01
	乡村	39	35	31	25	30	−6.35
周口市	总计	69	67	65	61	58	−4.25
	城区	13	11	12	13	13	4.26
	镇区	53	53	48	46	44	−4.55
	乡村	3	3	5	2	0	
郸城县	总计	10	10	10	7	8	−5.43
	城区	1	1	1	1	1	0.00
	镇区	7	7	7	6	7	0.00
	乡村	2	2	2	0	0	

由表 7-33 所示,郸城县 2012−2015 年民办普通高中数基本稳定,于 2015 年在镇区又增加了一所民办高中。

表 7-33 2012−2015 年周口市、郸城县民办普通高中学校数情况表 (单位:所)

区域	年份	2012	2013	2014	2015
周口市	总计	18	16	22	21
	城区	3	5	6	6
	镇区	15	11	16	15
	乡村	0	0	0	0

续表

区域\年份		2012	2013	2014	2015
郸城县	总计	4	4	4	5
	城区	1	1	1	1
	镇区	3	3	3	4

(二) 在校生数量情况

由表 7-34、图 7-29 可见，郸城县普通高中在校生总体呈增加趋势。郸城县普通高中在校生数由 2011 年的 27041 人，增加到 2015 年的 30441 人，年均增加率 3.01%，比周口市(1.18%)、河南省(0.63%)增加得快。

从分区域来看，郸城县城区普通高中在校生数整体呈减少趋势。2011—2015 年，年均减少率为 5.65%。但镇区普通高中在校生数呈增加趋势，年均增加率为 1.89%。

表 7-34　2011—2015 年河南省、周口市、郸城县城乡普通高中在校生数情况表　(单位：人)

区域\年份		2011	2012	2013	2014	2015	年均增加率(%)
河南省	总计	1895068	1926336	1892306	1895457	1943101	0.63
	城区	679344	689063	704960	717586	687344	0.29
	镇区	1184503	1204919	1158375	1151674	1220052	0.74
	乡村	31221	32354	28971	26197	17238	−13.80
周口市	总计	222078	224338	219499	224782	232776	1.18
	城区	40271	38126	40606	44064	46083	4.85
	镇区	181751	186212	178343	179527	184700	−0.20
	乡村	56	0	550	1191	1993	144.25
郸城县	总计	27041	29105	28802	30236	30441	3.01
	城区	3284	3244	2886	2411	2571	−5.65
	镇区	23757	25861	25916	27825	27870	1.89

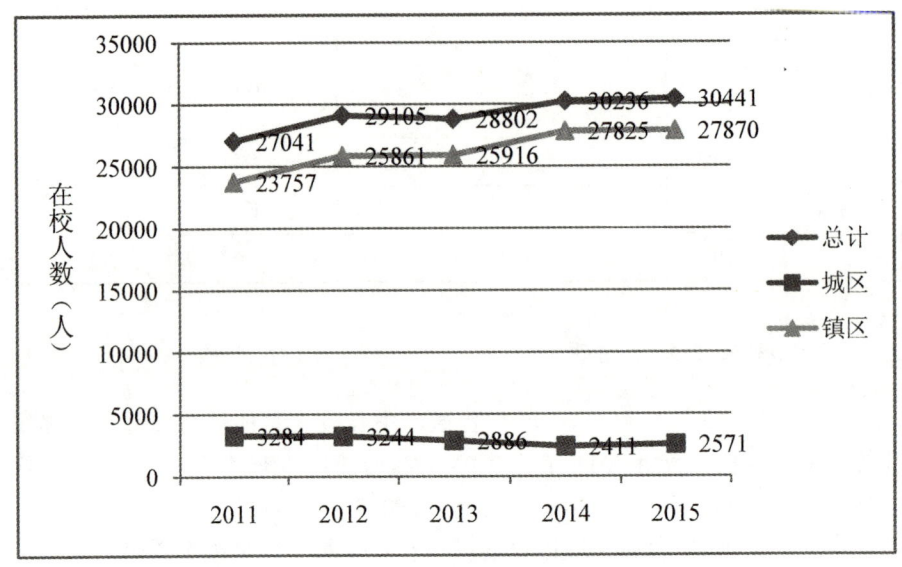

图 7-29 2011-2015 年郸城县城乡高中在校生数变化图

由表 7-35、图 7-30 可知,郸城县民办普通高中在校生数总体呈增长趋势,由 2012 年的 8609 人,增加到 2015 年的 9432 人,年均增加率 3.09%,比周口市民办普通高中在校生数(-2.27%)增加的速度快。这说明郸城县民办普通高中办学发展趋势比较好。

表 7-35 2012-2015 年周口市、郸城县民办普通高中在校生数表 (单位:人)

年份 区域	2012	2013	2014	2015	年均增加率(%)
周口市	54916	48713	45801	51258	-2.27
郸城县	8609	7781	6968	9432	3.09

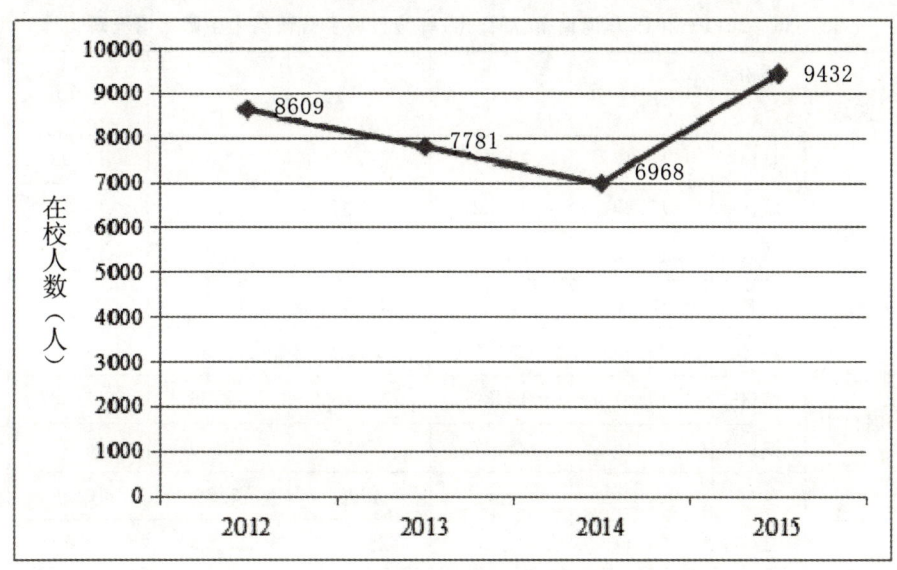

图 7-30　2012—2015 郸城县民办普通高中在校生数变化图

（三）生师比情况

由表 7-36、图 7-31 可知，郸城县普通高中生师比总体呈好转趋势。生师比由 2011 年的 28.17∶1，发展到 2015 年的 23.17∶1，且与周口市、河南省变化基本一致。国家规定高级中学生师比为 16∶1。截至 2015 年 12 月底，郸城县普通高中生师比(23.17∶1)未达标，比周口市(18.01∶1)、河南省(14.93∶1)差些。相当于郸城县一个普通高中教师平均比国家要求的多负担 7—13 个学生。但从 2014 年以后开始好转。可以预测出郸城县普通高中生师比会逐年稳步向好。

从分区域来看，由表 7-36、图 7-32 可知，郸城县普通高中生师比镇区(22.31∶1)比城区(39.55∶1)好些，但均未达标，且差距较大。即教师负担比较重，压力比较大。

表 7-36 2011—2015 年河南省、周口市、郸城县城乡普通高中生师比情况表①

区域	年份	2011	2012	2013	2014	2015
河南省	总体	18.17	17.94	17.51	14.96	14.93
	城区	17.29	16.82	16.95	14.03	14.18
	镇区	18.96	18.86	18.02	15.67	15.47
	乡村	12.33	12.94	13.27	12.73	6.13
周口市	总体	23.66	23.03	22.12	18.53	18.01
	城区	19.07	16.89	17.25	17.56	17.63
	镇区	25.16	25.07	23.92	19.05	18.25
	乡村	1.12		4.95	5.96	10.49
郸城县	总体	28.17	24.56	26.50	25.75	23.17
	城区	33.86	33.44	44.40	37.09	39.55
	镇区	27.53	23.95	25.36	25.09	22.31

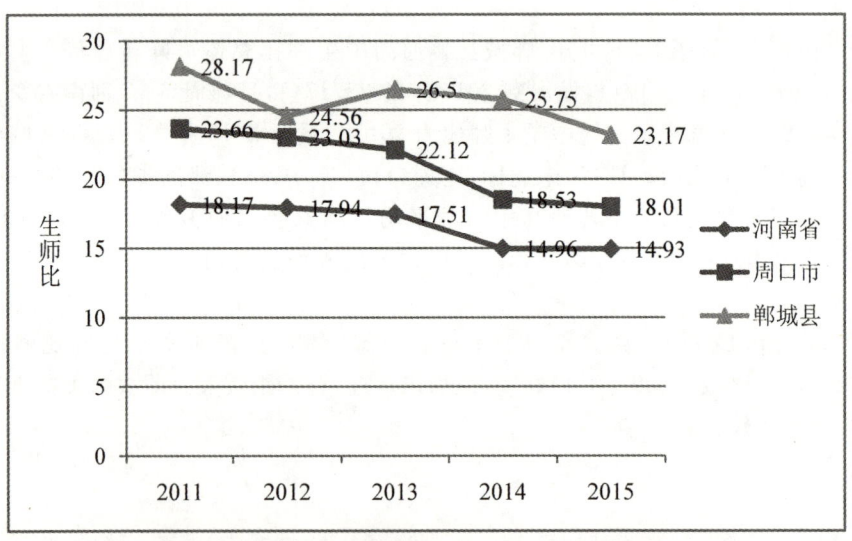

图 7-31 2011—2015 年河南省、周口市、郸城县高中生师比变化图

---

① 因为郸城县无乡村高中,所以乡村高中各类数据均未统计。

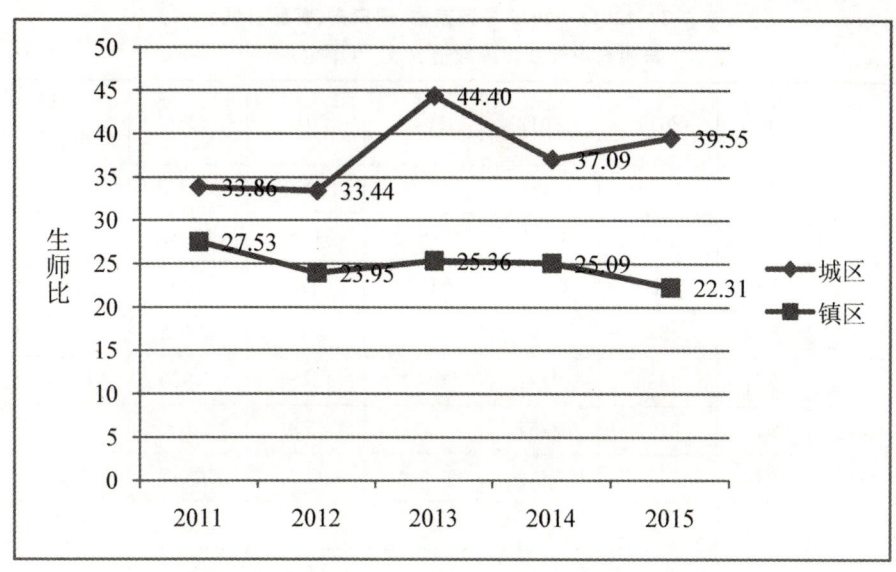

图 7-32 2011—2015 年郸城县城镇高中生师比变化图

(四) 专任教师结构情况

1. 专任教师数量情况

由表 7-37、图 7-33 可知,郸城县普通高中专任教师数整体呈增加趋势。普通高中专任教师由 2011 年的 960 人,增加至 2015 年的 1314 人,年均增加率 8.16%,与河南省(5.69%)、周口市(8.32%)趋势一致,并且差距不大。

从分区域来看,由表 7-37、图 7-33 可知,郸城县城区普通高中专任教师整体呈减少趋势,年均减少率 9.52%;镇区普通高中专任教师整体呈增加趋势,年均增加率 3.70%。而河南省和周口市城区、镇区普通高中专任教师数量均在增加。

表 7-37 2011—2015 年河南省、周口市、郸城县城乡
普通高中专任教师数情况表　（单位：人）

区域	年份	2011	2012	2013	2014	2015	年均增加率(%)
河南省	总计	104288	107347	108063	126695	130131	5.69
	城区	39285	40975	41600	51138	48468	5.39
	镇区	62470	63871	64279	73499	78851	5.99
	乡村	2533	2501	2184	2058	2812	2.65
周口市	总计	9385	9741	9921	12131	12922	8.32
	城区	2112	2257	2354	2509	2614	3.74
	镇区	7223	7429	7456	9422	10118	8.03
	乡村	50	55	111	200	190	39.62
郸城县	总计	960	1185	1087	1174	1314	8.16
	城区	97	97	65	65	65	−9.52
	镇区	863	1080	1022	1109	1249	3.70

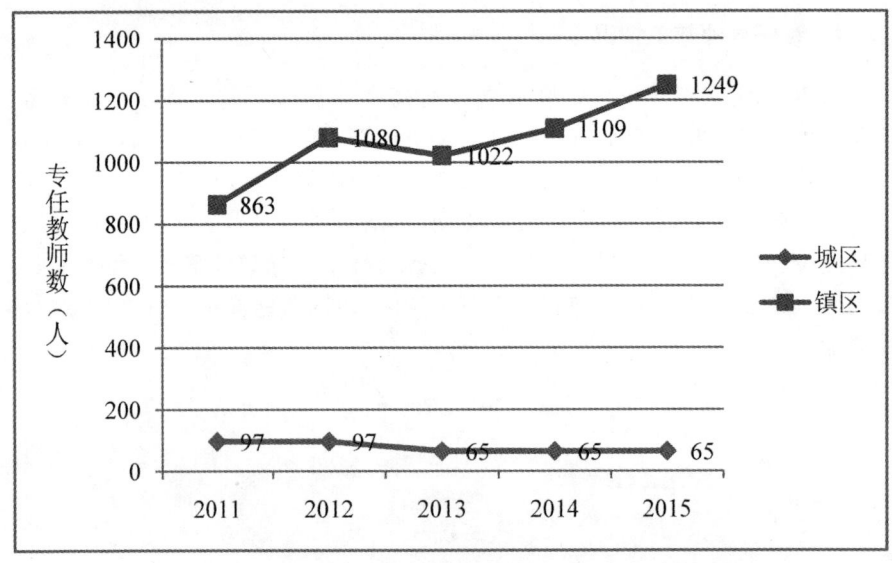

图 7-33 2011—2015 年郸城县城镇普通高中专任教师数比较图

2. 专任教师年龄结构情况

由表 7-38、图 7-34 可知,截至 2015 年 12 月底,郸城县普通高中专任教师较为年轻,平均年龄为 34.72 岁。40 岁以下的教师占大多数,占教师总数的 72.53%;50 岁以上的专任教师 64 人,占总数的 4.87%。

表 7-38　2015 年郸城县普通高中专任教师年龄结构情况表　(单位:人)

年龄 占比	24 以下	25—29	30—34	35—39	40—44	45—49	50—54	55—59	60 及以上
人	163	246	253	291	167	130	46	18	0
%	12.40	18.72	19.25	22.16	12.71	9.89	3.50	1.37	0

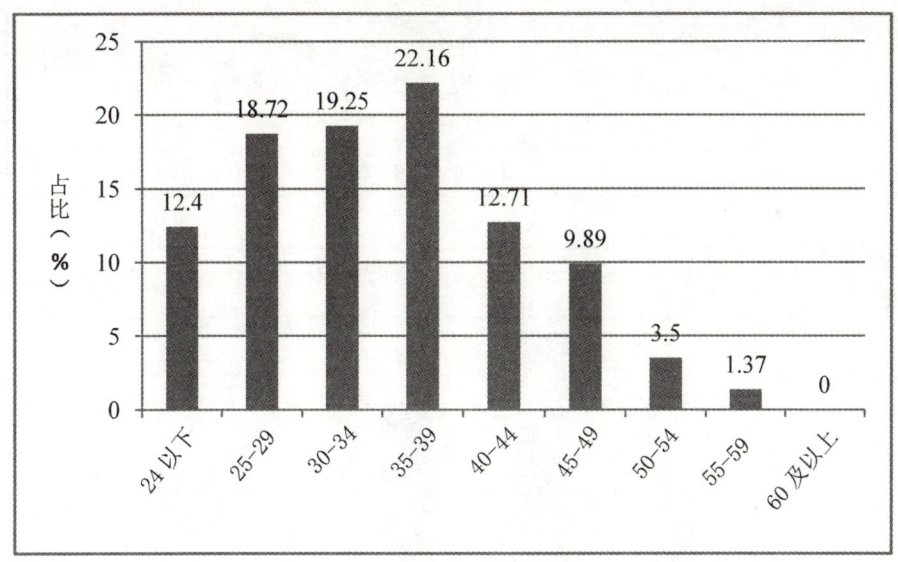

图 7-34　2015 郸城县普通高中专任教师年龄结构比较图

3. 专任教师学历结构情况

由表 7-39 可知,截至 2015 年 12 月底,郸城县普通高中本科以上学历专任教师占专任教师总数的 91.32%,学历还未完全达标(本科学历达标)。研究生毕业进入教育事业,但仅占专任教师总数的 5.40%。

表7-39 2015年郸城县普通高中专任教师学历结构情况表 (单位:人)

占比\学历	研究生毕业	本科毕业	专科毕业	高中阶段毕业
人	71	1129	114	0
%	5.40	85.92	8.68	0

4. 专任教师职称结构情况

由表7-40、图7-35可以看出,截至2015年12月底,郸城县普通高中专任教师职称为:中学高级、中学一级职称专任教师人数共721人,占总人数的54.87%。未定级占总体专任教师人数的7.84%。

表7-40 2015郸城县普通高中专任教师职称结构情况表 (单位:人)

占比\职称	中学高级	中学一级	中学二级	中学三级	未定职级	合计
人	217	504	395	95	103	1314
%	16.51	38.36	30.06	7.23	7.84	

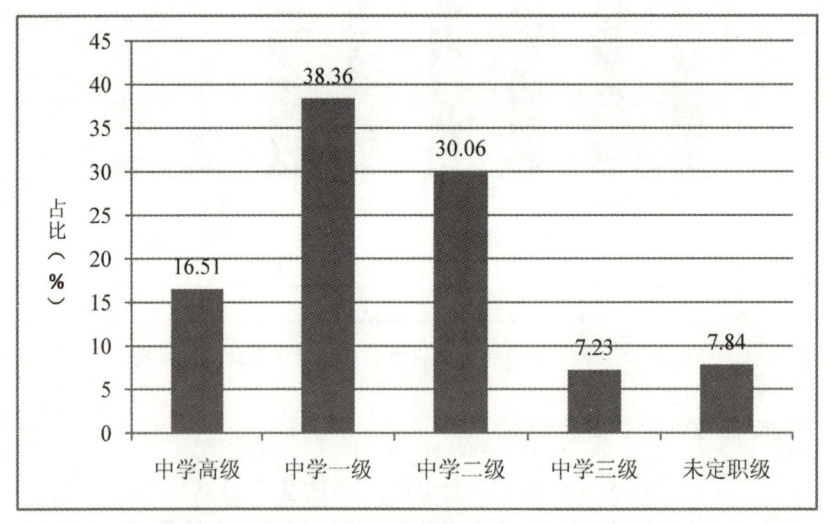

图7-35 2015年郸城县高中教师职称结构占比比较图

5. 分课程专任教师情况

由表 7-41 可见,截至 2015 年 12 月底,郸城县普通高中分课程专任教师的基本状况,其中语文、数学、英语分课程专任教师所占比例最大,分别为 16.35%、16.96%、15.20%,占比最少的是艺术分课程专任教师(0.38%)。

表 7-41　2015 年郸城县普通高中分课程专任教师情况表　(单位:人)

学科占比	品德与生活(社会)	语文	数学	英语	物理	化学	生物	地理	历史	信息技术	通用技术	体育与健康	艺术	音乐	美术	综合实践活动
人	82	213	221	198	108	121	89	71	77	28	5	54	5	16	14	1
占比(%)	6.29	16.35	16.96	15.20	8.29	9.29	6.83	5.45	5.91	2.15	0.38	4.14	0.38	1.23	1.07	0.08

(五) 基本办学条件情况①

1. 校舍建设情况

按照《城市普通中小学校校舍建设标准》(建标[2002]102 号)、《农村普通中小学校建设标准》(建标[2008]109 号)等标准,由表 7-42、图 7-36 可知,郸城县普通高中生均校舍建筑面积整体呈增长趋势,年均增长率 4.94%,与河南省(2.15%)、周口市(12.18%)发展趋势基本一致。普通高中生均校舍建筑面积由 2012 年的 5.46 平方米,增长到 2015 年的 6.31 平方米,趋于接近国家标准(6.50 平方米/生)。

---

① 前面小学、初中在写基本办学条件情况时,都叙述了校舍建设、图书藏量、教学仪器设备以及信息化建设情况等四个内容。这里因图书藏量、教学仪器设备情况在统计中发现有问题,主要表现在周口市、郸城县高中生均图书藏量与河南省相比差得太多,尤其是郸城县城区高中生均图书藏量分别由 2012、2013 年的 6.47、6.23 减少至 0.83、0.78;教学仪器设备情况的问题也是出在郸城县城区高中,城区高中生均仪器设备总值 2012—2015 每年度只有 40 元左右,而镇区高中生均仪器设备总值由 2012 年的 252.12 元增加至 2015 年的 396.12 元。经初步分析,这两组数据可信度低,所以,文中不再显示。

表 7-42 2011－2015 年河南省、周口市、郸城县城乡普通高中
生均校舍建筑面积情况表 （平方米/生）

区域	年份	2012	2013	2014	2015	年均增加率(%)
河南省	总体	13.65	13.97	14.52	14.55	2.15
	城区	16.28	15.85	16.12	15.56	－1.50
	镇区	12.08	12.71	13.36	13.83	4.61
	乡村	16.36	18.82	21.61	19.73	6.44
周口市	总体	6.90	6.79	10.18	9.74	12.18
	城区	11.44	11.29	11.76	11.42	－0.06
	镇区	5.92	5.74	9.32	9.04	15.15
	乡村		15.08	80.36	34.82	51.95
郸城县	总体	5.46	5.59	5.39	6.31	4.94
	城区	3.91	4.40	5.27	4.94	8.11
	镇区	5.34	5.41	5.10	6.44	6.44

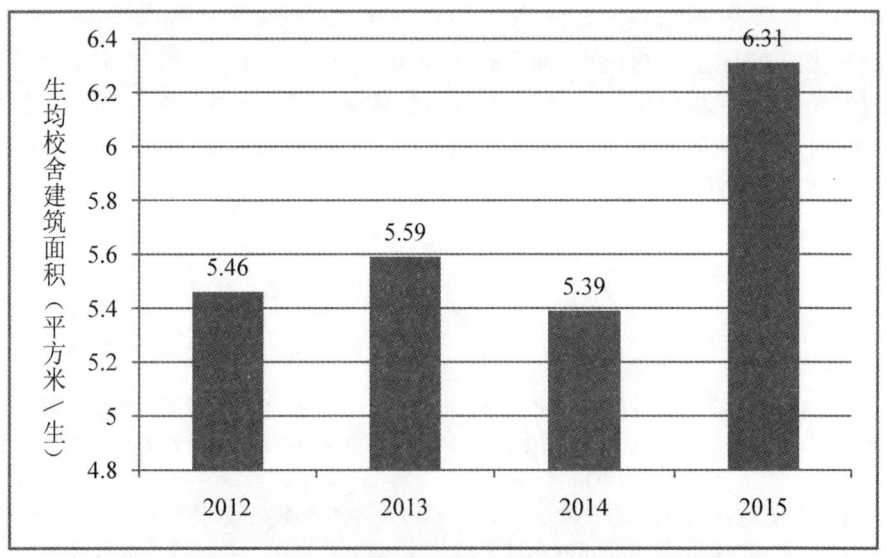

图 7-36 2012－2015 年郸城县普通高中生均校舍建筑面积比较图

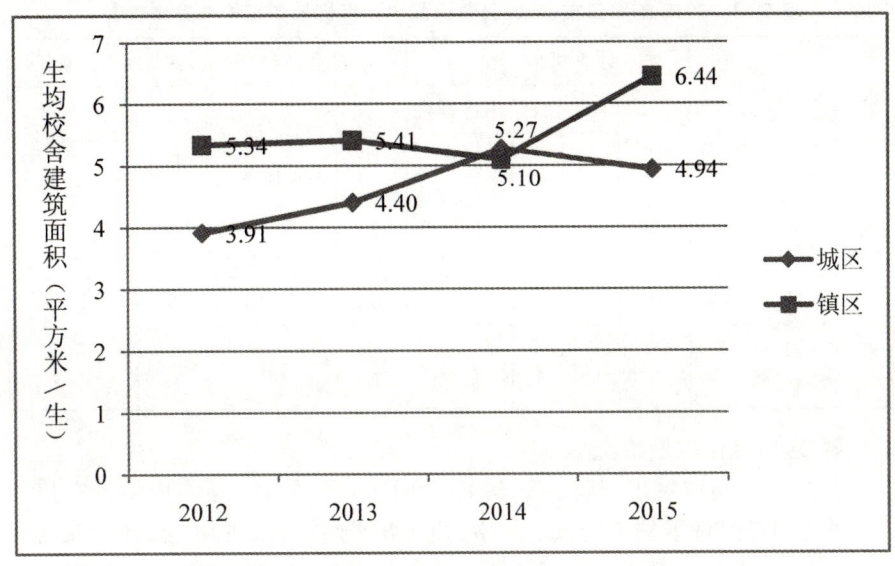

图 7-37　2012—2015 年郸城县城镇普通高中生均校舍建筑面积发展趋势图

从分区域来看,由表 7-42、图 7-37 可知,郸城县城区、镇区普通高中生均校舍建筑面积均呈增长趋势,城区(4.94 平方米/生)、镇区(6.44 平方米/生)年均增加率分别为 8.11%、6.44%,但也未达到国家要求(6.50 平方米/生),镇区已基本接近国家标准。

2. 信息化建设情况

第一,计算机台数与多媒体教室座位数。

由表 7-43 可知,截至 2015 年 12 月底,郸城县普通高中学校的计算机数(台)、网络教室(间)、普通教室(间)分别为 2197 台、510 间、506 间,分别占周口市总数的 19.22%、11.15%、11.81%。这说明郸城县在信息技术硬件设施方面投入较大。

表 7-43　2015 年周口市、郸城县普通高中计算机与多媒体教室比较表

	计算机数（台）			教室（间）		其中：普通教室（间）	
	计	其中：教学用计算机		计	其中：网络多媒体教室	计	其中：网络多媒体教室
		计	其中：平板电脑				
周口市	11430	10119	1301	4573	2354	4286	2334
郸城县	2197	2032	4	510	173	506	173
郸城占周口总体比例（%）	19.22	20.08	0.31	11.15	7.35	11.81	7.41

第二，信息化建设情况。

由表 7-44 可以看出，截至 2015 年 12 月底，郸城县普通高中学校在信息化建设方面已经做了较大投入。其中，接入互联网校数（所）8 所、接入互联网出口带宽 370Mbps、数字资源量 18768.00GB、接受过信息技术相关培训的专任教师 1134 人次、信息化工作人员 40 人。其中第一、三、四项分别占周口市总体的 13.79%、13.99%、38.72%。这也足以说明郸城县对信息化建设的投入与支持。

表 7-44　2015 年周口市、郸城县普通高中信息化建设情况表

	接入互联网校数（所）	接入互联网出口带宽（Mbps）	数字资源量（GB）		接受过信息技术相关培训的专任教师（人次）	信息化工作人员数（人）
			计	其中：电子图书		
周口市	58	4138	134127.00	97427.00	2929	346
郸城县	8	370	18768.00	14128.00	1134	40
郸城占周口总体比例（%）	13.79	8.94	13.99	14.50	38.72	11.56

四、统计分析结论

通过以上大量统计数据分析，得出以下结论：

（一）学校数量：小学增加，初中减少，高中趋稳

小学数量增加，初中数量减少，高中（8 所）近四年内趋于稳定不变。小学

数量年均增加率为0.76%,初中数量年均减少率为6.29%。

从分区域来看,城区、乡村小学均在逐年减少,镇区小学逐年增加;城区、镇区、乡村的初中均逐年减少,其中乡村初中减少的速度最快;城区、镇区高中稳定不变,乡村高中关闭。

民办小学、初中、高中学校数量近3年内稳定发展。截至2015年12月底,共有民办学校89所。其中,小学58所,初中26所,高中5所。2015年民办小学和民办高中各增加1所。而周口市、河南省民办学校数量却逐年减少。

(二)在校生数:小学、初中逐年减少,高中增加

小学、初中在校生数均减少,年均减少率分别为10.51%、5.22%,与周口市、河南省小学和初中在校生数变化一致。高中在校生数呈增加趋势,年均增加率3.01%。

从分区域来看,城区、乡村小学在校生总体呈减少趋势,镇区小学在校生总体呈逐年增加趋势;城区、乡村初中在校生总体呈减少趋势,镇区初中在校生总体呈逐年增加趋势;城区高中在校生总体呈减少趋势,镇区高中在校生数呈逐年增加趋势。

民办小学在校生数逐年增加,年均增加率(13.07%)比周口市小学在校生数增加的速度快(2.49%)。其中,乡村民办小学在校生数增加最快,年均增加率26.25%。民办初中在校生数则逐年减少,年均减少率为2.52%。民办高中在校生数逐年增加,年均增加率为3.09%。

(三)生师比:小学达标,初中和高中仍有差距

小学生师比已达标;初中、高中生师比已有所好转,但仍未达标。截至2015年12月底,小学、初中、高中生师比分别为15.44∶1、17.42∶1、23.17∶1。从分区域来看,城区、镇区、乡村小学生师比均已达标;城区(27.80∶1)、镇区(28.82∶1)初中生师比均未达标,乡村初中生师比(14.02)已达标;城区(39.55)、镇区(22.31)高中生师比未达标。

民办小学、初中、高中生师比已有较大好转,但也均未达标。

(四)专任教师:年轻化较为明显,中高级职称较多

专任教师队伍的具体情况表现为:小学、初中专任教师数减少,高中专任教师数稳步增加;专任教师年轻化明显;中高级职称教师数较多;学历未完全

达标;分课程教师任务较重。

小学、初中专任教师数减少,高中专任教师数增加。小学、初中专任教师年均减少率分别为0.07%、0.19%,高中专任教师年均增加率为8.16%。从分区域来看,小学、初中各区域专任教师变化基本一致,城区、乡村专任教师逐年减少,镇区专任教师整体呈增加趋势;高中专任教师城区减少,镇区增加。

专任教师年轻化明显。截至2015年12月底,郸城县专任教师呈现出明显的年轻化趋势,教师队伍朝气蓬勃。小学、初中、高中专任教师平均年龄分别为39.10岁、36.29岁、34.72岁;小学、初中、高中专任教师40岁以下的比例分别为56.25%、67.38%、72.53%。

中高级职称教师人数较多。小学高级职称以上人数占总体的49.32%;初中、高中中学一级职称以上人数分别占总体的55.19%、54.87%。

学历未完全达标。截至2015年12月底,小学、初中、高中专任教师学历达标率分别为90.94%、56.40%、91.32%。

学科教师结构不尽合理。体、音、美小学科课程教师所占总体比例较小,在中小学校较为紧缺。

(五)基本办学条件:投入逐年增加,情况逐年好转

基本办学条件具体表现为:生均校舍建筑面积、图书藏量、教学仪器设备、信息化建设等方面,投入逐年增加,情况逐年好转,但个别方面仍有缺口。

小学、初中、高中生均校舍建筑面积逐年好转。截至2015年12月底,小学、初中生均校舍建筑面积分别为7.13平方米、10.48平方米,均已达标(6.50平方米/生);高中生均校舍建筑面积6.31平方米,基本接近国家标准。从分区域来看,城区、镇区、乡村小学、初中生均校舍建筑面积均呈逐年增长趋势,且已达标;城区(4.94平方米/生)、镇区(6.44平方米/生)高中生均校舍建筑面积均呈逐年增长趋势,尤其是镇区已基本接近国家要求。

小学、初中、高中生均图书藏量呈逐年增长趋势。截至2015年12月底,小学生均图书藏量达标,初中(13.19册/生)、高中(14.22册/生)生均图书藏量均未达标。从分区域来看,乡村初中生均图书藏量达标,而初中、高中城区、镇区生均图书藏量未达标。

小学、初中、高中生均教学仪器设备总值总体呈增长趋势,与河南省、周口市发展趋势基本一致。

小学、初中、高中信息技术硬件设施投入逐年增加,成效明显,均超过周口市的平均投入水平。

第三节　郸城县教育改革与实践

郸城县教育做得好,不仅仅是指郸城一高做得好,更主要的是整个郸城县基础教育做得好——郸城县小学、初中义务教育阶段,基础打得牢固,打得扎实。以近几年的中招成绩为例,在周口市各县(市、区),郸城县中招成绩连年创佳绩,连续八年领跑全市。

郸城县中招成绩自 2013 年起,连续四年 600 分、550 分以上尖子生和高分层人数占整个周口市总数的 30% 和 25% 以上。

2013 年,周口市总分前 10 名,郸城占 4 人;600 分以上全市共 806 人,郸城 315 人,占 39.1%;570 分以上全市 4885 人,郸城 1366 人,占 28%。

2014 年,周口市总分前 5 名,郸城占 4 人;前 20 名,郸城占 12 人。全市 620 分以上 51 人,郸城 18 人,占 35.3%;590 分以上 1079 人,郸城 313 人,占 29%。

2015 年,周口市总分前 5 名,郸城占 4 人;全市前 30 名,郸城占 15 人。全市 620 分以上共 121 人,郸城 53 人,占 43.8%;全市 600 分以上 824 人,郸城 280 人,占 34%。

2016 年,周口市总分前 10 名,郸城占 5 人;全市 630 分以上 97 人,郸城 28 人,占 29%;全市 600 分以上 1514 人,郸城 464 人,占 30.6%。全市 550 分以上高分段各段考生人数,郸城均占据第一,基本占全市三分之一左右。

成绩源自支持。郸城县委、县政府致力于打造教育名片,倾全县之力支持教育发展。成绩来自实干。县教体局提出"用事实说话"的工作理念,全县师生员工沉下心来,踏踏实实教学、科研、学习。成绩出自巧干。全县教育系统以汉字工程、高效课堂、高效阅读为抓手,不断深化教育教学改革,教与学的效率不断提高。目前,郸城教育系统教风正、学风浓、考风严,已形成良性循环。尤其值得一提的是,在 2015 年高考和中考中,全县 2.6 万多名考生,没有发现一起违纪现象。郸城高考、中考考务工作零违纪,受到省、市教育招生考试部门高度评价。

总结郸城县教育改革与实践,比较突出的特点表现在以下方面:

一、持续完善的教育体系,为郸城教育打牢基础

2010年以来,郸城县委、县政府为全面贯彻落实《国家中长期教育改革和发展规划纲要(2010—2020年)》《河南省中长期教育改革和发展规划纲要(2010—2020年)》,制定了《郸城县教育改革与发展的总体目标》(简称《总体目标》)。《总体目标》中提出以"教育优先发展"为理念,以"科教兴县""科教富民"为战略决策,以"办好人民满意的教育"为宗旨,以办"高水平、高质量"教育为目标,坚持政府主导"依托企业、社会参与、协同推进"的教育改革与发展思路。在教体局党组书记、局长刘现营同志的带领下,以"焦裕禄式的好校长"张伟为榜样,以"办好每一所学校,把每一个孩子教育好"为使命,全县教育系统组织教师向张伟同志学习,不断提高精神境界和责任意识,爱岗敬业、无私奉献、精诚团结、不怕困难、锐意进取、开拓创新,努力将郸城教育建设成为在省内、国内具有一定教育影响力,引领河南省乃至全国农村教育发展的"县域"典范。

(一) 基础教育持续向好发展

2000年以来,郸城县县委、县政府针对社会发展中的"农业、农村、农民"问题,始终贯彻"科教兴县""科教富民"的战略决策,确立了从农业大县、人口大县转向教育强县的发展目标。为加快实现这一目标,进一步提高教育质量,使郸城教育形成明显优势,郸城县教体局制定了"小学抓习惯养成,初中抓全面提升,高中抓升学质量(科学备考)"的整体教育发展思路,使郸城教育自身强大起来。为实现这一郸城教育整体发展的战略构想,在局长刘现营的带领下,教体局党组深入到全县每一所学校开展调查摸底,根据农村中小学发展的现状,直面教育发展的新情况、新问题,制定出郸城整体教育发展的思路和策略。目前,郸城县已基本形成一个小学、初中、高中相互衔接,政府、企业、社会多元投入,公办教育与民办教育联动发展的完善的教育体系。

到2016年7月,郸城县共有高中、初中、小学667所。其中公办学校578所(小学506所、初中64所、高中8所),民办学校89所(小学58所、初中26所、高中5所)。共有在校学生21.3814万人。其中,小学段11.8831万人,初中段6.4542万人,高中段3.0441万人。共有教师1.2373万人。其中,小学教师7353人,初中教师3706人,高中教师1314人。小学数量整体趋于稳定,小学在校生数总体呈减少趋势,但近两年又基本趋于稳定状态。初中学校数

总体呈减少趋势,在校生数总体也呈减少趋势,但到 2015 年又有所增加。而郸城县镇区在校生数(包括小学和初中)明显增加,与河南省其他镇区在校生数相比增加速度较快。近两年,高中学校数趋于稳定,高中在校生数逐年增加,年均增加率为 3.01%。郸城教育的发展基本适应和满足人民群众的需求。

(二) 办学条件不断改善

作为国家级贫困县,郸城县委、县政府在财政状况比较困难的情况下,在保证上级教育财政资金足额投入的基础上,积极创造条件,开拓其他经费渠道,形成以"政府投入为主,多渠道筹措资金"的教育投资体制,确保教育经费投入逐年增长,使郸城基础教育办学条件不断得以改善。

郸城县小学校舍建设逐年投入,生均校舍建筑面积逐年好转。截至 2015 年 12 月底,生均校舍建筑面积增长到 7.13 平方米,年均增长率为 21.70%,高于河南省(6.11 平方米)、周口市(6.92 平方米)的平均水平,且已经达到并超过国家生均校舍建筑面积标准(6.50 平方米)。教学仪器设备方面,生均教学仪器设备总值 515.73 元,年均增长率为 50.70%,高于河南省(465.49 元)、周口市(425.46 元)的平均水平。信息化建设方面,硬件设施不断改善,投入持续增加。郸城县小学的计算机数(台)、网络教室(间)、普通教室(间)分别为 6150 台、5715 间、5241 间,分别占周口市总数的 22.38%、13.87%、14.01%;接受过信息技术相关培训的专任教师 2668 人,占周口市接受过信息技术相关培训专任教师总数的 21.34%。

郸城县初中办学条件得到很大改善。截至 2015 年 12 月底,生均校舍建筑面积增长至 10.48 平方米,年均增长率为 9.65%,已经达到并超过国家生均校舍建筑面积(6.50 平方米),与河南省(10.98 平方米)、周口市(10.21 平方米)基本持平。教学仪器设备投入每年均有不同程度的增加,到 2015 年生均教学仪器设备总值 672.80 元,年均增长率为 39.71%,增加投入的幅度比河南省(21.47%)、周口市(33.51%)要大。校园信息化建设方面做了较大投入。截至 2015 年 12 月底,郸城县初中学校的计算机数(台)、网络教室(间)、普通教室(间)分别为 5210 台、1772 间、1665 间,分别占周口市总数的 17.35%、12.51%、13.19%。接受过信息技术相关培训的专任教师 1573 人,占周口市接受过信息技术相关培训专任教师总数的 17.76%。

（三）教育体系逐步完善

长期以来,党和国家高度重视农村教育问题。每年的中央一号文件都对农村教育作出具体安排,尤其是 2013 年以来,连续或多次提出①:全面改善农村义务教育薄弱学校基本办学条件,提高农村学校教学质量;改善农村学校寄宿条件,办好乡村小规模学校,推进学校标准化建设;因地制宜保留并办好村小学和教学点;加强乡村教师队伍建设,落实好集中连片特困地区乡村教师生活补助政策;建立城乡统一、重在农村的义务教育经费保障机制;等等。农村教育在整个国家教育体系中所占的份额很重,影响面很大。

为解决农村教育的问题,郸城教育从大处着眼,从小处入手,通过深化教育改革,整合教育资源,不断改善办学条件;通过创新体制机制,改革办学模式,不断优化教育布局;通过科学培训,建设专业化校长队伍和教师队伍,不断提升教育质量。郸城县已逐步形成"体系完整、体制健全、布局基本合理、水平一流、人民满意"的教育新局面,建立了各级各类教育协调发展的新体系,实现了义务教育普及化和相对均衡化、高中教育优质化和品牌化的发展新格局。

二、不断创新教育管理体制,为郸城教育提供政策支持

长期以来,由于郸城县教育欠账太多,基础比较薄弱,建设与发展的任务非常重,压力也非常大;与之相对应的是,教育改革同样任务繁重,难度很大。为尽快改变郸城教育的落后局面,在县委、县政府的全力支持下,教体局党组从全面深化教育改革入手,通过一系列的办学体制改革、教育行政体制改革、学校管理体制改革和教师管理体制改革等,逐步建立起公办与民办教育并进齐发、城乡教育均衡发展、竞争激励机制健全、充满生机与活力的教育新局面。

（一）民办教育的发展进入快车道

在经济社会转型发展的新时期,社会利益群体复杂多样,价值取向各有不

---

① 2013—2016 年的中央一号文件分别是《关于加快发展现代农业进一步增强农村发展活力的若干意见》《关于全面深化农村改革加快推进农业现代化的若干意见》《关于加大改革创新力度加快农业现代化建设的若干意见》《关于落实发展新理念加快农业现代化实现全面小康目标的若干意见》。

同,教育需求也呈现出多元化的特点。在一些地区公办教育不能满足需求、政府财力不足的情况下,民办教育确实有力地扩充了教育资源。尤其在当前教育综合改革进程中,特别需要发挥民办教育的"鳑鱼效应",激发学校办学活力,提高教育整体质量①。《中华人民共和国民办教育促进法(2013年修正本)》第三条明确指出:民办教育事业属于公益性事业,是社会主义教育事业的组成部分;国家对民办教育实行积极鼓励、大力支持、正确引导、依法管理的方针;各级人民政府应当将民办教育事业纳入国民经济和社会发展规划。因此,构建以政府办学为主、民办教育、企业资助办学等多种形式共同发展的多元办学体制,以满足人民群众多元化的教育需求,成为郸城县教育体制改革的重要任务和突破口。

从郸城县社会经济发展的实际情况看,郸城县是一个经济落后、交通不便、百万人口以上的大县、穷县,教育经费、教育资源严重不足,广泛吸引社会力量办学,成为近年来郸城教育发展的有益补充。为促进郸城民办教育的快速发展,教育管理部门专门制定了《鼓励社会力量办学的若干规定》和《关于加强郸城县民办学校管理的具体措施》等相关政策。这些政策一方面从有利于增加教育投入,有利于教育竞争和提高办学质量,有利于满足人民群众对教育的需求出发,对各种办学形式进行大胆尝试和积极探索。另一方面,在经费投入、资金管理、教师管理、评价体系、监督机制等方面对民办学校进行规范管理和积极扶持,从而迎来了郸城民办教育快速发展的春天。截至目前,郸城县民办中小学已发展到89所,在校生占全县学生总数的26.1%,高出全省15个百分点。其中,民办中小学办学规模生源在1千人以上有5所,规模人数在500人以上的有36所,与所在区域的周口市其他县(市、区)相比,成为县域民办教育最发达的地区。目前全县形成了民办学校与公办学校明争暗赛、竞相发展的生动格局。

目前,郸城县民办学校正在从规模数量的发展壮大走向提升质量的内涵特色发展道路。民办学校不仅有力地补充了公办教育资源的不足,而且成为满足人民群众多元化教育需求的重要力量。家长需求、学生需求是民办学校发展的根本动力,也决定着郸城民办学校必须适应市场、开放办学。不少民办学校在办学特色和办学质量上下大功夫,走内涵特色发展之路,在社会上获得了良好的声誉。郸城才源高中作为一所民办公助学校,长期坚持"以质量求生

---

① 周海涛.以深化综合改革增强民办教育发展活力[J].教育研究,2014(12):109—114

存、以质量求发展"的办学主导思想,从尊重学生、关爱学生、倾听学生、指导学生出发,坚持办优质民办教育为目标,在内部管理尤其是对教师的管理方面,通过管理改革,积极为教师提供更多更好的发展平台和人性化服务,吸引和稳定一大批优秀教师,为提高学校办学质量奠定坚实基础。到目前为止,才源高中有教职工 160 人,任课教师 136 人,在校生 3260 人;教师队伍中高级教师 37 人,省级优秀教师 12 人,市级优秀教师 36 人。从 2006 年开始,才源高中为中国人民大学、复旦大学、南开大学等"985""211"重点院校输送一批又一批优秀毕业生。在师资队伍建设上下功夫,走内涵发展之路,是郸城县才源高中的办学特色,也是市场机制下民办学校发展的必经之路。

郸城英博学校也是民办学校的一个代表。该校创建于 1996 年,是一所集幼儿园、小学、初中三位一体的全日制寄宿式民办学校。创办二十年来,学校规模不断扩大,目前在校学生 3000 余名,在校教职工 200 多人。该校以"办一所学生喜欢的学校"为办学理念,努力为每一个来英博学校就读的学生提供最适合的教育。学校坚持以促进学生全面发展为主线,以提高教学质量为中心,以丰富多彩的活动为载体,以"全程质疑解疑"为教学基点,围绕学生"每日六课""5+1 学习习惯""四个主题活动"等常规工作,坚持走内涵发展之路,不断打造办学特色,提升学校办学品位。学生"每日六课"是从早起的"整理内务课",上午和下午的"课前一支歌""班级宣誓课""活动课""15 分钟音乐习字课"到晚上的"自觉自悟日记课"等,让学生知道做什么、怎么做、为什么这样做、如何坚持做等。"5+1 学习习惯"是为配合课堂教学改革,使学生养成各种好的学习习惯,即自主学习习惯、倾听的习惯、质疑的习惯、整理错题的习惯、表达的习惯以及一个学科习惯。"四个主题活动"是为学生能力提升搭建的平台,即每周一的升国旗主题教育活动,每周六的主题班会、主题故事会,以及文化传承主题论坛等。各种活动的开展和课堂教学改革的推进,提升了办学水平和社会美誉度。

(二)教育公共治理机制形成并大见成效

按照全球治理委员会于 1995 年发表的《我们的全球伙伴》研究报告中所指出的,治理不是一整套规则,也不是一种活动,而是一个过程;治理过程的基础不是控制,而是协调;治理既涉及公共部门,也包括私人部门;治理不是一种正式的制度,而是持续的互动①。有学者认为,教育公共治理是指政府、社会组织、市场、公民个人等主体通过参与、对话、谈判、协商等方式集体选择行动,共同参与教育公共事务管理,共同生产或提供教育公共产品与公共服务,并共同承担相应责任②。治理目的在于形成以学生发展为本、面向学校教育实际、积极回应内外环境变化、促使教育自主发展的新型教育公共服务体系。

在建设和谐社会的道路上,政府一定要认清社会管理的本质,重点不在管,而在于理,理顺社会关系,促进社会自治。因此,有学者提出③,必须重新厘定政府在公共教育服务中的权力边界,进一步明确各级政府的公共教育管理职责,逐步实现从"全能政府"向"有限政府"转变,从"管理政府"向"服务政府"转变,从"窄职能、大政府"向"宽职能、小政府"转变,从"权力政府"向"责任政府"转变,并通过适度的分权和放权,将一部分公共教育服务职能委托出去,形成政府、市场、社会三者合作的公共教育服务治理模式。

20世纪90年代以来,为尽快改变郸城县教育落后的工作局面,县教体局一直在探索改革发展之路。特别是进入2000年以来,郸城县教体局决定彻底转变教育治理方式,形成权责分明、职能协调、决策科学、监督有力的教育管理体制框架。初步形成以"管、办、评"三结合的教育新型治理结构,强化教育行政部门对学校的服务职能和监督管理职能。在基础教育阶段,进一步强化政府办学的主体责任,突出教育行政部门的主导地位,按照《义务教育法》规定的"合理配置教育资源、促进义务教育均衡发展、改善薄弱学校的办学条件";"缩小学校办学条件差距""县级教育行政部门应当均衡配置区域内学校的师资力量,组织校长和教师的培训与流动"等要求,推进教育公共治理。

首先,教育行政部门转变职能,由直接管理向宏观调控、监督管理转变。过去的县级教育行政部门对学校的管理存在着管理过细、管理过多、管理过于直接的现象。这样造成的后果是作为教育行政部门自己该管的事情无暇顾及,没有管好,而应该留给学校自行管理的事情又过问太多、插手太多,影响了学校办学自主权和办学积极性的充分发挥。目前,郸城县教体局下放学校管理权限,把学校管理权交给学校、交给校长、交给学校教职工,学校初步具备了人事自主权、财政自主权和课程自主权。学校拥有一定的办学自主权,激发了学校办学活力,每一所学校都在发挥其最大潜能,争先创优,争创特色和品牌。

---

① 俞可平. 治理与善治[M]. 北京:社会科学文献出版社,2000.4—5
② 姜美玲. 教育公共治理:内涵、特征与模式[J]. 全球教育展望,2009(5):39—46
③ 蒲蕊. 公共教育服务体制创新:治理的视角[J]. 教育研究,2011(7):54—59

郸城县教体局坚持"用事实说话"推进工作,坚持机关引领基层,坚持周报告、周通报、月例会、期汇报制度。教体局干部带头下乡下校督查,深入基层到一线查找问题,一月只开一个会,会议不设主席台,留给基层更多的时间抓教学、抓管理。机关引领基层,教师影响学生,教育生态天蓝水绿,校长、教师静心做事、比学赶超,中小学生勤奋学习、全面发展。

其次,完善校长负责制,调动校长依法治校积极性。郸城教育改革的成功经验之一就在于选好、用好校长,发挥校长管理治校的积极作用。一个好校长,就能带出一支好队伍,就会办成一所好学校。所以,完善校长负责制,让校长有职有权,既民主管理,又大胆负责。在人事权上,校长可以根据学校人员结构优化的需要,决定人员选聘的标准,不断提高教职工工作的热情;在财务权上,校长有权对学校进行预决算和经费控制,节省开支,提高效益;在教学权上,校长可根据学校发展的需要,自主进行教学管理和课程开发。

再次,建立健全民主管理机制,提高学校民主决策水平。校长负责制提高了学校管理效益。但随着学校办学自主权的不断扩大,开展民主管理,提高学校民主决策水平,成为学校治理的重要内容。对此,郸城县教体局在调查研究的基础上,从校长培训入手,提高学校民主决策的水平。自2013年始,教体局每年都利用暑假对中小学校长进行为期15天的"封闭式"教育管理培训,不断增强中小学校长的"权利"意识和"责任"意识;同时,进一步建立健全民主管理制度,形成"校务议事会"制度,对学校重大事项如经费预算、人员聘用、课程编制、教材选择等事项进行集体研究决策。调动了广大教师参与学校管理的积极性,提升了学校民主管理水平,实现了学校管理科学化、规范化和常规化。

(三)学校之间强弱结对、精准帮扶正积极推进与实施

2016年7月20日,习近平总书记在银川主持召开东西部扶贫协作座谈会时强调,东西部扶贫协作和对口支援,是推动区域协调发展、协同发展、共同发展的大战略,是加强区域合作、优化产业布局、拓展对内对外开放新空间的大布局,是实现先富帮后富、最终实现共同富裕目标的大举措,必须认清形势、聚焦精准、深化帮扶、确保实效,切实提高工作水平,全面打赢脱贫攻坚战①。把这一工作思路运用到一定区域内的教育扶贫方面同样适用,不少地方已积

---

① 习近平.认清形势聚焦精准深化帮扶确保实效 切实做好新形势下东西部扶贫协作工作[N].人民日报,2016-07-22(1)

累了一些成功的经验和做法,探索出了城乡教育共同发展的新模式、新路径。

在推进城乡教育均衡发展的进程中,开展城乡学校结对帮扶、联盟办学,是整合教育资源,充分发挥优质教育资源的好思路、好举措,也是不断创新教育管理体制的又一新探索、新尝试。郸城县教体局组织县直学校对农村薄弱学校结对帮扶。各乡镇由中心校组织开展强弱结对帮扶,以强带弱,以优带薄,通过管理帮扶、教学帮扶、资源帮扶、文化帮扶、学生帮扶等措施,着力提高农村薄弱学校管理水平、教学质量、师资力量、生源数额,推动教育均衡持续发展。

目前,郸城县一高、二高、三高、实验中学、第二实验中学、第三实验中学、实验小学、第三实验小学等8所学校与城郊、乡镇薄弱学校结对帮扶,107对学校结成乡镇帮扶校。品牌学校的优质师资、先进理念和管理经验与农村学校共享,优质学校正在实现从"盆景"到"百花园"的华丽蝶变。目前的帮扶工作正如火如荼地展开,如郸城三高的骨干教师到钱店一中举办教师业务培训班,手把手传授与帮扶;县实验小学在宜路镇成立教育教研基地,帮助镇里的学校搞好教改教研;胡集一中帮扶胡集鲁张小学,派一名副校长到鲁张小学进行管理及业务辅导。

一枝独秀不是春,万紫千红春满园。教体局局长刘现营说,郸城教育,光靠每年几十个清华、北大支撑还太单薄,全面发展才是郸城教育的春天。为认真做好学校帮扶工作,县教体局将帮扶进展情况每周通报,每月小结,学期评价,三年考核兑现奖惩。

(四)教师管理体制得到进一步优化

提高教育教学质量的关键在于教师。为进一步提高教育教学质量,郸城县教体局从改革与完善教师管理体制入手,紧紧围绕教育改革要"依靠教师,为了教师,服务教师,发展教师"这一主线,不断创新教师管理理念和教师管理措施,抓好教师管理,提高教育质量。

第一,建立健全教师常规管理机制。在教师管理方面,郸城县教体局先后制订与印发了《教师教学日常管理制度》《教师教学常规及量化考核方案》《教师教学目标管理与激励机制》《关于加强教师劳动纪律管理的若干规定》《关于加强教师队伍管理的意见》和《郸城县义务教育学校教师奖励性绩效工资发放的指导意见》等制度性文件,将激励机制与目标管理相结合、双向聘任与绩效奖励相结合,通过"浮上来""沉下去"等措施,引导广大中小学教师树立质量意识,以提高教学质量、提升学生素质为己任,形成人人不甘落后的良好氛围。

"浮上来"是让"业务精通、独当一面、开拓创新、成绩显著"的同志"浮出水面",压担子,给任务,进一步快速成长;"沉下去"是既让教师到乡村学校支教锻炼,又要求教师伏下身子,虚心请教,精于教研,细于教改,用于课堂。同时,县委、县政府、县教体局领导亲自为高考功臣教师、优秀管理干部、教改能手以及优秀模范家属颁奖,使每一个有贡献的教师有面子、有精神。

第二,不断创新教师培训、研修机制。以教师专业发展为核心,以中小学教研组建设为基础,以"名师"培养为抓手,采取"请进来、走出去"等方式提高教师教育教学水平。"请进来",即聘请国内教学专家对全体中小学教师进行培训,指导中小学教师开展教学研究;"走出去",是让广大中小学教师多渠道参与"国培""省培""市培""县培"等各种教育培训,提高教师的教育素养和教学技能。同时,基础教育教研室结合郸城县中小学实际情况,于2013年9月,全面启动了中小学以教研组为单位的教师专业发展"六个一"工程。以学校教研组为中心,组织教师"每学期读一本教育著作、开一堂示范课、开一堂研究型课、探讨一种教学法、研究一个课题、开放一门校本课程"。教育培训、研修活动的开展,充分调动了广大教师教学改革的主动性、积极性,逐步形成了"比干劲、比能力、比实干、比奉献"的热潮;教师自主学习、教学反思、教学研究、共同成长的专业理念深入人心;公开课、观摩课、示范课不仅成为青年教师成长的平台,也是郸城教学名师教学技能展示的舞台,更是教学名师引领青年教师专业成长的舞台。

第三,践行以人为本的服务管理理念。管理就是服务,服务就要倾注爱心,倾注爱心的管理就可以达到管理的最高境界,即人化管理。人化管理是给师生以制度和伦理的双重关怀,是在面对人、面对人的发展工作中的民主决策与科学管理,是最大限度地调动每一个人、每一个群体的内在生命激情,激发他们的内在发展动力①。教体局局长刘现营始终把"服务意识"放在工作第一位,并要求他的工作团队中的局党组、局中层,以及每一位中小学校长都要做到五个方面:一是具有教育情怀,即爱教育、懂教育;二是具有责任意识,即高度负责、敢于担当;三是具有创新意识,即适应并促进教育发展、学生成长;四是服务意识,即服务教师、服务学生;五是表率意识,即要以身作则、为人师表。刘现营认为,只有当教师在工作中感到舒适、舒心,才能做到安心、尽心,才能全心全意从事教育教学活动。因此,每一个中小学校长都必须为教师的工作、

---

① 李清臣,刘现营. 县域基础教育改革与发展的理论和实践——"郸城教育品牌"的行动诠释[J]. 教育理论与实践,2016(20):13—15

生活着想,为学校发展营造团结、和谐、友爱、进步的良好氛围,将人本管理落到实处。全县教育系统形成了局领导心中装着学校和校长,校长心里想着教师和教学,教师满脑子都是学生和教改的良好局面。也正是教育行政管理者的大局意识、服务意识,铸就了郸城县广大中小学校长的主人翁精神和责任感,激发了广大教职员工以真诚对待工作的热情,使广大教职工能够踏实做事、简单做人、兢兢业业、任劳任怨、全身心投入到郸城教育事业的发展之中,为郸城教育事业的可持续发展提供不竭的动力。

(五) 均衡化的教师配置初步形成

教师是教育改革发展的主体力量。没有师资队伍的均衡配置就没有城乡教育的均衡发展。经过几年的努力,郸城县教育管理部门在基础教育阶段城乡教师均衡化配置方面取得了较好的成绩。具体内容包括:一是不断完善农村教师工资待遇制度,以利益为导向吸引优秀青年教师到农村中小学工作,实现在工资待遇、福利待遇、职称评审等方面向农村教师倾斜,并进一步通过改善农村中小学办学条件,解决农村中小学教师的生活条件和生活环境,实现待遇留人、环境留人。二是不断完善城乡校长和教师相互交流制度。目前,郸城县教体局已经制定了《城乡校长和教师相互交流制度》。这一制度的出台和实施,为实现城乡中小学校长交流和教师资源均衡配置奠定了良好的制度环境。当然,从目前城乡中小学校长和教师相互交流的效果看,还不尽理想。如何进一步提高城乡中小学校长和教师交流的实效,还需要进一步建立与完善有关交流补偿机制和交流质量评估机制,对流动的中小学校长和教师即时给予经济补偿,或与教师的职务提升、职称晋级等挂钩。三是完善农村中小学教师培训机制。以"校本培训"和"县本培训"为平台,为农村中小学教师创造良好的学习条件和进修机会,提高农村中小学教师的业务素质和教学能力,让他们对扎根农村教育充满信心。四是进一步建立完善农村中小学教师准入与退出机制,增强农村中小学教师的新陈代谢功能,及时解决目前农村中小学因师资不稳定而造成的师资缺乏问题,确保农村中小学教育质量。

三、健康协调的社会环境,为郸城教育营造氛围

自20世纪80年代中期以来,政府始终把"普九"作为教育工作的重中之重。但从郸城教育整体发展的情况看,与中等以上城市和经济发达地区相比,依然存在着不足:师资队伍薄弱,教师课程与教学改革的意识和能力欠缺;校

园校舍、图书仪器设备、体育卫生设施等不能满足需要;信息化装备不足;校园房屋改造任务十分繁重等诸多问题。面对郸城社会经济和教育发展落后现状这样一个不争的事实,郸城县委、县政府明确提出"优先发展教育,依靠教育培养人才,通过人才振兴郸城"的"科教兴县"战略决策,决定从改变郸城教育发展的外部环境治理入手,从根本上彻底改变郸城教育落后的面貌。

(一) 政府担责,优先发展教育

在当前实施义务教育"地方负责、分级管理、以县为主"的管理体制下,郸城县委、县政府根据经济社会和教育发展的实际情况,采取了许多措施以促进教育事业的发展。一是对农村中小学进行布局调整。具体实施方案是:(1)撤点。对当时占地面积、建筑面积小,无法改造的中小学实行撤点。(2)合并。结合农村中小学布局情况,将那些分散的面积小、人数少的村级学校进行并点,合并为中心教学点。(3)改造。对于建筑面积小,能够结合城镇建设规划进行改造的,予以扩建改造。(4)迁建。对于位于中心城区、乡镇中心位置区的一些中小学,无法扩大用地又必须保留的学校进行迁建。

二是加大教育投入,优先发展教育。近年来,郸城县委、县政府始终把教育摆在优先发展的战略位置,把教育作为最重要的民生工程来抓,牢固树立抓教育就是抓发展、抓民生、抓后劲的理念。自2012年以来,郸城县政府每年用于教育投资占全县财政支出的28%以上,在县城新区拿出1000亩最好地段的土地,建设高规格的"七校一中心"教育园区,县财政已累计投入资金15亿多元。政府对教育的重视换来的是令人欢欣鼓舞的好成绩。几年来,由于郸城教育工作成绩突出,周口市政府两次对郸城县政府通令嘉奖,郸城县也被评为河南省和全国"教育工作先进县"。近十几年来,郸城县历任县委书记和县长,都被人们誉为"教育书记"和"教育县长"。

在目前的"脱贫攻坚"这场战役中,面对《光明日报》记者的提问:郸城县作为一个国家级贫困县,郸城教育为何取得如此好的成绩? 现任郸城县委书记罗文阁说:"再穷也要抓教育,培养一个大学生,挖掉一个穷根子!"[①]正所谓"教育扶贫挖穷根"。郸城县每年高考学生都超过1.2万人,将近70%的考生考入高校,创造了5年152人考入北大、清华的"奇迹"。从郸城走出去的成功人士不忘乡亲,反哺家乡,加快郸城脱贫步伐。河南安信建设集团董事长、高

---

① 丁艳.河南郸城:教育扶贫挖穷根[N].光明日报,2016-08-10(03)

级经济师张贵亮为家乡捐建小学;复旦大学毕业生王文一,放弃城市优越生活,回到家乡流转300亩土地发展创意农业,带领100多名贫困群众致富;全国农村残疾人扶贫开发标兵王洪生,创办新潮职专开展实用技术培训,10年间使3000多农村青年就业……"昔日走出去学知识,如今回家乡帮'穷亲'。教育发展不仅为郸城积蓄了发展后劲,也为脱贫攻坚注入了强大动力。"现任郸城县长李全林如是说①。

(二) 社会呼应,温暖人心

为加快郸城教育的发展,郸城县委、县政府在贯彻执行党的教育政策基础上,号召有关企业、社会团体、个人开展"振兴教育,为民效力,雪中送炭,光洒一片,不计其小,务求尽心"的献爱心行动,为郸城教育送温暖。自2010年始,政府每年拿出200万元作为奖励基金,用于奖励对郸城教育作出重大贡献的中小学校长、教师和学生。其中,2015年分别已有55名学生、35名校长和教师获得政府奖励基金的奖励。在县委、县政府的感召下,企业助学、社会助学、个人助学的良好风尚在郸城县蔚然成风。

在企业助学方面,郸城县本地的财鑫集团、金丹乳酸等知名企业先后出资1000多万元,资助郸城教育发展;郸城商务中心区万洋博览城每年拿出100万元帮扶贫困师生;周口市所属的益海粮油和万阳集团每年分别投入200万元、100万元,资助学习优异、家庭困难的贫困生和贫困教师。

在社会助学方面,在北京、上海、郑州、武汉等地的郸城商业团体先后成立了"郸城商会",县工商联组织这些郸城商会成立了"仙城圆梦基金",每年至少帮助2000名贫困大学生顺利实现上学的梦想,帮助他们完成学业、实现自己的人生理想。

在个人助学方面,秋渠乡于寨成立全县第一个村级助学基金会,10多年来帮扶近300名贫困学生完成大学梦;2016年7月1日,县委书记罗文阁看望已90岁高龄、被誉为"最美老人"的郸城县离休教师侯一风。侯一风真诚地对罗文阁书记说:"我能活到现在,能享受到今天的幸福生活,这一切都是党给的,我要一心跟党走。党教育我,要全心全意为人民服务。年轻的时候积极工作,党叫干啥就干啥,哪里需要到哪儿去。现在退休了,干不动了,但我还有工资。我要把钱拿出来,帮助那些有困难的人。"从1950年代的3元、5元到现

---

① 赵春喜.郸城教育扶贫助力脱贫攻坚[N].河南日报,2016-07-31(1)

在的3000元、5000元,60多年来,侯一风和老伴唐琳用微薄的工资,资助了数不清的学生、教师和困难群众。每年教师节,他都会到教体局送2000元钱,资助困难师生。助残日、扶贫日、家乡修路、汶川地震、玉树地震等,他和老伴儿都会捐款捐物,60余年来,捐献不止,助人无数。

每年的7月20日,是郸城县委、县政府和教体局主持召开的隆重的"教育庆功会"的日子。会上,为郸城教育作出重大贡献的教师代表、教师家属被广大师生、家长、人民群众以热烈的掌声拥上主席台,受到人们最为隆重的礼赞。这一天,也是郸城县人民为教育献爱心、付诸行动的一天,郸城各界人士纷纷自发地从四面八方集聚"教育庆功会"会场,倾囊相助,汇集爱心。

(三)尊师重教,全民行动

郸城县从一个经济贫困、教育落后的农业人口大县一跃发展成为教育强县,得益于政府在人力、物力、财力等方面的大力支持,也离不开尊师重教的社会环境。首先,郸城县历史文化悠久,钟灵毓秀,人杰地灵。早在春秋战国时期,这里就成为道家鼻祖老子的"修身"之地,因老子在此"炼丹而成",故名郸城。更有孔子施陈、游学于此的历史传说。这里还是西汉重臣汲黯的家乡,民间至今流传着关于汲黯勤学苦读、励志成才的故事,他的故事成为激励一代又一代郸城学子的原动力。其次,郸城县委宣传部、教育主管部门加强宣传力度,通过各种渠道,号召全社会关心教育。2010年以来,郸城县委宣传部、教育主管部门不断围绕郸城教育改革与发展取得的成绩,在国家、省、市、县等各级报纸、杂志、电台、网络予以宣传报道。《光明日报》《中国教育报》《教育时报》《河南日报》《周口日报》,中央电视台、河南电视台、周口电视台,以及新浪网、中国日报网等多家媒体先后报道郸城教育的各类稿件达1500多篇。其中,郸城一高先后被《中国教育报》《教育时报》《河南日报》《周口日报》等多次报道。再次,郸城县委、县政府和教育主管部门以各种重大教育事件为契机,开展广泛的尊师重教活动。政府每年举办一次大型"教育庆功会"和教师节表彰会,县委书记、县长及县四大班子领导全部参加,县领导、教体局领导亲自为作出重大贡献的教师、教师家属、学生、学生家长颁奖。会后制作成大型宣传图片在县委、县政府和各乡镇政府门口进行巡回展示,把政府重视教育的行动目标宣传到广大人民群众心中,带动广大人民群众共同关心郸城教育,重视郸城教育的发展,为郸城教育发展献计献策,尽心尽力。政府、企业、社会、人民群众共同为郸城教育改革与发展创建了一个良好的外部环境,支撑起一片教育的蓝天白云、青山绿水。

四、优化教育内部环境,抓实抓牢办学核心要素

如果说良好的外部环境是郸城教育发展的前提和保证,那么不断优化完善的内部环境则是郸城教育得以持续发展的关键。近几年来,郸城县教体局领导十分重视教育内部环境治理,在学校内涵发展上大做文章,做大文章。重点抓好中小学校长队伍建设、教师队伍建设以及校园文化建设等办学的核心要素,不断优化教育内部环境,为郸城教育持续稳步发展和学生的健康成长打下坚实基础。

(一)以培训为抓手,打造专业化的中小学校长队伍

校长是学校的灵魂。一所学校能否办好,校长起着重要作用。所以,选好、用好中小学校长至关重要。关于中小学校长的选拔问题,教体局局长刘现营直言不讳地说:"一所学校,交到你手里办砸了,交到别人手里办好了,这就是校长在办学过程中的能力差别。"这说明选好人、选对人是关键。如何选好校长?刘现营说:"学校是传播知识的场所,需要领导者良好的业务能力,不同于其他行政部门,学校必须由内行来管理。"把想干事、业务能力强的人选到校长岗位上是郸城县教体局近几年选人的一条恒久不变的工作思路。

选好人重要,把人用好更为重要。为建设高素质的中小学校长队伍,郸城县教体局采取各种措施,通过国家、省、市等组织的各级校长培训活动和县教体局组织的专题培训活动,对全县中小学校长进行轮岗培训,转变中小学校长的管理观念,改进中小学校长的管理行为,使每一位中小学校长不仅具有先进的办学理念和明确的办学思想,具有明确的学校发展规划和明晰的办学思路,而且具有学校领导团队建设和协调工作的管理能力,不断提高中小学校长对学校的管理水平和驾驭能力。同时,结合各种培训活动的开展,教体局党组针对当前中小学管理中存在的一些具体问题,对校长提出明确而具体的要求:(1)中小学校长必须具备制定与实施学校发展规划的能力,能高质量拟订年度工作计划、财务预算和学校规章制度;(2)具备组织教师开展教育、教研活动的能力,保证教育教学质量完成与提升;(3)能够全面负责学校日常工作,设立各类管理机构并授权开展各类管理工作;(4)能够独立行使好校长自主权,聘任或解聘教职工,按国家和学校有关规章制度对他们进行奖惩。

正是因为郸城县教体局领导的严格要求和得力措施,郸城教育出现了一大批品德高尚、素质精良的中小学校长,其中有"焦裕禄式的好校长"张伟,有

全国优秀校长、河南省劳动模范郸城一高校长刘成章,还有省优秀教育工作者、市普通中小学管理优秀校长、创造了农村学校"28连冠"佳绩的郸城县汲水乡刘小集小学校长李可明,等等。

(二)加强校本教研和教师培训,提高教师队伍素质

作为国家级贫困县的郸城县,贫困落后难以阻挡郸城人改变家乡、发展教育的基本信念。治贫先治愚,治愚就要优先发展教育,发展教育就要重视教师队伍建设。在访谈过程中,教体局局长刘现营指出:"教师是教育改革发展的主体,没有教师的参与,教育改革发展难免成为空谈。""从学校发展出发,学校发展离不开提高教师素质,而提高教师素质重点要抓好校本研修。"为将校本研修落到实处,局长刘现营亲自去北京、上海、沈阳、河北、南京等地,请"专家"上门指导,钟秉林、袁振国、钟启泉、石中英、魏书生、吴正宪等一大批著名专家学者先后被请上门来,指导规划郸城教育的发展,指导中小学教师开展校本研修。

首先,从"教学对话"开始做起,郸城县中小学教师的课堂都成为公开课,本校教师之间、学校与学校之间,教师可以随堂听课、课后研讨,课后教师们一起谈备课、谈授课体会,在交流中不断成长。通过专家指导,教师形成了发现"教学问题"的能力。通过"对话交流",教师们不断改进教学,提高教学实效。

其次,发挥教研组功能,以"集体备课""说课"为载体,打造高效课堂。"集体备课"是教师针对教材开展的研究活动,"说课"是提高教师教学设计能力,形成教学思想的重要途径。教体局基础教育教研室狠抓这一工作的落实,通过"四定""两监督"(备课定时间、定地点、定责任人、定内容;制度监督、领导监督),使广大中小学教师课堂教学实现了标准化、科学化、规范化,广大中小学教师在"集体备课""说课"中不断学习、借鉴他人的教学经验,形成自己的教学智慧,涌现了一批教学名师。其中有获得中原名师的县实验小学教师刘佳慧,有获得2015年河南省委宣传部、河南省教育厅等部门联合评选的首届"河南最美教师"、享有"留守儿童妈妈"美誉的实验小学教师王西梅,还有获得2015年"周口最美教师"美誉的郸城一高教师王雪涛、吴台镇河湾小学教师顾凤民,等等。

(三)重视校园文化建设,建设特色文化校园

校园文化是学校特色的表征,是学校的生命所在,是学校重要的教育资

源,是催生教师专业成长和学生生命发展的深厚土壤,是学校人文传统和优良校风的根本之源。只有优秀的校园文化,才能孕育出优秀的学校教育。因此,加强校园文化建设,不断创新校园文化,是当前学校提升办学水平的一项重要工作①。校园文化的品位影响着教育环境的品位,校园文化建设既是特色学校建设的本质与核心,也是学校的育人之本。针对郸城教育的具体情况,教体局党组提出了"一校一特色"的发展思路,在中小学开展特色文化校园建设。具体措施包括:

一是以"养成教育"活动为抓手,致力于中小学生良好习惯的培养。为推动这一活动的有效开展,教体局成立了"养成教育课题组",针对城乡中小学的特点,开展不同的教育活动。(1)在县城中小学开展"养成教育"校本课程开发、"中华美德颂"等专题活动,形成独具地方文化特色的校园文化活动。如郸城县第三实验小学开展的"中华美德颂",受到上级教育部门和社会各界的广泛赞誉,先后被授予全国"读写研究会"实验学校、周口市基础教育教学教研工作先进学校、周口市第二批中小学课程改革先进单位、"中华美德颂"主题教育活动先进单位等多项荣誉。郸城才源中学自行研制并一直试行的养成教育自测表(学生用),其内容包括学习习惯(20分)、生活习惯(20分)、纪律卫生习惯(30分),以及感恩习惯(30分)等,由学生自己评价打分,自我约束,自我养成,自促成长。(2)在农村中小学开展"主题教育"活动。农村中小学受历史传统、地域文化、社会习俗、人文风情、学校现状、管理水平等因素的影响,校园文化建设一直是个老大难问题。为解决这一难题,教体局领导经过多次研讨论证,确定了围绕"生命教育""感恩教育""挫折教育""汉字工程"等主题教育活动。通过一系列主题教育活动,广大农村中小学生体验到父母之爱,感悟到人生意义,理解了挫折对成长的意义,从而促进学生良好健康人格的形成。

二是开展"美丽校园"建设活动,实现中小学校园绿化、净化、美化等"三化"建设。苏联教育家苏霍姆林斯基曾指出:"让学校的每一块土地、每一堵墙都会说话,这是学校存在的意义。"现实中,教体局局长刘现营不仅是苏霍姆林斯基环境教育理论的思想者,而且也是这一理论的行动者。为净化郸城中小学教育环境,增强环境育人功能,他率先垂范,带领教体局领导班子成员每年春季到中小学进行植树绿化活动,并号召农村中小学因地制宜,利用农村各种可以利用的资源,实现中小学校园"三化"建设。美丽的校园,给置身其中的广

---

① 胡龙蛟.论校园文化建设与学校德育工作[J].中国教育学刊,2011(s1):123-126

大师生一种昂扬向上的氛围熏陶,起到"春风化雨""育人细无声"的教育作用。郸城县第二实验中学尤为关注校园文化环境对学生行为的潜在影响。校园里,随处可见警句格言、行为规范、模范人物事迹展板,学校文化长廊成为学生日常驻足的陶冶精神的场地。文化长廊分"精忠报国""上善若水""天道酬勤"三个部分,分别对应社会主义核心价值观的"国家、社会、公民"三个层面,结合学生身边生活,详细阐释了核心价值观的内涵,对学生起到了潜移默化的教育作用。学校每栋建筑上、每间教室前都有精心设计的地方乡土文化标牌,让学生了解家乡、热爱家乡,激发师生昂扬向上、奋发进取的精神。

目前,独具匠心的"校园文化""美丽校园""主题教育"活动,已经成为郸城中小学教育的一道独特的风景线。

五、打造国内"教育品牌",做强做大郸城教育

在郸城教育人十多年的共同努力下,郸城"教育之树"逐步从播种到生根发芽,继而开花结果,如今已是硕果累累。由于郸城教育人的精诚团结、锐意进取、开拓创新,郸城教育在国内、省内连续取得了一系列令人瞩目的成绩,形成了奇特的"郸城教育现象",创造了优质的"郸城教育品牌"。

(一)明确的目标,远大的追求

俗话说:欲成大事,先立大志。卓越的成果源于卓越的追求,这是对郸城教育人和郸城教育发展的真实写照,也是郸城教育发展最为重要的一环。"十一五"到"十二五"期间,为提高郸城教育质量,县政府和县教体局主要领导亲自到北师大、华东师大,邀请专家学者到郸城考察分析郸城教育。结合专家论证,制订出台了《"十一五"郸城教育发展规划》和《"十二五"郸城教育发展规划》,确立了郸城教育发展的近期、中期和远期发展目标。当时提出:郸城教育近期创周口一流,中期创河南一流,远期目标是创国内一流,形成"郸城教育品牌"。同时,在资金与设备、教师与学生、规模与速度等方面作出了详细的规划。目前,正在制订并实施的《"十三五"郸城教育发展规划》,以高起点、高目标、高要求,举全县之力支持教育、发展教育,着力实现郸城教育新跨越,全力打造郸城教育新品牌。

为将政府制订的教育发展规划落到实处,在专家引领下,郸城县各级各类学校分别制订了学校发展规划、教师个人发展规划和学生(主要指高中学生)成才规划。这一工作从实质上让各级各类学校校长明确了学校的办学目标,

明晰了学校的办学思路,让广大教师明确自己的教学任务和发展目标。对于这一举措,郸城一高校长刘成章曾感慨地说:"由于学校发展规划的制订,每个成员对自己的工作都有了清晰的定位,学校管理者树立起'责任'意识,各司其职,团结协作,服务教学;教师形成了'促进学生发展的理念',自觉开展自主学习、小组研修、教学反思等教研活动,实现了教师之间的交流合作,达成了教学目标的共享,教学质量稳步提高。"发展规划也让高中阶段的学生明确了发展方向,使同学们形成了强烈的成才愿望。这一活动使各级各类学校师生的精神面貌发生了根本性变化:教师教学、教研的积极性大大提高,学生刻苦学习、立志成才的愿望越来越强烈。发展规划为郸城"教育品牌"的创建奠定了坚实基础。

(二) 卓越的团队,优质的管理

斯蒂芬·罗宾斯于 1994 年首次提出的"团队"概念。团队是指为了实现某一目标而由相互协作的个体所组成的正式群体。因之而来的"团队合作"理念风靡全球。当团队合作是出于自觉和自愿时,它可以调动团队成员的所有智慧,从而产生一股强大而持久的正能量。团队合作变成团队合力更是团队成员拧成一股绳,心往一处想、劲往一处使的标志。

郸城教育形成的团队合力由两只专业队伍构成[①]。一是有一支讲团结、顾大局、抓重点、务实干、求创新的领导团队。这个团队既包括教体局党组成员和局中层干部,也包括各中小学以校长为核心的校领导班子。二是有一支无私奉献,对教育用心、尽心,把真心、真情献给教育事业的教师队伍。两只专业队伍,形成合力,用心做教育。

县教体局局长刘现营对郸城教育工作的理解是这样的:郸城教育是一个整体,郸城教育近年来所取得的成绩,是郸城教育人集体智慧的结晶。成绩的归属有三个方面:一是上级领导和人民群众的大力支持,二是形成了一个团结奋进的领导团队,三是广大师生的共同努力。可见,郸城教育取得的一系列成绩很大程度上得益于一个卓越、高效的领导团队。刘现营对他的团队建设有四条要求:(1)团结和谐的人际关系;(2)工作上讲求协同性和一致性;(3)工作中善于抓重点、求创新;(4)具有发展观念、开放意识。作为教体局领导,他要

---

① 李清臣,刘现营. 县域基础教育改革与发展的理论和实践——"郸城教育品牌"的行动诠释[J]. 教育理论与实践,2016(20):13-15

求教体局各级管理部门、学校管理组织等成员之间树立大局观念，相互尊重，相互信任，形成共同的发展愿景、发展目标，在工作中形成协同一致性，共同研究郸城教育发展的新情况，解决新问题。同时，他要求学校管理中必须以教师为本，善待教师，团结教师，替教师着想，让教师对学校发展有信心，对郸城教育发展有贡献。优秀的领导团队，团结协作的工作态度，上下一致、同心同德、踏实认真的工作作风，是郸城教育能够可持续发展的重要保障。

郸城教育的成功同样离不开优质的管理。为提高办学质量，郸城教育首先从学校体制改革入手，将竞争机制引入学校管理过程中。一是在中小学公开选聘校长。中小学校长的选聘主要按照"任人唯贤、公平竞争"的原则，由教师从业务主任、骨干教师中推选出候选人，教体局领导班子对校长候选人进行逐一考查，从中选拔一批业务精、能力强、敢于创新的中小学校长。二是将竞争机制引入到学校管理过程中，在校内实施"三级聘任制"。具体实施办法是，由校长选聘主管业务的副校长，由主管业务的副校长选聘班主任，由班主任选聘任课教师。"三级聘任制"的实施，彻底改变了以往学校教师"干和不干一个样，干好干坏一个样"的状况，从根本上将"多劳多得，不劳不得"的分配机制引入教育管理。这一举措不仅调动了广大教师的积极性，而且使学校管理工作步入科学化、规范化轨道。

（三）卓越的追求，品牌的创设

短短的五六年时间，郸城教育迅速崛起，连创辉煌，实现了"创河南一流，打造教育品牌"的宏伟梦想。今天，郸城教育已经成为周口教育的领跑者、河南省教育发展的排头兵、全国教育先进县。

以郸城一高为例。自 2009 年以来，郸城一高实现了清华大学、北京大学录取人数逐年增长的良好态势。2012－2016 年的 5 年间，先后为清华大学、北京大学输送优秀毕业生 152 名，居全国县级高中第一位，在国内、国际上形成了很大的影响力。2013 年，位于美国首都华盛顿的中国研究中心为了促进世界了解中国，根据师资（占分比 20%）、环境与设施（占分比 15%）、升学率（占分比 20%）、留学率（世界 15 名校，占分比 20%）、留学率（世界其他大学，占分比 15%）、学校生均支出费用（占分比 5%）、校友捐赠（占分比 5%）七项指标，进行评估，得出总分与排名。在中国 260 所最佳高中排名中，郸城一高位居 164 位。2016 年，郸城一高再创历史佳绩，全校一本上线 1900 人，较上年净增 324 人，上线率 40%；二本上线 3536 人，净增 289 人，上线率 74%；三本上线 4418 人，净增 242 人，上线率 92%。一本、二本、三本上线人数均位居河南省第一,各批次上线人数、上线率实现了十连增、周口市五连冠。有 44 名学生被清华大学、北京大学录取,比 2015 年的 34 人又多了 10 人。

2016 年 7 月 26 日,周口市委书记、市人大常委会主任徐光在对郸城一高高招成绩作出的重要批示中说:"欣闻郸城一高今年高考再创佳绩,各批次人数、上线率实现十连增、全市五连冠,尤其是 44 人被清华、北大录取,可喜可贺! 望百尺竿头更进一步,持续提升郸城一高经验,努力打造中原名校,为树立周口大教育社会形象作出新的更大贡献!"①郸城县委、县政府于 2016 年 7 月 20 日发给郸城一高的贺信②说:郸城一高取得今天的成绩,是县委、县政府正确领导、社会各界大力支持的结果,是以刘成章同志为首的管理团队和全体教职员工精诚团结、齐心协力、开拓进取、奋力拼搏的结果。多年来,一高以办人民满意的教育为目标,不断创新教育教学理念,大力实施教育教学改革,发扬"务实拼搏、敬业实干、负重加压、敢于争先"的精神,推行精细化管理,全面推进素质教育,取得了优异成绩,打造了我县崭新的教育名片,成为全市、全省高中教育的一面旗帜,为郸城争得了荣誉、作出了突出贡献。

近几年,郸城县教育事业发展迅速,教育工作受到教育部、省委省政府以及市委市政府的表彰,先后被授予河南省教育工作先进县、河南省义务教育均衡发展先进县、全国幼儿教育工作先进县、河南省职业教育强县,叫响了郸城教育品牌,实现了郸城教育"追求卓越、勇创一流"的伟大梦想。

第四节　郸城县教育改革与发展的经验与借鉴

郸城县牢固树立教育是"最大的发展后劲"理念,坚持把教育作为最大民生工程和扶贫开发治本之策,积极创新教育发展体制机制,创新人才培养模式,实现了城乡教育均衡发展和教育质量稳步提升。2016 年,郸城一高一本、二本、三本上线人数均位居河南省第一,各批次上线人数、上线率实现了十连增、周口市五连冠。其中,有 44 名学生考入清华大学、北京大学,近 5 年考入

---

① 中共周口市委办公室. 领导同志批示[Z],第 55 期,2016 年 7 月 27 日
② 郸城县委、县政府致郸城一高的贺信[EB/OL]. http://www.hndcyg.com/content/? 2841.html

两校的学生 152 名。在周口市各县（市、区）中，郸城县中招成绩连年创佳绩，连续 8 年领跑全市。自 2013 年起，连续 4 年 600 分、550 分以上尖子生和高分层人数占整个周口市总数的 30% 和 25% 以上。县级政府教育工作督导评估连续 8 年居周口市第一位，树立了全省、全国知名的"郸城教育品牌"，产生了积极的社会反响。

深入调研后，我们将郸城县教育改革与发展的经验与做法总结概括为"五个有"，即有一个好环境的支持，有一批懂教育的人的引领，有一个全县教育一盘棋的规划和学校特色的追求，有一股抓教研、抓教改的韧劲，有一个挚爱教育、真心奉献的好教师群体。

一、办教育需要好环境，需要政府、社会和百姓的鼎力支持

系统的社会环境支持是教育发展的关键所在，郸城教育发展之路诠释了这一道理。郸城县委、县政府的倾情投入，企业、百姓的鼎力支持，社会良好氛围的营造，为郸城教育的持续发展提供了良好的外部环境支持。

（一）政府优先发展教育

郸城县委、县政府始终把教育摆在优先发展的战略位置，有关教育的事情优先考虑，把教育作为最重要的民生工程来抓，每年确定三四件教育方面的大事列入全县"双十工程"，教育方面的重大问题，县委书记、县长亲自过问并研究解决。郸城县政府不断加大教育投入，2012 年以来，每年用于教育投资占全县财政支出的 28% 以上。县政府累计投入 15 亿元，高规格建设"七校一中心"的教育园区。2015 年教师节，县委、县政府拨专款 300 万元表彰先进学校和教育功臣，27 位副处级以上领导参加教师节表彰大会。同时，郸城县委、县政府坚守"政府负责，专家治校"的工作思路，政府侧重教育投入、教育发展环境营造，教育管理人员从教育内部优秀人才中选拔产生，让他们带头在全县形成了重视教育、支持教育的浓厚氛围。

（二）企业、个人支持教育

为支持教育发展，响应政府号召，郸城县企业、社会团体、个人踊跃捐资兴教。周口益海粮油公司投资 300 万元建设秋渠益海小学，郸城万洋商贸城连

续3年每年捐资助学100万元,县工商联、工会、慈善总会、万洋集团、圣光药业等帮扶近2000名贫困师生。道德模范侯一风老人先后资助300多名贫困学生,"雷锋奶奶"苏秀英割药草卖菜3年积攒1万元捐助留守儿童……企业、社会团体、公益组织、爱心人士,送资金,送知识,送热情,一笔笔捐款、一次次帮扶,涓涓细流汇成江海,滋润着一批批贫困学子。

(三)乡邻牵挂教育

秋渠乡一位普通村民连续十多年在教师节、春节为秋渠一中教师送慰问金、慰问品;丁村乡一务工村民累计向赵楼小学捐资10万元,用于改善学校办学条件;行政机关很多工作人员对一些家庭贫困孩子进行着"一对一"的资助。高考期间,郸城大街小巷满是系着红丝带的高考服务车辆,考点附近40多个爱心助考服务点,200多名志愿者助考助教,各部门齐上阵。教育爱心行动在郸城蔚然成风,令人感动。

政府、企业、社会团体、人民群众共同为郸城教育改革与发展创建了一个良好的外部支持环境。

二、办教育需要懂教育的人,引领教育的发展

《国家中长期教育改革与发展规划纲要(2010—2020)》中提出教育家办教育的指导思想。教育家是追寻和守护教育的普遍价值并把这些价值贯彻在学校教育实践中的人。他们具有教育良知、教育理想、教育智慧,能自觉地从学校发展的文化自觉与创新的角度,创造丰富的教育实践,引领学校发展。"教育家办学"不仅是郸城教育一个响亮的口号,并用行动证明着。

(一)教育需要交由懂教育的人来办

郸城县委、县政府坚守"教育管理人员从教育内部优秀人才中选拔产生"的选人、用人工作思路,坚持把真正懂教育、爱教育的人用到关键岗位。郸城县教体局连续两任局长都是教师出身、校长出身,是教育管理的行家里手。实行教育家办学、专家治校,遵循"严管、厚爱、重用"的原则,选拔培养了于秀邦、刘现营、刘成章等一批好领导、好干部,引领带动着郸城教育的发展。从郸城县教体局的选人、用人也可以看出,能够把爱教育、能力强、求创新的业务骨干用到校长岗位,选拔培养了张伟、孟杰、刘中华、陈勇、李可明等一大批优秀校

长。课题组成员在访谈中小学教师和校长时,他们对此反应强烈并说出了真心话。他们认为,教体局党组工作思路清晰,驾驭、指导全县教育能力强;抓教研、教改等重点工作成绩突出;选校长、用校长的机制灵活,且客观公正、公开透明。教育界人士普遍反响好,认同度高,教育管理干部和教师有盼头、心劲高、干劲足。

(二)懂教育的人还需有教育家的理性与情怀

纵观郸城县教育事业的发展,其背后的推动者是一个有着教育家理性和情怀的群体。从教体局领导班子乃至教体局中层干部,到全县中小学校长,他们都是教师出身,且是优秀教师的代表,深谙教育教学规律,对教育有自己的独特理解,执着教育行动,践行教育实践。在他们身上有一个共同的属性,这就是教育家的情怀和成为教育家的追求。无论是郸城县教体局提出的"小学抓习惯养成,初中抓全面提升,高中抓升学质量(科学备考)"的整体教育发展思路,以及倾力推行的"汉字工程、高效课堂、高效阅读"等三项工程建设,还是各中小学校进行的各具特色的教学质量提升的"四维一体"工作机制法、"三环五步"教学法、"行为养成教育""起点课堂"等,它们给予学生的教育是影响学生一生的教育:既重科学精神,又重人文关怀;既重知识传授,又重能力培养;既重全面发展,又重特长张扬;既重学生在校的成长,又重学生未来一生的发展。

正是这些有着教育家理念和情怀的局长、校长和教师群体的存在,才有效地推进了郸城县教育的改革与发展。他们的行动诠释着"一个好局长就是一方好教育,一个好校长就是一所好学校"的真实命题。

三、办教育需要追求特色,均而不同

特色学校是学校发展的重要内涵,是衡量一所学校发展水平的重要标尺,也是学校发展的核心竞争力和生命力。特色学校是在特色教育思想和学校教育现实的互动中建构的社会性存在①。特色学校是学校在长期的办学过程中所形成的个性特质,具有独特性、优质性和社会认同性等特征。个性化的历史

---

① 秦玉友. 特色学校:内涵、定位与基限[J]. 教育理论与实践,2014(19):29-33

底蕴、办学者的理性自觉、开放性的办学思维是特色学校建设的重要基础①。因此,促进学校特色发展,建设一批特色鲜明的中小学校,已成为推动基础教育快速发展的必然趋势和路径选择。

近年来,郸城教育在不断加强学校内涵建设的基础上,着力开展城乡中小学校"均而不同"的特色发展创建活动。

(一)注重校长队伍"特色化"建设

为推进特色学校建设,抓住校长这一关键人物最重要。为此,郸城县教体局采取有力措施,通过"集中培训、自主研究、校长论坛、学习考察"等方式,培养一批特色意识强、理论素养高、个性鲜明的中小学校长。每年暑期,郸城县教体局组织中小学校长例行半个月的"封闭式"集中培训,使中小学校长理解特色学校建设的意义,深入挖掘学校特色,制订特色学校建设计划。同时,结合培训需要,安排中小学校长参观学习郸城一高、汲水乡刘小集小学的"特色学校"办学实践,增强中小学校长的"特色"观念,提高中小学校长的"特色学校"建设能力。

高标准严要求是提高校长管理水平、打造特色化与专业化校长队伍的重要举措。县教体局坚持在学期初、学期中、学期末召开全县中小学校长和教体局各部门负责人会议,坚持半年一总结,反思各单位工作,要求每位负责人使用PPT逐一汇报单位工作,把工作摆在明处,把工作亮点亮出来,通过比较找差距。同时,局领导点评,有针对性地点出问题,点中要害,推进工作落到实处。

(二)探索学校管理"特色化"模式

为转变我国基础教育学校"千人一面"的僵局,真正营造一种"个性化""多元化"和"因材施教"的学校教育氛围,不少县级教育行政部门和中小学校都把打造特色学校提上重要日程。郸城县基础教育学校在长期的办学实践中不断挖掘、培育各自的办学特色,逐步形成了特色鲜明的办学模式。

为加快特色学校建设,郸城县教体局采取有力措施,以"三项工程"建设为抓手,积极探索学校管理"特色化"模式。经过几年的努力,郸城一高的教学质

---

① 王勇,周兴国.特色学校建设的实践探索——合肥一中的案例研究[J].教育研究,2014(8):156—159

量"四维一体"管理模式、第二实验中学的道德银行德育模式、才源高中的校本教材开发模式、刘小集小学的课堂教学管理精细化模式、第三实验小学的养成教育模式等一批各具特色的学校管理模式涌现出来,并起到很好的引领示范作用。

(三)以特色活动建设"特色化"校园

校园文化的品位影响着教育环境和学校育人的品位。郸城县教体局根据城乡中小学发展不均衡的现实,提出了"一校一特色"的发展思路,开展"特色化"校园创建活动。其中,郸城县第三实验小学开展的"校本课程开发""中华美德颂",受到上级教育部门和社会各界的广泛赞誉;第二实验中学开展的"道德银行"活动,引导学生从日常生活中的"美德善行"做起,关注自我道德行为习惯的养成,成为学生道德自主教育的一种创新形式。农村中小学根据所处的家庭环境、社会习俗、人文风情,围绕"感恩教育""挫折教育""汉字工程"等开展"主题教育"活动,帮助农村中小学生理解父母之爱,感悟挫折对成长的意义,培养健康人格。

目前,郸城县在统筹县域城乡基础教育均衡发展中,逐渐形成了"一校一特色、校校有亮点"的办学格局,从而实现城乡中小学校"均而不同"的发展新态势。各学校创造性地探索特色发展之路,实现了优势互补、特色发展、整体提升,推动了郸城基础教育的多元化、特色化发展。

四、办教育需要抓教研,向课堂要质量

教研是教师有目的、有过程、有方法地分析和解决学校教育教学过程中所面临的各种具体教育教学问题,提高教育教学质量,促进教师专业发展的一种实践性、反思性研究活动。郸城县教体局充分发挥教研室、教研员的作用,引领各中小学校开展教研活动,指导每一位教师进行教学改革、探索教学模式。学校教研活动主要通过课堂教学改革祛除应试教育的弊端,助于学生的健康发展,而不是搞所谓的"军事化管理"和"魔鬼训练"。

(一)教研室是"真正的教研室"

教研室往往被定位为一个行政处室,以行政职能取代其教研职能,使其沦为教育行政部门的附庸,说话没分量,干事没凭证,形同虚设。为解决这些问

题,郸城县教体局党组着力抓好基础教研室工作,推动全县教研活动的开展。坚持教研员例会、听课等制度,充分发挥教研员在教育教学中的指导作用,不断激发教育工作者的创新热情和奉献精神。在全县范围内根据区域划分五大教研联盟区,教研联盟区内的学校以年级、学科为组,定时间、定人员、定主题进行联合教研,研讨课堂教学和学生管理中所遇到的问题,相互取长,共同提升。

(二)教研员是"真教研员""真搞教研"

教研员既是"教"的能手,也是"研"的专家。但是,现在很多地方的教研员既不"教"也不"研"。为解决教研员既不"教"也不"研"的问题,县教体局要求教研员把课堂作为工作坊,深入各教研联盟区、中小学校,以"参加一次教研会、点评一节课、讲好一节课"为工作模式,会诊课堂,引领教研。在教研员引领下,各中小学校根据先进的课堂教学改革模式,依托学校自身的资源优势进行校本高效课堂研究,探索出许多富有成效的教学模式。郸城县第三实验小学开展的"起点课堂"、汲水乡刘小集小学的"课堂小组合作教学模式"、汲水乡王古同小学的"六环节教学模式"、第二实验中学的"三环五步教学法"等一批具有鲜明教学特色的教研模式涌现出来,并不断推广应用。

各校教研活动如火如荼地开展,催生了教师进行课堂教学改革的热潮;课堂教学改革不仅促进了教师的专业成长,也成就了学生的发展。教师通过课堂教学改革尝到了甜头,由开始不敢尝试教学改革,到目前在学校的大力支持下进行大胆改革,并热衷于教学改革,做到收放自如,解放了自我。成功的课堂教学改革,最大的受益者是学生。课堂教学改革不仅充分调动了学生学习的积极主动性,培养其创新精神和意识,而且还满足了学生的兴趣爱好,为学生个性化的自由发展搭建了优质平台,大大拓展了学生的发展空间,让学生在选择、尝试中找到自己真正的兴趣所在。

五、办教育需要真奉献,挚爱教育

"捧着一颗心来,不带半根草去"是教育的一种奉献精神。挚爱教育是对教育理想的执着追求。走访郸城县城乡中小学校,给人印象最深的就是郸城县教师"拼命三郎"的敬业、拼搏精神。无论是对教育的眷恋、执着和热爱,还是对教育的用心、尽心和操心,他们都可称之为最可爱、最可敬的人。他们把真心和真情无私地奉献给他们深爱着的孩子以及眷爱的教育事业,淡泊名利、远离世俗功利,为郸城县教育辉煌作出自己积极的贡献。

（一）用心关爱学生,用行动感化学生

挚爱是世间最真实和最真诚的情感,也是一个优秀教师师德修养最高境界的主要标志。"教育是一个良心活""没有爱就没有教育",这是郸城县教师们发出的心声。他们用自己的行动演绎着一个个动人的故事,诠释着无声的大爱。在郸城县实验小学,王西梅教师以微薄的工资资助一个个留守儿童,从农村学校到县城学校,她都有很多"编外"儿女,帮助一个个留守儿童走向阳光、快乐,被大家称为"留守儿童的妈妈老师"。在郸城县秋渠乡牛庄小学,刘宗强教师双腿患静脉曲张,动了手术,让母亲用三轮车拉着他到学校上课。身体支撑不了,刘宗强就把挨着的两节课调成隔一节上一次。课间,他还坐着备课或批改作业,每天讲完课,再到诊所输液。尽管家庭经济条件不好,但学生急用钱时,刘宗强总是30元、20元地帮助学生。每学期,给学生买练习试卷、买资料书几乎成了他的习惯。汲水乡中心小学教师孔晓梅,在手术后八天,伤口还在恢复期,就坚持到校上课。讲台上,孔晓梅颈部敷贴下长长的伤口,缓慢低哑的声音,一只手捂着脖子减缓疼痛,坚持讲课的身影让学生们的眼圈红了。对教育执着的孔晓梅,担任四年级一个班的语文和英语课,并担任班主任,每周上课20余节,吃住在校,以校为家,从教19年来,无论再忙再累从未耽误学生一节课。所教学科在全乡综合评估中总是名列前茅,所带班级被评为周口市文明班级,本人多次被评为郸城县优秀教师、优秀班主任。经常挂在她嘴边的一句话是:"学生就是我的孩子,我要让每一个学生在爱的环境中健康成长。"

（二）扎根教育沃土,静心耕耘沃土

"扎根教育,始终以饱满的工作热情,高度负责的工作态度投身到教育教学中去,立志有恒,开拓进取,敢于创新,为郸城教育的可持续发展作出积极贡献。"这是郸城县教师共同努力的目标。

为提升学生的语文素养,推进语文教学改革,郸城一高校长刘成章带着老师到浙江金华学习,早上5:30出发,下午17:20到达目的地,草草吃过饭,晚上6点准时见专家,待4个多小时的畅谈结束,回到宾馆已夜里11点,第二天早7点他又带着老师走在返回学校的路上。两天的时间,4千里的路程,几万字的材料,教改基本思路的形成,36个小时敲定。他被大家称为"如此的疯狂,如此的不可思议"。还有巴灵芝教师狠着心把3岁的孩子丢在教室外,忘我地与学生打成一片。郭福艳老师早进班晚下课,课前课后总能见到他的身影。顾风民教师"早晨吃不上饭,上午吃临时饭,晚上吃总结饭"。他把所教学生全部作文文稿整理成《学生作文卷》,300多卷,个人撰写及整理《教师作文卷》十多卷,共计93000多篇,摞起来有1米多高。

郸城一高教师有着对教育事业的迷恋和执着的追求,有着"拼命三郎"的敬业精神和默默奉献的无私精神。用一句话概括这种精神就是:爱岗胜于爱家,爱生胜于爱子。教学名师田紫兰在2015年高考庆功会上说:"教师评卷深夜不知苦,连续上课不嫌累。高三复习备考后期,监考评卷连轴转,办公室里吃盒饭,馍加菜来就稀饭,腰酸背痛依旧干。"化树田老师说:"职业就是你的事业,从大处说是崇高、无私,从小处说是我们就是一高人。"坚持奉献,终结硕果。郸城一高实行三年一体循环带班制。2013年徐丽老师所带三(8)班全班91人全部过一本线,其中11人考取清华、北大,成为"最牛高考班""考霸班"。2015年田紫兰老师所带三(11)班,600分以上61人,其中有9人被清华、北大录取。2015年刘天中老师所带三(12)班,有7名学生被清华、北大录取,学生时子威以697分排名理科河南省第六、周口第二,褚东亚以数学150分独领河南省数学单科第一名。

郸城县汲水乡刘小集中心小学校长李可明带领他的团队连续28年全乡综合量化评估第一名。近8年内,刘小集中心小学教师先后荣获河南省师德师风建设先进集体1次,2人荣获周口市十佳师德标兵,4人荣获郸城县十佳师德标兵。教师每天自觉做10件事:7:30前来签到,上好课前辅导,做好卫生指导,认真上好每一节课,下课班内看护学生,上好课间操,吃饭带好班,做好午间辅导,放学护送好路队,值班教师带好住校生等。做好这十件事,再加上班级"小主人"工程的帮扶和管理,日复一日,年复一年,教师工作高度自觉,学生良好习惯逐渐养成,学校得以持续发展,学校成为教师工作的家园、学生学习的乐园。

在秋渠乡一中和汲水乡二中,我们发现大部分教师吃住在校,教师像对家一样打理着学校,呵护着学生。"教育是个良心活",这是教师们发出的心声,他们用自己的行动演绎着一个个动人的故事,诠释着无声的大爱,印证着扎根教育沃土、静心耕耘沃土的坚定信念。

(三)作为工作母机的师范院校承担着培养优秀师资的重要责任

周口师范学院作为周口市唯一一所本科高校,长期以来为周口市基础教育培养了大批优质师资。据不完全统计,周口市中小学教师和校长一半以上都毕业于周口师范学院。以郸城一高为例,截至 2015 年 7 月,郸城一高共有教师 485 人,其中周口师范学院毕业的 100 人,占 20.62%。而 2015 届郸城一高毕业班任课教师 140 人,其中周口师范学院毕业的 48 人,占 34.29%。从这个角度来看,郸城基础教育丰硕成果的取得与周口师范学院优质的师资队伍培养是分不开的,这也是周口师范学院人才培养质量的真实写照!

挚爱教育的教师群体是郸城教育独树一帜的最大支柱,也是郸城教育必将崛起的力量所在。正是有了周口师范学院等师范院校培养的教师群体积极参与并对教育的无私奉献和用心投入,才收获了郸城基础教育丰盈的果实。

第八章　郸城县基础教育典型个案例举

本章在前面全面介绍郸城县教育改革与实践经验的基础上，再列举一所高中、一所初中、两所小学和一位校长作为典型案例，较为详细地介绍学校办学情况和校长的治校理念。

郸城一高因其 5 年为清华、北大输送 152 名优秀毕业生而闻名全国，被人称为"郸城一高现象"。该校始终以"让学校做得更好"为基本信念，以打造"全省一流，全国知名"的品牌学校为建设目标，通过改革创新走内涵式发展道路，一步一个脚印，逐步实现从平凡到卓越的蝶变梦想。

郸城县第二实验中学建校刚刚 4 年。就是这么一所年轻的学校，坚持"学校有品位、教师有个性、学生有特长"的办学目标，一手抓安全稳定，一手抓创新发展；一手抓教学管理，一手抓特色建设，学校已经形成事事创先进、人人争优秀的良好局面。

郸城县第三实验小学是该县小学教育的一面旗帜，是一个仅有 5 年办学实践的城乡结合部学校。"为孩子的一生发展打基础"的办学理念已深深印记在全校教职工心中，并付诸教育实践。校长陈勇的"教育梦"和逐步建构的"养成文化"，正显现其巨大的正能量。

郸城县汲水乡王古同小学是一个村级教学点。学校遵循"以德育人，以质兴校"的办学理念，践行"博学启迪智慧，博爱滋润心田"的誓言，坚持打造人民满意的优质教育。10 位教师坚守在乡村教育发展的大道上，是他们点亮了农村教育的希望。

郸城一高校长刘成章大胆创新，提出"二次创业、做强做大"的发展理念，重申"全省一流，全国知名"的办学目标，为"郸城一高人"树立了共同愿景。是他用"二次创业"的执着，硬生生把这所县城一般高中发展成为全国知名高中。

案例一　从平凡到卓越：前进中的郸城一高

【导语】

近些年，郸城一高因其5年为清华、北大输送152名优秀毕业生而闻名全国，被称为"郸城一高现象"。这些成绩的取得与郸城一高65年的发展息息相关。该校始终以"让学校做得更好"为基本信念，以打造"全省一流，全国知名"的品牌学校为建设目标，通过学校改革和教育创新走内涵式发展道路，一步一个脚印，实现从"平凡"到"卓越"的蝶变梦想。郸城一高先后经历四个发展阶段。第一阶段是初创奠基阶段（初创期）。面对动荡环境与重重困难，艰苦办学，积累一定办学经验，初步实现创建"郸城县一流学校"的办学目标。第二阶段是起步发展阶段（发展期）。追求"质量至上"，办学得到政府支持，逐步完善学校制度，转变教学理念与方式，营造尊师重教的校风，跻身为"周口地区一流学校"。第三阶段是品牌初创阶段（腾飞期），即"一次创业"期。创新管理体制，提倡"科研兴教"，激活教师队伍，成为"河南省示范性高中"，初步铸造"郸城一高品牌"，一跃成为"全省一流"学校。第四阶段是从品牌到卓越阶段（品牌期）。学校提出"二次创业，做强做大"的发展理念，坚持内涵式发展，优化办学理念，完善运行机制，细化质量意识，凸显人道精神，追求"卓越"发展，荣获"河南教育名片"称号，成为全国知名学校。至此，"郸城一高品牌"享誉全国。郸城一高成功的办学经验可总结概括为16个字，即"政府支持、管理规范、教师爱岗、学生乐学"。

我国著名校长郑杰先生曾提出学校发展的三层境界，即"有质量""有效能""有人道"。而有人道是学校发展的最高境界①。这里所说的学校发展三层境界也正是创办"一流学校"的过程。在争创"县一流学校""区一流学校""省一流学校"甚至"全国一流学校"的道路上，郸城一高历经65载风雨，筚路蓝缕，励精图治，始终以"品牌学校"建设为目标，并把它作为学校改革和教育

---

① 郑杰.没有办不好的学校——郑杰教育讲演录[M].上海：华东师范大学出版社，2008.25

创新的主要内涵和支柱,在全面贯彻落实素质教育过程中,形成办学特色鲜明的发展之路。

第一阶段:初创奠基阶段(初创期 1951—1984 年)

郸城县第一高级中学(以下简称郸城一高)发展的第一阶段是初创奠基阶段,虽然也追求教育教学质量的提升,但由于我国当时的大环境不稳定,追求教育教学质量也成为一种奢侈。学校当时的发展更多的是求生存,但学校历经 30 余载,积累不少办学经验,为学校起步发展作了铺垫。

一、郸城一高的历史沿革

"任何一所学校都有自己的历史背景,学校的任何变革都是在这个背景之下进行的。"[①]郸城一高也不例外。

郸城文化底蕴深厚,1951 年郸城归淮阳专署管辖,1952 年郸城建县。历史上由于受"水、旱、蝗"等诸多自然和人为灾害的影响,郸城的政治、经济、文化、科技、教育都十分落后,当时可谓是积贫积弱、百废待举的新中国的一个缩影。郸城一高就坐落于此县,其前身是 1951 年创建的河南省郸城初级中学校(以下简称"郸中")。"郸中"的创办填补了郸城境内没有中学的空白。到 1956 年,"郸中"附设了 2 个高中班,成为一所完全中学。郸城一高办学的生发点由此开始。1961 年 9 月,为贯彻中共中央"调整、巩固、充实、提高"八字方针,高、初中分设,高中部接收石槽初中(即县四中)、丁村初中(即县六中)附设(1960 年)的 2 个高中班,更名为"河南省郸城高级中学"。由于"文革"政治运动的影响,1969 年学校曾被撤销。1977 年 12 月国家恢复全国高等学校统一招生考试制度,河南省郸城高级中学于 1978 年被确定为县重点高中充实对象,1979 年 9 月被确定为郸城县第一批充实的县重点学校;1983 年 8 月,更名为"郸城县高级中学"(简称"县高中"),并被确定为周口地区重点高中。同年 6 月和 11 月,周口地区财政局、教育局联合先后两次为学校拨款 13 万元,用于学校建设。而"郸城县第一高级中学"的更名直到 1988 年 7 月才真正完成,

---

① 梁歆,黄显华. 学校改进理论和实证研究[M]. 上海:华东师范大学出版社,2010.80

一直沿用至今。

二、初创期郸城一高办学困难重重

郸城一高第一阶段的发展分为三个时段,即1951—1957年为第一时段,1961—1966年为第二时段,1977—1984年为第三时段。这三个时段,学校在重重困难下缓慢发展。在反"反右派"和"文化大革命"这两场政治运动中,学校发展曾一度停滞甚至倒退。真可谓是艰难前行,曲折发展。但是该阶段师生在极为困难的条件下,凭借艰苦奋斗、无私奉献的精神,在外部环境限制较多、内部制度建设缓慢等情况下寻求生存之道,初步积累一定经验,逐步发展成为郸城县、周口地区重点高中,为郸城一高的起步发展奠定坚实基础。

(一)办学经费有限,办学条件差

初创期,学校办学经费极为有限,办学条件较差。郸城一高的前身"郸中"是在一少校舍、二无师资、三无设备的情况下开办起来的。最初,办学经费是由淮阳专署郸城办事处划拨的5万公斤小麦。用那些小麦换地皮、建筑器材、桌凳、办公用品和支付工人工资的。它起家于60亩地上的24间旧草房和38间新土墙草房。1980年9月,地、县财政投资33.5万元,为学校筹建了可容纳24个教学班的三层教学楼。1983年3月,县政府、教育局为力争在两三年内,把学校办成全县高中的教学研究中心、仪器实验中心、图书资料中心和体育活动中心,在人力、物力、财力和体育器材、教学仪器等方面均优先为学校配备。曾两次为学校拨款13万元,用于图书、仪器建设。1983年8月学校被确定为周口地区重点高中,虽然区、县财政在学校办学条件上划拨一部分经费,但那些经费对于一所区重点高中的基础设施建设而言,可谓是杯水车薪。

(二)师资力量薄弱,教师队伍不稳

第一阶段因受国家"左""右"思想路线的干扰,学校教师队伍两度受损,很不稳定,本来薄弱的师资力量更加薄弱。国家分派的教师学历低,且数量严重不足。1951年初创时,只有从周边和办事处辖区内选调的人称"十三太保"的13名教职工,而且多来自外地,具有大专文化的教职工只占38.5%,大多是高中和中师毕业。师资力量非常薄弱,每位教师的工作量繁重到极限,如董相如老师担任3个班每周18节的外语课和全校5个班每周10节的体育课。1957

年,学校教职工增至 59 人,情况有所好转。但受紧随而来的国家"极左""极右"思想路线的干扰,师资受损极为严重。到 1978 年,教职工达到 87 人。之后,教师学历逐步提升为大学专科或本科。虽然师资力量得到一定充实与加强,但无法从根本上解决学校师资力量薄弱、教师队伍不稳的问题。

(三) 教学改革步履维艰,效果有限

初创时,学校存在着教学方法落后陈旧、学习方法照搬照抄的弊病。教学上沿袭旧学堂"老母鸡抱窝"的陈旧方式,不管文理科都要求学生死记硬背。初期学习苏联,广推普希金的五环教学法和直观性、自觉性、系统性、量力性、巩固性五大教学原则,采用实验、实习和现场参观等以实际训练为主和以直接感知为主的教学方法,但当时做法太机械(五环教学法缺一环即为重大失误)。之后,教育部要求在教学中精简内容,推广"启发式""少而精"的教学方法,交流"精讲多练,突出重点,狠抓双基"的课堂教学经验。但在实际教学改进中,只有个别教师独自研究创新教法,比如王传玺老师创造了教师讲解、学生练习、学生作业各占三分之一时间的"三三三制"教学法;杨培方老师把地理知识编成歌谣;语文教师孙定国秉持叶圣陶所说"课文只是一个例子"的先进理念,删繁就简、补充教材,引导学生不迷信课本。"文革"期间,学校教学工作一度荒废。直到 1977 年高考恢复,教学工作才逐步纳入正常轨道。1981 年以后,学校要求采用启发式教学,倡导"少讲多练",组织相互听课、评课、经验交流等教研活动,教学得到一定改进。

(四) 办学质量初见成效,打下根基

虽然郸城一高在初创期办学条件很艰苦,但难能可贵的是,当时政府比较重视,学校领导、教师和学生发扬艰苦奋斗精神,教师们教学教研搞得扎实,学生们学习刻苦认真,教育教学质量提高迅速,两度造就辉煌业绩。第一个辉煌时期为 1954—1956 年。据不完全统计,1954 年,学校第一届初中毕业生的升学率为 85%,仅次于淮中,在商丘专区名列前茅;1955 年,学校第二届初中毕业生升入高一级学校的比例为全专区第一位;1956 年,学校第三届初中毕业生升学考试成绩居全省之首,初三(1)班 48 名毕业生考试成绩全部合格,升学率为 100%。学校教学质量和升学率出现建校以来的第一个辉煌。之后,受"反右派"运动扩大化和国家从 1961 年连年压缩学校招生任务的影响,升学人数大幅度减少。1962 年,高中毕业生近 200 人,升入高校的只有许廷伦 1 人

(南开大学);1964年,升入高校学生有13人;1965年,升入高校学生达到38人。"老三届"高中优秀毕业生比例虽高,但因"文革"失去升学机会,只有少数学生回乡后被推荐上大学。1972—1977年,毕业生须经过2年实践锻炼才有资格接受推荐上学或应考,升学人数无从统计。

第二个辉煌时期为1978年恢复高考之后。1979年,周口地区开始决定采用高校招生预选政策。经预选,当年有26人参加高考,13人被高校录取;1980年,学校143人经预选参加高考,考入高校55人,考入中专49人,共升学104人。1984年高考成绩在周口地区居第一位,共有173人被各级高等院校录取,其中考入本科院校54人,专科院校52人,升学学生数约是1978年(升入大学、中专3人)的58倍,创建校以来升学人数的最高纪录。应届毕业生赵勇以563分的优异成绩叩开清华大学校门。在文理两类9科中,有5门学科成绩位居全地区前3名,其中3门学科成绩位居全地区第1名。学校教学质量和升学率出现了建校以来的第二个辉煌。虽然该阶段教育教学质量不太稳定,但学校初创期的成长为其后来的发展奠定了良好基础。

第二阶段:起步发展阶段(发展期1985—1994年)

郸城一高的起步发展阶段就是我国著名校长郑杰所提出的学校发展的第一层境界"有质量"。该阶段学校发展有良好的外部环境。在初创期发展基础上,学校以"质量至上"为办学理念,在国家政策和区、县两级政府财政的支持下,逐步改善办学条件,规范办学,探讨教育教学改革,提高教职工待遇和住房条件,追求教育教学质量的提升,努力争创"周口地区一流学校"。

一、区、县政府大力支持,办学条件得到改善

一是经费支持,办学条件得到了大大改善。从1985年,区、县政府和学校共投资100多万元,建有教学楼、实验楼和教师家属宿舍楼。二是不断为学校注入新鲜血液,学校领导班子稳定,师资队伍不断加强。到1994年,教师队伍发展到156人,其中,中学特级教师2人、高级教师33人、一级教师54人。师资力量得到明显提升。

二、完善学校各项制度,逐步规范办学行为

首先,基本形成了岗位目标责任制。分别建立健全了领导层职责、中层干部职责、教职工职责等制度。学校先后制订《郸城一高关于领导班子建设的几点意见》《郸城县第一高中岗位责任制(草案)》等有关规定。其次,完善教师工作奖励办法。学校先后制订了高考奖惩办法、课时津贴办法、优秀教师与班主任奖励办法。在"优质多酬"原则下,学校力求做到奖金分配公平合理,并将奖励结果作为评先、晋级的依据。学校试行课时津贴,并两次修订"工作量津贴"实施意见。第三,学生管理制度进一步完善。在原有制度的基础上,从1985年到1993年间,学校先后制订《关于学生学籍管理的规定》《关于学生考试缺考和考试违纪处理的规定》等若干规章制度。第四,学校层面的管理制度得到加强。十年间学校新建《教职工代表大会制度》《文明组(处、室)的条件及评选办法》等制度文件。这样,学校逐步完善各项规章制度,为全面提高教学质量提供制度保障。

三、支持教师学习,力推教学理念与方式的转变

1986年以后,全国涌现出一批中学教改名师,喊出"教学要改革"的呼声,掀起教育教学改革热潮。1988年10月,根据省、县教委部署,开展"教育的出路在于改革"大讨论。学校采取"走出去、请进来"的办法,请当时的宁鸿宾、潘万岭、姚竹青等现身说法,并经常派教师去北京、上海、武汉、山东等地听课学习。1990年,学校教改开始起步。具体做法是:首先,吃透先进教学理念,即以"学生为中心";其次,学生是学习的主体,教师为学生服务,教师应尊重学生人格,相信学生创造能力,学生能做的教师不做;最后,教师讲课应做到"少而精",采用启发式、点拨式等教学方式。

四、借助评比等教育活动,力促尊师重教的校风

郸城一高借助教师节百名优秀教师评比、学雷锋活动月等各种活动,开展尊师重教活动,形成良好的尊师重教的校风,促进学校精神文明建设。1985年9月,为庆祝第1个教师节,全县开展了百名优秀教师评选活动,学校有7位教师上榜,有3位教师被评为周口地区模范教师。与此同时,按县委要求在

教师中开展"三自"教育,要求教职工发扬自尊、自爱、自强和为"四化"献身的精神。

五、办学质量不断提高,取得骄人成绩

据不完全统计,1985 年以来,郸城一高的教育质量保持着不断提升的态势。1986 年,考入高校的人数达到 122 人(创历史最高纪录),其中考入全国重点院校 13 人(创历史最高纪录)。王海英、崔瑞霞以优异成绩考入北京大学、同济大学,这是继 1984 年叩开清华大学之门后,再一次打开北京大学、同济大学之门。1988 年,毕业生刘英以优异成绩打开中国人民大学之门,证明学校文科教学的实力与水平。1989 年,毕业生王素环以 607 分的优异成绩进入全省高考理科总分前 10 名,摘取周口地区高考理科状元桂冠,也是建校以来考分最高的一个,是郸城县打开清华大学校门的第 1 名女生。1993 年,学校物理单科人均分在周口地区名列第一,应届毕业生李秋翔高考成绩居周口地区理科个人总分第 3 名,被西安交通大学录取。因此,发展期的郸城一高依然保持高质量办学,成为"周口地区一流学校"。

六、"发展期"郸城一高办学中的瓶颈

一是政府给予的经费支持较为有限。由于当时政府支持经费有限,郸城一高当时办学条件与重点高中、周口地区一流学校办学条件差距较大。二是教育教学改革仅停留在教学理念上。当时的教育教学改革较为笼统,停留在倡导"启发式""点拨式"教学思想和"以学生为中心"教学理念上,缺少落实这些教学理念的具体措施,缺少具体学科领域操作性教学方法的学习与研究。三是高质量优秀人才培养有待加强。与初创期相比,虽然当时发展态势有所好转,但只为北大、清华输送 3 名优秀毕业生,且升入重点院校毕业生数量相对较少。四是学校管理信奉"质量至上",缺失人文关怀,教师教改积极性不高。"质量至上"导致学校过多关注结果,较少关注过程,在办学过程中缺少对学校中层领导、教师和学生的人文关怀,缺少服务教师、学生和家长的意识,不能从根本上调动教师参与教改的积极性。

第三阶段:品牌初创阶段(腾飞期 1995—2008 年 7 月)

华东师范大学陈玉琨教授曾说:"一流学校的建设本来就是一个动态的过程……在一流学校建设的过程中,'最好'是一时的标志,'更好'是永恒的追求。"①郸城一高也行走在追求"更好"的道路上。虽然前两个时期为国家培养一大批人才,为学校办学条件的改善赢得丰厚资本,而"重点学校之间的师资竞争加剧了基础教育的城乡差距"②,这使得重点学校制度的反教育性暴露无遗。在计划经济向市场经济转变过程中,"重点学校"向"优质教育品牌学校转型",成为学校发展的必然选择。郸城一高也不例外。《2003—2007 年教育振兴行动计划》第 38 条第二款提出"实施中国教育品牌战略"。郸城一高紧跟时代发展的步伐,在陈志强校长带领下,变"质量至上"为"以人为本",寻求发展,铸造"郸城一高品牌"。

郸城一高的品牌初创阶段就是我国著名校长郑杰所提出的学校发展的第二层境界"有效能"。为什么把这一阶段称为品牌初创阶段呢？一般认为,学校品牌的构成要素是由学校理念识别、学校行为识别、学校视觉识别、教育质量、办学特色等五个要素构成③。此阶段郸城一高具备基本的教育品牌要素。一是有完整的学校理念识别。提出自己的办学理念、办学目标、校训、校风、教风、学风、工作理念、管理理念。二是具备一定的学校行为识别。对内行为识别有学校领导者"走出去"示范引领全校师生,开展师生员工的教育培训工作等;对外行为识别有学校举办建校五十周年庆典活动,采取"请进来"开办各种研讨活动。三是有基本的学校视觉识别。比如校名、校徽、学校标准字、学校建筑布局与环境布局等。四是令人称奇的教育质量。学校的服务意识很强,提供高质量的教育、教学、管理服务,出现令人惊叹的"郸城一高现象"。五是有自己的办学特色,比如全员聘任制、职级聘任制、结构工资制等创新性管理体制、以人为本的管理文化等。这些说明"郸城一高品牌"初创成立。

---

① 陈玉琨.一流学校的建设——陈玉琨教育讲演录[M].上海:华东师范大学出版社,2008.70
② 陈永明.当代校长读本[M].北京:中国人民大学出版社,2008.267
③ 王奇.论学校品牌形象塑造[D].北京:首都师范大学,2006.18

一、"一次创业",形成独特办学思想

1995年,学校在年仅29岁的校长陈志强的带领下,大胆创新,开拓进取,进行"一次创业"。学校领导班子外出考察学习,更新观念、开阔视野、增长见识。先是目睹江苏省张家港市国家级示范性学校梁丰中学、唐校中学、南沙中学风采,后又到省内洛阳一高、巩义二高、偃师高中、新安一高参观学习,其他小型的外出学习活动每年不断。经过集思广益,郸城一高提炼出"创造适合学生的教育,提供家长满意的服务,营造教师创业的环境,开拓学校发展的时空"的人本办学理念,在"自强不息,追求卓越"校训指导下,以"全省一流,全国知名"为办学目标,全面形成"团结、和谐、求实、创新"的校风,"教书育人、务实求真"的教风和"自信、自主、自励、自强"的学风。同时,也凝练出"严、细、实、恒"的工作理念和"发现问题、思考问题、解决问题"的管理理念,并以"学校管理科学化,向管理要质量,以质量求生存"为治校方略,提出"学校一切工作都要为教学服务"的理念,采取教学部负责制、岗位目标责任制、教职工聘任制、结构工资制、评估考核制等一系列行之有效的措施,取得可喜成绩。在上级财政比较紧张的背景下,学校领导班子采取"借、贷、集、挤"等方式自行筹措资金,改善学校面貌。1995—2001年,学校投资1650多万元,建成8幢教学楼、办公楼;改善了办公条件,增添了教学设施,如实验设备和计算机、闭路电视系统、多媒体系统等;图书楼设有学生与教师阅览室;绿化校园,硬化路面,安装路灯,修建雕塑和喷水池等校园景观。通过十余年"一次创业"的努力,提高学校社会认可度、美誉度。2004年4月,郸城一高获"河南省普通高中实验室建设示范学校"称号,2007年获"河南省示范性普通高中"称号,初创"郸城一高品牌"。

二、创新管理体制,营造教师"一次创业"环境

著名校长郑杰认为:"效能关乎学校的竞争力,是对质量的超越。"①"为实现质量目标,达到'有效能'发展,主要看四个指标:师生比,人均占有空间,人

---

① 郑杰.没有办不好的学校——郑杰教育讲演录[M].上海:华东师范大学出版社,2008.65

均教育经费,人均在授课、作业、会议上的时间。"①校长陈志强带领教职工理清工作思路,以解决当时学校存在的班级管理混乱、学生学习质量下降等问题为突破口,大刀阔斧地改革学校落后的管理体制,营造适合教师干事创业的软环境,用制度创新保障学校的核心竞争力。

一是加大人事制度改革力度。1995年8月,郸城一高率先试行教职工全员聘任制,实行双向选择、优化组合。有10多名教师因不能胜任教学工作,或工作态度松懈而落聘或试聘。学校初步解决干与不干、干多干少、干好干坏一个样的问题。二是采取年级段负责制,管理自主权重心下移。1995年,在完善岗位目标责任制基础上,对教师和学生实行分级负责、切块管理的年级段负责制,建立"学校—政教处—班主任—学生"和"学校—年级段—学生"以沟通为特征的教育教学业务管理结构。管理自主权重心由学校下移到年级段和班主任,年级段主任独立负责本年级段日常教育教学工作。三是采取教学部负责制,建立良性竞争管理制度。为适应办学规模扩大和高考制度改革要求,2000年暑假后实行教学部管理新体制,学校设立两个相对独立的教育教学业务部,由校长统一领导管理。四是推行职级聘任制和结构工资制。学校本着"效率优化、兼顾公平"和"优才优岗、优岗优酬"原则,在全员聘任制定编定岗的基础上,打破年龄、职称等界限,根据德、能、勤、绩把教师分为名师、学科带头人、骨干教师、合格教师、见习教师等5个层次进行聘任,高级职称可低聘,低级职称可高聘,并与待遇挂钩。新机制催生一批30岁左右的学科带头人和25岁左右的一、二级骨干教师。学校基本做到优秀人才"进得来、留得住、干得好"。上述四项措施,充分调动教师工作积极性,形成明争暗赛和团队协作的局面。这些措施也被时任周口市主管教育的副市长李尊杰赞誉为"敢于反其道,自有新格出"。

三、"科研兴教",深化教学改革

学校采取"走出去,请进来",加强校内、校际之间的教研交流,深化教学改革。学校成立各科教研组,大力开展校内、校际间的各科教学研究。1996年12月,在听取名人说课报告和现场说课报告后,组织教师开展说课活动。教师们经过漫长、曲折、艰苦的探索、钻研和反复试验,渐渐形成了适合当时学校

---

① 郑杰.没有办不好的学校——郑杰教育讲演录[M].上海:华东师范大学出版社,2008.67

教学发展形式的教学模式。学校先后总结、推广了物理教师丁福礼的"菜单式课堂教学模式"和语文教师申凌云的"读讲式语文课堂教学模式"。同时,在深入开展教研活动的基础上,组织召开校内教育教学研讨会。这样,活跃了学校的教研活动,取得了丰硕的教研成果,推动了教学质量的提升。

四、多措并举,打造名师工程

一个著名教育品牌的形成是一个漫长过程,是全体教职工心血的结晶。郸城一高采取多种措施打造名师,主要措施有:一是全力支持教师学习进修,创造宽松的环境和条件,解除教师后顾之忧。80%以上青年教师积极争取进修机会。到2001年8月,在岗教职工达到189人,其中特级教师4人,高级教师30人,一级教师8人;研究生学历2人,本科学历104人;国家优秀教师2人,省级劳模1人,省百名优秀校长1人。二是采取"导师制"。从1998年开始,青年教师的培养采取"以老带新",开展"传、帮、带"活动,开展教师互帮互学活动,强化教师在岗培训,一批业务骨干在实践中迅速成长起来。在正式确定师徒关系时,颁发导师聘书并举行拜师仪式;指导后要参加评比活动,评选出"优秀师徒"。三是举办"烛光杯"课堂教学大赛(1999年开始每年一次)。这些课堂教学大赛被誉为郸城一高的"教学梨园春",为中青年教师施展才华提供交流切磋平台,加快了青年教师的成长。学校举办中青年教师"铸造师魂、争做名师"演讲比赛,教师们道出为名师而奋斗的心声(2002年)。四是采取"请进来,走出去"学习交流模式。学校先后邀请临颍一高校长王贺基、郑州一中名师路应杰、北京师范大学朱旭东博士来校作报告。

五、增强服务意识,营造"以人为本"管理文化

管理文化是一所学校的精神载体,体现着学校的"精、气、神"。学校的竞争说到底是管理文化的竞争。郸城一高变"质量至上"为"以人为本",凭借其人本办学理念和管理理念,为学校长久发展营造凝聚人心的管理文化。一是服务学生和家长。在家长择校的大背景下,学校转变观念,树立服务意识,把学生和家长看作是学校的投资者和消费者。因此,学校以学生、家长为中心,从学校管理、课堂教学、教学改革、后勤服务等方面提供优质服务。课堂上积极鼓励学生"抬起头来走路,放开眼睛看世界,张开嘴巴表达自己的观点",让学生富于个性;推行课外"专家坐诊"制度,由各科骨干教师在固定时间段在教

室、办公室和校园"摆摊设点",针对教材重难点为前来咨询学生解疑释惑;同时,通过创设心理咨询室、心灵驿站、请专家举办讲座等方式,加强学生心理健康教育。二是服务教师。校长陈志强用人格感染人,用人品趣味感化人,用人文关怀感动人。学校投资 10 余万元优先为一线教师办公室安装空调;春节时校长不辞辛苦地带着礼品到南阳、许昌、商丘、漯河等外地教师家里慰问,解除外地教师后顾之忧。以人为本的管理理念,把一高人心凝聚起来,产生巨大正能量,将一高发展中的许多不可能变成现实。

六、"一次创业"结硕果,初步铸造辉煌的"郸城一高品牌"

通过一系列管理创新与教改措施的推行,郸城一高教育教学质量得到明显提升。1995 年实现了地区抽考前百名零的突破;1996—2000 年,高考上省定专科线人数分别为 169 人、264 人、430 人、728 人、1160 人;2001 年继续保持在千人以上。另外,这一年周口市高考前 6 名,郸城一高占 2 名,上重点线人数达到 155 人。截至 2008 年,学校连续四年(1996—1999 年)摘得了周口地区文史类或理工类状元桂冠。他(她)们是朱红磊(1996 年,理工类状元)、凌晨(1997 年,理工类状元,全省理工类英语单科第 1 名)、张利(1998 年,理工类状元)、丁永勋(1999 年,文史类状元)、张森(2004 年,理科状元)。据统计数据显示,1998—2008 年学校向北大、清华输送优秀毕业生 27 名。由于 1998—2001 年为北京大学输送 10 名优秀毕业生,2001 年 9 月,被北大校长许智宏教授誉为"人才摇篮",并赠送"人才摇篮"匾牌一块。

腾飞期的郸城一高高考上线人数连年大幅度递增,在尖子生培养上处于周口市乃至河南省一流水平,曾先后 5 次获得周口市高考文科或理科状元,成就令人称奇的"郸城一高现象",铸造了辉煌的"郸城一高品牌",堪称集社会知名度、信誉度、美誉度于一体的典范。

第四阶段:从品牌到卓越阶段(品牌期 2008 年 8 月至今)

俗话说:打江山易,守江山难。学校品牌建设也是如此。郸城一高发展的第四阶段正是我国著名校长郑杰所提出的学校发展最高境界——"有人道"。在腾飞期基础上,郸城一高开始努力从创建品牌转向追求品牌卓越,坚持"内涵发展",培育美好人性,从维持"全国知名"转向争创"全国一流",逐步形成了卓越的"郸城一高品牌"文化。

怎样才能办出一流学校呢？陈玉琨教授在谈到"一流学校建设的基本理念"时说:"努力促进学校'今天比昨天好''明天比今天好''一天比一天好','让学校做得更好'应当是建设一流学校过程中,学校全体师生员工的自觉追求。'追求卓越、拒绝平庸、超越自我'应当成为学校及其每一个成员的人生目标。"①在"初创品牌"基础上,郸城一高保持与深化"内涵发展",秉持"二次创业,做强做大"发展理念,"让学校做得更好"成为学校发展真实写照。"做强"是目的,"做大"是手段。郸城一高通过深化教学改革与管理体制改革,逐步成为享誉全国、具有人道精神的"郸城一高品牌"。

2008年8月,自现任校长刘成章上任以来,为实现争创"全国一流"学校的卓越梦想,他带领新一届校委会深入调研,讨论并突破"自我满足""因循守旧""害怕压力",提出令人心动的"二次创业"。学校在统一思想、提高认识、凝聚人心基础上,明确工作重心,优化办学理念,完善运行机制,调整管理思路,细化质量意识,凸显校园文化。在刘成章的带领下,学校被评为"全国特色学校"。郸城一高抓住了办学基点,打造出了"全国一流"的卓越品牌。

一、坚持学校内涵发展,明确工作重心

我国著名教育研究者梁歆和黄显华认为:"从能量建构的角度来看,学校内涵发展其实是建构学校的内部能量,最终目的是学校自身有能力进行自我改进,并且实现可持续发展。"②本着"把思路理得更清,把措施定得更实,把问题看得更透,把危机想得更重"的原则,新一届领导班子明确学校坚持走"内涵发展"道路,创新学校管理制度,在促进师生快速成长基础上,调动教师工作自觉性和学生学习主动性,统一全校教职工思想,凝聚人心。相应地,学校明确了工作重点,主要是高质量的教学与管理、不断发展的教师与学生。对于教师而言,要能把握新形势、理清新思路、应对新举措、谋求新发展;对于学校而言,能切实树立以学生为本、以学生发展为本、为学生终生幸福和美好未来奠基的

---

① 陈玉琨.一流学校的建设——陈玉琨教育讲演录[M].上海:华东师范大学出版社,2008.70
② 梁歆,黄显华.如何实现学校内涵发展:能量建构的视角[J].中国教育学刊,2009(8):36—38

思想,努力把教育质量的着眼点放在加强教学过程的管理和提高教师队伍素质以及激发广大教职员工教书育人的热情上来,千方百计向课堂教学、学校管理要质量,向良好的校风、教风、学风要质量。

二、多方调研,多次论证,优化办学理念

"办学理念是关于学校整体发展的价值追求和理性认识,是学校的'自我定位'。……它决定着学校群体的教育行为,指导着学校的办学方向,定位着学校的品牌形象。"[1]

遵循"先民主,后集中"的原则,通过召开教职工座谈会、师生对话会、走访学生家长、发放调查问卷等形式,多方征求意见书,多次论证,首先确立了"低调做人,高调做事"的处世理念。其次,为更新办学理念,学校领导"走出去",赴江西、山东、河南部分名校考察学习,借鉴吸收外地先进办学理念,确立"二次创业,做强做大"发展理念,定下"提升学生素质,让其成才;提高教职员工的幸福指数,让其成功;提高学校的美誉度,让其成名"的办学目标,指明学校未来发展方向。

为实现办学目标,学校以"为人实在、做事实际、工作实干、业绩实惠"的"四实"准则,助学生成才;以"严格要求、严密组织、严肃评价、严明纪律"的"四严"规范,促师生成长;以"精心策划、精雕细刻、精益求精、精品结果"的"四精"理念,助师生成功;以"真情实感、真抓实干、真才实学、真知灼见"的"四真"追求,成就师生美好人生;以"及早谋划、趁早实施、尽早完善、抢早提高"的"四早"理念,助学校成名。

为践行学校办学理念,学校定下"发现感动,交流共享;积淀文化,树立导向。吃亏吃香,实干实惠;多劳多得,优劳优酬。实干风光,巧干风采;有为有位,优秀引领"的评价理念。同时,还确立"更新发展观念,把问题转变为措施,在'学'与'用'上见成效;提升发展质量,把措施总结为经验,在'沉'与'浮'上做文章;找寻发展思路,把经验升华为制度,在'真'与'严'上下功夫;把握发展规律,把制度固化为规范,在'实'与'精'上动真格;破解发展难题,把规范内化为文化,在'稳'与'和'上讲协作"的实践理念。郸城一高人在这些办学理念指导下"二次创业",彰显办学特色和品牌文化。

---

[1] 陈永明.当代校长读本[M].北京:中国人民大学出版社,2008.273

三、构建"四维一体"的质量提升工作机制,力求管理自觉化

工作运行机制直接关系着学校的正常运转,关系着学校教学质量的提高。它可以在充分解放教职工的基础上,充分挖掘潜藏在教职员工身上的献身教育事业的积极性。为了推进"二次创业",学校以"安全零事故、质量零缺陷、服务零抱怨、人本零距离、法规零违纪、发展零遗憾"为工作目标,统筹学校的安全、质量、管理、发展、效益大局,在"新课改第一要务就是抓好课堂"的教改思想指导下,在延承腾飞期的全员聘任制、结构工资制、年级负责制基础上,构建"四维一体"质量提升工作机制,真正体现"工作思路方法创新不断"的理念(详见图 8-1)。

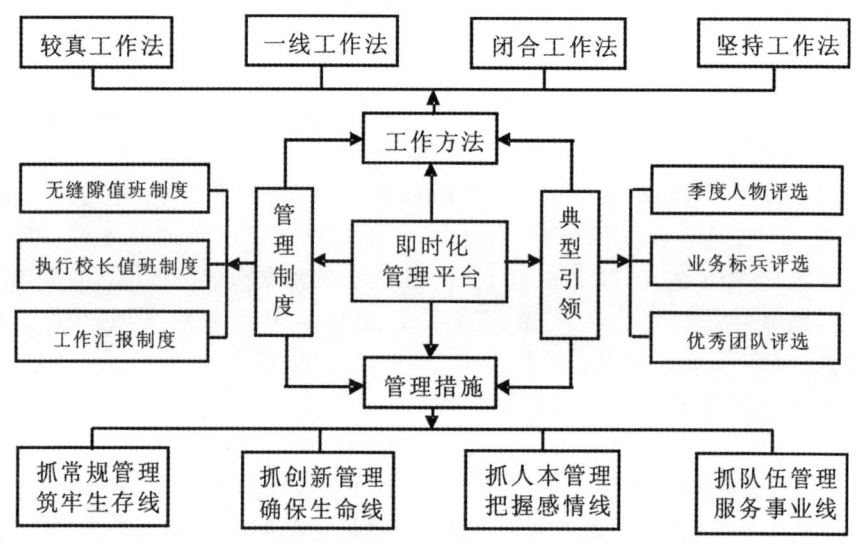

图 8-1 "四维一体"的质量提升工作机制

由图 8-1 可看出,"四维一体"的质量提升工作机制是以质量提升为核心,以即时化管理平台为载体("一体"),遵循"抓质量重管理,抓管理重常规,抓常规重实效,抓实效重考评"的思路,通过落实"工作方法"、完善"管理制度"、创新"管理措施"、加强"典型引领"等举措("四维"),在教育教学工作中加强教育研究、师德建设、学生管理、过程考核,不断提高管理、育人、规范、评价等水平,全力营造适度紧张、高度自觉、积极向上、勇于争先的教育教学氛围。概括地

说,"四维一体"的质量提升工作机制是在实施即时化管理过程中,通过"工作方法"加"管理措施"为质量提升创设良好人文氛围,通过"管理制度"加"典型引领"确保教育教学质量不断提升。

(一)对"四维一体"中有关"四维"的理解

1. 落实四大工作方法

(1)较真工作法。此法是学校为确保各类制度与措施的实施而提出的,其动力是:较真出竞争力,较真出原动力,较真出创造力,较真出正气,较真出干劲,较真出成绩。其要求是评价较真、用人较真、落实较真。学校组织的质量测评考试,就是较真工作法的具体体现。一是命题较真,试卷保密度高;二是监考较真,严禁学生抄袭;三是制度较真,监考、评卷工作中出现问题一律通报;四是结果较真,资金发放、教学明星评选等都以教学质量、评教结果等为标准。

(2)一线工作法。此法是学校为实现学生乐学、教师乐教的目标而提出的,其精髓是使水平在一线检验、问题在一线发现、困难在一线解决、矛盾在一线化解、任务在一线落实、措施在一线改进、经验在一线总结、典型在一线推广、领导在一线指挥、作风在一线转变。其要求是领导下沉、员工下沉、服务下沉。

(3)闭合工作法。此法是学校为增强工作的系统性、规范性和实效性而提出的。其要求是全体教职工走下去、走出去、走进去、走回来。学校对各项工作定期考查、分类评价、反馈整改、跟踪问效,对考查中发现的问题及时解决,对各类问题层层追问,实行奖优罚劣制度,做到层层落实、层层考核,并在制度与标准考核上做到"五细四精三无"。"五细"是细在流程、环节、考核、监督、规范,"四精"是精心策划、精雕细刻、精益求精、精品结果,"三无"是无遗漏、无缺陷、无盲区。为增强管理的有效性,监控整个过程。

(4)坚持工作法。此法是学校为保障教育教学质量而提出的,其法宝是坚持就是进步,坚持就是创造,坚持就是超越,坚持就是成功,坚持就是胜利。其要求是教师坚持忧患意识、绩效意识、提升意识。引导教职工不断提升工作标准、改进工作措施、拉高工作标杆,在立行立改上下功夫,做到方法措施每次改进一点点,工作学习每天进步一点点。如坚持周练月考,做到评卷不过夜、出榜不过天。

2. 创新四大管理措施

(1) 抓常规管理,转变发展方式,筑牢生存线,在"强"与"大"上加速度。学校以可持续发展和师生员工全面发展为着眼点,遵循"工作有合理待遇、干好有发展前途"的思路,围绕和谐与发展主旋律,力争通过高品位校园环境和优质教育服务的完美结合,营造管理、教书、服务、环境等育人氛围,实现以管理求质量,以质量促发展的良性循环,努力达到办学思想高境界、师资队伍高素质、教学质量高水平、校园建设高品位、学校管理高效率,努力把学校"做强",打造百年名校品牌。

(2) 抓创新管理,提升发展质量,确保生命线,在"浮"与"沉"上做文章。为调动广大教职工的积极性,学校不断创新管理制度,通过"浮上来""沉下去"等措施,引导全体教职工树立"质量为魂"的意识,以全面提高教学质量、全面提升学生素质为己任,形成人人抓教学的良好氛围。"浮上来"是让"有看家本领——业务精通、有当家本领——独当一面、有发家本领——开拓创新"、任劳任怨、默默无闻、成绩显著的同志"浮出水面",并通过多种方式加以宣传、表彰。

(3) 抓人本管理,破解发展难题,把握感情线,在"稳"与"和"上讲协作。为构建安全稳定的和谐校园,学校始终以人为本,以充分挖掘人的潜能为己任,一方面通过各种物质奖励和精神激励为教职工提供各种成长与发展的机会,凝聚人心,让学校成为教师的学园、乐园和家园;另一方面,关注、关怀教职工,培养他们的主人翁责任感,引导广大教职工用感情、真情去工作,用感恩、感动去做事,用师品、人品去生活,为学校可持续发展打下深厚的人文基础,为学校事业的不断进步提供不竭动力。

(4) 抓队伍管理,转变发展观念,服务事业线,在"学"与"用"上见成效。学校教育事业持续、健康的发展,必须要有一支数量充足、结构合理、素质优良、师德优秀和创新能力的教职工队伍。学校以教职工学习培训、培养使用为抓手,以全面提高教职工队伍整体素质为中心,以建设骨干教师队伍为重点,建立一支师德高尚、业务精湛、富有活力、科学发展的教职工队伍。学校围绕"依靠教师,为了教师,服务教师,发展教师"的目标,对干事创业者高看一眼、厚爱一分、扶持一把、倾斜一点,创造条件,解除教师的后顾之忧,做到搭台子、压担子、指路子、出点子、拔尖子、给位子。

3. 完善两项管理制度

为给学生成才、教师成功创设良好的环境，郸城一高从增强广大教职工特别是管理干部的责任意识入手，在工作汇报制度基础上，提出无缝隙值班制度和执行校长值班制度。

(1) 无缝隙值班制度。无缝隙值班制度即各处室根据岗位职责把检查、值班工作分配到人，各年级把全体班主任分成值班组轮流值班。工作期间，各处室值班领导在做好值班的同时，负责对学校各项常规项目进行检查；班主任值班组成员分工合作，从早晨学生到校至晚上学生离校期间负责对本年级各班常规工作检查。各处室和各年级的检查结果即时填写到《郸城一高校园即时化管理工作通报》版面上。

(2) 执行校长值班制度。执行校长值班制度即由学校管理干部本着对学校负责、对校长负责的原则，轮流担任执行校长，全面负责学校的日常管理工作，及时发现并有效处理学校日常工作中的问题，完成上级和校长交办的临时任务。

以上两项制度的推行，既呈现出学生在校期间都有人管、对管理者都有监督的良好局面，又增强了管理干部的大局意识和综合管理能力，提高学校整体管理水平。

4. 加强典型引领

为促进教师专业发展和教师素质整体提高，不断为名师的产生和发展提供充裕的时间和优越的空间，郸城一高本着"发现感动，交流共享，积淀文化，树立导向"的目的和原则，践行"实干实惠，吃亏吃香，有为有位"的理念，落实"目标启动，骨干带动，科研推动，关心感动"的措施，以"讲学习、比进步，讲敬业、比奉献，讲成绩、比差距"为要求，在全校范围内开展"月度人物"、教学明星和优秀处室评选活动，评选结果公布后，学校肯定其成绩，表彰其行为，宣传其事迹，褒扬其精神，以其典型事迹引领校园风尚。

(1) 月度人物评选。"月度人物"由学校办公室组织实施，每月评选一两名。凡在安全稳定、教育教学、管理服务、意见建议、学生成长、学校发展等方面的行动、行为、事迹、精神值得学习、借鉴、推广，产生一定影响的教职工，均可推荐申报"月度人物"。各部门每月推荐人员1人，可作零推荐。评选结果公示后，学校以制作海报、张贴宣传、颁发证书、赠送鲜花、合影留念等形式进行宣传、表彰。

(2) 教学明星评选。"教学明星"每学期评选一次，由教导处组织实施，每次评选 10—12 人。学校成立"师星"评选领导组，制订《郸城一高师星评选方案》，出台有关要求和评选办法。评选方案规定，每周每班评出一名老师为"周星"，每月在"周星"中评出"月星"，学期末在"月星"中评出"师星"。"月星""师星"评出后学校予以一定的物质奖励和精神奖励。

(3) 优秀处室评选。优秀处室由学校工会组织实施，每学期评选一次，平均得分达到 9 分以上的均授予"优秀处室"称号，并给予一定的物质奖励。学校在每学期期末抽选教师代表依据各处室员工教育培训情况、规章制度落实情况、工作完成情况、服务师生态度等内容进行民主测评，量化计分。

学校将这些活动作为教师评优、评先和晋级的重要条件，真正营造了"我为'二次创业'作贡献，争做示范带动排头兵"的创业氛围，打造了一支具有育人意识、服务意识、效率意识和求实精神、奉献精神、创新精神的教师队伍，树立了新课程改革的先进典型和学习榜样，这些活动的开展真正为学生成长和教师成功营造了良好的榜样氛围，收到良好的育人效果。

(二) 对"四维一体"中有关"一体"的理解

"四维一体"的质量提升工作机制中的"一体"为即时化管理平台，主要为教师教育教学和学生成长创造良好的环境。

"即时化管理"既是一种管理理念，又是郸城一高的一个管理平台。它主要借鉴适用于企业质量过程管理的 ISO9001 标准的基本思想、理念和方法，建立规范化管理体系，探索实施校园即时化管理（以下简称"JIT"管理）。实施校园"JIT 管理"就是要加强对学校各处室工作的监督和检查，达到"写所做、做所写、记所做、纠所错"（ISO9001 标准的核心理念）的目标，实现所有时段和地点都有人值班守护，所有的问题与责任都有人解决与担负，切实提高管理工作效果。

在校园"JIT"管理过程中，郸城一高构建了校园即时化管理平台——《郸城一高校园即时化管理工作通报》版面。学校借助这一版面平台，每天由各部门带班人员和学校值周组人员填写相关内容。同时，要求各部门负责人将每周工作计划、工作安排和值班分工表在每周初交给学校负责值周的执行校长，每天由执行校长带领值周组人员对各部门工作的开展情况进行检查并点评，进行表扬或提醒。

校园即时化管理平台的实施，将无缝隙值班制度、执行校长制度两项制度和月度人物、教学明星、优秀处室评选 3 大评选活动落到实处。既有力地推动学校内涵发展,又帮助更多学生成才和教师成功;既方便各部门进行工作配合和相互了解彼此工作动态,又方便学校对整体工作进行合理统筹安排,提高学校整体管理水平。

总体来讲,落实"四维一体"质量提升工作体系的所有工作活动,总结为:"4+4",确保工作开展更为规范;"2+3",确保工作开展更有成效;"1+1",确保工作开展更加协调。

四、构建"师生为本"质量提升工作体系,细化质量意识

郸城一高紧跟新课改的步伐,在提出"新课改第一要务就是抓好课堂"的基础上,总结出了"师生为本"质量提升工作体系。这为教师主动发展、自我提高明确了方向,使众多学生学习成绩和综合素质有了较大提升,初步形成"爱生、乐教、善研、创优"的教风,实现学生动起来、课堂活起来、效率高起来、能力强起来、工作乐起来的工作目标。

"师生为本"质量提升工作体系是指在教学管理中,坚持"严在细节,管在过程"理念,以保证和不断提高教学质量为根本,坚持闭合工作法,建立以听、评、练、考为载体的教学质量监控机制,做到学校密切关注教学、教师和学生,发现问题及时分析,采取对策进行有效调控,切实保证教学水平、学习质量稳步提高。

（一）多举措推动教师成长

在教师成长中,采取多措并举,营造教师作教研的氛围,推动教师专业成长,增强其个人魅力。

1. 多种方式引领青年教师成长

（1）采取师徒结对子的导师制。为确保培养质量,开始时举行拜师仪式,后期进行优秀师徒评选活动。（2）采取高中三年大循环制。青年教师基本上都要从高一带到高三,一年一个台阶,由于教师主体不变,三年大循环制非常有利于青年教师的快速成长。一轮下来,青年教师能厘清本学科知识结构体系。（3）进行典型引领。通过公开课、PK 课、观摩课,让中老年教师在课上作引领,让青年教师更快成长。

2. 多种做法提升教师业务水平

(1)采取集体备课。周日大教研,周一、周四小教研,由主讲人先备课,然后集体讨论,比如知识点需要修改完善等,最后定稿,教案可以教师集体使用。这样既统一步调,又能查漏补缺,让教师智慧共享,用更多时间做教研活动。(2)推行教改活动。教研以"低年级"为主,做法是提倡低年级高于高年级,文科高于理科。教研出实效,主要结合学科特点,理科重考练,文科重引领学生读书、探究。(3)开展高效课堂课题研究活动。学校开展科研项目申请、评估、汇报等课题活动,引领教师将课堂研究向纵深发展。

(二)激内需关注学生成才

郸城一高遵循"重习惯、讲方法、抓成绩、提素质"的工作思路,将制度和要求化为学生需要,激发学生行为自觉,全面提高育人质量。

1. 重习惯

好习惯作为一种日常行为规范,一旦养成,受益终身。学校每学期初开展纪律教育周、行为规范月等活动,要求学校各处室引导全体学生养成课前预习、专心听课、多思善问、上课笔记、及时作业、及时复习、主动反思的习惯,让优秀成为一种习惯,让学生都成为有良好习惯的"一高人"。

2. 讲方法

方法可以达到事半功倍的效果。学生学法的形成与教师教法的引导有极大关系。因此,教师在备课时要致力于改进教法、研究学法,从善于"会教"到善于指导学生"会学",以学生学习方法的改进来实现教学效率的提升。同时,利用期中、期末等大型考试方法交流活动,让学生真正学会学习。

3. 抓成绩

成绩是检验教师教学与学生学习的有效手段。高中抓成绩是任何高中都不能回避的。为提高学生学习成绩,学校采取"跳出成绩抓成绩"的思路,以培养学生学习兴趣、激发学生学习动力为手段,调动学生学习的主动性与积极性。同时,教师加强对教材、试题研究,精选试题,精编学案,提高学生学习效率。

4. 提素质

社会检验人才的重要标准是学生的综合素质。学校通过升旗仪式、体育文化艺术节、大型文艺活动、18岁成人仪式、体育比赛、"校园之星"评选、学生社团、心理咨询等活动,促进学生综合素质的提升,实现学生身心和谐发展。

(三) 重过程实现高效课堂

为实现高效课堂,学校注重过程管理。主要表现在:

一方面,围绕"抓好常规,抓严细节,抓实过程,抓出绩效"的目标,建立教学流程监控制度,使教师开展教学工作有目标,学校教学质量评价有依据。学校采取随机抽签听评课、业务测试考评、查看教案和作业批改情况等督促活动,杜绝"把教案当剧本、把学生当道具、把课堂当舞台、把教学当表演"等现象,做到学校密切关注薄弱学科、任课教师密切关注薄弱学生,及时分析原因,及时采取对策进行有效调控,有力地保证了教师教学水平、学生学习质量的稳步提高。

另一方面,坚持以名师工程为载体,以"烛光杯"教学大赛为抓手,以"三听"(即推门听课、大组听课、小组听课)为推手,贯彻落实"功在课前,效在课中,勤在课后,研在课外"的教学理念。课前采取"先行课"制度,同课异构。课中做到"三讲三不讲",即讲重点与难点,讲易错、易混与易漏点,讲规律与方法;学生已经学会的不讲,学生自己能学会的不讲,老师讲了学生不懂的不讲。课后要求教师及时记录教学心得体会。课外经常组织教师学习新的教材教法理论,提倡业余"充电",鼓励教师一专多能,提升教学水平。这样真正实现教师个体自主发展、教师间相互学习交流,达成高效课堂。

(四) 抓落实打造特优生品牌

为深层次体现以学生为本的办学理念,兼顾效率与公平的原则,学校在大面积提高升学率的基础上,以培养特优生为切入点,瞄准两校("985""211"高校),采取各类措施,增强学校的核心竞争力,扩大学校社会美誉度。学校把培养特优生作为教学工作的重点之一,提出"及时计划,及时实施,落实措施,落实到人"的培养原则,在培养特优生上做到"早、专、难、严、活"。一是要"早"。从高一着手,本着品德好、志向高、脑子活、年龄小的原则,以语、数、英三科成绩为主,通过竞赛或正规考试提前物色,优中选优,及早组建特优生队伍。二是要"专"。为增强特优生培养工作的科学性和可持续性,学校本着责任强、精力旺、水平高的原则,在能独当一面、学识水平高、教育教学能力强的中青年教师中选拔培训特优生培养教师团队,通过政策倾斜、资金支持、学习拓展等途径,引导一大批教师在培养特优生中趟出路子、干出成绩。三是要"难"。特优生要加快教学进度、提高考练难度、挖掘试题深度、拓展知识宽度、增加考试频度。尖子生"对抗赛",资料"加餐"。对尖子生团队及所在班级,每周进行一两次特殊训练,如每周一套高考难度甚至稍难于高考难度的试卷。四是要"严"。对特优生不能宠爱,更不能放纵。高一开始坚持不懈抓好学生书面答卷,做到规范答题。要使其树立远大志向,培养其吃苦耐劳、脚踏实地、认真仔细的学习习惯。五是要"活"。特优生有其各自的灵性和特性,重在培养其学习方法和学习兴趣,尽可能调动其学习积极性,充分挖掘其内在潜能,提高其综合素质。

五、打造服务一流、追求卓越的人文校园,凸显人道精神

校园文化是实施素质教育的有效途径,对学生成长起着潜移默化的导向作用。在校园文化建设中,有人道是学校发展的最高境界。

(一)力铸服务一流的人文校园,体现人道思想

学校在顺承腾飞期"学校为师生服务,教师为学生服务"的思路,本着"后勤促前勤"原则,贯彻大后勤观,围绕师生的工作与学习,力求服务主动化。第一,树立教育服务观,让管理变服务。学校把教育服务观作为学校管理工作的基本出发点,要求从校长到处室人员树立为师生与家长服务的意识,达到服务育人的目的。第二,明确服务标准,提供"零缺陷"服务。师生是学校服务的核心对象,满足师生的合理需求、让师生满意是学校服务的目标要求。为给师生提供"零缺陷"服务,学校提出只要服务对象有需求,不管什么情况,都无条件服从,绝不能说"不";对该干的工作马上就干,干就干好;对应急的工作,要像消防队、110报警那样迅速反应,及时到位。第三,增强服务意识,培养主动服务作风。主动服务就是在没有人要求、强迫的情况下,就能够自觉出色地完成工作任务,就是让自己永远成为问题的发现者和解决者。学校要求全体教职工认识到,主动是积极工作的态度,主动是取得成功的品质,主动是立刻行动,绝不拖延,养成"马上办,马上到现场去办,一办就争取办好"的习惯和作风,力争把

师生需要的事情做到师生开口之前,给师生一个意外惊喜,让师生称心、感动。

(二)打造追求卓越的人文校园,彰显人道精神

追求卓越是一个过程。为此,郸城一高努力打造追求卓越的人文校园文化。为达到"育人细无声"的目的,学校按照"让每一面墙都说话,每一处环境都育人"的要求,力争把先进教育理念形象化地根植到广大师生思想中,使置身其间的师生产生拼搏奋进、追求卓越的冲动,让学校成为师生的学园、乐园和家园。第一,重视环境育人,营造积极向上、追求卓越的文化氛围。学校坚持十几年办校报《晨曦》,同时,在教学楼、学生宿舍楼、宣传橱窗等显要位置,精心设计大量格言警句,如"尊严来自实力,成绩源于实干"等,使师生低头能看到花坛中的育人小故事,使校园每一处细节都融入人文气息给学生以启迪。第二,重视活动育人,创建丰富多彩、追求卓越的校园生活。学校通过开展升旗仪式、体育文化艺术节、大型文艺活动、体育活动、心理咨询等活动,为师生员工提供更多参与、组织活动的机会,增强爱国主义和集体主义精神。学校还结合特别节日举行青年教师座谈会、离退休教师座谈会、教师节庆祝会、为教师过生日等活动,让师生产生归属感、幸福感。第三,重视典型育人,形成催人奋发、追求卓越的学习氛围。学校每年开展高考功臣、教改能手、巾帼模范家属评选及优秀班集体、优秀备课组、优秀团队等表彰活动,开展季度人物、教学明星、月度人物等评选活动,宣传、表彰先进,形成学、追、赶、超的良好势头。

六、"二次创业"见实效,"八年追梦"求卓越,"一高品牌"誉全国

短短八年的"二次创业",郸城一高让世人见证了其迅速崛起、连创辉煌的实效,基本实现争创"全国一流学校"的梦想,成为全省高中教育的排头兵,成就了卓越的"郸城一高品牌"。在"二次创业"过程中,郸城一高用战略眼光谋划学校发展,用细节去追求完美,使学校在创新中发展,让突破自我、追求卓越成为师生习惯。

2007—2016年,郸城一高实现了一本、二本、三本上线人数、上线率"十连增"(详情见图8-2);2012—2016年,郸城一高实现五年清华、北大共录取人数152名,再居全国县级高中第一位的"五连冠"奇迹;2010—2014年连续五年获得周口市文科或理科状元,2016年再度获得周口市理科状元。2013年的一则材料也足以见证郸城一高飞跃式发展。位于美国首都华盛顿的中国研究中心

为促进世界了解中国,根据师资(占分比20%)、环境与设施(占分比15%)、升学率(占分比20%)、留学率(世界15名校)(占分比20%)、留学率(世界其他大学)(占分比15%)、学校的平均每学生支出费用(占分比5%)、校友捐赠(占分比5%)七项指标,进行评估,得出总分与排名,经过一年多的整理,隆重推出2013年中国260所最佳高中,郸城一高总得分78.8分,排名第164位。郸城一高在河南省高中10强排行榜中连续三年(2014—2016年)位居第6。近年来,郸城一高在自主招生、学科竞赛、清华大学暑期学校、优质生源基地方面成效显著,先后被清华大学、北京大学等20余所"985""211"高校授予"优质生源基地"称号。2012年8月31日,郸城一高决定每月设立一个"校园接待日",集中接待来访人员,加强与兄弟学校之间的交流学习。

曾经有不少人存疑:郸城一高取得如此骄人成绩,应该有很大水分吧!作为调研人员,在此通过下面五组实证数据,来澄清人们心头疑问。事实证明,郸城一高取得如此辉煌成绩,跟学校内涵式发展密切相关。

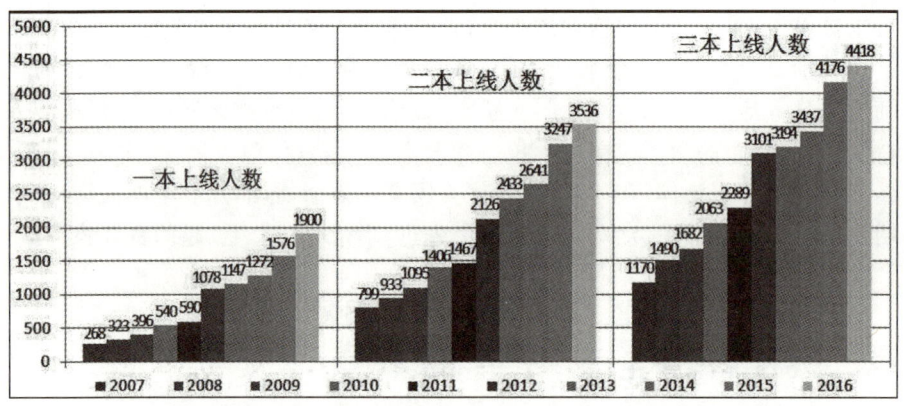

图 8-2　郸城一高连续 10 年高考一本、二本、三本上线人数一览图

第一组实证数据:图 8-2 展示 2007—2016 年郸城一高一、二、三本上线人数实现"十连增",说明其辉煌不是偶然的。

第二组实证数据:表 8-1 展示 2010—2016 年郸城一高考生在河南省文理科中排名靠前的学生名单,说明高考状元落户郸城一高不止一两次。

除喜人的高考文理科状元数据外,2013 年周口出现的"最牛高考班"为郸城一高三(8)班,全班 91 人全部超过一本线,其中 11 人考取清华、北大,创单班过一本线人数、单班通过高考考取北大、清华人数两项全省之最。2015 年、2016 年郸城一高以绝对优势分别考取北大和清华共 34 人、44 人。这是两个特例,不可复制。

表 8-1 郸城一高学生高考成绩所占河南省、周口市名次状况表(部分)

序号	年度	姓名	名次		备注
			周口市	河南省	
1	2010	叶 晨	1	8	理科
2	2010	王嘉懿	1	2	文科
3	2011	王浩然	1		理科
4	2011	董俊芳	1		文科
5	2012	陈 威	1	1	理科
6	2012	侯志荣		5	理科
7	2013	周星星		2	理科
8	2014	刘宇杰	1		理科
9	2014	赵之星	1		文科
10	2015	时子威	2	6	理科
11	2016	刘志文	1	3	理科

第三组实证数据:表 8-2 显示了 2012—2015 年郸城一高高考成绩占周口市文科、理科前 10 名或河南省文科、理科前 100 名的情况。

表 8-2 郸城一高高考成绩占据市前 10 名、省前 100 名的情况表

序号	年度	排名数量		备注
		周口市前 10 名	河南省前 100 名	
1	2012	5	11	理科
		2		文科
2	2013	5	10	理科
		6		文科
3	2014	6	10	理科
		6		文科
4	2015	5	10	理科
		5	6	文科
5	2016	5	8	理科
		3	9	文科

据不完全统计,河南省理科前 10 名,郸城一高在 2012 年、2013 年各占 2 人,2015 年、2016 年各占 1 人;河南省理科前 300 名、400 名,在 2015 年分别占 18 人、25 人。河南省理科前 200 名、300 名、400 名,在 2016 年分别占 17 人、24 人、32 人。周口市理科前 20 名,郸城一高在 2012 年、2013 年、2015 年分别占 11 人、11 人、10 人;周口市文科前 20 名,郸城一高在 2015 年占 9 人;周口市理科前 30 名,在 2012 年、2014 年各占 16 人;周口市理科前 50 名,在 2015 年占 18 人;周口市理科前 100 名,在 2015 年占 35 人。2016 年又有所突破,周口市理科(裸分)670 分以上 65 人,郸城一高占 32 人;周口市文科(裸分)620 分以上 26 人,郸城一高占 10 人。侯林涛、褚东亚分别获得 2014 年、2015 年河南省数学满分、单科第一名。

第四组实证数据:表 8-3 展示 2011—2016 年,郸城一高考取北大、清华、香港中文大学等 158 名学生初中毕业学校情况。

表 8-3 郸城一高清华、北大、港大学生生源表

序号	年度	排名数量				当年考上数
		郸城县域		非郸城县域		
		人数	%	人数	%	
1	2011	6	100			6
2	2012	23	100			23
3	2013	22	85.00	4	15.00	26
4	2014	21	84.00	4	16.00	25
5	2015	27	79.41	7	20.59	34
6	2016	34	77.27	10	22.73	44
总计		133		28		158

表 8-3 数据足以说明郸城一高生源在 2011 年和 2012 年是郸城本县学生,自 2012 年高考崛起后,有少量学生流入郸城一高。这充分说明郸城一高主要是靠本县优秀生源实现其卓越品牌的。

第五组实证数据:近四年(2013—2016 年)考入北京大学、清华大学、香港中文大学的复读学生分别为 3 名、4 名、5 名、7 名。这组人们极为关注的敏感数据,再一次诠释了郸城一高所走的内涵式发展道路。

写至此,脑海中浮现出陈玉琨老师说过的那句话:"'让学校做得更好'就是要让学校更有朝气,让师生更添智慧,让学校更具美感,让教育更富创造,让

员工更加和谐。"这不正是郸城一高的真实写照吗？刘成章校长带领郸城一高人在"二次创业、做强做大"的发展理念下，为社会培养了一批又一批杰出人才。通过规范管理、改革创新、较真担当、常年坚持，终于使一个县城高中在激烈的竞争中迅速崛起，逐步向"更好"的方向努力，创出了响亮的"郸城一高品牌"，真正实现了郸城一高追求卓越、勇创一流的梦想。

第五阶段：郸城一高办学经验总结

一、政府支持

郸城一高的发展自始至终都离不开上级主管部门尤其是郸城县委、县政府所给予的政策和经费支持。县委、县政府一向秉承优先发展教育的理念，为学校发展提供了宽松的办学环境。具体体现在：

办学经费支持。郸城一高从 1951 年开办以来，历经几个发展阶段，每个阶段政府都是投资主体。同时，县政府也为学校发展尽可能提供宽松的政策支持，允许学校多种方式筹措资金办学。1995—2001 年，学校通过借、贷、集、挤等方式，先后投资 1650 多万元建设教学楼、科技楼、师生宿舍楼等 13 幢。2012—2014 年，县政府主导建设郸城一高新校区，投资 2.5 亿元，占地 188 亩，建成了教学楼、综合办公楼、餐厅等 13 栋主要建筑，2014 年投入使用。郸城一高新校区的建设，从计划筹备到地皮圈定再到建设经费，都得到了县政府的大力支持。

教育功臣、优秀毕业生奖励资金支持。近几年，郸城县政府每年都会划拨 200 万—300 万元不等的资金，用于奖励小升初、中考、高考中有突出成绩的学校、教师和学生。由于郸城一高连年获得佳绩，因此，郸城一高及其教师都是受益者。从 2012 年开始，在每年教师节大会上，县政府连续三年每年奖励一高 100 万元，2012 年、2014 年奖励刘成章校长个人 10 万元，2013 年奖励刘成章校长教育社区住房一套(80 平方米)。2013 年到 2014 年，为刘成章校长记个人三等功一次，2014 年也为副校长单继峰等 12 人分别记个人三等功一次。2016 年，周口市政府给郸城一高记集体二等功一次，给校长刘成章记个人二等功一次。从 2006 年开始，每年对考入北大、清华、香港中文大学的优秀毕业生分别颁发每人 1 万元的奖学金，对考入中国人民大学、复旦大学、中国科大的优秀毕业生每人颁发奖学金3000元。

为教师学习买单。"培训是最好的福利。"县政府为教师提供暑期培训福利。每年暑期,郸城县教体局采取"走出去""请进来"的方式,先后开展全县骨干教师培训、教育管理干部培训、现代教育技术培训、三项工程培训和新招录教师、特岗教师岗前培训,包括郸城一高教师在内的近万名教师享受到了最好的"福利"待遇。

二、管理规范

"一个好校长就是一所好学校。"郸城一高的跨越式发展得益于懂教育的两任校长陈志强(腾飞期)和刘成章(品牌期)。两位校长都具有教育家的情怀,率先垂范,带领学校领导班子、中层干部规范管理,引领学校取得令人瞩目的成就。"一次创业"奠定了郸城一高腾飞的坚实基础,"二次创业"实现了郸城一高追求卓越品牌的梦想。在管理上,郸城一高做到了上通下达,上行下效。领导亲临一线,靠前指挥,给师生带来了无穷动力。比如,为提升尖子生素质,校长刘成章事无巨细,带着教师们一起研究制订培养方案,确定培养目标;为推进语文教学改革,刘成章雷厉风行,带着教师南上北下,学习先进理念与做法。在创新管理制度和创建"四维一体"工作提升机制的基础上,领导班子身先士卒,带头将制度落到实处。从中层干部(业务主任)到副校长,再到校长,都是一线教师出身,坚持带班"上课",从不脱岗,不丢业务。如吴俊杰书记带三个班的课,韩参军副校长带两个班的课。"评卷出题"校长先做,其次才是教师做。班主任都是起在学生前睡在学生后,言传身教,成为学生的引路人、贴心人。另外,学校领导班子尽力为教师排除各种后顾之忧,如吃住在校问题、子女上学问题等,为教师们"创业"提供最好的服务,营造良好的发展时空,引领教师们通力协作,心往一处想,劲往一处使,由被动工作变主动、自觉投身教育事业。在制度规范下,学校多措并举,引领师生共同成长。通过导师制、三年一体大循环制、公开课、PK课、观摩课以及评选"月度人物""教学明星"和优秀处室等活动,引领教师专业成长;通过创设"入班即静、入座即学"等班级管理文化、学生的大学理想与奋斗目标、学生PK表等引领学生不断进步。

三、教师爱岗

"没有爱就没有教育。"郸城一高教师有着对教育事业的迷恋和执着的追求,有着"拼命三郎"的敬业精神和默默奉献的无私精神。这种精神用一句话可概括为:爱岗胜于爱家,爱生胜于爱子。

日常工作中体现敬业。郸城一高大多数学生是农村孩子,缺少父母给予的沟通与关爱,班主任及任课教师常常承担着母亲或父亲的角色,与孩子们一起哭笑、一起坚持、一起成长,用信念乳补着学生精神的饥渴。教师们可谓是舍家弃子、无私奉献。刘天中老师一心扑到教育事业上,把无私的爱献给了学生,在课堂上是学生知识迷宫的导游,课下是学生生活中的长者和知心朋友,是学生迷惘时的引路人;巴灵芝老师顾不上教室外的3岁孩子,忘我地与学生打成一片;徐丽老师孩子刚满月,申请带重点班,极为敬业;丁晓娟上完班夜里9点到家,刚好就要分娩;有的老师孩子出生才40多天就开始上班;有的老师打着点滴改试卷……这些只有影视剧情中才会有的、看似谎言般的自觉行动,却是郸城一高教师生活的真实写照。正如化树田老师所说:"职业就是你的事业,从大处说是崇高、无私,从小处说就是我们一高人的准则。"

坚持奉献,终结硕果。郸城一高实行三年一体循环带班制。2013年徐丽老师所带三(8)班全班91人全部过一本线,其中11人考取清华、北大,成为"最牛高考班""考霸班"。2015年田紫兰老师所带三(11)班,600分以上61人,其中有9人被清华、北大录取。2015年刘天中老师所带三(12)班,有7名学生被清华、北大录取。学生时子威以697分排名理科河南省第六、周口第二,褚东亚以数学150分独领河南省数学单科第一名。另有一大批学子被"985""211"高校录取。教师们从中获得的是满满的职业幸福感。这样骄人的成绩,与一高每位教师的默默奉献密不可分。其实,与国内、省内一流高中相比,郸城一高的师资力量(目前有525人,特级教师8人,高级教师123人)并不算太强,但是"一高人"用自己的行动诠释着爱岗、敬业、奉献的精神内涵。

四、学生乐学

学习是学生的天职。学习只有通过学生自己将教师所讲内容内化为自己的知识结构,才能获得新知,有所成长。因此,学生若能自觉自愿学习,才是乐学,学习才更有效。郸城一高学生既勤奋踏实,又乐学善学,这得益于三大法宝:规范的学习行为、良好的学习习惯以及有效的学习方法。

习得规范的学习行为。郸城一高学生在学习时养成了规范的学习行为。他们通过规范的课前预习、专心听课、上课笔记、多思善问、及时复习、限时作业、主动反思等行为训练,学生逐步形成规范行为。规范的学习行为可以提高学习效率。2012届优秀毕业生张威震(考入清华大学)认为应充分调动各种感官来规范学习行为,他说:"在早晨念诵单词时,你听见某某在歇斯底里地背几个单词,你都听会了,而他却依然在读。原因就在于他只是用嘴念,没用心记。我们尝试这样来记单词:背单词时,手里写着,嘴里念着,耳朵听着,眼睛看着,心里记着,提高了记忆单词的效率。在做题时你看见某某在演草纸上奋笔疾书,可是半天也没做多少题。而另一同学,不时在纸上演一下,很快做完了几页题。这是因为前者把一些可以口算的步骤也在纸上演算,耽搁了时间;而后者只在纸上演算一些复杂过程,节省了时间,提高了解题效率。"

养成良好的学习习惯。校长刘成章呼吁:"让优秀成为一种习惯,让学生都成为有良好习惯的一高人。"实践证明,当学生规范的学习行为持续100天就逐步转变成良好的学习习惯。郸城一高学生良好学习习惯的养成不是说出来的,而是做出来的,学生是深有体会的。优秀毕业生刘华山(考入北京大学)认为好习惯是非常重要的,他说:"高中时我观察过一种现象:有些成绩好的同学并不总是很紧张地学习、学习再学习,这些人似乎颠覆了我们对成功人士勤奋刻苦的印象,以至于很多同学也盲目跟风,不再辛苦地学习,期望自己也能达到'在玩中学,在学中玩'的状态,但结果却并不尽如人意。其实大家只要认真观察他们的生活状态,你不难发现,他们已经习惯于在上课时间认真听讲并无遗漏地记录老师讲的要点;他们已经习惯在课下不浪费自习时间高效地完成作业;他们已经习惯于将考试看作自己生活的一部分而极少流露怨言……因此,大家的观察不应只流于表象,而应该看到他们成功的真正缘由,看到他们以怎样的好习惯保持优异的成绩。这从一个侧面也反映出了习惯的巨大力量。"有些同学认为应培养自己严谨细致的习惯。2012届毕业生陈威(考入清华大学)说:"在做理科题目时,不严谨的思维跳跃有时候会酿成'悲剧'。有些题目比较大,条件较多,这时一定要看清条件,认真审题,不要忙着动笔,看清楚再写。写到最后才发现有一个数看错了是很痛苦的。在做思维量比较大的题时,每一步都要问一下自己依据是什么、是否充分等。其实这并不容易做到,世上也没有有效的办法。不妨记录下自己常犯的错误,以示'训诫'。"优秀毕业生鲁光光(考入清华大学)也认为细节很重要,他说:"在高一、高二的学习中,我对一些基本概念和知识的掌握很不牢固。可就在高考前的三个月内,各种小问题集中爆发。为纠正这些错误,我只得将做错的概念一个个抄下来记住,才勉强在高考中挽回了一些分数。而且这种问题很多学生都有。"

找到有效的学习方法。有了良好的学习习惯,学生自然会形成适合自己的有效学习方法。优秀毕业生冷二宝(考入北京大学)认为每门学科都有特定的规律与学习方法,学习应得法。他说:"在高二时,我的数学总是差了别人一截,我以为是自己的不细心。几次之后,我开始向别人请教,原来我的努力远远不够,习题做得太少,课下的反思与总结也不够,还没真正体会到数学的美。于是我开始从欣赏的角度看问题。真不错,我明白了其中之味,我看到了崔老师上课时的激情挥洒,看到了每一道习题之后的方法之巧,以及数学的简约与对称。当我做了一大套习题之后,我渐渐地对数学有了感觉,成绩也在不知不觉中提高。"很多同学都认为"错题本"很重要,但每个人的体验又各不相同。优秀毕业生刘彦昭(考入北京大学)说:"几乎所有人都知道'错题本'好,但不是每一个人都能够使用好的。我到了高三后期,总想到市场上买一本资料,但我翻遍了郸城的书店,也没找到。后来我想明白了,这本资料我早就有,那就是我的'错题本',那上面的题才是对我真正有难度的,才是最适合我的。所以,明白了这点,在高中最后阶段,以'错题本'为主,买的资料只是作为一个找手感的辅助工具。在高三,学校每发一张卷子,学生做完就对答案,听老师讲完后,剪错题,粘贴。我记下了我错题的所有类型。整理了20多个应该注意的事项,在以后的大小考试中,我所有错的题,基本上没有出这些事项的。"张威震认为:"上了高中,我准备了各科的'错题本'。起初我并没有在意,在每一次更正错题后,总感觉会牢记一辈子。可是,没过多久,我发现上次做过的类似题的解题方法又给忘了,一查'错题本',恍然大悟,方知'错题本'之妙。以后每次有了错题,我便用剪刀剪下,用胶棒粘在本子上,旁边写下解法和错误原因(有的同学习惯剪下较长的答案贴上去,我建议答案用手抄,这样可以记得更牢)。每隔一段时间看一看错题,都会感悟不少解题方法和解题误区,看了几次后就牢牢记住了每一道错题。"

由此可知,正是通过规范的学习行为、良好的学习习惯、有效的学习方法,郸城一高的学子们才有着坚定的学习信念与无穷的学习潜能,才更加乐学善学,成功实现了他们的大学梦想。

案例二 新学校 高起点 优质量——郸城县第二实验中学发展纪实

【导语】

四年,对于一个学校来说,的确很年轻。但四年间,她让人们看到了她的崛起之势。其崛起的方略是:为提升课堂教学效果,学校勇于教改,探索出"三环五步教学法""课堂大预习活动";为提升德育成效,学校开阔视野,创新道德教学新模式,以道德银行为载体,开展学生良好行为习惯的养成;为提升教师专业技能,学校以教研为推手,抓好集体备课活动、课堂教学大赛、品牌教师评选等三项活动;为了学生一生的健康成长,学校坚持课内课外"两手抓",以课外活动促课内教学之实效。四年间,学校曾获得"和谐校园先进学校""河南省示范性学校""河南省平安校园""周口名校"等多项荣誉。

郸城县第二实验中学(以下简称"二实中")创办于2012年9月,是一所县教体局直属的全日制初中学校,位于西三环、教育园区北部,占地面积8.73公顷,建筑面积5.4万平方米,总投资1.3亿元。现建有教学办公综合楼、实验楼、学生宿舍楼、餐厅、学生洗浴室等,还有1个300米跑道的运动场和5个标准篮球场。现有75个教学班,在校学生近7500人,教职工319人,本科教师217人,专科教师102人,其中中高级职称教师202人。建校4年来,学校曾被教育部基础教育司评为"全国第五届和谐校园先进学校",还被省市县相关部门评为"河南省文明学校""河南省校园文化艺术工作先进单位""省消防安全先进学校",周口市"第二批中小学课堂改革先进单位""周口市名校",县教体局"高效课堂、高效阅读、汉字工程"一星级学校。校长刘广峰连年被评为周口市优秀校长、周口市课改先进个人、周口市关心下一代先进个人,2014年度被评为郸城县十佳优秀校长。

这样一个新生的学校,是如何在短期的发展中实现了快速蝶变呢?其发展奥妙何在?是否有其他学校学习、借鉴的价值?带着这些问题,我们走进了"二实中",探寻其快速成长的历程,从中探索其发展规律。

一、学校课堂教学改革有抓手

四年来,"二实中"始终坚持"以学生发展为根本,以健康成长为基础"的办学理念,坚持"学校有品位、教师有个性、学生有特长"的办学目标,以"办人民满意的学校"为根本任务。学校一手抓安全稳定,一手抓创新发展;一手抓教学管理,一手抓特色建设。学校全面规范办学行为,全面推进素质教育。学校以"办好一所学校,培育万千学子,造福一方百姓"为办学宗旨,努力建设"文明、民主、和谐、尚美"的校风、"勤学、好问、善思、多读"的学风和"爱岗敬业、爱生乐业"的教风。通过努力,学校已经形成事事创先进、人人争优秀的良好局面。

(一)以开展"三项工程"为抓手,强力推进课堂教学改革

一是高效课堂工程。学校学习杜朗口中学的"小组学习""交流展示"和洋思中学的"先学后教""合作探究""兵教兵""兵强兵"的教学理念,结合自身实际,研究探讨确定了"三环五步"教学模式。课堂教学"三环"即课前预习、课中研习、课后练习三大环节。课堂教学"五步"即明确目标→自主学习→合作探究→展示提升→回顾测评。"三环五步"教学模式的开展给课堂教学带来了生机。广大教师以饱满的热情大胆改革,摒弃过去陈旧的课堂教学模式,积极参与,大胆尝试。同时,这种教学模式也激发学生的学习兴趣,使学生成为课堂的主人,课堂效率逐步提高,师生亲身感受到了课堂教学改革带来的实效。

二是高效阅读工程。为提高学生阅读速度和写作能力,学校结合学生实际情况,采取多种形式,扎实开展高效阅读工作,每周有示范和研讨,每月有评比,把高效阅读的实践推向纵深,切实做到了由点到线,由线到面。高效阅读学习活动的开展,促进师生语文素养的提升。对于学生来说,高效阅读活动拓宽了学生的学习空间,提高了学生的快速记忆能力、快速阅读能力,进而提高学生的阅读速度和质量,使学生的阅读能力真正达到短时高效。对于教师来讲,该活动的开展有利于提高语文教师在阅读教学指导与评价方面的专业技能。

三是汉字工程。汉字本身就是文化,就是故事。一个汉字就会绽放出汉语乃至中华民族文化的魅力。开展好汉字书写教育,使学生正确掌握汉字的字形和书写技能,有利于培养学生热爱祖国语言文字的情感,陶冶情操,培养审美能力。这对于全面推进素质教育,提高青少年人文素养,传承和弘扬中国

优秀文化具有重要意义。学校领导坚持把推行规范汉字活动纳入学校工作的重点,加强语言文字规范管理,积极开展语言文字规范化活动,在全校范围内形成语言文字工作层层有人抓、事事有人管的良好局面。学校规定每周一节书法课,向学生传授正确的书写方式,同时,每天晚上 6:00—6:20 为全体学生统一练字时间,有统一培训的书法"小老师"指导学生写字,班主任监督。学校每学期开展书法大赛,评选汉字书写标兵,强化汉字书写意识。

(二)以"大预习活动"为载体,助推质量提升

预习是课堂教学活动的重要一环,影响着教学活动的开展及实效。在课堂预习活动的基础上,学校于 2012 年 12 月份率先开展了寒暑假大预习活动。"大预习活动"以寒暑假为开展时段,以学科为基础,以班级为具体落实单位,明确各自责任,在假期前做好大预习的宣传发动;同时,各学科制作并发放大预习学习跟踪表,明确预习要求范围、重点及所要达到的目标,利用校讯通网络平台对学生提出的问题及时进行指导解疑,并做好学生预习辅导跟踪记录;班主任做好指导学生大预习工作计划以及教师跟踪辅导记录和总结报告;学生制订假期间学习计划,记录预习过程,尤其是每天所学内容和预习中遇到的问题,并撰写预习心得;假期结束,学校进行预习大检测。结合学生预习所遇问题,各学科教师分别作出分析,以便进行教学设计时参考。

二、学校德育发展有特色

未成年人道德教育一直是困扰学校德育工作的最大问题。"二实中"不断思考、尝试学生道德教育的新模式。实践中,他们发现通过开展"道德银行"活动,引导学生积累日常生活中的一点一滴"美德善行",关注自我道德行为习惯的养成,促使学生的道德实践由低到高、由平庸走向崇高,化无形为有形,将崇高的道德量化成看得见摸得着的东西,为学校道德教育找到了一种新的载体,改变了原有的道德空喊口号的教育方式,适应了新形势需要,是探索学生道德自主教育的一种创新形式。

"道德银行"是导入银行管理理念,模仿银行运行机制进行行为习惯培养的一种活动形式。它采用银行储蓄的方式对学生善的言行以"人品币"的形式量化进行存入或支取。一切有利于他人、有利于集体、有利于社会的良好道德行为都可以作为"存款"存入道德银行,需要帮助时可以支取部分道德"存款"。

"道德银行"由总行及各分行组成。学校政教处为"道德银行"总行,每个

班级为分行,政教主任任总行行长,各班主任任分行行长,班长任副行长,各班合作学习小组组长为储蓄员,"道德银行"储户为本校学生,每位学生作为各分行储户都办理有一张"道德银行存折",存折记录着他们在学校"道德银行"里的存款和支取情况。它所吸收的存款是学生思想品德上的每一点进步。例如,主动让座、主动打扫卫生等这样的小事都由储蓄员记在"存折"上,并按储蓄细则折合分值储蓄。道德银行的存储情况是班级和个人评优评先的依据。学校每周根据储蓄卡上的得分情况每周评出班级"道德之星",并在例会上给予表彰、颁发荣誉证书。每月还定期评出班级"道德富翁"、学校"道德富翁"等,对余额不足 60 分的"储户",分行长将与家长一起会诊,制订可行方案帮助"储户"道德脱贫。这种将无形的道德资本变成有形的道德资产的教育方式,激发了学生的热情,树立了学生的道德财富意识,学生的思想得到潜移默化的影响和净化,学校涌现出一批"道德之星""文明之星""孝亲模范"等。

"道德银行"将学生在日常生活中所做的好事兑换成道德币,一存一取之间将无形的道德资本变成有形的道德资产,鼓励学生积极积累道德资产,形成良好的道德习惯。它改变了原有的空喊道德口号的教育方式,化无形为有形,将崇高的道德量化成看得见摸得着的东西,新颖别致,为学校道德教育找到了一种全新的载体,是学校德育教育模式创新的积极尝试。

在做好学生"道德银行"引育的同时,学校尤为关注校园文化环境对学生行为的潜在影响。校园里,随处可见警句格言、行为规范、模范人物事迹展板;课堂上,国学课、文明礼仪课、读背诗比赛等是学生喜欢的内容;社会主义核心价值观主题演讲、征文、座谈、文艺表演等,深化着师生的认识认同;文明礼貌月、学雷锋活动月、志愿者服务日等教育实践活动,强化着师生的日常行为。学校文化长廊成为学校日常驻足的陶冶精神的场地。文化长廊分"精忠报国""上善若水""天道酬勤"三个部分,分别对应社会主义核心价值观的"国家、社会、公民"三个层面,结合学生身边生活,详细阐释了核心价值观的内涵,对学生起到了潜移默化的教育作用。学校每栋建筑上、每间教室前都有精心设计的地方乡土文化标牌,让学生了解家乡、热爱家乡,激发师生昂扬向上、奋发进取的精神。

三、学校教师专业发展有举措

学校坚持以人为本,抓好"集体备课活动""课堂教学改革"等活动,促进教师专业发展。

（一）以人为本，优化学校管理，服务教师专业成长

学校领导以科学发展观的思想为指导，不断丰富管理理念，加强责任意识、法制意识、开放意识和服务意识的培养，主动了解教师的内心需求，特别是精神上的需求，并最大限度地加以满足，使他们对学校产生信任感和安全感。在具体工作中，学校尊重教师的人格，尊重教师的个性，给教师一个适当的"自由度"，尽量为他们营造一个宽松的工作氛围。学校不断优化服务，把提高教师素质、培养骨干教师作为学校的一项重要工作，积极搭建教师成长平台，为教师的发展创造条件。学校积极鼓励教师走出去，每年都派出骨干教师去县内外知名学校学习先进的教学及管理经验，把外校好的做法与本校结合起来，创新学校教学与管理。学习外校先进的教学经验，同时把省市县教研室的专家和外校优秀教师"请进来"，现场诊断教师的课堂教学，引领教师专业发展。

（二）认真开展集体备课活动

"集体备课"，顾名思义，就是教师在一起研讨和准备教学。集体备课是教师通过建立的密切合作关系对教学问题进行讨论、研究与分享，开放性地创造更大的备课效果。所以说，集体备课不只是教师备课组织形式的一种变革，而是教师对教学的科学性、艺术性、创造性不断探索和追求的过程。具体来说，集体备课是相关学科教师在一起，针对某一教学内容和问题，通过教师同伴互助、自我反思等形式，使教学得到系统设计的一种准备活动。集体备课更是教师针对自己教学中遇到的普遍、典型、复杂的教学问题，共同协商和参与，通过系统科学的研究，以达到解决问题、促进教学进步和教师专业发展的一种教学研究活动。因此，集体备课不仅关乎着课堂教学，还影响着教师的专业发展。为做好教师集体备课活动，该校制定了"二分三定五统一"工作法，即分年级、分学科，定时间（每周五下午）、定地点（教师办公室）、定主题（不同时期有不同研讨主题），按照统一要求进行集体备课。集体备课研讨的内容为课堂教学实施中所遇到的问题，诸如每节课所要设计的教学目标、学生疑难或易错点、课堂检测题等。通过集体备课实现教学设计的五个统一，即统一进度、统一学习目标、统一教学过程、统一思考题、统一课堂作业。在此基础上，学校允许教师结合学生实际进行"二次备课"。这样做既保证课堂教学的统一性，又兼顾教师课堂教学的个性。

(三) 围绕课堂教学改革，打造优秀教学团队、品牌教师

为深化课程改革，提高教学质量，学校借助"三环节五步骤"教学改革，开展"课堂教学大赛"专题教学活动，以课堂教学大赛的形式撬动教学改革。学校重点围绕教学目标达成度、课堂有效度、学生满意度等方面对教师的课堂教学进行评价，积极营造氛围，引导教师在课堂教学活动中收放结合，主动学习教育新理念，一切以学生的发展为取舍，不拘于形式，鼓励教师敢于创新课堂教学，践行有自己个性的教学方式。

教师是学校一切资源中最核心的要素，教师素质是学校发展的根本与关键所在。学校质量的提高，关键是教师；学校的发展，关键也在教师。为了建设一支高水平、优结构的师资队伍，学校积极施行教师培养工程，出台了教师培养政策，规定每学年初，新调入、新分配教师都要开设一节摸底了解课；教龄三年以下的教师每学期必须开设一节教学汇报课；每周必须至少听一节师傅或其他教师的课，每学期总数不少于二十节；每节课后须写好教学反思后记等。这些活动的开展促进了青年教师的快速成长，使他们尽快承担起教育教学重任，成为学习型、研究型的老师。

案例三 为孩子的一生发展打基础——郸城县第三实验小学卓越发展探秘

【导语】

近年来,郸城县基础教育实现了又好又快的发展,特别是小学教育的发展更是引人瞩目。郸城县第三实验小学是该县小学教育的一面旗帜,是一个仅有五年办学实践的城乡结合部学校。这所学校虽然办学时间很短,但是取得了令人瞩目的成绩,省、市、县主要领导曾先后到这所年轻的小学指导工作。第三实验小学为什么能在短短的五年时间里取得如此成绩?学校"为孩子的一生发展打基础"的办学理念为什么能在短时间内变成现实?学校的领导和教师是如何开展课程建设和教学改革的?学生的良好习惯是怎样形成的?通过对郸城县第三实验小学的调查,笔者发现了上述问题的答案:注重过程抓养成,多种形式培素养,社团活动激兴趣,"起点教育"促课改,校本教研育名师。

郸城县第三实验小学(以下简称"三实小")成立于2011年秋,是郸城县教体局直属的一所公办小学,位于郸城县世纪大道北段,占地约20亩,总建筑面积9818平方米,是一所非常年轻的城乡结合部学校。学校现有22个教学班,99名教职工。其中特级教师1人,高级教师44人;本科学历教师50人,学历达标率100%。学校拥有标准化的图书室、阅览室、仪器室、实验室、电教室、"少年宫"等。学校先后被授予"河南省文明学校""河南省教育名片学校"和全国"读写研究会"实验学校,以及周口市基础教育教学教研工作先进学校、周口市第二批中小学课程改革先进单位、周口市安全文明校园、"中华美德颂"主题教育活动先进单位、郸城县高效课堂示范学校等荣誉称号。

光阴五载,何其短暂!学校五岁,何其年轻!人们不禁要问:为什么在短短的五年里这所城乡结合部学校能够取得如此令人瞩目的成绩?这所年轻的学校成功的奥秘究竟是什么?我们带着疑问,循着学校的办学目标和办学理念走进学校,找寻这些问题的答案。

提起"三实小",不能不说说"三实小"的"当家人"——校长陈勇①。陈勇是一个儒雅的人、谦虚的人、博学的人。他自我评价是一个"不善于社交""不善于应酬""不善于言谈""不会抽烟""不会喝酒"的人,但就是这样一个"三不善于""两不会"的人,谈起"三实小",谈起自己的老师,谈起自己的"教育梦",谈起"三实小"的孩子,这位面庞微黑、身材高挑、文质彬彬的校长侃侃而谈,与一个"三不善于""两不会"的人判若两人。

校长陈勇谈到,"三实小"的"教育梦"就是为实现"中国梦"而奠基的,具体来说就是落实学校实现"郸城优秀、周口一流、河南知名"的办学目标,就是要在学校发展的第一个五年中做好践行一个理念,即"为孩子的一生发展打基础";遵循两个发展原则,即"求是、创新"原则;突出三项工作,即"教师培训、学生养成和教学改革";做实四项事情,即让学生"读好书、写好字、培养一个兴趣、养成一个好习惯"等,并努力在第二个五年中,提出和逐步建构"养成文化"。为实现学校的"教育梦",陈勇带领他的团队和"三实小"的教师们深谙行动的力量,他们从以下方面开始了"筑梦"行动。

一、注重过程抓养成

校长陈勇率领学校领导班子成员,根据郸城县教体局提出的"小学、初中抓养成,高中提质量、创名牌"的总体思想,结合"三实小"处于城乡结合部以及80%以上学生都是留守儿童的实际情况,提出了"为孩子的一生发展打基础"的办学理念,以养成教育为抓手,致力于学生习惯的培养,把"养成教育"作为学校的第一个五年计划中的重点工作来抓。学校成立了郸城县养成教育课题组,并从2013年秋季开始进行养成教育校本课程建设。

(一)成立养成教育课题组:研究"养成"

为做好养成教育这项工作,学校成立了"三实小"养成教育课题组,制订了发展计划,确立了"课内引导,课外践行""校内规范,校外传播"的整体思路。

---

① 陈勇,本科学历,中共党员,中学高级教师。1989年参加工作,2001年被推选为郸城县实验小学业务副校长,2012年10月调入郸城县第三实验小学,负责全面工作。2001年参加"骨干教师"国家级培训,在全国中文核心期刊上发表多篇教研论文。曾被授予"河南省特级教师""河南省优秀教师""河南省学术技术带头人""周口市优秀教师""郸城县十大杰出青年"等荣誉称号。

2015年上半年,学校又成立了养成教育办公室,专门负责养成教育工作。

(二)把"养成"带进课堂:落实"养成"

在养成教育实施的先期阶段,学校把每学期开学第一周作为养成教育活动周。然后,养成教育课题组又筛选出适合小学生身心特点、能够促进其身心发展的106条习惯,分六年实施,并编写出六本校本教材。校本教材充分考虑孩子的年龄特征、学段特点。比如,一年级养成教育内容是:第一课《我的小书包》、第二课《我会说》、第三课《我学会了站路队》、第四课《我的小闹钟》、第五课《我会上下楼梯》、第六课《我会上厕所》等。一年级开设养成教育课主要是培养孩子适应学校生活的习惯。又如六年级养成教育内容则是:第一课《让思考成为习惯》、第二课《将心比心》、第三课《说永远不如做》、第四课《缺什么都不能缺信念》、第五课《学会选择,懂得放弃》、第六课《失败也是另一种成功》等。六年级开设养成教育课主要是培养进入高一级学校学习的习惯、思维的习惯、创新的习惯等。这106条习惯包括文明礼仪、健康、学习、思维等习惯的养成。在实施过程中,学校采取的方法是把"养成"带进课堂,即上课讲解,让孩子了解这些习惯,知道哪些行为习惯是正确的,哪些行为习惯是错误的。

(三)开展过程评价:促进"养成"

为培养学生良好的生活习惯、学习习惯、思维习惯和创新习惯,进一步巩固学校的养成教育成果,体现学生自主管理方式,"三实小"依据《小学生守则》《小学生日常行为规范》等要求,结合学校实际,制订了《"五星"评选方案》。"五星"分别是"文明星""学习星""健康星""安全星""才艺星",每一"星"都有具体的评选标准。从2015年上半年开始,学校启动了养成教育过程评价,即结合"五星"评比,将学生在校一周的养成情况汇集到一起,并登记在表格中,一周一总结,一学期一汇报。同时,班级建立学生的"星"级管理档案,评价结果记入《学生成长记录》,评一次填一次。每次评比结果张贴在教室"五星"光荣榜内。学期末对评选出的星级文明学生进行表彰,给家长颁发喜报,利用宣传栏等形式进行宣传。"五星"学生的评选结果,作为评比各级优秀学生干部、三好学生、优秀队员的重要依据。

(四)养成教育进社区:展示"养成"

为进一步培养学生的良好习惯,从2015年上半年开始,学校开展了养成教育进社区活动,并成立了"三实小"社区养成教育小组。这样做,一可以检验养成教育的效果,二可以"小手牵大手",促进社区文明。在启动学生养成的同时,学校还启动了学生家长养成和教师养成。关于养成教育,"三实小"有自己的想法:用学校的教育引导学生,用学生带动家长,用家长影响区域社会,从而在小范围内产生一定的社会效果。

二、多种形式培素养

为落实学校"为孩子的一生发展打基础"的办学理念,在抓好养成教育、做好常规教学的同时,学校结合小学各学科特点,通过经典诵读、口算、写字等多种课程,提升学生基本技能,培养学生综合素养。

(一)持续开展"经典诵读"

为增强学生的语文素养,传播中华民族的优秀文化,学校一直坚持开展"经典诵读"。为做好此项工作,学校制订了翔实的工作计划和评价方案。首先按照《语文课标》的要求,精心选择了170首古诗词,并汇集成册,免费发放给学生阅读。走进"三实小",仿佛进入了古诗词的海洋,随处可以看到墙壁、柱子上写的古诗词,真正做到了"让每一面墙壁会说话,让每一寸土地都有教育意义"。

学校对"经典诵读"评价,是按照年级段、分学期进行测评的。学期初布置任务,期末评价。具体要求是:1-3年级会背诵,6年级会默写,6学年结束时,学生都能默写170首古诗词。学校定期举行读诗、背诗比赛活动,由每个班推荐5名,学校随机抽5名,分年级段进行比赛。古诗文背诵内容是以校本课程中《郸城县第三实验小学必背古诗170首》为基础,每个年级段按学生的实际情况,难度递增,分别划定背诵内容。比赛的评委由各年级的语文老师担任,比赛中,评委老师对指定的篇目随意抽取,做到公开、公平、公正。通过比赛,有效地提高了学生的语文素养,激发学生对中华古诗词的热爱之情。

(二)坚持进行口算练习

结合数学学科特点,学校将学生的口算练习作为一项长期的素质教育内容,常抓不懈。学校要求,每节数学课前5分钟,为口算练习时间。经过长期的练习,学生的口算能力得到了很大提高。为进一步提高学生的口算能力,调动学生的数学学习热情,养成良好的计算习惯,学校定期举行数学口算比赛,由每个班推荐5名,学校随机抽5名,分年级段进行比赛。比赛规定学生在5分钟内完成100道口算题,试题由老师们精心设计,既有适度的数量、难度,又具有科学性、灵活性。每次比赛均评出多位"小口算王"和优胜班级。通过"每天口算五分钟""口算练习常练不懈",每学期安排一次"口算比赛",学生口算能力明显提高。

(三) 扎实开展"写字教学"

"读好书、写好字、养成一个好习惯、培养一个兴趣",这是"三实小"确定的四个基本课程建设方向。

为让学生写好字,写规范的字,学校坚持开设书法课,并聘请全国书法家学会会员孟春担任书法教师。中低段书法课和高年级段不同,其中,一、二年级练习硬笔字,三、四、五、六年级练习毛笔字。各个年级段均成立书法兴趣小组,学校开发有专用书法教材。经过一段时间的练习,学生的书写水平明显提高。

同时,为培养学生汉字积累兴趣,提高学生的汉字书写能力,学校定期组织开展汉字听写比赛活动。活动之前,各年级语文教师组织学生练习听写,使学生天天有训练,天天有进步。活动伊始,班内进行初选,每个班选派5名选手及学校随机抽选5名选手,参加全年级段的现场比赛,比赛内容为听写生字或词语。通过这样的活动,不仅提高了学生书写的正确性、规范性和美观性,还加深学生对中国汉字的理解,激发学生对中国汉字的书写热情。校长陈勇告诉我们,学校已经把"写字"也开发为校本课程。

为扎实开展"写字教学",学校领导率先垂范,校长陈勇和老师一样在室外"教师每周一练"黑板上写字,并长期坚持。学校为此有专人负责监督和评价,评价结果定时在学校博客上公布。

(四) 推进各种"图书漂流"活动,引领学生阅读

小学阶段是为一生发展打基础的关键时期,让学生养成终身受益的阅读习惯,是我们义不容辞的责任。"三实小"从2015年秋开始举行了各种"图书漂流"活动。这项活动主要有:(1)开展班级间漂书活动。由各班图书角管理者就本班书籍与本年级段其他班级进行漂流。(2)"书香飘满五月天"大型图书漂流活动,这也是2016年艺术文化节的一个子项目。此次参与漂流的图

书多达 2800 册(包括学校出资购买的"2015 中国好书"少儿类图书 400 多册)。(3)建立"图书跳蚤市场"。该活动每 2 周举行一次,在具体划分好的活动范围内由班主任带领,分年级进行。具体为:学生带上自己已经读过的书,在自由结合、双方都同意的情况下,互换书籍。

从 2016 年秋季开始,学校又提出了师生每学期共读两本书的活动。让读书从"补充"走向"课程"。"今天,你读书了吗?"已经成为"三实小"学生间的问候语。

三、"起点教育"促课改

为落实学校的办学理念,"三实小"立足于学校课堂教学现状,并在学校教科办的引导下,从最初的"二二十"教学模式开始,经过近 3 年的探索与反思,提出了自己的课程改革思想,即"起点教育"。其核心理念是:课堂教学要以学生发展为本,并时刻把握学生的思维和知识结构的原认知起点,力争"顺学而导"。

在总课题下,他们还分学科成立了相应的课题组,如"起点语文""起点数学""起点科学"和"起点英语"等。以"起点数学"研讨为例,该课题组成员在总课题思想的指导下,落实课改目标"尊重学生,发展学生",践行行为理念"把握起点,顺学而导",要求教师在上课之前,将教材的分析和学情的分析作为重点,从知识结构上把握教学的起点,落实"建构主义"思想。同时,在课堂上,要先了解,再引导,时刻关注学生,把握不同阶段的知识、能力和情感上的"起点","顺学而导"。经过近 4 年的努力,课题组老师终于摸索出一套符合他们实际的课堂结构。在研讨的过程中,原课题组成员又成功地将全校所有数学教师吸纳进每一个流程的"再子课题"研讨中,既保障了课题研讨的实效性,又促进了教师的专业发展。

(一)起点导航

起点导航就是制定和出示学习目标。课题组要求教师制定目标时关注学生的起点。要准确把握学生已有的知识水平,也就是关注学生的认知起点;要深入了解文本的起点,既要整体把握知识之间的内在联系又要深入解读教材,如要弄明白教材上的每一幅图片、每一个对话和每一行文字意图告诉我们什么,以及每一个知识内容背后蕴含的教学思想和方法是什么,这些都要深入研究、认真把握,也就是要把握住教材的起点;还要把握教学的方向。课程目标的制定要具体、简明扼要,不宜太多,一般 2 或 3 条为宜。出示目标的方式要根据学科特点和学生年龄特点,采用多样化的出示方式。

(二)自主探究

自主探究是课堂的重要环节,要求教师给学生留出足够的时间去展开探究。首先,向学生提供充足的从事学习活动的机会,要把教学化成学生的实际行动,以此激发学生学习的积极性。其次,尝试探究题目的出示,教师要根据本节课所要达到的学习目标,选取与本节课的知识点(课本上的题目)相同或相似的题目出示,让学生去做,去思考。

本环节的主要任务在于学生的自主探究。老师可巡视学生,观察学生做题情况,要积极引导和鼓励。巡视过程中老师要注意发现学生的原认知情况,为点拨提供素材。

(三)互助交流

互助交流环节首先要分组,分组是按好、中、差编排,一般是四人为一小组。小组长采用轮流制,要组织本组成员有序地开展讨论、交流和动手操作等探究活动,从而有效地完成小组学习任务。互动交流不只是限制在小组之内,组与组之间、师与生之间都可以交流。

本环节中教师一定要引导学生开展有效的交流和讨论,要明确地告诉小组长检查组员中的做题情况:哪些错了,错在什么地方,小组内能否解决,有哪些更好的解题方法。这些都要做好记录,为能把问题及时而有效地反馈给老师做好准备。

互动交流环节是核心环节,能够培养学生多种良好习惯,如认真思考的习惯,积极参与、踊跃发言的习惯,认真倾听的习惯,遵守规则的习惯,等等。

(四)反馈点拨

反馈点拨环节的重点是把握学生的生成情况,是利用学生在互动交流后反馈的信息,而进行有针对性的点拨过程。教师可以一边听学生反馈一边点拨,一点一点进行;也可以让学生集中反馈,而后再进行点拨。反馈可通过口述或演板的形式。点拨既是一种教学方法,更是一门教学艺术。所谓"点",就是指点、引导,点化学生不懂或似懂非懂处。所谓"拨",就是拨云见日,帮助学生掌握规律,发展智能。所谓"点拨",就是针对学生学习过程中存在的知识障碍、思维障碍和心理障碍,运用画龙点睛和排除故障的方法,启发学生开动脑筋,自己进行思考与研究,寻找解决问题的途径与方法。教师点拨要紧扣教学目标和重点。

(五)课堂评价

课堂评价相当于传统课堂的检测,是为了巩固所学知识,提高应用技能而设置的,也是学生了解自己所掌握知识的一种有效反馈手段。练习和作业的布置要适量,有梯度。

(六)全课总结

全课总结也是师生的一种有效互动。全课总结可以先让学生总结,对于学生不能总结的,老师再积极引导学生总结。总结要条理清楚,分清层次。

四、社团活动激兴趣

在结合常规教学培养学生综合素质的基础上,学校还依据自身实际情况,组织开展了丰富多彩的社团活动。现在学校每学期均有20多个社团在活动,并规定每周五下午为社团活动时间。多种形式社团活动的开展,极大地激发了学生的兴趣、爱好。

(一)"红领巾"广播站

为给学生搭建一个语言和表演交流的平台,学校成立了校园广播站——"红领巾"广播站。"红领巾"广播站组建之初,学校让每一位参与的学生经历了整个组建过程。首先,自愿报名、班级推荐、初选、复赛等过程全部由学生自己组织,仿真进行,其目的是让学生经历过程,引起体验和感悟。广播站有站长、副站长,有总编、副总编,有记者,还有播音员等,可谓是"五脏俱全"。为让"红领巾"广播站社团的学生得到更快的提升,学校配备了专职教师,同时,还与县电视台联系,定期让专业人士进行指导、培训。近年来,"红领巾"广播站多名学生在县、市举行的比赛中获奖。今年广播站播音员钱琪嘉,在周口市第二届少儿经典诵读大赛中荣获金奖。王诗博等五名学生参加了河南电视台新农村频道《经典少年》节目录制,在节目录制现场,王诗博在对抗赛中获得第一名的好成绩,并代表周口市参加全省年度经典少年对抗赛。

(二)"小百灵"舞蹈与"手工制作"社团

为搞好"小百灵"舞蹈社团活动,学校改建了专业舞蹈房,分年级组建了数个舞蹈队,有三名专职教师。现在,舞蹈房已经成为使用频率最高的活动室。

"手工制作"社团成员都有一双巧手。孩子的剪纸有剪汉字、植物、动物,还有剪风景……孩子的手工工艺从航空航天器到生活用品,从现代化的设备到传统的家具,还有用旧手套、废纸盒、破棉絮等制作出一个个精美的工艺品。大家看了孩子们的手工制作成果之后连连称赞孩子们心灵手巧。陈勇校长介绍,通过参与"手工制作"社团活动,很多孩子真的对手工制作有了兴趣。

(三)少年宫《起点》编辑部

2015年5月29日,学生自主成立了《起点》编辑部,编辑部的运行完全由学生自己操作。学校全体领导班子以及编辑部成员参加了成立座谈会。会上,陈勇校长强调了编辑部的成立对"三实小"的重要性,指出《起点》致力于"为学生的一生发展打基础",致力于"教师的幸福人生",将立足于"三实小"的教学理念,如起万丈高楼之"平地",并对编辑部未来的工作提出了新的要求并寄予了更高的期望。编辑部成员也希望通过积极努力的工作能够为全体师生提供一份营养而丰盛的精神大餐,同时也为全体师生提供了一个展示自我的平台。

(四)举办校园文化艺术节

2015年5月12至15日,"三实小"举办了历时4天的第一届校园文化艺术节。5月12日的艺术节开幕式上,教体局局长刘现营、副局长王平崇应邀出席并致辞,教体局其他同志、中小学观礼代表、2600余名师生共同观看了开幕式的文艺表演。演出精彩纷呈:动听的演唱、激情的朗读、幽默的小品、优美的舞蹈……舞台上的每一种旋律都牵动着观众的心绪,时而婉转低回,时而铿锵有力,时而温柔平和,时而振奋人心……演出结束后,学生们仍回味无穷。5月13日为静态的书法、绘画类文艺作品展。刚柔相济的软硬书法、精美形象的剪纸剪画、传神会意的美术作品都令人赞不绝口。5月14日是体育项目表演,表演者更是争先恐后、活力四射、热火朝天。5月15日为闭幕式,又一批精彩表演闪亮舞台,把艺术节从高潮推向尾声。评委们对所有节目和作品进行了公平细致的评选,给优秀的节目组颁发奖品。历时四天的文化艺术节,展示了"三实小"丰富多彩的素质教育成果,彰显了本校师生们丰厚的文化底蕴,也昭示了该校团结和谐的团队精神。

五、校本教研育名师

"三实小"地处县城西北角边远小区,属城乡结合部。教师的组成来自全县各个乡镇,学生以农村生源较多。根据生源素质和教师现状,陈勇校长提出"让每一位教师都成为一个有思想的人"的教师培养理念,把教师培训、校本教研作为学校的重点工作。

学校确立了走出去、请进来的教师培训思路。首先,每学期派教师外出学习(如去深圳学习主题阅读,去内蒙古学习高效阅读,去郑州参加每年举办的新课标培训,走进清华附小聆听窦桂梅老师的常规课等)。"走出去"开阔了教师的视野,让教师了解和观摩最前沿的教育发展动向。其次是"请进来"。学校先后聘请魏书生、贾志敏等名家来学校讲学,让教师零距离感受大家的风范,增强教师做名师的自信心。更主要的是学校以课堂为主阵地,狠抓课题研讨和校本培训,采取少数引领、整体发展、活动推进的方式进行。现将自2012年以来,学校所开展的校本教研和校本培训活动概述如下:

(一)通识培训与新课标考试

通识培训主要是改变教师教育思想陈旧和教学各自为战的现象,培训内容从怎样备课到上课入手,再到如何利用课程资源、怎样关注学生发展和怎样利用信息化施教等方面。为做好这项工作,学校从郸城实验小学请来王娜、陈娜等省市优质课教师来校做教学观摩活动,观摩课从怎样备课、怎样进行教案的编写、怎样说课上课、怎样评课和怎样写教后反思等方面进行了展示、交流。

为适应新课程改革的要求,考查教师对2011版新课标内容的理解掌握情况,教导处组织了新版课标考试。此次活动分两个阶段,首先是学习阶段,学期初学校为每一位教师购买了语文、数学2011版新课标,由校长陈勇和县进修学校的教师对新课标进行解读。而后,教师结合自己的课堂对新课标自学和运用。最后是命题考试阶段,由教导处统一命题考试,采用闭卷形式。通过考试使每一位教师了解国家新一轮基础教育课程改革的意义和任务,能更准确地把握新课程的基本理念、课程目标和内容标准,使教师在教学过程中更关注学生学习的过程和方法,以及伴随这一过程而产生积极的情感体验和正确的价值观,给教师的课堂带来很大变化。

(二) 教师教学技能大赛与同课异构

为全面提高全校教师的业务水平,提高教学质量,发现和培养优秀教师,学校每年举行教师教学技能大赛。大赛面向全体任课教师,采取先说课后讲课的形式进行。

为提升教师的业务水平,营造积极向上的教研氛围,打造教学特色,学校经常举行语文、数学"同课异构"教研活动。教研活动分三个阶段:第一阶段为准备阶段,由教导处牵头,各级教研组分别集体备课并推选出各级段的教师参加讲课活动。第二阶段是听评课阶段,按照教导处制订的"同课异构"活动方案,听评课分学科两次进行。最后是总结会,老师们对"同课异构"教研活动给予了很高的评价,使教师无论是在课的构思、设计方面,还是在课的展示、点评方面,都受益匪浅。

(三) 常规听评课与集体备课

为落实好教学常规并为全体教师创设相互交流和相互学习的平台,学校一直坚持每周二、三、四上午第一节听公开课,第四节集体评课的听评课活动;坚持每周三下午的集体备课活动。通过几年的持续实施,教师的备课、听课、评课水平有了大幅度提高。有部分教师在评课时对讲课教师的教学目标、教学过程、教学方法、教学效果和教师素质、个性特色等都能作出客观公正的评价,并能提出个人的观点和看法。特别是每周三的集体备课教研活动对于提升教改效果具有很大的促进作用。

(四) 引领教师阅读,提升专业素养

陈勇校长认为教师"没有阅读,就没有教科研"。课程改革的深入开展,一定要建立在教师坚持阅读、坚持"终身学习"的基础上。从2015年开始,"三实小"每年都会给教师购买相当数量的书籍,方便教师阅读。2016年上学期他们又开展了教师"共读一本书"活动,学校出资购买82本著名教育家苏霍姆林斯基的教育名著《给教师的建议》一书,启动教师"共读一本书"活动。期中考试前后,学校举行"共读一本书大型推介会"。学期末,学校举行"共读一本书交流会",要求每位教师写出不少于一篇不低于2000字的读书心得。本次活动有详细的评价机制。在学期结束时的交流会上,学校对评选出的"十佳读书标兵"进行表彰和奖励。阅读让教师的文化底蕴和学养得到了很大的提升。

（五）坚持写教研心得

为让全体教师在学习中总结，在总结中提高，学校要求全体教师每人每月写一篇教学心得或读书感悟。教导处每月 28 号收集，并报学校领导评选，对评选出的优秀心得上传学校博客供大家交流品读。

优秀心得上传学校博客活动的开展，促进了教师的个人成长和学校校本教研的开展。全体教师可以在这一空间自由地、充分地交流，细细品读其他教师上传的心得，获取丰富的教学资源，借鉴先进的教学经验，并能及时了解教师教学动态与信息。

在教师校本培训方面，校长陈勇还非常重视教师身心健康培训，提出教师不仅要"教好书"，而且要"做好人"，他特别强调"做好人"有两方面的内涵，一是做品德高尚的人，二是做身心健康的人。为进一步丰富教师文化生活，促进教师身心健康，减缓教师的工作压力，加强和谐校园建设，学校从 2014 年 11 月份起每周二、四下午两点到三点半，为教师开设了瑜伽训练班。为让老师更好地练习瑜伽，学校特派教师前往郑州、南京等地参加培训，学校还精心设计了舞蹈教室供教师练习瑜伽。希望老师能够在舒缓的瑜伽训练中学会调整自己、提高自身修养、塑身健美、愉悦身心、美化高雅气质。

五年的养成教育、教师培训和课堂改革实践探索，开创了"三实小"齐心协力、风正劲足的发展新局面。教师的综合素养得到了很大提升，教师的自尊自信、教师的真诚正直、教师的优雅从容，受到学生的爱戴、家长的尊重。学生良好生活习惯、学习习惯、思维习惯、创新习惯的养成，让孩子变得活泼开朗、心态阳光、聪明健康。学校真正实现了"为学生的一生发展打基础"的办学理念，得到了社会各方面的广泛认可。"潮平两岸阔，风正一帆悬。"我们相信，在校长陈勇的领导下，"三实小"的明天会更美好！

案例四　点亮农村教育的希望——
记郸城县汲水乡王古同小学

【导语】

迎着改革的曙光，沐浴着课改的春风，郸城县汲水乡王古同村小学如同一束散发着诱人芬芳的蓓蕾徐徐绽放。学校遵循"以德育人，以质兴校"的办学理念，践行"博学启迪智慧，博爱滋润心田"的誓言，打造人民满意的优质教育。校园布局合理、区域分明、环境优雅、景色宜人、文化氛围浓厚，被誉为"花园式学校"。学校教育教学质量稳步上升，始终位居全乡前茅，已经跨入了市县先进行列。校园里，学生孜孜不倦的学习态度见证了"勤奋好学，自主创新"的浓郁学风；老师们循循善诱、爱生如子的言行，见证了他们大爱无私的奉献精神。在他们身上，我们看到了农村教育的希望……

　　王古同小学位于河南省郸城县汲水乡王古同村，始建于 1963 年春，1991 年又经全村干群集资重建，至今已有 50 多年办学历史。学校占地面积 9380 平方米，建筑面积 1500 平方米，2005 年农村学校布局调整时划为村级教学点。学校现任教师 10 人，均为大专以上学历；学校有 7 个教学班，在校学生 350 余人，这些学生基本上来自周边的 6 个自然村。

　　该校先后荣获周口市"校园管理示范性学校""后勤管理先进学校""文明校园""初等教育示范性学校""教学教研先进单位""首批课程改革先进单位""师德师风先进单位""校园绿化美化达标学校"，以及郸城县"窗口学校""汉字工程三星级学校""高效课堂二星级学校"等殊荣，先后三次受到县政府每年两万元的奖励。学校的教育教学质量稳步上升，始终位居全乡前茅，跨入了市县先进行列，赢得了各级领导的高度赞扬和社会的好评。

一、领导身体力行作表率,引领学校发展

（一）校长带头引领,榜样示范

俗话说:"雁无头不飞。"校长在学校中就是"领头雁",他的表率作用对领导班子成员有强大的号召力,他的一言一行无不被教师所关注。因此,校长以身作则,身体力行,才能带领"群雁高飞"。王呈兵校长说:"凭借自己在农村长大、在农村学校任教当校长的经历,找到了农村教育的病症,然后对症下药。""农村条件相对落后,待遇相对较低,要想留住教师尤其是有能力的中青年教师谈何容易。作为校长过多责怪、发牢骚都是徒劳的。办法总比困难多不是一句口号,而是一种思维方式,更属于一种工作态度。"教师眼中的王校长"对工作充满信心,振奋精神,再苦、再难的工作,不推不闪"。在行动中,王校长坚持"两个表率":其一,平时在道德规范上,严于律己,言行一致,努力成为学校良好行为习惯的典范;其二,在高效课堂建设上,领先观念,作好示范,"跟我来,看我做",率领教师向高效要质量,向兴趣要质量。他说:"坚持领导班子的表率作用,自己必须走在教师之前担主课,备好课、上好课。""自己带头讲示范课,坚决不搞特殊化。""学校发展好了,才能给村民有个交代,必须做好带头示范作用。"

（二）遵循"以德育人,以质兴校"的办学理念

学校管理工作中履行四个方面的"坚持":(1)坚持"四种形象",即真情为校形象、民主团结形象、敢干务实形象和道德高尚形象;(2)坚持"五种意识",即竞争意识、全局意识、法制意识、创新意识和忧患意识;(3)坚持民主作风,塑造班子"领""导"形象;(4)坚持大事讲原则,小事讲风格,从学校全局出发处理工作。校长王呈兵形象地说:"学校像一部机器,运转起来难免有摩擦,诸如分歧、怨恨等,校长还要学会'修理机器'。"坚持把师德师风建设作为教师评先评优、晋职晋级的重要条件。如在职称评定中,张丽、李慧敏两位教师,依据评比,不相上下,经过沟通协调,相互谦让,她们之间没有出现一句争吵的话。

（三）坚持"做合格教师，育优秀人才，创规范学校，办特色教育"的办学目标

学校以《中小学教师职业道德规范》为蓝本，要求全体教师经常学习，写心得体会，在工作中，严格要求自己的工作行为。做到这一点，重要的就是要发挥校长的典范带头作用，在校长的带动下形成了全校带、比、赶、超的热潮。为塑造良好的领导班子整体形象，学校提出：(1)坚持每天召开碰头会，及时解决学校遇到的难题。在校长室门口摆一块小黑板，校长有事或成员有事都可留言，这样就创造了理解和通气的渠道。(2)要求领导班子坚持读书。每月读一本书、写一个心得、开一次研讨会，形成"多读书、善读书、读好书"的阅读氛围。学校领导班子阅读的书目有《陶行知教育名篇》《魏书生教育教学艺术》等。(3)积极参加省、市、县等中小学校长培训。培训会上，学校领导学到了先进的办学理念，更主要的是学校领导又把那些先进理念付诸行动，运用于学校的教学当中。通过培训，学校领导明确了学校办学思路，提高了驾驭和协调学校工作的能力。

二、以"三项工程"建设为抓手，推进教学改革

"三项工程"包括"汉字工程""高效课堂"和"高效阅读"，是郸城县教体局提出并在全县中小学推广实施的一项重要教育教学工作。该校为了积极响应教体局号召、认真贯彻落实、深入推进"三项工程"建设，优化教学手段，积极完善措施，强化精细管理，确保"三项工程"建设取得实效。

（一）抓好训练，重在平常，构建写字课教学模式

本着"规规矩矩写字，堂堂正正做人"的宗旨，达到"训练学生写规范正楷字，养成良好书写习惯，培养学生书法兴趣，提高学生审美能力"的要求，校长和教师示范带头做好"汉字工程"的实施工作，抓好学生的双姿及良好书写习惯的养成，落实好每周"三个一"，即一节写字课、一节师生同练课、一次书法训练活动，并开展书法比赛，培养学生的书法兴趣。在此基础上，学校构建了"以教师为主导，学生为主体，练写为主线"的写字课教学模式，其基本步骤为：导入新课—示范模仿—边讲边练—品评巩固，形成了写字"六步"：析字形结构、记笔画位置、悟运笔技巧、写端正美观、评好坏优劣、改偏差败笔。同时，学校

提出了"书品即人品,写字学做人"的教育口号,并且依据各年级的语文教材内容分层确定了不同的育人目标。低年级通过端正书写姿势和规范笔顺、基本笔画,培养学生"从点滴做起,按规矩做事"的好习惯。中年级通过学写独体字和合体字,让学生学会观察字的间架结构协调搭配,培养严谨、礼让、团结等优秀品质。高年级通过书法欣赏,感受博大精深的民族文化,陶冶学生审美情操。经过努力,学校被评为郸城县汉字工程三星级示范学校。

(二)重视教师间学习与研讨,构筑有效课堂

首先,学校经常组织老师进行理论培训,总结分析教学中存在的问题,明确新课程改革的现状和趋势,学习其他学校的教改经验,从而帮助大家转变思想观念,进一步明确开展教改工作的重要性和紧迫性。其次,学校定期开展"骨干教师示范课""高效课堂过关课""高效阅读技能训练"等活动。在高效课堂过关课中,通过实施出示目标、自主探索、合作交流、展示质疑、点拨归纳、检测总结"六环节教学模式",要求教师精讲、会讲,让学生自学、质疑、释疑、感悟。校领导深入每位教师的课堂督促检查。老师一边教学,一边反思。学校定期组织教师分学科进行交流反思导学案的设计、使用,小组建设,课堂中学生质疑、对抗、评价等有关问题,校领导边听课边与教师进行沟通、交流与研讨。高效阅读课要求全体语文教师精心上好前三个环节,即初步了解"高效阅读"、程序化阅读、快速记忆。每节语文课前,进行五分钟的技能训练:词语运用,使用快速记忆方法来完成;利用课文内容,进行高效阅读训练。如教导处主任张丽带头上好高效课堂过关课,骨干教师王呈彩坚持上好示范课。通过他们具有自己的课堂教学风格和模式的示范课,教师们达到了在展示中交流、在交流中提高的目的。同时为了突破课堂教学这一中心环节,学校在教师中开展了链索式教研活动,提倡教师坚持写教学反思,其目的是通过教学研究和探索突破课堂。如张丽老师不断观看自己的课堂实录,找问题、提方法,再通过写教学反思日记,反思自己的教育教学行为,记录教育教学过程中的所得、所失、所感,促使自己对教育教学时时反思和对教育新理念的内化。她已经记录了近三万字的反思日记。骨干教师王呈彩利用早读课、班会课,开展"介绍一本好书""讲故事比赛""读后感交流会"等开展高效阅读活动。

(三)教师深挖细研,让课堂质量"立"起来

教师不断钻研业务,认真研究教材教法,积极探索新课程标准,确立以学

生终身发展为本的教育目标,全面推进素质教育,营造了一个学生有发展、教师有建树的绿色教育生态环境。课堂上要求教师精讲、会讲、释疑,学生自学、质疑、感悟。课堂评价不只看教师讲得如何,更要看学生学得如何,即突出"三看":看在引导解决问题的过程中方法的培养,看学习、解决问题技巧的培养,看学生能力、技能的发展。

为提高教师的教学水平,即将退休的老教师王呈忠、王呈彩坚守岗位、身当典范、痴心教育,积极向年轻教师学习电脑、学习网络、制作 PPT 课件等知识,以更好地提高教学质量。为提升专业水平,教师们通过对网络上"寻—学—思—践"四步教学法,促进自身教育能力的提高和发展。教导处主任张丽说:县里给我们学校提供这么好的信息化条件(该校每个班级配备了多媒体一体机和教师办公电脑,配备了实验室、图书室、仪器室),如果大家故步自封,不去主动学习网络信息技术,落后的思想会成为农村教育发展路上的拦路虎。张萍老师总结自己的教学心得时说:"我每天早上七点多到校,做好上课的每一环节。备课时,精心设计环节,努力钻研教材,上网查阅资料;课前准备工作,做到备教材、备学生、备资源;结合课堂实际运用课件,向 40 分钟课堂要质量。"她还在语文课上设计了"五分钟演讲"环节。有位学生曾这样评价:"老师,今天的演讲王方丽虽然不是很流利,但是她终于可以大胆地走到前面来了。我觉得她今天是最棒的!我们应该向她学习,勇于向自己挑战。"老师听了之后很是欣慰,看着孩子们的成长,心里有说不出的喜悦。优秀教师王翠梅说:"在教书育人的沃土上,我怀着对工作的满腔热情,一丝不苟、一如既往地耕耘,不断地学习新知识,认真落实学校部署的各种工作任务,做到批评与自我批评,虚心向他人学习。由于我的执着追求,工作中才做出一点点成绩。"2014 年,该校被评为郸城县高效课堂二星级学校。

三、教师关爱学生,彰显师德魅力

关爱学生,尽职尽责。教师们凭着对学生的爱、对教育事业的坚定信念和矢志不渝的精神,认真履行教师职责,忘我工作,无私奉献,为教育事业呕心沥血。教师以严谨的治学态度、执着的探索意识和默契的团队精神,实践着"博学启迪智慧,博爱滋润心田"的无悔誓言。全体教职工各负其责,分工明确,人人知道自己该干什么,心往一处想,劲往一处使,配合默契,达到了把"小事做细,细事做精"的工作效果。走进王古同小学,时时处处都能感受到教师的这种"以校为家,把学生当儿女"的爱岗敬业的精神。王呈彩老师说:"我热爱教师这一职业,我喜欢和孩子们在一起。"并把"晓之以理、动之以情、导之以行、持之以恒"作为关心学生的座右铭。由于这里的孩子几乎都是留守儿童,跟着爷爷奶奶或其他亲戚生活。她经常给予学生生活上无私的帮助,让他们不再感到孤单、冷落。农忙季节,就领回自家和家人一起吃住;孩子在校生病了,就自掏腰包给孩子打针买药;有的孩子衣服破了,家长没钱买,就把自家孩子的衣服给换上……对于这些,她说:"孩子不容易,父母不在家,我们不管谁来管?"王呈兵校长讲述说:"去年五月的一天中午,王呈彩老师发现学生张盈盈发高烧(这孩子父母长年在外地打工),及时把孩子送往村卫生所,并用酒精帮学生擦拭身体,一直照顾孩子两三个小时,直到其奶奶把孩子接走,她才放心离开。"

教学工作中,李慧敏、王豪杰、张萍老师主动请缨多担课,担主课。王仰锋老师以工作为重,把学生放在心上,在生病手术后第三天就带病坚持到校为学生上课,使学生家长深受感动。家离学校较远的邢玉伟教师,痴心教育,坚守岗位,从未因为路程远、天气差而耽误学生一节课。在校园建设中,即将退休的老教师王呈忠、王呈彩身当典范,以苦为乐,主动带领大家清理路面旧砖头、平整新路基。他们常说:"教育是个良心活,我们要站好最后一班岗,上好最后一节课,尽最大努力发挥我们的余热。"

学生安全无小事,平安在校园。学生安全牵挂着每一位教师和家长的心,尤其是每天学生上下学路上。学校实行了路队护送制度,杜绝不安全事故的发生。学校定期召开"交通安全伴我行"主题班队会,在每周的国旗下讲话还特别设置安全教育内容,经常对学生进行交通安全教育。同时,学校邀请乡派出所民警给全体师生作法制宣传和交通安全教育报告,并要求学生"小手拉大手",把法律知识和交通安全常识带到家庭,使学生懂得尊重他人、保护自我、珍爱生命。护送学生回家虽然只是小小的举动,但却赢得了学生家长的普遍赞誉。老师们尽职尽责的护送行为,更使一些经常通过这里的乡村过路司机每到放学时间都自觉地减速、让行。在路队安全护送工作中,杨自林老师自进校6年来,天天如此从不间断地护送西路路队,从未因工作疏忽造成安全事故。杨自林老师说:"现在每个家庭孩子少,大部分父母也不在家,每天把孩子平安送到家,我们心里才踏实,晚上才能睡个安稳觉。"多年来,学校注重安全管理,被周口市命名为"安全文明校园"。

四、建魅力校园,推进养成教育

文化引领,建特色校园。校园文化建设是学校精神、学校环境和学校形象的集中体现,具有重要的育人功能。自建校以来,学校经认真谋划、集思广益,每年均拿出一定的资金,推进校园文化建设。"农村的教育需要回归,农村的学校要找到自己的方向。"校长王呈兵认为,每一所学校都有自己适合的方向。为了建设特色校园,创设氛围,寓教于乐,学校并采取多种方式:(1)注重上好体育课、安全课,组织好大课间活动。(2)做到高效课堂"四个一",即每月备好一节课、上好一节课、评好一节课、写好一反思。(3)实施汉字工程"五个一",即教师每天练写一句格言、每日练写一首古诗、每周上好一节写字课、指导学生每天一次20分钟的练字、学校每期开展一次书法比赛活动。张丽主任形象地说:王呈彩老师的粉笔字是学校又一道亮丽的风景线。同时,在2014年,学校拿出1万元,制作宣传教育版面,更新文化橱窗,丰富了班级文化,达到了让每一堵墙都会说话的效果,创造出一个整洁、安静、舒适、美丽的校园环境,使师生在潜移默化中受到熏陶、感染,形成了务实尚美的良好风尚。

回归本真,寓于日常活动。"养成教育"就是培养学生良好的行为习惯、语言习惯和思维习惯的教育。好习惯让人受益终身,因此,养成教育是管一辈子的教育,是教给少年儿童终身受益的东西,它与素质教育紧密相关。该校为了达成养成教育之目的,通过养成教育与常规管理,培养师生文明高雅行为习惯,建立公平、和谐、友善的校园人际关系。学校通过多种渠道使师生受到校园精神的熏陶和激励,从而更加积极地投入到校园文化的建设中来,做到爱校建校,建校更爱校的良性循环。为了达到理想的效果,学校开展了以下工作:(1)开展丰富多彩的活动,多方面培养学生兴趣爱好。如写字比赛、演讲比赛、口算比赛、歌咏比赛、跳绳比赛、广播操比赛、升旗仪式、主题班会等活动。从学科上来看,这些活动不仅有语文、数学的比赛,还有体育、音乐的较量;从形式上看,大部分活动都是尽量做到让学生全员参与。通过各种活动,开发学生的潜能,发展个性特长,提高教育质量,促进学生行为习惯的培养和综合素质的提高。(2)编写校本教材,推行自主管理。为让德育工作更贴近学生生活的实际,集中教师智慧,认真编写了《学生行为习惯三字歌》。该书分为五个篇章,即文明礼貌篇、学习习惯篇、生活习惯篇、交通秩序篇、遵纪守法篇。学校采取周一学生诵读、周二教师讲解、周三自我对照、周四小组评比、周五个人反思,少先队经常检查的方式,促进学生良好习惯的养成。为发挥德育教材的作用,学校把教材整理成册,人手一份。另外,学校在醒目位置放大上墙,让学生目之所及,知道自己该做什么不该做什么,养成自我约束的习惯。(3)创新评价机制,促使习惯养成。学校改变由教师给学生写评语这一单一的评价方式,让学生在活动中展现自己。学校开展"七彩之星"评比活动,所谓"七彩之星"指的是"文明之星""智慧之星""进步之星""劳动之星""才艺之星""孝亲之星""守纪之星"。学校每学期开展两次这样的评比活动,并给予获奖者奖励,颁发荣誉证书及书包、雨伞等奖品。明星小学生在学校处处起到引领示范带动作用,学生人人争做模范,人人争当先进。

王呈兵校长说:"让学生取得优异成绩,拥有良好习惯,是家长的迫切要求,也是我们学校努力的方向。学校近几年来,虽然办学条件、生活条件改善了许多,但与城市学校相比还有相当大的差距。外面的世界很精彩,很具诱惑力。能让教师在农村学校安下心来,实属不易。但他们还能一心扑在教育教学工作上,把教好农村孩子当成自己的事业来追求,更显得可亲可敬!"

看到这样一群坚守在农村学校的三尺讲台上带着农村孩子追求知识、点亮农村孩子的心灯、帮助农村孩子追寻梦想的老师,看到这样的一所已发展与壮大的农村学校,我们没有理由不相信农村教育的美好希望,没有理由不相信农村孩子的光明未来。

案例五　一个好校长就是一所好学校——记郸城一高校长刘成章

【导语】

校长是学校的领导者和决策者,是一所学校的灵魂。"一个好校长就是一所好学校。"智慧的校长能够主动回答时代所提出的教育命题,能用鲜明的办学理念引领学校师生达成共同愿景。

郸城一高校长刘成章就是这样的一个好校长。

自2008年8月接任校长以来,刘成章大胆创新,带领师生通过多方调研、多次论证,提出"二次创业、做强做大"的发展理念,重申了"全省一流,全国知名"的办学目标,为"郸城一高人"树立了共同愿景,并通过以人为本的理念引领凝聚人心,通过内涵发展的制度创新铸造"郸城一高品牌",通过实现自我的文化激励追求一高的卓越发展。在短短几年内,他不停地履行"成就学生"的责任,创造了5年152名学生考入清华、北大的高考奇迹,铸造了卓越的"郸城一高品牌"。他用"二次创业"的执着,硬生生把郸城一高这所农村学校发展成为全国的知名中学。

一、理念引领:以人为本聚人心

理念是行动的先导。"以人为本"是一种价值取向,该理念强调尊重人的主体地位,发挥人的主体作用,肯定人的价值。在学校管理中,"以人为本"的管理理念要求校长做到:充分关注师生的发展需求,尊重师生的主体地位,发挥师生的主体作用,解放师生的个性,凝聚师生的智慧,促进学校的可持续发展。

为了郸城一高的持续发展,刘成章坚持走"人本"路线,始终把握人本理念的核心内涵,坚持校以人为本、教以师为本、师以生为本,充分关注师生整体发展,尊重、理解、关怀、支持每一位师生,为师生提供贴心服务,让师生共享发展成果。刘成章深知,人本管理绝不是"以人情为本""以个人、自我为本",不能落入庸俗的人情圈子,"尊重、理解、关怀、支持"不等于无限制的宽容和表扬,不是只讲感情,不谈原则;不是只讲权利,忽视责任;不是只讲自由,弱化制度。因此,在学校管理中,刘成章严禁人情至上、过度关注师生个人需求以及"泛人文化"的倾向,严禁无原则的放任自流和无责任的权力滥用,严禁把"人文"与"制度"对立起来的做法,坚持以公平公正为原则,以促进发展为目标,平等待人,公正对事,重视学校整体发展与师生个人发展的统一。

在学校整体发展上,刘成章引领一高师生员工在"二次创业"中成就自己,成就学校发展。为追求学校卓越发展,刘成章注重满足师生合乎情理的情感需求,激发师生发展的内在动力,培养师生的主人翁责任感,引导全体师生认识个人与学校、责任与义务、付出与获得的关系。刘成章认为教育是个良心活、团队活。他引导师生正确认识追求自由与科学制度的关系,引导师生把个人发展与学校整体发展结合起来,进而引导师生形成积极向上的观念认同和引领学校卓越发展的主流价值观。同时,刘成章深知,"以人为本"决不是响亮的口号,而是要通过各种物质和精神奖励,为师生提供实实在在的成长机会、发展空间和便利条件,要有科学规范的制度激励和切实有效的措施保障,让郸城一高成为所有师生的成长学园、生活乐园和精神家园,真正凝聚教师成长、学生成才和成就学校发展之心。刘成章是这样想的,也是这样做的。在首届河南最具影响力校长评选活动中,田紫兰老师如是说:"在教师管理中,刘校长坚持管事先管人,管人要交心的原则,通过结对子、座谈、走访等形式,倾听一线教师的声音,着力解决一线教师在工作生活中存在的问题,可以说为一线教师全身心地投入工作创造了良好条件。"为激发教师干事创业的热情,刘成章把几年来郸城县人民政府奖励给他的高考突出贡献奖奖金 40 万元,都捐给了本校师生员工。正是秉承以人为本的理念,刘成章引领着郸城一高人凝心聚力,砥砺前行,将郸城一高发展中的许多不可能变成了现实。

二、制度创新:内涵发展铸品牌

制度是理念的现实化和具体化。为将人本管理理念具体化,刘成章在带领师生员工坚守"自强不息,追求卓越"的校训基础上,进行制度创新,提出了"四维一体"的质量提升工作机制(见案例一图 8-1),引领学校立足自身走内涵式发展的道路。如果说刘成章巧用以人为本理念开拓了郸城一高师生干事创业的自由,那么他通过制度创新保障了郸城一高师生干事创业的充分自由度。为实现"二次创业"目标,刘成章带领师生员工,在人本管理中统筹学校安全、质量、管理、发展和效益的大局,从制度创新上下功夫,探索出一条无法复制的成功之路,铸造了震撼全国的"郸城一高品牌"。

"四维一体"的质量提升工作机制是以质量提升为核心,以即时化管理平台为载体("一体"),遵循"抓质量重管理,抓管理重常规,抓常规重实效,抓实效重考评"的思路,通过落实"工作方法"、完善"管理制度"、创新"管理措施"、加强"典型引领"等举措("四维"),在教育教学工作中加强教育研究、师德建设、学生管理、过程考核,不断提高管理、育人、规范、评价等水平,全力营造适度紧张、高度自觉、积极向上、勇于争先的教育教学氛围。

学校内涵式发展靠的是办学质量的提升,"四维一体"质量提升工作机制为郸城一高办学质量提升提供了充分保障。然而,好制度需要抓落实才能见成效。在郸城一高实际教学工作中,刘成章可谓率先垂范,带头深入落实"较真""一线""闭合""坚持"四大工作方法。为促进教师专业发展,他每学期亲自带头推门听课,组织各种公开课、观摩课、PK课等活动,引领青年教师快速成长;他深入了解教师教学工作,参与教师的集体备课、教改活动、高效课堂课题研究活动等,总结教师教学中遇到的共性问题。为解决教学中遇到的难题,他经常在课外组织教师学习新的教材教法理论,聘请各学科专家到学校讲学,亲自带领教师外出学习先进教改经验,有效提升了教师的业务水平,真正促进了教师的专业成长。

为提高教师工作的积极性,刘成章采取"抓常规""抓创新""抓人本""抓队伍"四大创新管理措施,尚贤任能,提能善政,确保各项工作落到实处,既为教师工作树立了"教书育人、务实求真"的教风,又为教师提供良好的工作生活环境,引领广大教师在干事创业的乐园中实现自身的人生价值。

为给学生成才、教师成功创设良好的环境,刘成章借助校园即时化管理平台——《郸城一高校园即时化管理工作通报》版面,推行了无缝隙值班制度和执行校长值班制度,实现所有时段和地点都有人值班守护。本着"定岗、定责、定位"的原则,各年级班主任轮流值班并将检查结果填写到《郸城一高校园即时化管理工作通报》版面上;副校长轮流担任执行校长,全面负责学校日常管理工作。借助这一平台,郸城一高大大提高了管理人员的综合管理能力和学校整体管理水平。

为了给教师们营造"二次创业"的氛围,刘成章充分发挥优秀教师的典型引领作用,坚持"名师工程",开展"月度人物"(由此推出"季度人物")"教学明星"和"优秀处室"评选活动,并在评选结果公布后,为其颁发证书、赠送鲜花、合影留念等,还在校报《晨曦》上宣传优秀教师事迹,以其典型事迹引领校园风尚,让教师自发为"二次创业"贡献力量。

三、文化激励:实现自我求卓越

文化即人文化成,是人成为人的动态过程,使人不偏离活着的价值,对人的发展起着激励作用。校长刘成章通过理念引领、制度创新,潜心经营,以成就卓越的学生为宗旨,以服务师生为根本出发点,逐渐塑造出服务一流、追求卓越的文化,对教师发展和学生成长产生潜移默化的影响,并亲自引领师生自我管理、自我成长,走向自我卓越。

为打造优美的校园环境,刘成章不辞辛苦,多方呼吁,建设了郸城一高新校区,使办学环境、教学条件、教学设施得到了极大改善。为形成教书育人的良好环境,刘成章本着"让每一面墙都说话,每一处环境都育人"的理念,在教学楼、学生宿舍楼、宣传橱窗、路灯杆等显要位置,精心设计大量格言警句,如"实现梦想才是一种能力""给我一次机会,还你一个奇迹""尊严来自实力,成绩源于实干"等等。可以说,刘成章让校园每一个细节都融入人文气息,使学校成为师生的学园、乐园和家园。

刘成章秉承"自强不息,追求卓越"的校训,体察教师工作的辛苦,愿意与教师们一起同甘共苦。他以身作则,主动为师生服务。他心里明白,教师们最头疼的事情还是学生的发展。为了帮助教师们解决这一难题,刘成章事无巨细,事必躬亲,与教师们一起研究制订培养方案,确定培养目标;为提升教师素质,推进各科教学改革,他更是不辞辛苦,带领各科任课教师南上北下,考察学习。为了让教师们安心工作,每逢年节,刘成章都会带队亲自到教师家中慰问,使教师及其家人备受感动。在教师们眼中,刘成章就是一个"疯狂"的工作者。田紫兰老师在提到去浙江金华学习时说:"4000里的路程,几万字的材料,基本教改思路的形成,36个小时敲定。我们的刘校长干工作就是如此的疯狂,如此的不可思议。"2013届毕业生陈昭文说:"还记得,距高考还有70天的那个晚自习上,刘成章校长亲自来到我们班上,给我们送来亲切的问候和振奋人心的鼓励,至今难忘日光灯下刘校长的身影和那坚定的眼神,这也化作我们最后冲刺的动力。"刘成章明白一个人的卓越不算卓越,只有师生每个人的卓越,才能实现郸城一高的卓越。在他的带动下,教师们更是求实干、求创新,在教师中形成了克制自己、刻苦学习、科学工作、克服困难的"四ke精神"和"教书育人,务实求真"的教风。有的教师备课挑灯夜战到12点,有的教师累得住进了医院,有的女教师工作完刚回家立刻进医院生孩子,有的女教师的爱人或婆婆带着孩子等着为孩子喂母乳,有的教师哑着嗓子风采依旧……可谓是兢兢业业,一丝不苟。学生毕业后依然清晰地记得老师们的各种好。陈昭文同学说:"还记得我们的班主任徐丽老师,三年如一日,每天早上第一个出现在班门口的身影,以及她在我们学习最紧张的时候自己出钱买了水果,给同学们补充营养。还记得自主招生培训时,张永华老师腊月二十八依然坚守讲台,还为了解决学生的吃饭问题,从家里做了饭,用大锅带到学校……"在这种氛围中,郸城一高的学生能清晰地认识到自己的学习责任,学习更加努力,更加刻苦。

就这样,刘成章引领着郸城一高师生的刻苦勤奋,成就了学生和教师的卓越,也成就了郸城一高和校长刘成章的卓越。

爱因斯坦说:"一个人对社会的价值首先取决于他的感情、思想和行动对增进人类利益有多大作用。"郸城一高校长刘成章的成功恰恰就在于:认知上,他有与众不同的见解;情感上,他有高尚博大的情怀;行动上,他有让人惊骇的毅力。

后 记

  教育改革与发展是教育事业发展的永恒主题,县域教育改革与发展是一个必须高度重视又必须认真做好的一件大事。河南省作为一个人口大省、教育大省,开展县域教育改革与发展创新路径研究,具有典型的代表性和示范性,具有特别重要的现实意义和推广价值。

  本书内容是 2016 年度河南省教育科学规划重大招标课题([2016]-JKGHZDZB-13)的最终研究成果。2015 年 7 月 16 日,河南省教育厅、周口市人民政府共同支持周口师范学院转型发展协议签字仪式在周口师范学院举行。之后,省委高校工委书记、教育厅厅长朱清孟在视察指导周口师范学院工作时,提出要让周口师范学院派人到郸城县调研郸城县的基础教育改革与发展情况,要求认真总结郸城县教育改革的经验。学校党委书记刘湘玉教授接到任务后,成立了以科研处长李清臣教授为组长,徐艳伟、李本同、刘海生、吴艳玲、张涛为成员的六人调研组,在做了充分准备的基础上,于 2015 年 7 月底到 8 月初,用时半个月,深入郸城县城和乡村学校进行了广泛的座谈和调研,搜集了大量的第一手资料。调研回来后,根据任务分工,课题组成员又用时一个多月形成了 8 万字的调研报告。9 月份,刘湘玉和李清臣二人如期向省教育厅领导汇报,得到了省教育厅领导的表扬和认可。以此调研材料为基础,我们于 2015 年 10 月成功申请了 2016 年度河南省教育科学规划重大招标课题——河南省县域教育改革与发展创新路径研究。

  按照河南省教育科学规划领导小组办公室的要求,本课题组于 2015 年 12 月 11 日顺利开题,专家组组长李帅军教授,成员李清富博士、王身佩研究员、郭郑州研究员、刘现营局长对课题研究内容、研究方法、研究重点等方面给予了多维度的指导,为顺利开展下一步的研究奠定了良好的基础。2016 年 3—8 月份,课题组成员分赴河南省六个地市的多个县(区)进行调研,了解和掌握了大量的文字材料和语音资料,基本上对河南省基础教育情况进行了较为详细的了解和把握。本书的写作过程主要集中在 2016 年 8 月至 2017 年 2 月。岳定权是 2016 年考取的四川师范大学的教育学博士研究生,为不影响 9 月份开学报到,他在 8 月份的高温暑假期间,加班加点,每天有效工作 12 个小时以上,顺利完成了写作任务,及时交稿。不少同志利用春节前后的寒假时间,集中精力,超大负荷工作,圆满完成了书稿写作任务。我常常夜里 11 点半左右还和徐艳伟、李本同、张涛通过 QQ 发信息进行交流。每每让我意想不到的是他(她)们会当即回复我,每每这时都让我非常感动。我庆幸我有这样能干、善干的团队成员,我庆幸我们团队成员多少年来团结和谐、共事共心、互帮互助、共同进步。我清晰地记得:腊月二十七的晚上 11 点多了,多少人享受着寒假的乐趣,多少人已进入梦乡打着甜甜的鼾声,但我们课题组的几位同志还在 QQ 上讨论着课题某一个小小问题的表述;大年正月初三一大早,我就匆匆起床,开启了新的一天、新的一月、新的一年的学习与写作征程;正月初五,我就急火火地给课题组的同志们打电话督促写稿工作。现在回头想起来,既感到兴奋又感到对不起大家——催促他们过急,让他们牺牲了太多的休息时间。现在想想更让我后悔的是:个别同志交稿晚一点,时间拖后一点儿,我就不管三七二十一地给吵上几句! 世上哪有卖后悔药的,加班干活没有表扬还挨批评,我这样做确实不应该! 所以,当其面道歉感觉还不好意思,现在正好写后记时写上几句以求原谅! 实际上,这也正反映或体现了我们这个团队的合作精神和协作风范,多少年如一日,团结和谐,确实不容易啊!

本专著是集体智慧的结晶。由刘湘玉、李清臣总负责,统筹本著作内容的架构、统稿及修改工作。具体各章(节)执笔人分别是:第一章由刘湘玉、李清臣撰写,第二章由岳定权撰写,第三章由李清臣(第一节)、李本同(第二节)撰写,第四章由徐艳伟撰写,第五章由李本同撰写,第六章由张涛撰写,第七章由刘湘玉、李清臣、徐艳伟、李本同、张涛共同撰写,第八章由吴艳玲(案例一、案例五)、张涛(案例二)、刘海生(案例三)、徐艳伟(案例四)撰写。本著作的文字校对工作由李清臣、吴艳玲、李焕云三人共同完成。在此,非常感谢李焕云女士放弃节假日休息时间,一遍一遍不辞辛苦地校对文稿。在校对过程中,她特别细致、认真、负责,让人感动和钦佩。

本课题的顺利完成,要感谢周口市政府副秘书长韦刚同志对教育调研工作的积极协调与大力支持;感谢郸城县主管教育的时任副县长刘淑杰女士,是她在繁忙的工作中,抽出时间与课题组成员讨论、交流郸城县基础教育改革与发展的相关问题;感谢郸城县教育体育局局长刘现营同志、副局长王平崇同志,以及教体局其他同志,是他们为调研提供了良好的条件,给予课题组很多的支持与帮助。

感谢河南省教育科学规划领导小组办公室的领导同志,省教科所郭国侠所长、王身佩主任、郭郑州研究员对本课题的研究给予了各方面的指导和点拨,使本研究少走弯路,以达到事半功倍的效果。感谢河南省教育厅社科处处长王亚洲,副处长魏军、张亚奇、刘书伟等领导对课题研究工作的关心与帮助。感谢河南大学出版社责任编辑朱春华等同志的辛劳工作与无私付出。

本课题的完成与本著作的出版有太多的人需要感谢。这充分说明:一是做成一件比较大的事,需要大家的支持与帮助,需要大家的齐心协力与共同努力;二是团队的力量很重要,团队的合力最重要,只有心往一处想,劲往一处使的优秀团队,才能做成一个个的大事。为此,我再一次感谢团队中的每一个成员,是你们的优秀,成就了团队的优秀,也才使得团队取得一个又一个的成绩!

时间过得真快啊,又是一个深夜十一点多。写至此,感觉又完成了一件大事。但我没有丝毫的放松,因为还有一个更大的任务在等着我们课题组去完成,那就是国家社科基金教育学一般项目的书稿在召唤、在期盼!

既然选择了这个职业,走上了这样一条道,我和我的课题组成员将一如既往,不忘初心,继续前行。我们将挑战更加艰巨的任务和充满希望的未来。即将结尾还是引用《礼记·中庸》的"博学之,审问之,慎思之,明辨之,笃行之"来激励我和我的课题组成员。

李清臣
于 2017 年 2 月 19 日